LES MAÎTRES DE L'EUROPE

Déjà publié par Jean Quatremer :

CES HOMMES QUI ONT FAIT L'EURO, QUERELLES ET AMBITIONS EUROPÉENNES, en collaboration avec Thomas Klau, Plon, 1999.

YVES CLARISSE
JEAN QUATREMER

LES MAÎTRES DE L'EUROPE

BERNARD GRASSET
PARIS

Collection dirigée par
PATRICK WEIL

Introduction

L'Europe, c'est, au mieux, un pouvoir quasi divin – « Bruxelles a décidé » –, au pire, un repoussoir – « l'Europe libérale » –, souvent une excuse commode pour politicien en manque de justification – « c'est la faute de Bruxelles ».

Mais, c'est quoi au juste « Bruxelles » ? Après soixante ans d'existence, l'Union européenne reste toujours aussi mystérieuse et lointaine, brumeuse pour tout dire. Mis à part une poignée de spécialistes, rares sont ceux, y compris parmi les élites françaises, qui savent comment elle fonctionne, qui gouverne et comment on manœuvre ce gigantesque ensemble de 25 Etats membres, 27 d'ici à 2007.

La Commission, le Conseil des ministres, le Conseil européen, le Parlement ou encore la Cour de justice, bref, tous les mots du pouvoir européen, laissent sur la langue un goût technocratique et désincarné. On sait globalement comment fonctionnent les institutions françaises, quelles sont les compétences de chacun, du président de la République au préfet en passant par l'Assemblée nationale, le Sénat, les départements ou encore les communes, on se sent proche d'elles, elles appartiennent à notre histoire, alors que « Bruxelles » paraît situé sur une autre planète. Les citoyens ne se sont pas encore approprié l'Europe.

C'est à un voyage dans les rouages de cette puissance en construction que les pages qui vont suivre vous invitent. Comment fonctionne l'Union au quotidien ? Qui sont les maîtres de l'Europe ? Le mystère, l'éloignement de Bruxelles, tiennent souvent au fait que les télévisions, surtout en France, ne s'intéressent guère à elle car beaucoup de choses se passent derrière des portes closes, à l'abri des regards indiscrets et donc des images-choc. Dans l'Hexagone, le pouvoir politique agit aussi dans l'ombre mais, curieusement, cela paraît tout naturel.

Quand on prend la peine de pousser les portes, le spectacle est passionnant. Car participer à une grande œuvre commune n'empêche pas les luttes de pouvoir et la défense parfois obtuse des intérêts nationaux. Les rapports entre les chefs d'Etat et de gouvernement, les ministres, les diplomates, les fonctionnaires européens, les lobbyistes, bref tout ce petit monde qui fait l'Europe, sont d'une franchise époustouflante, pour ne pas dire brutale. L'Europe est un roman. Et un roman captivant.

Vous découvrirez tout ce qui se dit à Bruxelles et que les télévisions ne montrent pas. Le chancelier allemand, Gerhard Schröder, qui prend à partie ses partenaires lors de la négociation du traité de Nice, en décembre 2000, après quatre jours de débats au couteau : « Quand j'entends ces plaintes, ça me rend malade. Cela n'a rien à voir avec l'organisation de l'Europe. Je me souviendrai de tout ce qui s'est passé ici pour longtemps. » Le « coup » préparé en décembre 2003 par Jacques Chirac, qui, excédé par le veto espagnol et polonais, veut signer la Constitution européenne avec seulement quelques pays. La façon dont le Parlement européen a pris le pouvoir dans l'Union grâce à l'affaire de la vache folle et aux emplois fictifs d'Edith Cresson, l'ancienne commissaire française à l'éducation et à la recherche. La chasse aux fraudes, souvent imaginaires, qui paralyse la Commission. Les menaces que profère l'Américain Jack Welch, le patron de General Electric, à l'encontre de Mario Monti, le commissaire à la concurrence, afin de le dissuader de poser son veto à la fusion qu'il projette avec Honeywell. La façon dont Wim Duisenberg, puis Jean-Claude Trichet ont réussi à faire de l'euro une « monnaie-continent » qui commence à faire de l'ombre au roi dollar. Le « blitzkrieg » mené par Jacques Chirac pour imposer Valéry Giscard d'Estaing à la présidence de la Convention européenne. Les manœuvres du même VGE pour avoir « sa » Constitution et son nom dans l'histoire. Bref, les grands et les petits moments qui ont animé, depuis dix ans, la chronique de l'Europe en construction.

Tout cela, nous l'avons vécu de l'intérieur. Nous avons pu nous procurer les comptes rendus – confidentiels – des réunions auxquelles les journalistes n'étaient pas conviés et interroger de nombreux témoins. Au fil du récit, on découvrira que l'Europe est en danger du fait de la fragilité et de l'inconséquence de ses propres institutions (titre I) : des présidents de Commission incompétents, un exécutif européen paralysé, un Parlement en embuscade, à l'affût du pouvoir, des Etats qui ne pensent plus qu'à défendre leurs dernières parcelles de souveraineté et des médias qui entretiennent une atmosphère de crise permanente. Mais lorsque l'Union est en ordre de marche, sa puissance vient chatouiller celle des Etats-Unis (titre II) : politique commerciale et monétaire, politique de concurrence qui fait obstacle à la constitution de conglomérats d'entreprises trop puissants et même politique étrangère commune. Avec la Constitution européenne qui clôt vingt ans de chantier permanent (titre III), l'Europe sera-t-elle enfin en ordre de marche pour affronter les défis du monde du XXIe siècle ?

« On ne tombe pas amoureux d'un marché unique », disait Jacques Delors. On pourrait ajouter : « ou de l'euro ». Mais, une fois dans l'antre du pouvoir, lorsque celui-ci est devenu familier et que son fonctionnement n'a plus de mystère, tout peut arriver...

PREMIÈRE PARTIE

L'Europe menacée

CHAPITRE 1

Cherche président, désespérément

L'homme a relevé son col en débarquant du train à la gare du Nord. Il a pris le TGV Bruxelles-Paris en cette soirée du mardi 3 décembre 2002 pour remettre au président de la Convention européenne [1], Valéry Giscard d'Estaing, un projet de Constitution pour l'Europe élargie. Le texte, entièrement rédigé article par article, a été préparé en grand secret depuis le mois de juillet par Romano Prodi, le président de la Commission européenne, et une petite équipe dirigée par un fonctionnaire français de haut vol, François Lamoureux, un ancien du cabinet de Jacques Delors [2]. L'ex-président du Conseil italien veut frapper un grand coup pour reprendre l'initiative face aux grands pays et à VGE, dont la stature et les idées dominent la Convention de la tête et des épaules. Beaucoup trop à son goût. Prodi déteste Giscard, qui le lui rend bien. Il veut que son texte devienne un document de référence, un projet de Constitution incontournable et non pas une contribution parmi des centaines d'autres. Son objectif est que les 105 conven-

1. La Convention, qui a préparé un projet de Constitution, a travaillé entre février 2002 et juillet 2003. Elle était composée de deux députés nationaux par Etat membre, d'un représentant de chaque gouvernement, de seize députés européens et de deux commissaires européens. Outre les Quinze de l'époque, les dix Etats devenus membres le 1er mai 2004 ainsi que la Bulgarie, la Roumanie et la Turquie étaient représentés. Chacun des conventionnels était « doublé » d'un suppléant en cas d'absence. La Convention était présidée par Valéry Giscard d'Estaing assisté de deux vice-présidents, Giuliano Amato et Jean-Luc Dehaene.

2. Jacques Delors a été le président de la Commission européenne de janvier 1985 à décembre 1994.

tionnels travaillent sur la base de « Pénélope », nom de code de ce projet très fédéraliste, où la Commission est au centre du dispositif, ne laissant que des miettes aux Etats membres. Les gouvernements, les autres commissaires et, surtout, l'ancien président de la République française ne doivent donc être mis au parfum qu'une fois le texte totalement bouclé, la surprise jouant un rôle fondamental dans la manœuvre.

Marx Brothers

Mais il faut jouer serré et respecter un minimum de protocole. Romano Prodi envoie donc un membre de son cabinet à Paris pour que Giscard d'Estaing puisse prendre personnellement connaissance du texte, quelques heures seulement avant son adoption prévue par les commissaires. L'ancien président français vient d'être auditionné par l'Assemblée nationale et s'apprête à prendre le train de 22 heures pour Bruxelles, où l'attendent les conventionnels pour la session du lendemain. Sur le quai balayé par un vent froid, l'émissaire de Prodi lui tend une grosse enveloppe avant de monter, lui aussi, dans le TGV qui le ramène à Bruxelles. Coïncidence : dans ce train à moitié vide, le fonctionnaire dispose d'un siège réservé à portée d'ouïe de Giscard d'Estaing. Au lieu de s'éloigner quelque peu, il choisit d'y rester pour observer les premières réactions de « l'Ex » et en rapporter la teneur à son patron le soir même. « C'était la première histoire d'espionnage de la Convention », ironise un des proches de Giscard.

Mais l'affaire tient plus des Marx Brothers que de John Le Carré. Le président de la Convention, qui n'est pas né de la dernière pluie, est furieux. Plusieurs journaux, en majorité italiens, ont bénéficié d'une « fuite » du cabinet de Prodi. Au moment même où le document lui est remis, *Le Monde* a déjà mis en page un article sur le document intitulé : « La Constitution secrète de Prodi ». Installé dans le TGV, Giscard d'Estaing ouvre l'enveloppe et, sans même parcourir ce qui s'y trouve, jette ostensiblement les 145 pages d'articles constitutionnels à l'un de ses collaborateurs sous le regard marri de « l'espion » de Prodi. « Dites-moi ce qui est important dans ce document », lance-t-il avant de rédiger une lettre au vitriol au président de la Commission. Et d'annuler son rendez-vous avec ce dernier prévu pour le lendemain matin. Puisque tout est déjà dans les journaux, il n'y a plus rien à discuter.

Il y a plus grave que cette entorse au protocole, que Giscard n'est pas homme à pardonner. Les 20 commissaires européens, réunis deux jours plus tard, le jeudi 5 décembre, sont aussi surpris que Giscard de voir débarquer un texte sorti de nulle part, dont ils ont de surcroît appris l'existence par la presse. Ils le seront encore plus lorsqu'ils se rendront compte que Pénélope ne « colle » pas aux propositions officielles que l'institution prépare depuis plusieurs mois à l'intention de la Convention et que le collège doit approuver ce jour-là. Même les deux représentants de la Commission à la Convention, le Français Michel Barnier et le Portugais Antonio Vitorino, ont été mis devant le fait accompli. L'ambiance est tendue. Le Britannique Neil Kinnock, chargé de la réforme administrative, l'Espagnole Loyola de Palacio, titulaire du portefeuille du transport et de l'énergie, et l'Italien Mario Monti, le commissaire à la concurrence, sont les plus remontés. Ce dernier, qui n'élève pourtant jamais la voix, est littéralement déchaîné : « Pendant toutes mes années à la Commission (il y est entré en 1995, NDA), je n'ai jamais été traité comme ça. Vous nous avez traités comme des enfants, c'est totalement inacceptable. » Les commissaires, dans un mouvement d'humeur, refusent d'entériner « Pénélope », qui n'a donc aucun statut officiel. Pour sauver les apparences, Barnier et Vitorino accepteront de déclarer qu'ils avaient été tenus au courant. Un gros mensonge destiné à éviter le clash. Mais personne n'est dupe. Quelques minutes après cette réunion, le président de l'exécutif doit se présenter devant la Convention, qui sait tout de la manœuvre. Pénélope ? « Un document à usage interne », doit-il piteusement reconnaître, assis aux côtés d'un Giscard radieux.

L'ancien président français n'a pas oublié d'être méchant. Quelques jours plus tard, sourire carnassier aux lèvres, il ironisera lors d'une conférence de presse à propos de cette « Pénélope » qui « défait la nuit l'ouvrage que les autres ont tissé pendant la journée », à l'image de ce que faisait l'épouse d'Ulysse. Mais à l'inverse de l'héroïne de l'*Odyssée* d'Homère, la Pénélope de Prodi, elle, « a été répudiée, ce que n'a jamais fait Ulysse », déclare-t-il devant une assistance hilare.

Erreur de casting

Les alliés objectifs de la Commission sont furieux. Les deux vice-présidents de la Convention, le Belge Jean-Luc Dehaene et l'Italien Giuliano Amato, qui tentent de limiter l'influence écrasante de Giscard sur la Convention, se rendent compte de l'effet désastreux de cette erreur tactique et ne se privent pas de le faire savoir. « Pénélope », un texte impeccable sur le plan juridique et politiquement audacieux, aurait pu devenir la bible de la Convention s'il avait bénéficié de toute l'autorité de la Commission. Par la faute d'une nouvelle *combinazione* mal gérée, il ne restera qu'un simple bout de papier qui a rejoint les étagères poussiéreuses des archives européennes. La version finale de la Constitution européenne, adoptée en juin 2004, n'en porte aucune trace.

Cette anecdote illustre une grossière erreur de casting. C'est l'histoire de Romano Prodi et, à travers elle, d'une Commission, institution centrale de l'Union, qu'il a menée au bord du gouffre. C'est pourtant un euphémisme de dire que, le 24 mars 1999, la nomination de Prodi, par le Conseil européen des chefs d'Etat et de gouvernement réuni à Berlin, est bien accueillie. L'équipe dirigée par le Luxembourgeois Jacques Santer, accusée de mauvaise gestion et de népotisme, vient de présenter sa démission collective. Le sommet, qui doit arrêter le budget de l'Union jusqu'en 2007, s'est ouvert dans une atmosphère de gravité sans précédent. Dans le vieux bâtiment surchauffé surplombant le zoo de Berlin, le chancelier allemand, le social-démocrate Gerhard Schröder, au pouvoir depuis septembre 1998, et le Premier ministre espagnol, le conservateur José Maria Aznar, s'apprêtent à en découdre. Le premier veut réduire la contribution allemande au budget européen en sabrant notamment dans les fonds régionaux qui sont à l'origine du miracle économique espagnol. Le second est obsédé par l'idée de faire aussi bien que son illustre prédécesseur, le socialiste Felipe Gonzalez, qui, à chaque fois, a réussi à obliger les Etats riches à mettre la main au portefeuille pour aider les pays européens moins développés. Jacques Chirac, lui, ne pense qu'à défendre sa chère, dans tous les sens du terme, Politique agricole commune. Comme pour ajouter à la tension ambiante, dès les premières heures du sommet, l'OTAN lance ses avions sur la Serbie de Slobodan Milosevic pour arrêter le nettoyage ethnique entamé au Kosovo. Dans ce contexte, il n'est pas question de laisser la Commission Santer démissionnaire gérer les affaires courantes jusqu'à l'issue de son mandat, fin décembre. Ni d'ajouter une crise à la crise, comme en 1994 à Corfou : à l'époque, le veto britannique à la nomination du Premier ministre belge, le démocrate-chrétien Jean-Luc Dehaene, pour succéder à Jacques Delors, avait débouché sur une invraisemblable foire d'empoigne qui allait entraîner in fine la sélection de Jacques Santer, alors Premier ministre du Luxembourg.

Le choix du président de la Commission est déterminé par des critères relativement précis, même s'ils ne sont pas écrits. Aux termes d'un accord tacite conclu en marge du Conseil européen de Maastricht, en décembre 1991, il doit être ou avoir été Premier ministre. La règle de l'alternance Nord-Sud incite à Berlin les chefs d'Etat et de gouvernement à regarder vers les rives de la Méditerranée pour choisir le successeur de Santer, un homme du Nord. L'Italie, l'un des six pays fondateurs de l'UE, n'a jamais obtenu la présidence de la Commission, si l'on oublie l'éphémère intermède de Franco Maria Malfatti, au tout début des années 1970. En comparaison de la France – dix années de présidence –, ou du minuscule Luxembourg – une décennie de pilotage de l'exécutif européen pour moins de 400 000 habitants –, Rome a été mal servi. Après le démocrate-chrétien Santer, il serait en outre de bon ton de sélectionner un « progressiste » d'autant que le Conseil européen est alors dominé par les sociaux-démocrates. L'appartenance à l'euro du pays d'origine du candidat est, en outre, une condition sine qua non, ce qui exclut les Britanniques, les Suédois et les Danois. Enfin, il faut une personnalité qui puisse restaurer l'image de la Commission, sévèrement écornée par le scandale de la « vache folle » en 1996-1997 et les affaires de fraude et de népotisme.

Tous les regards convergent vers Prodi. Professeur d'économie venu sur le tard à la politique, l'ex-président du Conseil italien jouit d'une flatteuse réputation. Il a présidé le gouvernement de centre-gauche qui a réussi l'impensable : qualifier l'Italie pour l'euro malgré les réticences allemandes en demandant à son peuple des sacrifices pour réduire un déficit public abyssal et une dette supérieure à la production de richesses annuelle du pays. Certes, le mérite en revient surtout à son ministre des Finances, Carlo Azeglio Ciampi, et aux efforts de l'Espagne. En consentant à tous les sacrifices exigés par l'Allemagne, Madrid a privé l'Italie d'un allié essentiel pour obtenir un peu de mou dans l'application des critères de Maastricht. Rome a donc été forcé d'assainir ses comptes publics à marche forcée. Mais Prodi tire presque seul les bénéfices de cet « exploit ». Issu d'un pays du Sud, il n'est certes pas socialiste mais il présente peu ou prou les mêmes caractéristiques politiques que Jacques Delors. Sa famille politique d'origine, la démocratie-chrétienne, est en lambeaux et ne constitue pas une véritable concurrence pour l'Europe rose de l'époque.

Trahi par son allié du PDS (ex-communiste), l'ex-président du Conseil italien a fait savoir depuis plusieurs mois qu'il était libre et intéressé par la fonction. En octobre 1998, Francesco Cossiga abat ses cartes. Président de l'Union des démocrates pour la république, un petit parti pivot de presque toutes les majorités, ce dernier annonce au président du Conseil italien, Massimo d'Alema, qu'il lui faudra appuyer la candidature de Prodi à Bruxelles s'il veut obtenir son soutien pour former un gouvernement.

Blair et Schröder à la manœuvre

Bien préparée par des contacts au plus haut niveau menés de main de maître par Gerhard Schröder et, surtout, le Premier ministre britannique, Tony Blair, qui voit en Prodi un homme proche de sa « troisième voie », plus libérale que socialiste, la nomination est annoncée dès le début du sommet de Berlin. Elle est immédiatement saluée par un concert de louanges, même si les participants au sommet ne cachent pas que la volonté d'aller vite a primé au moment où commence la guerre du Kosovo. « Nous avons effectivement montré que nous avons la capacité d'agir », reconnaît le chancelier, vantant tout de même l' « intégrité » de Prodi – sous-entendu, ça ne fera pas de mal après la Commission Santer – et ses « extraordinaires qualités d'expert économique ». « C'est un réformateur politique et économique », renchérit Tony Blair.

La presse n'est pas en reste et publie des portraits très favorables du futur homme fort de Bruxelles. Chacun est sûr que Romano

Prodi va réaffirmer l'autorité de la Commission ébranlée par la démission du collège présidé par Jacques Santer. A sa décharge, l'ancien Premier ministre luxembourgeois n'a pas eu la tâche facile puisqu'il a dû succéder à Jacques Delors à Bruxelles. En dix ans de règne, l'ancien ministre des Finances de François Mitterrand entre 1981 et 1984 a réussi, avec l'aide du couple franco-allemand, à achever la plus grande partie du marché unique et à accélérer l'intégration communautaire par l'Acte unique de 1986 et le traité de Maastricht de 1992. Mais, dès le départ, Santer a été mal aimé. Choisi par défaut, il s'est heurté à la défiance du Parlement européen, qui ne lui a accordé qu'une confiance limitée en juillet 1995. Les limites du personnage et son verbe défaillant ne lui ont pas permis de remonter la pente. Affaibli par la crise de la vache folle, il n'a pu résister à la tourmente des affaires, d'autant qu'il a multiplié les erreurs de manœuvres politiques. C'est donc peu dire que l'ancien président du Conseil italien est attendu comme le messie d'une Europe à la dérive. Le microcosme bruxellois espère en fait un nouveau Delors.

Les premiers pas de Prodi semblent confirmer que, cette fois, les chefs d'Etat et de gouvernement ne se sont pas trompés d'homme. Son équipe de commissaires, des « champions » comme il le dit fièrement, est officiellement présentée le 17 juillet 1999 dans le château d'Aartselaar, situé dans la campagne flamande, près d'Anvers. Le soleil est de la partie et les dix-neuf personnalités choisies, quatorze hommes et cinq femmes, affichent des sourires radieux. La nouvelle Commission a, il est vrai, fière allure. La plupart des pays ont envoyé à Bruxelles des poids lourds sélectionnés avec l'accord de Prodi. Le Britannique Chris Patten, qui hérite du portefeuille des relations extérieures, vient d'assurer la rétrocession de Hong-kong à la Chine après s'être illustré par sa capacité à résister aux potentats de Pékin. Pascal Lamy, qui a été le chef de cabinet de Jacques Delors pendant huit ans à Bruxelles, desserre pour une fois les mâchoires en obtenant le commerce extérieur, un poste à la hauteur de ses qualités. Pedro Solbes, qui prend en charge les affaires économiques et monétaires, est en terrain connu puisqu'il a été le ministre des Finances de Felipe Gonzalez. L'Italien Mario Monti, l'un des quatre rescapés de la Commission Santer, décroche la concurrence et ce choix est unanimement salué. L'Autrichien Franz Fischler rempile à l'agriculture. Schröder a délégué à Bruxelles l'un de ses proches, Günter Verheugen : il présidera les négociations d'élargissement, un objectif stratégique pour l'Allemagne. José Maria Aznar a choisi une femme de confiance, Loyola de Palacio, qui vient d'emporter haut la main les élections européennes dans son pays. Elle obtient les transports et l'énergie. Le Portugal a désigné l'un de ses plus brillants hommes politiques, le socialiste Antonio Vitorino, qui est chargé de créer un véritable espace de « liberté, de sécurité et de justice » en améliorant la coopération entre les justices et les polices. C'est donc bien une équipe de champions qui figure sur la photo de famille prise dans les jardins d'Aartselaar, où les futurs commissaires planchent d'abord sur les règles de déontologie qu'ils s'engagent à respecter pendant – et après – leur mandat.

Règle numéro un : les membres de la Commission qui quittent leurs fonctions devront pendant l'année qui suit demander à un comité d'éthique l'autorisation d'accepter une activité rémunérée. Il s'agit d'éviter la répétition de ce qui s'est passé un mois auparavant avec le commissaire chargé des télécommunications, l'Allemand Martin Bangemann, qui a négocié son entrée dans l'entreprise espagnole Telefonica avant même son départ de Bruxelles. Déclaration de patrimoine, frais professionnels strictement réglementés, lettre de démission signée par chacun des dix-neuf membres pour permettre au président d'assurer son autorité – et éviter la répétition de l'affaire Cresson : en refusant de démissionner, l'ancien Premier ministre français a entraîné dans sa chute l'ensemble de l'exécutif. Le soin du détail est poussé assez loin : la taille de chaque cabinet est réduite à six membres – huit pour le président – et le nombre de chauffeurs à un par commissaire (deux pour le président). Bruxelles ne sera plus une sinécure, promet Prodi. La participation aux réunions hebdomadaires de la Commission devient obligatoire. Les missions combinées aux loisirs seront plus rares, pour éviter que les commissaires n'aient systématiquement des discours à prononcer dans leur pays d'origine ou dans une destination exotique tous les vendredis, voire tous les jeudis, et ne reviennent à Bruxelles que le lundi ou le mardi. La nomination aux postes de responsabilité se fera non plus sur la base de critères de nationalité, mais au mérite, promet le nouveau président. Des experts extérieurs reconnus pour leur compétence seront progressivement incorporés à la Commission. Grand connaisseur de la maison, Pascal Lamy paraît séduit. « C'est beaucoup plus présidentiel dans l'approche et c'est bien ainsi. »

Prodi, nouveau Churchill ?

Le *Financial Times*, considéré comme la bible du milieu bruxellois, compare carrément la mission de cette Commission à celle des soldats britanniques durant la bataille d'Angleterre en utilisant la célèbre citation de Winston Churchill : « Jamais, dans l'histoire des conflits de l'humanité, autant d'hommes n'ont dû autant à un si petit nombre. » Rien de moins. Car si Prodi ne parvient pas à restaurer la crédibilité de l'exécutif européen, « le projet d'intégration européenne tout entier pourrait commencer à se déliter ». Le ton est donné et Prodi passe sans encombre l'obstacle du Parlement européen, qui lui accorde, le 5 mai 1999, une confiance de maréchal (392 voix contre 67 et 41 abstentions). « Mon but est de transformer la Commission en une administration de niveau mondial qui dirige par l'exemple », lance-t-il devant des députés ravis. Les 20 000 fonctionnaires de la Commission, dont le moral est au plus bas après les tourmentes des années Santer, se remettent à espérer.

Ils ont dû vite déchanter. C'est peu de dire que Prodi a déçu. Le rutilant carrosse s'est transformé en citrouille et il a quitté Bruxelles, le 22 novembre 2004, avec une image de « looser » maladroit, de gaffeur impénitent et de piètre orateur. Il a réussi l'exploit de faire pire que Santer et laisse derrière lui une Commission, en tant qu'institution motrice, plus décrédibilisée que jamais. Même si, pris un par un, les commissaires ont plutôt été bons, c'est le collectif qui a échoué. L'un des derniers « pères fondateurs » vivants de l'Union européenne, Helmut Kohl avait pressenti le désastre. Ayant eu vent de l'imminence de la nomination de l'ex-président du Conseil italien en mars 1999, il empoigna son téléphone et appela un chef de gouvernement qui compte parmi ses intimes : « Vous allez nommer Prodi ? Vous êtes tous devenus fous ? »

Certes, Prodi a des circonstances atténuantes et la comparaison avec Jacques Delors, qui a le don de l'énerver, est injuste à plusieurs titres. Le premier ministre des Finances de François Mitterrand, qui n'a lui-même dû son poste bruxellois, en juin 1984[1],

1 Il a pris ses fonctions en janvier 1985.

qu'au veto de Margaret Thatcher à la nomination de l'ancien ministre des Affaires étrangères Claude Cheysson, a bénéficié d'une configuration astrale exceptionnelle. Quand on est appuyé par François Mitterrand, Helmut Kohl, Felipe Gonzalez et Giulio Andreotti, alors président du Conseil italien, que l'on apporte dans sa musette des projets mobilisateurs – le marché unique et l'euro – et que l'opinion publique européenne suit, les choses sont plus aisées. A l'inverse, Prodi n'aura pas d'autre projet à porter que l'élargissement vers l'Est, la préparation de l'euro ayant été assurée par son prédécesseur. La fin du mandat de Delors, marquée par la crise économique des années 1992-1993 et la montée de l'euroscepticisme, a d'ailleurs été beaucoup moins glorieuse que ses débuts.

Mais Prodi n'a pas pris la mesure de ce qu'est le rôle d'un président de la Commission. Cet homme intelligent et charmant, qui sait être d'une extraordinaire dureté quand il se sent attaqué, n'a pas compris que c'est l'ingéniérie du pouvoir qui compte lorsqu'on est à la tête de l'exécutif européen. « Son champ d'irradiation s'arrête au royaume des idées. Au royaume des faits, il n'y est pas », résumera en petit comité Pascal Lamy, qui refuse toutefois de critiquer son ex-chef, ayant toujours obtenu son soutien quand il le lui a demandé. Or, le travail de président de la Commission, extraordinairement complexe, est celui des faits autant, sinon plus, que celui des idées. Il faut être capable de faire travailler une équipe, de connaître chaque dossier aussi bien – voire mieux – que les commissaires compétents, disposer de suffisamment d'autorité pour trancher le moment venu et être entouré d'une garde rapprochée d'une fidélité à toute épreuve. C'est ce qu'a réussi Delors pendant dix ans. Ce bourreau de travail formait un tandem quasiment fusionnel avec son chef (directeur) de cabinet Pascal Lamy, tellement dur en négociation qu'on l'avait surnommé « l'Exocet », le missile capable de percer les blindages avant d'exploser à l'intérieur de sa cible. Il lui suffisait de traverser un couloir pour échafauder des stratégies ou déjouer des complots avec les commissaires les plus influents, tout ce petit monde étant réuni dans le même bâtiment.

L'exil des commissaires

Dès son arrivée à Bruxelles, Prodi va prendre une décision qui, à l'usage, va se révéler catastrophique. Croyant être le chef d'un « gouvernement européen », selon ses mots, il exile ses « ministres », les commissaires, dans leurs directions générales éparpillées aux quatre coins de Bruxelles. « Comme ça, ce sont les commissaires qui ont le pouvoir, et plus les directeurs généraux », explique-t-il, toujours persuadé aujourd'hui du bien-fondé de sa réforme. Mais alors qu'il croit asseoir son pouvoir, il laisse en fait chacun libre de concocter sa cuisine dans son coin. La « collégialité », le principe de base de la Commission qui veut que les décisions soient prises et défendues par l'ensemble de l'institution, est inexistante. « Il avait un mode de gouvernement en creux, il nous laissait une liberté incroyable », constate, encore tout surpris, un des poids lourds de sa Commission. Au début de son mandat, Prodi va ainsi volontairement s'abstenir de participer à plusieurs réunions informelles ou formelles des ministres des Affaires étrangères et des Finances afin de laisser la place à ses commissaires spécialisés. Il mettra un an à se rendre compte de son erreur.

Il se croit encore en Italie, où le président du Conseil, en tout cas à l'époque, se contente souvent d'écouter les points de vue des différents partis de la coalition avant d'en effectuer la synthèse. « Prodi n'est pas un leader. Il n'a pas véritablement d'expérience gouvernementale, reconnaît l'un de ses commissaires. En Italie, le Premier ministre est au balcon. C'est du donnant-donnant. La Banque d'Italie a plus d'importance que le Premier ministre d'un gouvernement de coalition, en tout cas avant l'ère de Berlusconi. » Cela se ressent sur les dossiers, qu'il ne travaille pas, laissant les experts et ses commissaires mener le débat puisqu'il est, lui, le politique. Le résultat ne se fait pas attendre. En leur accordant une telle liberté, il leur permet surtout de défendre la cause de leur pays. Jamais cette institution chargée de défendre l'intérêt général n'aura été aussi déchirée par les clivages nationaux. Les commissaires allemands voteront contre l'envoi d'un « avertissement » à l'Allemagne en plein dérapage budgétaire et défendront bec et ongles leur industrie automobile, et notamment Volkswagen. L'Espagnole Loyola de Palacio montera quant à elle au créneau pour dénoncer la réduction de la flotte de pêche proposée par son collègue autrichien. On pourrait multiplier les exemples à l'infini.

En quelques mois, Prodi perd toute autorité sur la Commission. Pour faire travailler harmonieusement 20 000 fonctionnaires venant de pays aussi hétérogènes du point de vue de la culture administrative et donner du « liant » à la politique européenne, il faut une poigne de fer. L'incapacité de Prodi à savoir s'entourer atteint des proportions presque comiques. Il change de chef de cabinet, poste clef dans l'administration bruxelloise, comme de chemise, se privant ainsi de l'indispensable continuité : l'Italien Stefano Manservisi a succédé au Français Michel Petite et à l'Irlandais David O'Sullivan. Les Italiens qu'il a amenés dans ses bagages ont souvent pour seule ambition de flatter son ego dans une atmosphère de courtisanerie. Les étrangers qui font partie de son cabinet sont soit court-circuités par les Italiens, soit envisagent leur charge temporaire comme un tremplin vers d'autres fonctions (O'Sullivan est devenu secrétaire général de la Commission, Petite chef du service juridique et Manservisi directeur général).

Le clan des Italiens

Prodi a débarqué à Bruxelles flanqué d'un personnage qui est à la fois son porte-parole, son biographe attitré et son éminence grise. Ricardo Levi, homme de presse, provoque l'incrédulité à Bruxelles lorsqu'il essaye de vendre son patron comme il le faisait à Rome où il exerçait les mêmes fonctions auprès du président du Conseil. « Aujourd'hui, le président a fait du vélo », explique-t-il doctement devant le millier de journalistes accrédités à Bruxelles lors d'une de ses premières conférences de presse. La stratégie de communication de la Commission est importée de Londres et l'expérience d'Allistair Campbell, le « spin doctor » (un terme issu du tennis qui peut être traduit par « donner de l'effet à l'information » comme on donne de l'effet à une balle) de Blair, est mise à contribution. Prenant conscience de l'hostilité croissante de la salle de presse à l'égard de Levi, Prodi finit par lui retirer, en mai 2000, sa fonction de porte-parole, qui joue un rôle essentiel dans la machinerie de la Commission, où a lieu tous les jours une longue conférence de presse censée donner le ton des quotidiens du lendemain. Prodi aurait-il enfin compris ? Non. S'il lui retire le titre de porte-parole, c'est pour confier à « Ricky Machiaveli » – le mot est du Britannique Neil Kinnock – la direction de l'équipe chargée de penser l'avenir de l'Europe, le « conseil économique et politique », le nouveau nom de la « cellule de prospective » créée par Jacques Delors en son temps... Pas mal pour un néophyte.

Sujet de moquerie

La principale erreur de l'ancien président du Conseil italien est sans doute de ne pas avoir compris qu'il quittait le cercle des chefs d'Etat et de gouvernement en partant à Bruxelles. Cultiver des relations personnelles avec eux peut être utile quand il s'agit de demander un renvoi d'ascenseur. Prodi saura d'ailleurs, en quelques rares occasions, se faire payer de retour grâce à ces liens, surtout avec les dirigeants des pays tiers. C'est ainsi que l'on peut mettre à son crédit la signature par le président russe Vladimir Poutine du protocole de Kyoto en 2004, cruciale pour la survie de cet instrument de lutte contre la pollution. « Son intervention a été déterminante », assure un ex-commissaire.

Mais si le président de la Commission est assis à la table du Conseil européen, il n'est pas un chef de gouvernement. Il doit leur proposer des solutions et des compromis, les travailler au corps et les influencer, mais ce n'est pas lui qui décide. Prodi va l'apprendre à ses dépens. Chaque Conseil européen deviendra une épreuve pour lui.

C'est à Gand, en octobre 2001, que le fond est atteint. Lorsque Prodi commence son intervention, quelques ministres des Affaires étrangères présents dans la salle s'envoient des messages moqueurs sur leurs téléphones portables. Chirac dit tout haut qu'il n'a « rien compris » à son discours sur l'Afghanistan, ce qui est d'ailleurs un problème récurrent pour Prodi, incompréhensible même en italien. « Il parle toutes les langues, mais je n'en comprends aucune », ironisa un jour le chef de la diplomatie d'un grand pays. Lors d'une conférence de presse qui se tient au premier jour du sommet, il se fait publiquement rabrouer par son « ami » Guy Verhofstadt, le Premier ministre belge avec qui il partage pourtant une passion pour les longues randonnées à vélo en Flandre ou en Toscane. La question porte sur le pacte de stabilité et de croissance, les règles qui sanctionnent tout dérapage budgétaire, et dont certains pays demandent l'affaiblissement.

« Le pacte de stabilité est notre bible, déclare Verhofstadt.

— Pas tout à fait, l'interrompt Prodi sur le ton de la plaisanterie.

— Si, si, c'est notre bible. C'est dangereux de dire autre chose », coupe l'homme d'Etat flamand qui sait que les marchés n'ont aucun sens de l'humour.

Le lendemain, fait unique dans les annales européennes, le président de la Commission refuse d'assister à la conférence de presse finale du sommet de Gand. Il fait savoir qu'il entend ainsi protester contre le fait que le Premier ministre belge, Guy Verhofstadt, ne lui laisse pas suffisamment la parole... Mais il n'a pas fait annoncer son absence et les propos échangés par ses pairs, qui l'attendent pendant de longues minutes assis derrière une table où les micros sont déjà ouverts sans qu'ils s'en rendent compte, en disent long sur l'estime dans laquelle ils tiennent Prodi.

« On attend Romano ? demande Verhofstadt.

— Il est parti dormir, répond son chef de la diplomatie, Louis Michel.

— Il dort déjà », ajoute le haut représentant pour la politique étrangère et de sécurité commune, Javier Solana, avant de comprendre, catastrophé, que les journalistes hilares ont tout entendu dans leur casque.

La mauvaise entente entre Prodi et les dirigeants européens tient aussi à la relation qu'il entretient avec le Parlement européen. Tétanisé par la chute de la Commission Santer, il accepte sans broncher tous les caprices de cette institution qui menace de censurer la Commission au moindre écart. En suivant de manière quasiment constante les députés, il se place forcément dans une logique de confrontation avec les gouvernements européens. Or, le centre du pouvoir reste, dans l'Union, le Conseil européen.

La liste des bévues ou erreurs de parcours est impressionnante. A peine arrivé à son poste, à l'automne 1999, il invite le dirigeant libyen, Mouammar Kadhafi, à Bruxelles sans consulter les capitales européennes ni Javier Solana, qui s'en émeuvent. L'objectif officiel est de tendre la main à ce pays pour le sortir de son isolement et assécher le marais terroriste. En fait, il s'agit surtout de marquer à la culotte le président du Conseil italien de l'époque, Massimo d'Alema, qui vient de se rendre à Tripoli. Le colonel libyen le sauvera d'une situation bien embarrassante en refusant de venir s'asseoir à la même table qu'un représentant d'Israël, ce qui en dit long sur la sagacité d' « Il Professore ». Prodi dira en 2004 qu'il a eu raison avant tout le monde, puisque la planète entière, y compris les Etats-Unis, a renoué les liens avec le bouillant dirigeant libyen après qu'il eut versé plusieurs centaines de millions de dollars aux familles des victimes occidentales des avions que ses services ont fait exploser. « C'est une gaffe dans le sens de l'Histoire », ironise un commissaire.

En juin 2001, les Irlandais rejettent d'un souffle le traité de Nice lors d'un référendum pris à la légère par le gouvernement de Dublin. L'Europe se retrouve dans la situation du « non » danois à Maastricht, en juin 1992, menacée de blocage institutionnel. L'élargissement aux pays de l'Est risque d'être retardé, dans la mesure où il a été lié à l'entrée en vigueur du nouveau traité. Les Etats membres se mobilisent pour qu'un second référendum ait lieu le plus vite possible afin d'effacer le résultat du premier. Quelle n'est pas leur surprise quand ils apprennent que, dans une interview au quotidien *Irish Times*, Prodi estime que la ratification du traité de Nice n'est pas un préalable à l'élargissement. Autant faire carrément campagne pour le « non ». Quelques jours plus tard, devant un auditoire d'universitaires à Cork, changement de cap total – une pratique courante chez Prodi. Il fait de la ratification « une condition politique à l'élargissement ». Faute avouée, faute à moitié pardonnée ? Pas dans l'Union, où les rancunes sont tenaces et les réputations irrémédiablement ternies par le plus petit écart.

Le garde-chasse se fait braconnier

Il ne fait toutefois pas toujours amende honorable lorsqu'il commet une bourde. En octobre 2002, Romano Prodi accorde une interview qui n'aurait pas dû faire la moindre vague [1]. Il veut y

1. *Le Monde* daté du 18 octobre 2002.

lancer un message à Paris et à Berlin : la France et l'Allemagne doivent accorder leurs violons sur la future Constitution européenne. Mais le texte contient une bombe, bien cachée puisque le titre ne fait référence qu'à l'axe franco-allemand, « levain de l'Europe ». Le pacte de stabilité et de croissance, dit-il en passant, est « stupide, comme toutes les décisions qui sont rigides ». Les deux journalistes du quotidien du soir n'en croient pas leurs oreilles. L'affaire éclate dès la parution du journal. A l'exception de quelques communistes et socialistes ravis de voir la Commission céder à la provocation, c'est l'hallali. L'immense majorité des gouvernements et du Parlement européen tire à boulets rouges sur un homme qui est quand même censé faire respecter le droit communautaire et non le miner. Surtout qu'il ne propose aucune piste de réforme pour faire passer son propos sacrilège. Le commissaire aux affaires économiques et monétaires, Pedro Solbes, qui n'a pas été averti au préalable, désavoue publiquement son patron. Panique à la Commission, où l'on se rend compte de l'ampleur d'une gaffe que personne n'a vue venir, puisque c'est un amateurisme total qui a présidé à la supervision de l'interview. Alors que la plupart des entretiens publiés par *Le Monde* portent la mention « relu et amendé » par l'homme politique interrogé, personne n'a pris le soin de jeter un coup d'œil sur un entretien qui a été accordé en français, une langue que ne maîtrise pas parfaitement Prodi...

Que faire ? « On a décidé d'assumer, pour tenter de transformer la gaffe en initiative politique », explique un de ses proches. Et Prodi d'expliquer qu'il a voulu lancer un débat sur l'assouplissement nécessaire de règles décidées « au siècle dernier ». Mais, outre le fait que, concrètement, sa mise en œuvre avait déjà été considérablement assouplie au moment où Prodi s'exprimait, c'est, à nouveau, sa conception de la fonction de président de la Commission qui est en cause. Prodi se comporte comme le professeur d'université qu'il n'a jamais cessé d'être. Devant un auditoire, on peut lancer des idées. Mais à la tête de la Commission, c'est tout différent. Le gendarme n'a pas à ridiculiser un code de la route qu'il est censé appliquer. De plus, cette « sortie » intempestive va crisper le débat au lieu de le faciliter, empêchant toute discussion sereine sur la modernisation du pacte.

Dans l'affaire, Prodi va s'aliéner le soutien des « petits pays » vertueux, ses derniers alliés au sein du Conseil européen. Alors qu'ils ont tous consenti des efforts considérables pour éliminer leurs déficits, ils ont l'impression justifiée qu'il suffit que l'Allemagne et la France dérapent pour que les règles soient jugées « stupides ». Un an plus tard Paris et Berlin, qui ont laissé filer leur déficit public au-delà de la limite des 3 % du produit intérieur brut (PIB) fixée par la France et l'Allemagne pour empêcher les pays du « Club Med » de torpiller la monnaie unique, montrent qu'ils ont compris le message en sabordant le pacte qu'ils avaient porté sur les fonts baptismaux en juin 1997. Le président de la Commission fait alors mine de se ressaisir en rappelant aux fautifs qu'il faut respecter le règlement de copropriété de l'euro. La Commission, menace-t-il, n'hésitera pas à appliquer les règles du pacte, y compris les sanctions, parce que tous les pays sont égaux devant la loi. Mais la crédibilité de ces rappels à l'ordre venant d'un homme qui veut faire appliquer un code qu'il qualifie de « stupide » est nulle. Pendant la longue nuit du 24 au 25 novembre 2003, lorsque la France, l'Allemagne et quelques alliés, notamment l'Italie de Berlusconi, décident de court-circuiter le pacte, Romano Prodi a d'ailleurs laissé Pedro Solbes se battre seul. « Pendant tout la réunion, il n'a pas dit un mot », affirment plusieurs ministres qui ont participé à la réunion. Le lendemain, comme un renard satisfait d'avoir mis le poulailler à sac, épuisé mais ravi, le ministre français de l'Economie et des Finances, Francis Mer, ironise : « Ce n'est pas moi qui ai dit que le pacte était stupide ! »

Chemin de croix

La Convention européenne fut un autre chemin de croix pour Prodi. Il estime que VGE veut redonner aux « grands » un poids plus important dans une Union où, avec l'élargissement, les « petits » seront 19 sur 25 Etats membres. Avec l'appui des nations les plus peuplées, Giscard pèse donc de tout son poids pour la création d'un poste de président du Conseil européen. Prodi croit qu'il peut s'agir d'une dérive dangereuse puisque le président du Conseil pourrait devenir le véritable « patron » de l'Europe et ravaler la Commission au rang de secrétariat. Il Professore est bien décidé à s'opposer à cette innovation mais il va, une fois de plus, complètement rater sa manœuvre. Il s'allie d'abord aux représentants des petits pays qui veulent garder le statu quo institutionnel tel qu'il ressort du traité de Nice, celui-ci leur donnant un poids bien supérieur à leur population ou leur richesse. Il recherche également l'alliance avec le Parlement européen, persuadé que les représentants de l'assemblée de Strasbourg à la Convention, très majoritairement fédéralistes, vont faire obstacle à la vision « intergouvernementaliste » de VGE.

L'effet est désastreux, puisqu'il prend le parti de défendre l'indéfendable traité de Nice, qu'il a d'ailleurs été l'un des premiers à critiquer. Comment expliquer que l'on réunisse en grande pompe une Convention afin de rédiger une Constitution si c'est pour maintenir en place un système institutionnel unanimement décrié ? Giscard joue sur du velours : il contourne l'opposition du Parlement en lui offrant de nouvelles compétences et en acceptant une limitation des pouvoirs du président du Conseil européen. Quand les deux représentants de la Commission à la Convention, le Français Michel Barnier et le Portugais Antonio Vitorino, acceptent le compromis global, Prodi pique une colère noire et les désapprouve publiquement en dénonçant leurs concessions. « Un coup de poignard dans le dos des (deux) commissaires », commente Jean-Luc Dehaene, vice-président de la Convention, pourtant allié de la Commission devant l'éternel. Grand chasseur, Giscard ne va pas rater l'occasion de mettre à mort un adversaire qui a eu l'impudence de lui résister. Puisque vous n'êtes pas d'accord avec ma vision de l'Europe, dit-il en substance à Prodi, débattons-en à la télévision devant un public qui votera ensuite pour nous départager. Le président de la Commission refusera par trois fois l'invitation écrite. A raison : devant une intelligence aussi acérée que celle de l'ancien locataire de l'Elysée, le débat aurait tourné au jeu de massacre.

L'homme ne parvient pas à tirer les leçons de ses erreurs passées. On pourrait croire que l'expérience de « Pénélope » avait calmé son goût pour les coups fourrés. Pourtant, en juillet 2003, il met sur la table de la Commission un rapport d'experts sur le financement de l'Union de 2007 à 2013, la prochaine grande bataille politique entre pays riches et pauvres. Ce texte est explosif : il propose tout simplement de mettre fin à la Politique agricole commune (PAC) et de concentrer les aides régionales sur les pays de l'Est, les moins développés, afin de libérer des fonds pour doter l'Union d'une véritable stratégie de croissance basée sur l'innovation et la recherche. La proposition n'est pas illégitime puisqu'on peut effectivement se demander pourquoi la PAC continue d'absorber 40 % des 100 milliards d'euros du budget communautaire alors qu'elle ne représente plus qu'une part négligeable du PIB de l'UE [1]. Là où il y a anguille sous roche, c'est que ce rapport a été rédigé sous la direction du professeur belge André Sapir, qui n'est autre... qu'un conseiller de Prodi. Ce dernier apporte donc son autorité à ce texte qui suscite un beau tollé parmi ses collègues de l'exécutif européen, puisque leur propre travail sur ces dossiers est totalement désavoué. Sa crédibilité en tant que médiateur neutre sur le financement futur de l'Union est désormais nulle. Aborder ces négociations en disant à Jacques Chirac que la PAC, c'est fini, ne représente sans doute pas une stratégie optimale alors même que le financement de l'Europe verte a été sacralisé jusqu'en 2013 lors du sommet de Bruxelles d'octobre 2002. Annoncer aux Espagnols qu'ils peuvent oublier les fonds structurels n'apparaît pas non plus comme la meilleure manière de vendre l'élargissement de l'Union à ce pays. Dans l'entourage de Prodi, plus personne ne cherche à le défendre. « On tient compte des limites du personnage », soupire l'un des hauts fonctionnaires qui gravitent autour de lui.

Une île en Italie

Enfin, Prodi n'a pas réussi à faire de la presse son alliée, ce qui est essentiel pour un homme qui est le porte-parole de l'Europe. Le président de la Commission n'ayant pas d'opinion publique – sauf, dans le cas présent, en Italie –, il doit passer par la presse européenne, qui relaie le message. Le média peut être neutre mais aussi négatif ou positif. Jacques Delors a mis du temps à apprivoiser l'animal étrange que constitue le corps de presse accrédité à Bruxelles. Mais il a ensuite joué à plein de cette caisse de résonance en partageant une vision lyrique de la construction européenne avec des journalistes transformés en acteurs d'un mouvement historique.

En revanche, la presse européenne va être d'une méchanceté extraordinaire avec Romano Prodi. Elle avait commencé à prendre

---

1. Chiffre 2003, année de présentation de la proposition. En 2004, le budget était de 110 milliards d'euros.

des habitudes plus critiques, non sans hésitation, sous le règne de Santer. Même si d'autres quotidiens sont plus violents, les coups les plus durement ressentis sont portés par le *Financial Times*. Dès le 10 juillet 2000, ce dernier publie un tableau des performances des commissaires selon un sondage pratiqué auprès des journalistes accrédités à Bruxelles. Prodi arrive bon dernier, très loin derrière ses collègues. Peu importe que les conditions dans lesquelles ce sondage a été effectué soient nébuleuses, aucun journaliste ne se souvenant avoir été approché. Le mal est fait et va s'étendre. Le magazine français *L'Expansion* en rajoute une couche dès la rentrée de septembre 2000. Son sondage, beaucoup plus sérieux – les 38 journalistes consultés, choisis pour constituer un échantillon représentatif, sont nommément cités –, est encore plus désastreux. Avec une note globale de 8,96 sur 20, contre 15,11 au premier de la classe, Mario Monti, Prodi est à nouveau le cancre. La qualité de son travail est jugée médiocre, son influence faible et sa communication défaillante. Le temps n'arrange pas les affaires de Prodi : en septembre 2001, sa cote dans le même sondage de *L'Expansion* baisse encore à 7,47 sur 20, avec des commentaires au vitriol. « Plus rien à sauver. Le désespoir de l'inexistence. Le meilleur qu'il puisse faire pour l'Europe : partir tout de suite », commente l'un des sondés. La démission aura d'ailleurs été l'Arlésienne du mandat de Romano Prodi. Il a été donné partant à de multiples reprises pour reprendre du service en Italie.

La presse européenne a donc joué contre Prodi. Toute la presse ? Non ! Un groupe d'irréductibles italiens a résisté jusqu'au bout. Depuis le début de son mandat, les médias transalpins ont tressé des lauriers à leur champion. La « stupidité » du pacte de stabilité ? Une manifestation du parler-vrai contre un instrument inventé par les Allemands pour empêcher l'Italie d'entrer dans l'euro. « Pénélope » ? Un document audacieux et ambitieux. L'invitation de Kadhafi à Bruxelles ? Quoi de plus normal : la Libye n'est qu'à quelques encablures des côtes italiennes et sa capitale ne s'appelle pas pour rien Tripoli. Et n'est-ce pas l'absence de dialogue avec les pays arabes qui a mené au 11 septembre ? Les critiques contre le président de la Commission ? Au choix, du racisme anti-italien ou un complot britannique, voire allemand. Le correspondant à Bruxelles d'un grand quotidien italien confie qu'il a un jour envoyé à Milan un article expliquant que Prodi était affaibli par les critiques de la presse européenne. Réponse de son rédacteur en chef : on ne publie pas parce que cet homme redeviendra un jour le Premier ministre du pays. Seuls les journaux proches de Silvio Berlusconi se feront l'écho des critiques des médias européens.

Les pitreries, les déclarations à l'emporte-pièce et la politique du « Cavaliere » permettent en grande partie de comprendre cette alliance objective entre la presse italienne et Prodi. C'est que, pour les journalistes de la Péninsule, massivement antiberlusconiens à l'exception – importantissime – des télévisions, le retour à Rome du président de la Commission est une priorité. C'est d'ailleurs cette bonne image que lui renvoie le miroir de sa presse qui importe à cet homme. La plupart de ses initiatives s'expliquent par ce prisme péninsulaire et son affrontement feutré avec Massimo d'Alema ou frontal avec Silvio Berlusconi. Pendant la dernière année de son mandat, il a carrément joué le rôle d'une sorte de Premier ministre en exil en prenant la tête de la résistance à Berlusconi sans craindre d'affaiblir l'institution par cette politisation nationale.

Cependant Prodi a été affecté par ces critiques, surtout celles qui le présentent comme un gaffeur incompétent marmonnant des exposés incompréhensibles dans toutes les langues. Il estime en privé avoir été « trahi » par les Britanniques par lesquels, pourtant, il jurait lors de son arrivée à Bruxelles, séduit par le style et la politique de Tony Blair. Il est vrai que les journaux proches des travaillistes n'ont pas été tendres avec lui et que le Premier ministre de Sa Majesté ne l'a jamais soutenu. Mais il présente son bilan avec fierté, allant jusqu'à dire que tout le monde se presse au portillon pour lui succéder alors que sa fonction était ignorée avant son mandat, ce qui tient à la fois du mensonge et de la fanfaronnade. Oui, admet-il, il est plus pragmatique que visionnaire. Il se targue néanmoins d'avoir réussi le plus grand élargissement de l'histoire européenne : dix pays d'un coup, d'un seul, trois autres en instance d'adhésion (Bulgarie, Roumanie et Croatie) et la Turquie enfin admise à commencer ses négociations d'adhésion. Il est aussi satisfait d'avoir rompu avec les pratiques du passé, une gestion hasardeuses des fonds publics européens qui a contribué à donner une mauvaise image de la Commission. Certes. Mais on peut se demander si le rôle de l'exécutif européen était bien de pousser comme il l'a fait le calendrier d'un élargissement mal préparé qui risque de diluer la construction européenne. Quant à la réforme administrative, il suffit de mesurer la démotivation des fonctionnaires européens pour comprendre qu'elle a été un échec [1].

Intérêt national ou européen ?

La Commission est l'institution la plus originale et la plus importante de l'Union. Faire travailler ensemble plus de 20 000 personnes parlant 22 langues différentes relève du miracle. C'est un étonnement de tous les jours de voir ces ressortissants de pays qui, il y a soixante ans, se faisaient férocement la guerre former une véritable fonction publique, indépendante des Etats membres. Même si aucun quota par nationalité n'est officiellement prévu, la politique de recrutement a toujours veillé à maintenir un équilibre subtil entre les pays afin que chacun se sente représenté par l'exécutif européen mais aussi pour que celui-ci soit capable de refléter au mieux la diversité des Etats membres [2]. Même s'il est arrivé qu'à un moment ou à un autre une nationalité soit mieux représentée à un niveau hiérarchique, la Commission a toujours veillé à corriger rapidement le tir. Cela a parfois été le cas au niveau des directeurs généraux qui sont l'équivalent des directeurs d'administration centrale en France [3]. Certains estiment qu'elle est arc-boutée sur ses privilèges financiers, ce qui est largement vrai. Mais il s'est formé à Bruxelles quelque chose d'unique, une sorte de creuset européen dans une capitale si peu belge. Malgré les défauts inhérents à toute bureaucratie, la Commission est le lieu privilégié où se conçoivent des politiques qui tentent de répondre à l'intérêt général européen et non pas aux différentes revendications nationales.

1. Voir chapitre 2.

2. Les fonctionnaires sont recrutés par concours. Mais tous les lauréats n'obtiennent pas forcément un poste : ils sont placés sur une « liste » dans laquelle les différentes directions générales viennent « piocher » ce qui leur permet de maintenir un équilibre entre les nationalités.

3. Il y a 37 « DG » y compris les offices (office des publications, office de lutte antifraude, etc.). Les postes de directeurs généraux ne sont pas réservés aux seuls fonctionnaires « maison », même si cela est de moins en moins vrai : à côté des candidatures « spontanées », les gouvernements, lorsqu'un tel poste se libère, n'hésitent pas à présenter des candidatures de très haut niveau. C'est la Commission, sur proposition du commissaire chargé de l'administration, qui les nomme. Ils sont révocables à tout moment (contre de généreuses indemnités, bien sûr).

La machine fonctionne encore, grâce à une troupe de fonctionnaires d'élite et un groupe de commissaires compétents. En matière de transports, de concurrence, d'agriculture, de commerce, de fonds régionaux ou d'environnement, la mécanique tourne. Il suffit de constater que le résultat final des négociations entre les gouvernements est, dans la plupart des cas, très proche de la proposition originale de la Commission, même après plusieurs années de tractations, pour se rendre compte que l'alchimie créée par la recherche d'un point d'équilibre au sein de l'institution est un bien précieux [1].

Cette institution est toutefois de plus en plus menacée. De l'extérieur, par un Parlement européen qui appuyait systématiquement dans le passé les propositions faisant avancer l'intégration. Mais dans leur quête de pouvoir et d'affirmation, les députés tentent de plus en plus souvent de soumettre la Commission à leurs diktats, parfois pour des raisons tout à fait nobles, souvent pour des motifs politiciens. Egalement, par les gouvernements des grands pays qui succombent de plus en plus fréquemment à la tentation de rogner les ailes de l'exécutif européen. La France, le Royaume-Uni et, de plus en plus, l'Espagne et l'Allemagne contestent les décisions de « Bruxelles ». La Commission est aussi menacée de l'intérieur quand elle confond la recherche d'un juste équilibre avec la capitulation devant les pressions nationales, prend des initiatives politiques intempestives affaiblissant son autorité et son prestige ou s'abstient d'agir pour garder de bonnes relations avec les Etats membres. Or, le pilotage de l'institution appartient à son président. Quelles que soient les qualités des commissaires que les gouvernements lui envoient, la Commission doit être menée à la baguette mais avec beaucoup de doigté. Si le chef d'orchestre n'est pas bon, les solistes joueront chacun de leur côté et ce sera la cacophonie. Cela a été le cas pendant toute la Commission Prodi. Jamais l'institution n'a été en aussi grand danger. Si la barre n'est pas redressée, les gouvernements reprendront la main : or, leur notion de l'intérêt général coïncide très souvent avec leurs revendications nationales.

---

1. C'est surtout vrai dans les matières soumises au vote à la majorité qualifiée au sein du Conseil des ministres, des coalitions de pays pouvant facilement se former autour des propositions de la Commission qui sont déjà un moyen terme entre des intérêts nationaux divergents. C'est infiniment moins vrai pour les questions qui sont décidées à l'unanimité, comme l'immigration ou l'asile : un seul pays pouvant bloquer, il est fréquent que le compromis passe par un détricotage quasiment total de la proposition d'origine...

Les premiers pas hésitants de José Manuel Durao Barroso

Les premiers pas du successeur de Romano Prodi, José Manuel Durao Barroso, ne sont pas rassurants de ce point de vue. L'ancien Premier ministre de centre droit du Portugal souffre d'abord, tout comme Santer avant lui, d'être un « président par défaut ». En effet, il ne doit sa place qu'au veto britannique – c'est une habitude – posé à la candidature de Guy Verhofstadt. Le Premier ministre libéral belge s'est, en effet, illustré en 2002-2003 par son opposition résolue à l'intervention américaine en Irak, un casus belli pour Londres. Dès qu'il est apparu qu'il était le candidat de Berlin et Paris, à défaut du Premier ministre luxembourgeois, Jean-Claude Juncker, qui a fermement décliné l'offre, Londres a fait savoir qu'il ne pourrait pas l'accepter.

Curieusement, au lieu d'essayer de se tourner vers une autre personnalité plus acceptable, le couple franco-allemand s'est entêté dans son premier choix, optant pour un bras de fer avec le Royaume-Uni. Lors du Conseil européen des 17 et 18 juin 2004, Tony Blair n'a pas hésité un moment avant de poser son veto. La « discussion n'a pas été amicale », a reconnu un diplomate. Le chancelier allemand Gerhard Schröder se serait même emporté contre le Premier ministre britannique. La présidente finlandaise, Tarja Hallonen, a reconnu à demi-mot que le dîner du premier jour du sommet, consacré à la succession de Romano Prodi, s'était mal passé. « Ce genre de soirée n'est pas sans laisser de traces. Mais nous sommes tous des professionnels, alors gardons espoir », a-t-elle soupiré. Blair aurait théoriquement pu être mis en minorité, puisque, depuis l'entrée en vigueur du traité de Nice, le président de la Commission peut être désigné à la majorité qualifiée. La plupart des pays de l'Est ainsi que l'Italie, qui étaient eux aussi favorables à la guerre en Irak, lui ont apporté leur soutien, constituant ainsi une solide minorité de blocage. En outre, les conservateurs [1] ayant remporté une majorité relative lors des élections

1. Le Parlement européen issu des urnes en 2004 comprend notamment, sur un total de 732 membres, 268 députés du Parti populaire européen-Démocrates européens (PPE-DE), qui regroupe les conservateurs et le centre droit, 202 membres du Parti socialiste euro-

européennes qui se sont déroulées du 10 au 13 juin 2004, leurs dirigeants ont exigé que le président de la Commission soit issu de leurs rangs. Or Verhofstadt présentait le handicap supplémentaire d'être libéral, ce qui lui aurait sans doute valu quelques ennuis avec le Parlement lors de son investiture s'il avait été désigné.

Plusieurs noms de remplaçants possibles ont immédiatement commencé à circuler, sachant que le choix devait se porter sur le représentant d'un petit pays (après l'Italien Prodi), ayant exercé les plus hautes fonctions et surtout issu d'un gouvernement conservateur. Quelques jours plus tard, le consensus s'est fait sur le nom du Premier ministre portugais en exercice, Barroso. Le fait que ce soit Tony Blair qui ait soufflé ce nom, comme il l'avait fait avec Prodi, aurait peut-être dû inciter Paris et Berlin à la prudence. Mais, le 29 juin 2004, un Conseil européen extraordinaire confirme, en quelques minutes, ce choix par défaut. Le couple franco-allemand ne cherche pas à dissimuler son absence totale d'enthousiasme. « Je ne reviens pas sur le fait que j'étais en faveur de Verhofstadt », rappelle sèchement Schröder, le chancelier allemand. Quant à Chirac, il se contente d'accueillir sa nomination par un froid : « C'est un homme compétent, un homme de dialogue. »

C'est la première fois qu'un président de Commission est désigné sans le soutien de Berlin et de Paris. On comprend d'ailleurs mal pourquoi les deux pays n'ont pas carrément barré la route à Barroso. Car son alignement sur les Etats-Unis – il a été l'hôte du sommet des Açores au cours duquel George Bush a annoncé le début de la guerre en Irak – et, surtout, son absence totale de regrets après la découverte de l'ampleur des mensonges américains sur les armes de destruction massive auraient parfaitement pu justifier une ferme opposition du couple franco-allemand. Leur candidat ayant été rejeté pour cause d'Irak, il aurait été logique de rendre la pareille à Londres et à ses alliés en bloquant le leur. L'Espagne, dirigée depuis mars 2004 par des socialistes opposés à la guerre, aurait soutenu la manœuvre. A Paris, certains conseillers ont plaidé en ce sens, en vain. « On n'a pas voulu ajouter la crise à la crise », explique-t-on à l'Elysée. Surtout, Schröder a fait savoir à Chirac qu'il ne le soutiendrait pas s'il se lançait dans une telle aventure. Barroso, lui, assure que « Jacques Chirac et Gerhard

péen (PSE) et 88 parlementaires de l'Alliance des démocrates et des libéraux pour l'Europe (ADLE), réunion des centristes (dont l'UDF) et des libéraux.

Schröder ont parfaitement compris ma position sur l'Irak. Je suis contre la guerre en soi, mais l'intérêt national du Portugal est d'être compréhensif à l'égard des Etats-Unis : un petit pays n'a pas vraiment le choix. En réalité, j'ai été très prudent : je n'ai pas eu la position de Blair ou d'Aznar. Chirac m'a même encouragé dans ma candidature [1] ». Le président français qui n'avait pas hésité à enjoindre aux pays de l'Est de « se taire » plutôt que de soutenir les Etats-Unis, le 17 février 2003, a sans doute davantage été charmé par la parfaite francophonie du Premier ministre portugais que par sa politique étrangère...

Un président de droite

Dès son élection par le Parlement européen, le 22 juillet 2004, Barroso a néanmoins pu se rendre compte qu'il suscitait davantage de défiance que d'enthousiasme en dépit de son charme naturel et de ses capacités linguistiques. Il n'a, en effet, obtenu que 413 voix contre 251 et 44 abstentions, loin de la majorité obtenue par Prodi lors de son investiture. Il a clairement fait le plein des voix à droite et au centre. A celles-ci se sont sans doute ajoutées une partie de celles des socialistes britanniques et espagnols qui ont fait prévaloir une logique nationale : on soutient Barroso car son gouvernement a accepté sa désignation [2]... Il n'en reste pas moins que la très grande majorité des socialistes et la totalité des Verts, des communistes et, bien sûr, des souverainistes ont voté contre. Cette scission droite-gauche est une première dans l'histoire parlementaire, une scission grosse de dangers pour l'avenir de la Commission Barroso.

Mal désigné par le Conseil européen, jouissant d'une confiance limitée du Parlement, Barroso aurait dû avoir à cœur de s'assurer d'un large soutien de toutes les institutions en composant sa Commission. Mais il a multiplié les fausses manœuvres. Piètre connaisseur du fonctionnement de la mécanique du pouvoir en Europe – il vient d'un pays périphérique et n'a été que brièvement Premier ministre –, il n'a pas saisi que sa Commission est profon-

1. Entretien avec les auteurs.
2. Pour la première fois, le vote a eu lieu à bulletin secret, ce qui explique que le décompte reste imprécis.

dément différente de toutes celles qui l'ont précédée. En vertu du traité de Nice, qui introduit le principe d'un commissaire par Etat membre, les grands pays (Allemagne, France, Italie, Grande-Bretagne et Espagne, qui avaient dix portefeuilles sur vingt dans la Commission Prodi), perdent leur second représentant. Ils ne sont donc plus que cinq sur vingt-cinq dans la Commission Barroso et les pays les plus peuplés de l'Union sont marginalisés au profit des ressortissants des petites nations, notamment des nouveaux venus de l'Est. Or, il ne faut pas perdre de vue que les décisions, au sein de la Commission, se prennent à la majorité simple des commissaires. Il importait donc de ménager la susceptibilité des grands, notamment de l'Allemagne et de la France, moteurs de la construction communautaire, afin de rétablir le subtil équilibre qui a toujours prévalu depuis la création de la Communauté européenne entre grands et petits.

Une Commission contestée

Au lieu de prendre son temps, Barroso a voulu frapper un grand coup en précipitant l'annonce de la répartition des portefeuilles. Le jeudi 12 août, alors qu'elle n'était attendue qu'à la fin du mois, il présente la composition de son collège. Il apparaît immédiatement que trois des portefeuilles les plus importants vont à des libéraux de culture anglo-saxonne : la concurrence à la Néerlandaise Neelie Kroes, le marché intérieur et les services à l'Irlandais Charlie MacCreevy et le commerce au Britannique Peter Mandelson. L'Allemagne et la France apparaissent mal servies en comparaison : la compétitivité pour Günter Verheugen et les transports pour Jacques Barrot. Le premier, qui revendiquait un portefeuille beaucoup plus large afin d'être chargé de toutes les affaires économiques, est en outre placé sous la tutelle directe de Barroso pour tout ce qui concerne « l'Agenda de Lisbonne », c'est-à-dire la réforme économique du Vieux Continent. Le second, qui espérait le marché intérieur, se contente d'un portefeuille intermédiaire après, il est vrai, avoir décliné la justice et les affaires intérieures finalement confié au démocrate-chrétien italien Rocco Buttiglione. Motif de ce refus ? Le domaine, jusqu'à l'entrée en vigueur de la Constitution européenne, reste encore largement soumis à l'unanimité, ce qui limite les marges de manœuvre de la Commission. Certes, Barroso a dû trouver des portefeuilles pour tout le monde. Mais il apparaît que les petits pays, largement dominants dans l'Union à vingt-cinq, sont grassement servis. Les trois pays baltes raflent toutes la chaîne administrativo-budgétaire : programmation budgétaire, budget, fiscalité, union douanière, audit, lutte contre la fraude et administration, alors même qu'à eux trois ils ne pèsent que 10 % de la population française. Les deux principaux budgets de l'Union, l'agriculture et le développement régional, échoient respectivement au Danemark (petit pays opposé à la Politique agricole commune) et à la Pologne (principal demandeur de fonds européens).

En France, la composition de la nouvelle Commission est mal vécue. Alors que ses commissaires pilotaient jusqu'en 2004 le commerce international, les fonds structurels et la réforme institutionnelle, la perte d'influence est brutale, même si Jacques Barrot a droit au titre purement honorifique, comme quatre autres de ses collègues, de vice-président. Jean-Louis Bourlanges, député européen UDF, sonne la charge contre la pseudo « égalité des Etats » qui a amené Barroso à faire des choix contestables. « Les commissaires issus des grands Etats, qui représentent 75 % de la population de l'Union, obtiennent moins d'un quart des sièges dans la nouvelle Commission et sont même moins nombreux que les commissaires issus de pays représentant 2,5 % de population », note-t-il [1]. Il estime que « le couple franco-allemand est au piquet » et qu'avec « une telle Commission, le fossé va se creuser dangereusement entre les institutions européennes et l'opinion publique française ». Une analyse partagée par le Parti socialiste mais aussi, mezzo voce, par l'UMP. Certes, Jacques Barrot n'est sans doute pas la personnalité que Jacques Chirac aurait dû choisir s'il voulait décrocher un portefeuille de dimension. Ce « préretraité unilingue », comme le qualifie méchamment et injustement Jean-Louis Bourlanges, qui est de plus doyen d'âge de la Commission, n'a pas le brio d'un Peter Mandelson, même s'il s'est attaqué à ses dossiers avec un professionnalisme qui en a déjà fait taire plus d'un à Bruxelles.

1. *Journal du dimanche*, 15 août 2004. Lire aussi son entretien à *La Tribune*, 23 août 2004.

Le « croisé » Buttiglione

Mais Barroso, s'il avait eu une conscience plus aiguë des rapports de forces en Europe, aurait dû attribuer des postes politiquement emblématiques au couple franco-allemand. En outre, il s'avère qu'il n'a pas fait les meilleurs choix en distribuant les portefeuilles. Il faut reconnaître que l'exercice n'est guère aisé. Il s'agit, comme il l'a dit lui-même, d'un *« blind date »,* un rendez-vous en aveugle, puisque le président de la Commission n'a pas de pouvoir réel dans le choix des femmes et des hommes désignés par les seuls gouvernements. C'est précisément pour cela qu'il aurait dû prendre davantage de temps pour tester sa Commission. Les auditions devant les commissions parlementaires compétentes du Parlement européen vont montrer qu'il a commis de grossières erreurs. Ainsi, il apparaît que Neelie Kroes, la commissaire désignée à la concurrence, n'est pas le meilleur choix, son implication dans le monde des affaires multipliant les risques de conflits d'intérêts potentiels. A tel point qu'elle a dû s'engager à se retirer de tous les dossiers impliquant l'une des entreprises pour lesquelles elle a travaillé en tant que membre de douze conseils de surveillance. D'autres commissaires sont placés sur la sellette : le socialiste hongrois Laszlo Kovacs, qui s'est vu attribuer l'énergie, n'a pas « convaincu, ni de sa compétence professionnelle dans (ce) domaine de l'énergie, ni de son aptitude à assumer la haute charge pour laquelle il a été proposé », a estimé la commission compétente du Parlement, agacée par l'impréparation de celui qui a décidé de rester ministre des Affaires étrangères de son pays jusqu'à son entrée en fonction à Bruxelles. Dans une moindre mesure, la libérale danoise, Mariann Fischer Boel, chargée de l'agriculture, propriétaire d'une exploitation agricole, la libérale lettone Ingrida Udre, chargée de la fiscalité et de l'union douanière, aux prises avec une affaire de financement occulte de son parti, ainsi que le conservateur grec Stravros Dimas, à l'environnement, n'ont pas non plus réussi à convaincre les eurodéputés de leurs qualités respectives.

Mais c'est surtout l'Italien Rocco Buttiglione qui va démontrer que Barroso a sans doute été trop vite en besogne. Lors de son audition, le 5 octobre 2004, par la commission parlementaire des « libertés civiles, de la justice et des affaires intérieures », présidée par Jean-Louis Bourlanges, l'ancien ministre chargé des Affaires européennes que Silvio Berlusconi a préféré à Mario Monti, le commissaire à la concurrence sortant, refuse de mettre un mouchoir sur ses convictions. Buttiglione, un démocrate-chrétien proche de Jean-Paul II, confirme qu'il pense que « l'homosexualité est un péché » même si « cela n'a aucune influence sur le droit » et expose sa vision pour le moins conservatrice du mariage, qui a été créé « pour permettre à la femme de faire des enfants et d'être protégée par un mâle ». Des prises de position pour le moins gênantes de la part d'un homme qui devra appliquer une Constitution européenne qui fait de l'égalité entre les hommes et les femmes et de la lutte contre les discriminations, notamment à l'encontre des homosexuels, deux de ses principes cardinaux. A une très courte majorité, la commission parlementaire juge qu'il n'est pas apte non seulement à occuper ce poste mais tout simplement à siéger au sein de la Commission. Du jamais vu dans l'histoire communautaire ! Mais on peut le comprendre au sein d'une enceinte dont le point d'équilibre ne se situe pas précisément à Rome. L'Espagnol Josep Borrell, président du Parlement européen, rompt même avec la traditionnelle neutralité attachée à sa fonction. « Je ne voudrais pas, en tant que citoyen espagnol, avoir un ministre de la Justice qui pense que l'homosexualité est un péché et que la femme doit être au foyer pour faire des enfants sous la protection de son mari. Ce sont des propos qui sont choquants, c'est le moins que l'on puisse dire », déclare-t-il [1].

Barroso s'entête

Au lieu de prendre ses distances avec ces déclarations intempestives, Barroso monte au créneau pour réaffirmer sa « confiance » dans son équipe. Ce faisant, il envoie un signal désastreux aux députés européens qui ont l'impression que le président élu de la Commission les méprise et ce, même parmi ses soutiens. Au cours

1. Europe 1, le 7 octobre 2004.

des jours qui suivent, la température ne cesse de grimper : chez les socialistes, même les Espagnols et les Britanniques décident de refuser l'investiture. Surtout, au sein du groupe libéral, les délégations nationales lâchent les unes après les autres le président élu. En dépit des signaux de plus en plus négatifs, Barroso reste jusqu'au bout persuadé de pouvoir passer en force : tout à la logique intergouvernementale qui a présidé à l'élaboration de sa Commission, il compte sur les capitales pour exercer des pressions sur « leurs » députés.

Le 21 octobre 2004, après une rencontre agitée avec les présidents des groupes politiques, il affiche son optimisme. « Les députés doivent reconnaître que les conséquences d'un vote négatif seraient plus négatives que n'importe quelle autre solution », déclare-t-il à la presse. « Au cas où on pourrait imaginer qu'il y ait deux ou trois commissaires qui ne donnent pas satisfaction, est-il imaginable de faire tomber une Commission ? Bien sûr que non ! » Seul petit geste : le président annonce qu'il coordonnera un groupe de quatre commissaires chargé d'assister Buttiglione lorsqu'il sera question de lutte contre les discriminations. Il se prévaut aussi de la lettre de contrition envoyée par le commissaire italien désigné au président du Parlement dans laquelle il regrette d'avoir employé des mots « chargés émotionnellement » et s'engage, « en cas de conflit entre sa conscience et son devoir », à ne pas participer à la prise de décision. Pour Barroso, refuser la confiance à la Commission, c'est désormais prendre le risque d' « avoir une sorte de guerre de religion ». Or, « c'est bien la dernière chose dont l'Europe à besoin ».

A Strasbourg, dans la nuit du 26 au 27 octobre, à 3 heures du matin, quelques heures à peine avant le vote, le président élu doit se rendre à l'évidence : il ne parviendra pas à passer en force, en dépit de l'appui de plusieurs capitales, Londres au premier chef, qui appelle chacun des députés travaillistes. Tous les comptages montrent qu'il sera battu et qu'il ne sera soutenu que par la droite conservatrice et par l'extrême droite, ravie que la controverse porte sur les valeurs religieuses... Mercredi 27 octobre, à 11 heures, Barroso jette donc l'éponge : « Je suis arrivé à la conclusion que si un vote a lieu aujourd'hui, le résultat ne sera pas positif pour les institutions européennes ou pour le projet européen. Dans ces circonstances, j'ai décidé de ne pas soumettre une nouvelle Commission à votre approbation aujourd'hui. » Tonnerre d'applaudissements. « Quel qu'aurait été le résultat aujourd'hui, on aurait eu une Commission trop faible », analyse ensuite Josep Borrell. Le président élu annonce dans la foulée qu'il va reprendre ses consultations afin de procéder aux changements « nécessaires et suffisants ».

C'est la première fois qu'une Commission nouvellement désignée subit un tel camouflet. Barroso a manifestement sous-estimé toute une série de facteurs, au premier rang desquels l'émancipation désormais quasi totale du Parlement européen : le temps où les eurodéputés obéissaient au doigt et à l'œil à leur gouvernement est révolu. Il a cru jusqu'au bout que les Etats le soutiendraient : ce sont d'ailleurs eux qui l'ont poussé à se montrer intransigeant, non sans arrière-pensées. Après coup, son entourage a tenté de justifier son entêtement : « Si on avait cédé trop vite devant le Parlement, le Conseil nous aurait accusés d'être aux mains des députés et toute notre autorité aurait été ruinée. » Une analyse totalement hors sol, puisque au final le Parlement a fait plier la Commission, ce qui la déconsidère aux yeux du Conseil. Surtout, il n'a pas gagné dans cette affaire le respect des eurodéputés. Comme le dira un peu plus tard Marielle de Sarnez, la femme qui monte à l'UDF et qui a entraîné le groupe des démocrates et des libéraux dans l'opposition à Barroso : « Il vous a fallu attendre la dernière seconde de la dernière minute de la dernière heure pour que vous compreniez enfin qu'il y avait un problème. Vous avez calé devant notre Parlement, non pas tant par respect pour notre institution, mais parce qu'il n'y avait pour vous aucune autre issue (...) Or, dans cette affaire, il était de votre responsabilité, de votre devoir, de nous comprendre, de nous entendre et de nous soutenir. Vous deviez être de notre côté. Vous avez choisi d'être du côté des chefs d'Etat et de gouvernement : vous vous êtes trompé. »

De même, il est curieux que Barroso ait cru que le Parlement aurait peur de déclencher une crise institutionnelle : on sait que tel n'est plus le cas depuis la démission de la Commission Santer en mars 1999. Tenter de réaffirmer l'autorité de l'exécutif européen face au Parlement n'est pas en soi critiquable. Ce qui l'est infiniment plus, vu le résultat, c'est la méthode. Ensuite, le président élu n'a pas vu que la suppression du second commissaire pour les grands Etats a éliminé l'aspect bipartisan de la Commission : l'opposition, qui se voyait en général octroyer le deuxième portefeuille, n'a désormais plus aucune raison de voter en faveur d'un exécutif dont elle est exclue. Or les grands pays sont ceux qui ont le plus grand nombre de députés : c'est la revanche de la démographie sur la prétendue égalité des Etats... Le terrain d'affrontement choisi par Barroso n'était pas non plus le bon. S'affirmer de droite au nom d'une politisation nécessaire de la vie européenne, pourquoi pas, même s'il est douteux que l'Union soit mûre pour un tel saut. Mais s'obstiner à garder dans son équipe un ultra-conservateur catholique, c'est aller trop loin dans une Europe de moins en moins réceptive aux valeurs du Vatican. Ce n'est pas un hasard si l'extrême droite a volé à son secours alors qu'au sein du groupe conservateur, l'UMP ne cachait pas son malaise. Enfin, Berlin et Paris, maltraités par le président élu de la Commission, mais aussi Madrid, pour des raisons différentes, n'ont pas cherché à sauver le soldat Barroso. La fronde, ce n'est pas un hasard, a été principalement menée par les Français et les Allemands chez les libéraux et les socialistes et c'est devant la commission présidée par le Français Bourlanges que Buttiglione a été poussé à la faute. On ne cache pas à Paris que rien ne sera fait pour faciliter la tâche de cet exécutif dans lequel la France ne se reconnaît pas.

Barroso, qui revendique d'« être jugé au moment où on agit et pas après », fait valoir pour sa défense qu'il est tombé dans un véritable traquenard. « Après les auditions, tous les présidents des groupes politiques m'ont dit qu'il n'y aurait aucun problème, que le Parlement voterait l'investiture », plaide-t-il. Des erreurs de casting ? « Je n'ai pas de services secrets à ma disposition et donc pas les moyens d'enquêter personnellement sur des personnalités que je ne connais pas. Dans le cas de Buttiglione, j'en ai parlé avec Vitorino qui détenait le portefeuille de la justice et des affaires intérieures : lui qui est socialiste m'a recommandé de le nommer à ce poste justement parce qu'il était proche de l'Eglise, un soutien important au moment où l'Union va se doter d'une politique commune d'immigration. » Il assure enfin que personne ne l'a prévenu que la France s'estimait maltraitée : « Jacques Chirac et Jean-Pierre Raffarin m'ont félicité pour mes choix » ! Mais il admet que s'il avait « su il y a cinq mois ce (qu'il sait) aujourd'hui, ça ne se serait pas passé comme ça [1] ». Ce qui est une façon de reconnaître ses erreurs...

1. Entretien avec les auteurs.

Barroso ne renonce jamais

Après une telle claque, il aurait été logique que le président élu fasse le grand ménage et rééquilibre son collège. Or, force est de constater qu'il n'a pas pris – ou pas pu prendre – la mesure exacte de ce qui s'est passé. En marge du Conseil européen du 5 novembre 2004, il présente sa « nouvelle » équipe. En un mot, il a choisi autant que faire se peut la continuité. Il a certes obtenu le départ de Buttiglione remplacé au même poste par le ministre des Affaires étrangères de Silvio Berlusconi, Franco Frattini, ainsi que de la lettone Ingrida Udre remplacée par Andris Piebalgs. En revanche, l'ancien communiste Kovacs reste à la Commission, le gouvernement hongrois ayant refusé de nommer une autre personnalité pour l'éloigner de la scène politique nationale. Il a donc permuté les portefeuilles attribués à ces deux pays. Les appels du pied de Paris pour que Jacques Barrot soit mieux servi sont restés lettre morte. Il faut dire que le Premier ministre néerlandais Jan-Peter Balkenende a « exigé » que Kroes reste à son poste, ce qui interdisait tout mouvement d'ampleur, alors que son passé de femme d'affaires constitue une bombe à retardement dont les avocats chargés de défendre les entreprises européennes se délectent déjà. De même, Silvio Berlusconi a accepté de remplacer Buttiglione, mais poste pour poste. Là aussi, l'affaire est intéressante : si Jacques Chirac avait publiquement réclamé le marché intérieur, que n'aurait-on dit sur l'arrogance française ? Le fait que Barroso se soit plié à l'injonction néerlandaise mais ait ignoré la France en dit long.

Néanmoins, la Commission obtient l'investiture le 18 novembre 2004 par 449 voix conservatrices, de centre droit et socialistes, contre 251, les Verts, les communistes, les souverainistes et les socialistes français lui refusant leurs votes. Mais c'est davantage pour éviter une nouvelle crise que les socialistes et les centristes se sont ralliés que par enthousiasme.

Ultime provocation

Barroso, qui aime trop le goût du sang pour résister au plaisir de régler ses comptes, va ajouter une bourde à ses erreurs de manœuvre. Répondant aux députés, après l'investiture, il s'en prend, sans le nommer, à Graham Watson, le président du groupe centriste de l'ADLE, déjà fort affaibli pour n'avoir pas prévu que ses troupes se révolteraient contre la Commission : « J'ai été surpris d'entendre quelques membres d'un groupe parlementaire exprimer de vives critiques à l'égard d'un commissaire, en l'occurrence la commissaire à la concurrence, alors que c'est ce même groupe qui m'a demandé avec insistance de conserver la commissaire concernée à ce poste ». Stupeur de Watson qui se voit publiquement accusé de double jeu alors qu'une partie de son groupe, principalement l'UDF, critique violemment le maintien de Kroes à la concurrence, même si elle est de la famille libérale... Le soir en réunion de groupe, Watson, blanc de rage, s'interroge : « Barroso a-t-il vraiment la capacité de présider la Commission » ?

Le chemin de Damas n'est pas encore achevé. Nigel Farage, député britannique du parti UKIP, qui milite pour la sortie du Royaume-Uni de l'Union, prend la parole après le vote pour lancer un pavé dans la mare en accusant Jacques Barrot d'avoir dissimulé sa condamnation, en février 2000, à une peine de huit mois de prison avec sursis « dans une affaire de détournement de fonds ». En réalité, l'ancien président du groupe UMP de l'Assemblée a été condamné pour sa responsabilité dans le financement occulte de son ancien parti, le CDS, peine aussitôt amnistiée. Qu'à cela ne tienne : Graham Watson, sans consulter son groupe, fait monter la pression par une série de communiqués vengeurs. Au cours du week-end des 20 et 21 novembre 2004, il demande même, à l'unisson de la presse de son pays, la « démission » de Jacques Barrot pour avoir violé la « morale politique »... Cette réponse du berger à la bergère obligera Barroso à monter au front pour défendre son commissaire. Le mardi 23 novembre, il demande finalement, dans un discours prononcé à Bruges, un armistice... Cette capacité à se créer des ennemis inutiles laisse pantois. Ricardo

Levi, le conseiller le plus proche de Prodi, estime qu'en fait, « il se veut un président de droite s'appuyant sur un Conseil européen largement dominé par la droite et sur la partie la plus réactionnaire du Parlement européen. C'est un calcul dangereux, car l'Europe n'est pas prête pour une telle politisation. La Commission doit conserver sa capacité à être un honnête courtier entre des intérêts contradictoires. Si les majorités changent en Europe, Barroso se prépare des jours pénibles [1] ».

Barroso, lui, affirme qu'il paye en réalité le prix de son « indépendance ». « C'est la solitude de la Commission : comme il n'existe pas d'opinion publique européenne, je ne peux tout simplement pas fédérer mes appuis et personne ne me soutient. Mais c'est ainsi : je sais que je ne dois être qu'un honnête "broker" et pas un Premier ministre [2]. » L'homme, qui ne manque pas de qualités – « c'est un anti-Prodi », souligne un commissaire en vantant sa dureté, sa détermination et sa capacité de séduction – prouve ainsi qu'il a compris beaucoup plus vite que son prédécesseur quel était son rôle. « Il a deux ans pour récupérer la place que Delors avait acquise et se faire respecter par les Etats membres en mettant sur la table les bonnes questions au bon moment. » Et ses premières décisions, comme le rassemblement de tous les commissaires dans le même bâtiment et le recentrage de l'action sur l'économie, où la Commission joue un rôle premier, ont démontré sa volonté de faire bouger quelques lignes. Mais il a été considérablement affaibli par sa confrontation avec le Parlement européen, qui n'hésitera pas à le renvoyer au Portugal si l'occasion s'en présente.

---

1. Entretien avec les auteurs.
2. Entretien avec les auteurs.

CHAPITRE 2

Soupçons à tous les étages

Lundi 18 novembre 2002 9 h 30 tapantes. Une dizaine de personnes, dont trois enquêteurs de l'OLAF, le très redouté Office de lutte antifraude de l'Union, débarquent à l'improviste à la « Représentation » de la Commission européenne à Paris, située dans de luxueux locaux, au 288, boulevard Saint-Germain, à un jet de pierre de l'Assemblée nationale. Sans ménagement, les fonctionnaires présents sont éjectés de leur bureau, des documents saisis et les disques durs des ordinateurs copiés. Une secrétaire éclate en sanglots, effarée par la brutalité des « cow-boys » de l'OLAF. « C'était Starsky et Hutch », témoigne l'une des personnes présentes. Une heure plus tard, Jean-Louis Giraudy, le représentant de la Commission en France, et Frédéric Magloire, son adjoint, apprennent qu'ils doivent prendre le train pour Bruxelles. Jonathan Faull, le directeur général (DG) de la presse et de la communication de la Commission et porte-parole de Romano Prodi, dont dépendent les « bureaux » situés dans les Etats membres, notifie aux deux hommes leur mise au placard. Giraudy, après un séjour de six ans à Paris, se retrouve « conseiller auprès du DG », c'est-à-dire sans affectation mais payé. Une mesure sans précédent, les fonctionnaires faisant l'objet d'une enquête interne étant jusque-là simplement « mis en congé » durant le temps nécessaire aux investigations.

Jeudi 21 novembre. 8 h 30. Un mail lapidaire, envoyé à tous les journalistes accrédités auprès de l'Union, rend l'affaire publique : la Commission « a demandé à l'OLAF d'ouvrir une enquête sur certains soupçons d'irrégularité dans la gestion de subventions allouées en France au titre de la politique d'information et communication. Afin d'assurer le bon déroulement de cette enquête, et d'éviter toute perception *(sic)* de conflit d'intérêt, il a été décidé dans l'intérêt du service de réaffecter à Bruxelles deux fonctionnaires de la Représentation de la Commission à Paris. Ces décisions administratives ne préjugent en rien les (re *sic*) conclusions de l'enquête ».

« A ma demande, une enquête a été ouverte sur la Maison de l'Europe d'Avignon », une structure de droit privé destinée à vanter les mérites de la construction européenne et bénéficiant à ce titre de fonds communautaires, explique Faull. Comme une partie de cet argent aurait été détourné, « l'OLAF s'interroge sur l'implication éventuelle du bureau de Paris dans le circuit de financement l'alimentant », ajoute-t-il. C'est l'Office qui lui aurait « recommandé » d'éloigner les deux fonctionnaires. Giraudy « n'a pas été pris la main dans le sac et il n'est pas l'objet d'une sanction mais d'une mesure interne au service », précise-t-il.

Un poste stratégique

Parmi les journalistes français, c'est l'émoi : Giraudy, 59 ans à l'époque, est connu comme le loup blanc. Ancien journaliste spécialisé dans l'agriculture, arrivé à Bruxelles en 1968, il est passé, à partir de 1978, par les cabinets de plusieurs commissaires avant d'assurer à partir de 1989 la communication de la direction générale de l'agriculture. C'est notamment lui qui a expliqué tous les mérites de la première réforme d'envergure de la Politique agricole commune (PAC) en 1992 et surtout des accords du Gatt (prédécesseur de l'Organisation mondiale du commerce) qui, en 1993, ont mis en émoi les campagnes françaises, aux médias et aux syndicats agricoles. En 1997, il obtient grâce à l'appui de son « vieux copain », Yves-Thibault de Silguy, alors commissaire chargé des affaires économiques et monétaires, le poste de représentant à Paris.

Ces postes, véritables ambassades de la Commission dans les Etats membres, sont hautement politiques. Leurs titulaires sont les hommes ou femmes de confiance des commissaires, chargés de répandre la bonne parole de l'exécutif européen et, surtout, de

« vendre » ses membres. Avant Giraudy, le poste de Paris a été confié à Jean-Michel Baer, d'abord, puis à Christine Verger, ensuite, deux fonctionnaires européens qui doivent leur carrière à Delors. Giraudy excelle dans son rôle d' « ambassadeur », notamment grâce à ses contacts nombreux dans les médias.

Autant dire que le rappel de cet « historique » de Bruxelles ne pouvait pas passer inaperçu et encore moins être interprété comme une simple mesure administrative. A tout le moins, les soupçons pesant sur les numéros 1 et 2 de la Représentation à Paris se devaient d'être d'une particulière gravité et le faisceau de présomptions accablant. Car la réputation des deux hommes est irrémédiablement ternie par une telle décision largement médiatisée. Le Tout-Bruxelles est persuadé que la Commission a de bonnes raisons de se montrer ferme.

Il s'avère pourtant rapidement que Jonathan Faull est allé trop vite en besogne. L'homme a paniqué, victime de l'atmosphère irrespirable qui règne au sein de la Commission depuis la chute de la maison Santer. Le porte-parole de Prodi est le type même du haut fonctionnaire, brillant, européen convaincu, dévoué à sa « maison » mais mal à l'aise avec les médias. Ancien de la toute-puissante direction de la concurrence, cet homme à l'impeccable moustache, citoyen britannique parfait francophone, a du mal à cacher son agacement face à des journalistes dont il ne comprend pas les motivations, qu'il juge par trop rétifs à la bonne parole européenne et dont l'ignorance – souvent consternante, il est vrai – suscite son mépris. Sa position est d'autant plus délicate qu'il a conscience des faiblesses de son président. A peine nommé à la place de Ricardo Levi, en mai 2000, il n'a donc eu de cesse de trouver une porte de sortie. Or, en 2002, il est tout près de toucher son Graal, une direction générale autrement plus « noble » que la presse, celle chargée de la justice et des affaires intérieures à défaut de la concurrence, poste dont il rêve depuis longtemps, mais qui est destiné à un autre Britannique. Pour cela, il ne doit à aucun prix trébucher.

Convenance personnelle

Quelques mois plus tôt, une première alerte lui a fait craindre le pire. En juin 2002, il signe un contrat, à la suite d'un appel d'offres, avec une société franco-belge, Ascii, d'une durée de cinq ans, portant sur un montant de 23 millions d'euros. Le but est de rénover le site internet de la Commission et de fournir des brochures d'information destinées au grand public sur les politiques européennes. Rien que de très banal même si le montant laisse rêveur. Est-il vraiment nécessaire de dépenser autant d'argent pour publier des brochures dont l'utilité n'a jamais été établie ? Dès son entrée en fonctions en novembre 2004, la nouvelle commissaire responsable de la communication, Margot Wallström, entreprendra d'ailleurs un audit sur l'utilité de ces tonnes de documents. « Personne ne les lit », ironise-t-elle.

A l'automne 2002, la presse [1] rapporte qu'une société baptisée Gplus Europe figure parmi les sous-traitants d'Ascii. Sa particularité est d'avoir été fondée par l'un des anciens adjoints de Faull, Peter Guilford, lui aussi britannique. Ex-journaliste, ce brillant fonctionnaire se lasse rapidement de la lenteur de sa carrière de bureaucrate fonctionnant à l'ancienneté. Il fonde donc, à Bruxelles, une société de « consultants », le 1er décembre 2000, après avoir demandé un « congé pour convenance personnelle », avec un autre porte-parole, le Britannique Nigel Gardner, qui fut aussi journaliste. Un troisième porte-parole, l'Allemand Michaël Tscherny – est-il besoin de préciser qu'il s'agit d'un ex-journaliste ? –, démissionnera pour rejoindre la petite bande. L'affaire se révèle vite extrêmement rentable, d'autant plus que les trois hommes, qui ont notamment travaillé pour les commissaires à la concurrence Leon Brittan ou Mario Monti, ont un carnet d'adresses fourni et des contacts au sein des institutions qui font saliver toutes les entreprises. Scandaleux ? Même pas : le « congé pour convenance personnelle » n'est soumis à aucune règle déontologique précise. En outre, il paraît difficile d'interdire à des spécialistes des affaires

---

1. *Le Monde* du 29 septembre 2002.

européennes de s'installer à leur compte, sauf à rendre impossible tout passage du public vers le privé.

Le problème, dans ce cas, est que le contrat en question est signé par le service du porte-parole. Autrement dit, Faull, directeur général, accorde indirectement un contrat à trois de ses anciens subordonnés. Pourtant, en dépit de ces coïncidences, l'affaire n'est absolument pas irrégulière. L'appel d'offres a été transparent et le bénéficiaire principal du contrat est Ascii, Gplus n'intervenant qu'en second rang, pour à peine 4 % du montant. Mais c'est, à tout le moins, maladroit à une époque où la Commission est sur la sellette et Faull s'en rend compte. Le cabinet de Prodi ne le soutient pas, bien au contraire. Coincé, il annonce, le 27 septembre, qu'il « suspend » le contrat litigieux afin de calmer les choses. Une décision curieuse car, de deux choses l'une : soit l'appel d'offres est irréprochable, et la suspension n'avait pas lieu d'être. Soit il a été truqué, et l'affaire est gravissime. Curieusement, on en restera là. Gplus Europe décide de « se retirer » volontairement du contrat litigieux le 18 octobre afin de ne pas pénaliser Ascii.

Lettres de dénonciation

Aussi, lorsque Faull reçoit des lettres de dénonciation mettant en cause la gestion de la Représentation de la Commission à Paris, c'en est trop. Son service est une nouvelle fois touché et cela risque de nuire à sa réputation. Il décide donc de montrer qu'il est impitoyable. Sans prendre la peine d'interroger Giraudy et Magloire sur les accusations dont ils sont l'objet, mais après avoir consulté le cabinet de Prodi qui le laisse libre d'agir à sa guise, il rappelle les deux hommes. Et tant pis pour la présomption d'innocence. Faull pense être en terrain sûr. Giraudy n'est plus soutenu par grand monde au sein de la Commission. Pascal Lamy, le commissaire chargé du commerce extérieur, et Michel Barnier, son collègue chargé de la réforme institutionnelle et des fonds structurels, souhaitent, depuis leur arrivée à Bruxelles, le remplacer par un de leurs proches. D'une part pour remercier leurs « obligés », d'autre part pour préparer leur campagne en vue d'obtenir le renouvellement de leur mandat. La place sera chère puisque dans la Commission qui prendra ses fonctions en novembre 2004, la

France n'aura plus droit qu'à un poste de commissaire. Le fait qu'après les élections présidentielles françaises d'avril-mai 2002, Lamy, socialiste, n'ait plus aucune chance de rester à Bruxelles ne change rien à l'affaire : Giraudy doit partir, c'est ainsi.

Mais la Commission a sous-estimé le choc causé par cette mise à l'écart. Surtout, il apparaît rapidement que le dossier est vide, comme le révélera *Libération* [1]. Ce qui est officiellement en cause, c'est la gestion des subventions européennes allouées à la « Maison de l'Europe » d'Avignon. Cette structure est une association sans but lucratif, indépendante de la Commission, en partie alimentée par des fonds communautaires, dont le but est de mener des actions d'information sur l'Europe. A l'époque, son budget annuel est de 450 000 euros, dont 20 000 versés par Bruxelles, précise son président, Cyrille Perez, un militant de la cause européenne qui revendique son statut de bénévole, par ailleurs représentant à Bruxelles de la région PACA (Provence-Alpes-Côte d'Azur).

L'affaire commence en fait en 1999 : Jacques Huchet, le représentant de la Commission à Marseille, met en cause la fiabilité de Perez. Alerté, Giraudy, qui a sous son autorité le bureau de Marseille, estime, après enquête, que les méthodes de l'homme sont parfois à la limite de la « déontologie » mais en aucun cas illégales. Dans une série de courriers, il tient Bruxelles informé des actions qu'il a entreprises pour faire cesser des pratiques « mercantiles » inadmissibles de la part d'une Maison de l'Europe subventionnée par l'Union. Un rapport d'audit de la Commission, effectué en 2000, se montre lui aussi critique, sans plus, sur la gestion de la Maison de l'Europe d'Avignon. « Il n'a eu aucune suite : je n'ai reçu aucune lettre de la Commission me demandant de changer quoi que ce soit », explique Perez. D'ailleurs, la Commission n'a pas suspendu la subvention destinée à Avignon : elle est même augmentée de 20 000 euros à 25 000 euros... Mais l'OLAF est néanmoins saisi par Faull en 2001.

Le problème est que le lien entre Avignon et Giraudy se révèle pour le moins ténu, aucun fonds européen à destination de la Maison de l'Europe ne transitant par Paris. Faull le sait puisque c'est lui qui verse directement les subventions à la Fédération internationale des Maisons de l'Europe – dont le siège est à Sarre-

1. *Libération* du 21 novembre 2002.

bruck, en Allemagne – qui les répartit ensuite à travers l'Union. Le bureau de Paris n'a aucune compétence pour exercer un contrôle sur ces sommes. Mieux, depuis 1996, aucun franc n'a été accordé par Paris à Avignon dans le cadre d'un appel d'offres pour d'autres prestations. Le porte-parole de Prodi affirme pourtant aux journalistes qu'il y a « des éléments dans les données de l'OLAF qui l'ont amené à étendre ses investigations à Paris » et que c'est « sur la base de ces éléments dont j'ai eu partiellement connaissance » qu'il a décidé de suspendre Giraudy et Magloire. Le gouvernement français, furieux qu'un haut fonctionnaire français soit ainsi mis en cause, fait savoir à Romano Prodi qu'il a intérêt à avoir un dossier solide et subodore une campagne antifrançaise à la Commission.

Prenant petit à petit conscience que les choses ont été trop loin, Faull s'emploie à dégager sa responsabilité. Début décembre 2002, il répète que c'est « sur la suggestion de l'OLAF qui m'a recommandé que ces deux personnes ne soient pas dans le bureau de Paris durant l'enquête » qu'il a rappelé les deux hommes à Bruxelles. Mais le 20 décembre 2002, il est contraint de les réintégrer à leur poste. Pourtant, aucun élément nouveau ne justifie cette contre-mesure et dans l'entourage de Faull on continue d'insinuer que cette affaire risque de surprendre par son ampleur. Promesse est faite que le rapport de l'OLAF sera rendu public dès qu'il sera remis à l'institution. Cela étant, à Paris, rien ne change : Giraudy et Magloire, choqués par cette mésaventure, se mettent illico en congé maladie de longue durée en attendant que la Commission présente ses excuses pour le traitement qu'elle leur a infligé.

L'OLAF innocente Giraudy

Le rapport de l'Office antifraudes est finalement bouclé le 6 mai 2003. La Commission se garde bien de le rendre public et, surtout, d'en parler. Ce n'est qu'un mois plus tard, le 17 juin, que le nouveau porte-parole de Prodi, le Finlandais Reijo Kemppinen, reconnaît l'erreur de son institution : « Rien n'a été trouvé, absolument rien. M. Giraudy a toute ma sympathie et toute la sympathie de notre institution », dit-il. Si Giraudy et Magloire ont eu droit à un « communiqué de presse » en bonne et due forme le 21 novembre précédent, lors de leur « mise en accusation », ils devront se contenter de ces vagues excuses orales. Faull, lui, a obtenu le 17 mars 2003 la direction générale « justice et affaires intérieures » dont il rêvait.

La lecture du rapport de l'Office est accablante pour la Commission. Contrairement à ses affirmations répétées, c'est Faull qui a pris, seul, la décision de rappeler à Bruxelles « les fonctionnaires concernés », souligne l'OLAF [1]. On y apprend aussi que c'est en réalité le porte-parole de Prodi qui a demandé, le 6 novembre 2002, que l'enquête de l'OLAF sur Avignon soit étendue au bureau de Paris de la Commission, ce qu'il s'est toujours bien gardé de dire. Dans une lettre adressée au directeur de l'Office, il expliquait être en possession « d'un certain nombre d'éléments d'information de la part de fonctionnaires de la direction générale de la presse au sujets des agissements » de Giraudy et Magloire concernant « des relations que les intéressés auraient entretenues avec la Maison de l'Europe incriminée, d'une part, et des accusations de malversations dans d'autres domaines d'activité de la Représentation de la Commission en France, d'autre part ». Les dénonciateurs, précise Faull, sont « trois fonctionnaires dont deux, qui me sont bien connus, ont souhaité garder, pour l'instant, l'anonymat ». Il a donc transmis à l'Office des lettres de dénonciation anonymes écrites par des subordonnés de Giraudy et de Magloire, ainsi que par des contractuels mécontents, ce qui est pour le moins sordide. L'OLAF démonte point par point les accusations des dénonciateurs, ce qui aurait pu être fait par la Commission si les « accusés » avaient été entendus avant que l'Office ne soit saisi.

Ainsi, si un contrat a bien été accordé à la fille (par ailleurs professeure agrégée de droit) d'un ami de Giraudy, il ne s'agissait pas de favoritisme puisque les critères objectifs d'embauche étaient remplis. D'autre part, l'Office juge qu'il n'y a rien de choquant à ce que Magloire ait obtenu un prêt immobilier auprès du Crédit mutuel agricole et rural d'Avignon (CMAR) à un taux normal pour l'époque. Manifestement, l'accusateur anonyme a confondu le CMAR avec la Banque Chaix désormais fusionnée à la Société marseillaise de crédit, dont le président n'est autre que Joseph Perez, le père de Cyril Perez. Autrement dit, le dénonciateur

1. Faull maintient que, contrairement à ce que dit le rapport, c'est bien l'OLAF qui lui a demandé de rappeler Giraudy et Magloire. « Je n'ai jamais révélé leurs noms, c'est la presse qui l'a fait, affirme-t-il dans un entretien aves les auteurs, et je n'ai fait de la publicité à cette affaire que parce que j'ai appris qu'il y avait eu une fuite. »

semblait estimer qu'en échange d'un prêt avantageux obtenu grâce à ce dernier, Magloire aurait accordé des subventions à la Maison de l'Europe d'Avignon. Mais voilà, la banque n'est pas la bonne...

L'OLAF ajoute qu'un rapport d'audit interne effectué le 27 novembre 2000 sur la gestion de la Maison de l'Europe qui « relevait essentiellement des déficiences comptables et d'autres problèmes de nature secondaire » a bien été soumis à Giraudy par Bruxelles, et, surtout, qu'une « note complémentaire datée du 6 décembre 2000 » soulignait que certains projets de la Maison d'Avignon étaient « fictifs ». Le problème, comme le souligne ironiquement le rapport, est que Faull n'a pas transmis cette note à Paris et donc que ni Giraudy ni Magloire n'ont été avertis. Un oubli dommageable, car l'OLAF estime avoir mis au jour des malversations à Avignon. Dans un rapport demeuré, lui aussi, secret et daté de février 2003, les enquêteurs européens affirment que, sur 36 contrats analysés, 27 seraient purement et simplement fictifs et que de faux justificatifs ont été fournis pour les 9 autres... L'escroquerie, qui a donné lieu à l'ouverture d'une information judiciaire en mars 2003, à la demande de l'Office, porterait sur 215 000 euros. Entendu durant trente-six heures par la police judiciaire, le 23 septembre 2003, Cyril Perez n'a cependant pas été mis en examen. Il continue à clamer son innocence. « Il n'y a eu aucun enrichissement personnel : tout l'argent reçu de l'Union européenne a servi à financer des campagnes d'information », assure-t-il. Il a, d'ailleurs, attaqué en responsabilité la Commission devant la Cour de justice des communautés européennes. La Maison de l'Europe d'Avignon, elle, a définitivement cessé ses activités en juillet 2003, la Commission ayant rompu tous les liens avec elle.

Tout ça pour ça

Au final, l'OLAF a cependant quelques reproches à faire au bureau de Paris : au cours de son enquête, il a découvert que Giraudy a oublié de déduire de ses frais de mission sa part personnelle lorsqu'il invitait à déjeuner des contacts à l'étranger. Préjudice estimé pour le budget communautaire : environ 1 000 euros sur six ans... L'Office admet que l'intention frauduleuse n'est pas constituée puisque les instructions en matière de frais « ne sont pas très claires ». Quant à Magloire, il a laissé son ordinateur allumé, ce qui a permis à des personnes non identifiées de consulter des sites pornographiques. Enfin, scandale des scandales, le bureau de Paris a autorisé un agent auxiliaire à traduire en français un livre de l'Italien Bino Olivi, qui fut le premier porte-parole de la Commission, consacré à l'histoire de l'Union européenne. En dépit de la légèreté des reproches, une procédure disciplinaire a été ouverte et s'est terminée par un « avertissement » adressé en octobre 2004 à Giraudy, la sanction la plus faible de l'arsenal disciplinaire de la Commission à cause de ces fameux frais de restaurant. On est loin des raisons qui ont motivé le rappel de ce fonctionnaire. Ebranlé par cette mésaventure, Giraudy n'a jamais repris son travail et a fait valoir ses droits à la retraite en mai 2004 [1]. Magloire, quant à lui, ne subira aucune sanction et sera même promu.

Quelles sont les conséquences de cette édifiante histoire ? La réputation de deux fonctionnaires communautaires a été irrémédiablement entachée. Le bureau de Paris a été paralysé durant un an. Le coût financier pour l'institution est extrêmement élevé : un an de salaire pour deux fonctionnaires en « arrêt maladie », le salaire et les notes de frais des remplaçants dépêchés à Paris auxquels il faut ajouter le coût de l'enquête de l'OLAF qui a dû y consacrer six mois et trois inspecteurs. Enfin, l'image de la Commission a été écornée puisqu'elle est apparue une nouvelle fois comme corrompue.

Le précédent suédois

Giraudy n'est pas un exemple isolé. Avant lui, d'autres ont été victimes de ce climat de suspicion généralisée. Ainsi, Linda Corugedo-Steneberg, une ancienne diplomate suédoise devenue la première représentante de la Commission en Suède en 1996, un an après l'adhésion de son pays à l'UE. Le 17 novembre 1999, TV4, une télévision suédoise, révèle qu'un système de fausses factures a été mis en place au sein de la Représentation de Stockholm. Aussitôt, une enquête de l'OLAF est diligentée. Mais Corugedo-

1. Jean-Louis Giraudy a engagé une action en responsabilité devant la Cour de justice européenne contre la Commission. En mars 2005, la Commission Barroso a purement et simplement annulé l'avertissement.

Steneberg n'est pas, elle, relevée de ses fonctions, « on » lui demande de prendre une semaine de congé afin que les enquêteurs puissent faire leur travail. Il apparaît très rapidement que les montants en cause ne sont pas très importants. « L'OLAF, qui a remis son rapport le 24 mai 2000, a découvert une série de détournements comptables portant en tout sur 20 000 euros, raconte-t-elle [1]. Aucune des factures, qui portaient sur des petits montants compris entre 10 et 150 euros, n'a été signée par moi », mais par un assistant administratif danois et un employé local suédois. Malgré cela, la diplomate suédoise été littéralement traînée dans la boue par la presse de son pays sur le thème « tous pourris ». Durant de longs mois, elle a été traquée, les télévisions n'hésitant pas à installer en permanence des caméras devant son domicile bruxellois. Elle a demandé à la Commission, en vain, de poursuivre les journaux qui l'ont mise injustement en cause. « J'ai vraiment vécu l'enfer », se rappelle-t-elle.

Bien que l'OLAF ait essayé de lui imputer une part de responsabilité dans cette affaire, la justice suédoise, saisie par la Commission, l'a mise totalement hors de cause en janvier 2002. Mais il faudra attendre octobre 2002 pour que le « conseil de discipline » de la Commission rende enfin son verdict : elle écope d'un simple « avertissement », au motif qu'elle aurait dû davantage surveiller ses subordonnés. La modicité de la sanction lui permettra de réclamer à la Commission le paiement de ses frais d'avocat, soit environ 12 000 euros (à comparer aux 20 000 euros détournés). Corugedo-Steneberg est, aujourd'hui, « chef d'unité » à la direction générale de la presse et de la communication et est responsable de la coordination politique des représentations de la Commission dans les Etats membres.

Ces deux affaires sont emblématiques d'une institution qui a fait de la lutte contre la fraude interne son but politique suprême. Le 13 avril 1999, Prodi, quelques jours après sa nomination, proclame devant le Parlement européen qu' « il n'y aura aucune tolérance de notre part à l'égard de la corruption ». La priorité de son mandat, outre l'élargissement, sera donc la réforme de son administration qui va être mise en musique par Neil Kinnock, le vice-président de la Commission, chargé du personnel et de la réforme administrative. Prodi marque qu'il entend mener à Bruxelles une véritable

1. Entretien avec les auteurs.

« révolution culturelle » : c'est la première fois que le titulaire du portefeuille du personnel occupe le second rang dans l'ordre protocolaire de la Commission.

Il ne s'agit pas pour Prodi et Kinnock de traquer impitoyablement ceux qui détournent des subventions communautaires dans les pays de l'Union [1], mais de ne tolérer aucun manquement de la part des fonctionnaires européens. Franz Hermann Brüner, le patron de l'OLAF, ne cache pas qu'il a fait du contrôle interne sa mission première, faute de disposer du personnel nécessaire pour aller voir ce qui se passe hors de Bruxelles, malgré son mandat. Son office est donc en fait une sorte de « police des polices ».

En affichant, dès sa nomination, sa méfiance à l'égard de ses propres troupes jugées responsables de la démission de la Commission Santer, Prodi a ouvert grandes les vannes de la chasse aux « ripoux » par tous les moyens, y compris les dénonciations provenant de règlements de comptes internes. Il est vrai que l'institution a été poussée dans ce travers par une presse déchaînée, ravie que quelque chose de croustillant se passe enfin à Bruxelles. Dans les rédactions nationales on oppose souvent l'« institutionnel » au « reportage », l'un étant irrémédiablement ennuyeux alors que l'autre est forcément noble et passionnant. L'« investigation », qui est un moyen de rendre intéressant l'institutionnel, est devenu l'alpha et l'oméga de nombres de journaux à la suite des deux scandales qui ont bousculé la Commission à la fin des années 1990, l'affaire de la vache folle et les emplois fictifs d'Edith Cresson.

La Commission KO

Il ne faut donc pas s'étonner que l'exécutif européen, moteur de l'intégration communautaire, ait été gagné par une paralysie progressive, chacun cherchant à se protéger d'une éventuelle enquête de l'OLAF. Les directeurs généraux contrôlent leurs adjoints qui contrôlent leurs directeurs qui contrôlent leurs chefs

1. 95 % d'un budget communautaire de 110 milliards d'euros par an en 2004 sont reversés aux Etats membres, en particulier par le biais de la Politique agricole commune et des aides régionales. Ce sont eux qui sont chargés en priorité des contrôles sur l'utilisation de ces montants.

d'unité et ainsi de suite jusqu'au bas de la pyramide... Les contrôleurs sont devenus plus nombreux que les contrôlés. « On passe plus de temps avec nos auditeurs qu'à concevoir des politiques, confie un directeur général pourtant proche de Prodi. Imaginez : chaque direction générale a ses auditeurs, il y a le service central d'audit, l'OLAF, la commission de contrôle budgétaire du Parlement européen... » La moindre dépense doit désormais faire l'objet d'un appel d'offres, ce qui confine au ridicule lorsque les sommes en jeu ne dépassent pas 20 000 euros. Il n'est pas rare que les responsables de programmes préfèrent renoncer à des dépenses plutôt que de se lancer dans des procédures lourdes, coûteuses et... dangereuses, personne n'étant totalement sûr que le contractant choisi soit à l'abri de tous soupçons. « Certains de mes subordonnés ont découvert par hasard que l'Office avait ouvert une enquête sur eux à la suite d'une dénonciation. Ils ont alors pu prouver leur innocence mais ils en sont restés sonnés. Comment avoir confiance dans une institution qui se méfie de vous ? », analyse un haut fonctionnaire qui a fait toute sa carrière à Bruxelles. Acheter un dictionnaire relève désormais du parcours du combattant.

Les fonctionnaires ont donc entamé une véritable « grève du zèle » en refusant de courir le moindre risque. « Chacun tremble quand il signe quelque chose : dans ce climat, c'est la prudence qui l'emporte », souligne un directeur général. Cette méfiance généralisée n'a pas peu contribué à freiner le rôle d'impulsion de la Commission, ce qui explique l'absence de réalisation d'envergure entre 1999 et 2004 : contrôler ou agir, il faut choisir. « C'est la démotivation générale », se désole un directeur général adjoint.

Le mode de fonctionnement de l'OLAF n'est pas pour rien dans cette dérive. Mis sur pied à la va-vite par une Commission Santer démissionnaire, il a rapidement montré ses limites. « Je reconnais qu'on a bâclé le texte créant l'Office », dit l'un de ses concepteurs. Institué par un règlement communautaire du 25 mai 1999, l'Office, fort de 262 enquêteurs (chiffre 2004), reste un organe de la Commission mais il en est indépendant. En outre, sa compétence d'action s'étend à l'ensemble des institutions communautaires (y compris au Parlement européen, ce que celui-ci a eu du mal à admettre). Mais le problème est que cet organe échappe en réalité à tout contrôle. Alors qu'il mène des enquêtes quasi pénales, il n'est tenu de respecter aucune norme ni de rendre des comptes à qui que ce soit. On est plus près de l'inquisition que d'une justice sereine.

Pour bien comprendre l'omnipotence acquise par l'Office, il faut savoir qu'il n'est aucunement obligé d'informer qui que ce soit des enquêtes en cours et surtout pas l'institution qui est visée. Résultat : des dossiers sont ouverts sans que personne n'en soit averti et ils peuvent traîner des années. L'acte d'accusation demeure secret, les droits de la défense ne sont pas respectés (il n'est pas rare qu'un fonctionnaire ne soit entendu qu'une fois l'enquête bouclée et encore s'il en a fait la demande) et les conclusions de l'Office demeurent secrètes.

Certes, l'OLAF n'a pas de pouvoir de sanction. Celui-ci appartient à l'institution dont relève le fonctionnaire fautif et aux juridictions pénales de l'Etat où a été commise l'infraction [1]. Néanmoins, la plupart des fonctionnaires qui ont fait l'objet d'une enquête ont été mutés ou suspendus sans préavis, ce qui constitue un préjudice difficilement réparable. Sans compter que, dans l'ambiance qui règne au sein de la Commission, une descente de l'OLAF équivaut quasiment à une condamnation. Michaele Schreyer, la commissaire chargée du budget, a d'ailleurs reconnu, en juillet 2003, que la présomption d'innocence n'était pas respectée, trop de fonctionnaires ayant été mis en cause et mutés « dans l'intérêt du service » sans qu'aucune charge ne soit retenue contre eux au final par l'OLAF. Avant elle, et de façon prémonitoire, le « Comité d'experts indépendants », mis en place au début de 1999 pour enquêter sur les accusations de fraude, de népotisme et de malversations portées contre la Commission Santer, s'était inquiété, dans son second rapport de septembre 1999 consacré à la « réforme de la Commission », des risques possibles de dérive. Tout comme le « Comité de surveillance » de l'OLAF, un organe composé de cinq personnalités indépendantes basé à Luxembourg, le fait chaque année. Les « experts indépendants » et le Comité de surveillance plaident en chœur pour la création d'un « ministère public européen central ». L'idée est qu'il puisse ainsi « sélectionner et hiérarchiser les affaires ainsi (que) procéder aux poursuites » et surtout veiller à la bonne application des normes pénales. Ce qui n'est nullement le cas aujourd'hui.

Mais accuser l'OLAF d'être responsable de cette culture de la

1. La Belgique est donc souvent compétente, ce qui n'a absolument aucun sens, puisque le jugement sera rendu selon le droit belge qui a des spécificités qui ne sont pas forcément adaptées aux infractions commises dans le cadre des institutions communautaires.

méfiance est un peu court : il n'a fait qu'occuper l'espace que la Commission lui a laissé. Le règlement européen de 1999 n'aurait jamais dû être élaboré à la va-vite par un exécutif démissionnaire. Une fois le vaisseau de l'antifraude lancé, il est devenu politiquement difficile d'infléchir sa route : toute révision du texte fondateur, notamment afin d'inclure des garanties juridictionnelles, pourrait être interprétée comme une volonté de brider l'OLAF. Le 18 novembre 2003, Prodi en a fait l'expérience en essayant d'expliquer aux députés européens que quelque chose ne fonctionnait pas au royaume de l'antifraude. Avec précaution, il a relevé les problèmes posés par l'absence de cadre juridique précis sur la communication d'informations qui dispense l'Office d'informer qui que ce soit de ses enquêtes. « La Commission est dans la situation difficile d'avoir à assumer politiquement l'action de l'OLAF sans avoir les moyens d'exercer effectivement cette responsabilité », a-t-il dit en rappelant que c'est son institution qui était visée en cas de recours en justice. Il a donc proposé de gommer les aspects les plus contestables du fonctionnement de l'OLAF. La réaction de Diemut Theato (Allemagne, CDU-CSU), à l'époque présidente de la commission de contrôle budgétaire (Cocobu) du Parlement, est tombée, cinglante : « On n'a pas besoin de règles supplémentaires. Il faut déjà appliquer celles qui existent. » Prodi a donc bel et bien ouvert une boîte de Pandore qu'il sera difficile de refermer.

Une réforme aux forceps

La réforme de l'administration n'a pas arrangé l'ambiance parmi les quelque 20 000 femmes et hommes travaillant pour l'exécutif européen. Un changement était nécessaire, personne ne le conteste. Le rapport des « experts indépendants » sur la « réforme de la Commission » montre, à travers 90 « recommandations », qu'il devenait urgent de réorganiser la fonction publique européenne. « Non seulement l'étendue, mais la nature même des tâches de la Commission, ont profondément changé, au point que d'organe de réflexion et de contrôle qu'elle était, l'institution est désormais devenue essentiellement un organe de gestion », notaient les « sages ». « Malgré ces développements, ni la structure dans son ensemble, ni les critères et les modalités d'organisation, ni les pratiques et les procédures, n'ont été adaptés à la nouvelle situation. Bref, tout a changé autour de la Commission mais elle est largement restée à côté du changement. »

Longtemps, la Commission a eu pour fonctions essentielles de gérer la Politique agricole commune (PAC) et de proposer la législation nécessaire pour mettre en place le marché intérieur. A ces tâches d'origine se sont ajoutés, dans le désordre, les aides régionales ou « fonds structurels », la concurrence, l'union économique et monétaire, les affaires sociales, la justice et les affaires intérieures, la politique étrangère et de sécurité commune, l'environnement, le tourisme ou l'aide humanitaire. En outre la difficulté inhérente à la gestion de toute administration multinationale, puisqu'il n'est pas évident de faire cohabiter des nationalités différentes avec leur culture juridico-administrative, complique le travail de la Commission.

Au lendemain de sa nomination, le 13 avril 1999, devant le Parlement européen, Romano Prodi, se donne une feuille de route : sa « mission n'est pas de maintenir mais de réformer. Ces réformes nécessiteront l'application d'au moins trois principes : plus grande efficacité, transparence absolue, pleine responsabilité » pour lutter contre les fraudes. Il établit ainsi un lien intime entre une supposée « culture de la corruption » jusque-là tolérée, ce qu'il ne démontre pas, et la réforme de l'administration. Or ce lien est politiquement maladroit en ce qu'il donne à penser à tous les fonctionnaires – et aux opinions publiques – qu'ils sont des fraudeurs en puissance, ce qui ne va pas les inciter à se mobiliser derrière leur président. Surtout, rien n'est dit sur les qualités d'une fonction publique européenne qui a été notamment capable d'accoucher du marché unique, puis de l'union économique et monétaire. A cette erreur fondamentale, Prodi en a ajouté une autre en chargeant Kinnock, un Britannique qui ne parle aucune langue étrangère, de mener à bien la réforme d'une administration calquée sur le modèle franco-allemand et dont les syndicats du personnel sont très attachés à leurs acquis [1]. Histoire, sans doute, de rassurer tout le monde, Kinnock ne nomme aucun ressortissant allemand ou français dans son cabinet et choisit comme premier « chef de cabinet », Andrew

1. La Communauté économique européenne a été créée en 1957 alors que la Grande-Bretagne n'a adhéré qu'en janvier 1973.

Cahn, qui n'est pas fonctionnaire européen et dont la fidélité va à Londres et non à Bruxelles [1]. Autrement dit, nommer Kinnock à ce poste, c'est faire entrer un éléphant dans un magasin de porcelaine. Prodi montre clairement que, pour lui, la « modernité » et la « probité » ne sont pas des vertus continentales, mais plutôt anglo-saxonnes.

Les premiers pas de la Commission Prodi n'ont fait que renforcer le sentiment d'une « OPA » des Britanniques sur Bruxelles. Ainsi, avec le premier mouvement de directeurs généraux, annoncé le 29 septembre 1999, les Britanniques se retrouvent à la tête de sept directions générales contre quatre auparavant, alors que les Allemands doivent se contenter de cinq postes, les Espagnols d'un et les Italiens de... zéro. Seuls les Français maintiennent leurs positions avec six postes mais en perdant des positions stratégiques comme celle de l'agriculture. Cette « anglomania » s'est manifestée jusque dans la composition des cabinets, où les ressortissants de Sa Majesté sont légion. Certes, un fonctionnaire, une fois à Bruxelles, n'est pas censé représenter les intérêts de son pays. Mais, et c'est pourquoi la Commission a toujours veillé à respecter un équilibre géographique, chacun reste marqué par sa culture d'origine et, partant, est plus sensible aux thèses de son pays. La Grande-Bretagne le sait, elle qui réunit régulièrement au sein de sa Représentation permanente à Bruxelles « ses » fonctionnaires européens. Face au tollé suscité par cette politique de nominations, la Commission a dû corriger le tir et, dès 2001-2002, l'équilibre géographique a, de nouveau, été respecté.

Ces maladresses de départ ont créé une ambiance. La réforme promue par Kinnock, dont tous les aspects sont pourtant loin d'être condamnables, est perçue comme une tentative de « casser » une machine qui a fait ses preuves en lui inculquant les valeurs du « management » privé. Or la preuve de la supériorité d'un modèle sur l'autre n'a pas été apportée. Les erreurs manœuvrières n'ont pas arrangé les choses. Entendre Kinnock proclamer, en janvier 2000, que l'objet de la réforme est de passer « d'une culture fondée sur des règles à une culture davantage axée sur les résultats » ne peut qu'être mal vécu par une très grande majorité de fonctionnai-

1. A la mi-2000, Andrew Cahn a rejoint les instances dirigeantes de British Airways, un départ qui pose quelques questions déontologiques puisqu'il fut aussi le chef de cabinet de Kinnock lorsque celui-ci était commissaire chargé des transports dans la Commission Santer.

res qui se sont dévoués corps et âme à la construction européenne. En particulier, la promotion « au mérite » a été mal acceptée, les fonctionnaires ayant l'impression qu'ils vont désormais totalement dépendre de leur hiérarchie. Cette dernière n'a pas été plus satisfaite par cette innovation car les « rapports d'évaluation » (une fois tous les deux ans) ont multiplié la paperasserie. De même, la « mobilité » a été promue vertu cardinale afin de lutter contre les féodalités. Le problème est qu'appliquée trop systématiquement, elle crée un sentiment d'insécurité et une forte déperdition des compétences. Ne sachant trop à quelle sauce ils vont être mangés, les fonctionnaires européens ont donc mis l'arme au pied en attendant des jours meilleurs. Signe de ce malaise, les grèves de protestation ont été nombreuses et particulièrement suivies.

Tourisme en folie

Comment en est-on arrivé là ? A une Commission doutant d'elle-même, soupçonnant tout un chacun d'incompétence et de fraude, où la méfiance et la frustration ont remplacé l'enthousiasme des années Delors ? Tout simplement parce que Prodi n'a pas compris les leçons des scandales qui ont mené à la démission de l'exécutif dirigé par Jacques Santer, en mars 1999. Les institutions européennes ont réagi de la pire manière imaginable, en dévorant leurs propres enfants. Il ne s'agit pas d'affirmer qu'il n'y a pas de brebis galeuses à Bruxelles. Quel corps est à l'abri de dérives ? Mais les vraies affaires de fraudes sont rares, très rares si l'on songe au quotidien des Etats membres, et les contrôles internes suffisent en général à les débusquer. Le problème est que l'institution a souvent préféré régler ce type d'affaire dans la discrétion afin de s'épargner une publicité négative. Sans remonter aux origines, on ne trouve en réalité que quelques affaires méritant le qualificatif de fraudes dont deux réellement importantes qui remontent au règne de Jacques Delors.

Le premier dossier a impliqué le chef de l'unité tourisme [1], en l'occurrence un ressortissant grec, Georges Tzoanos, et l'un de ses

1. Il s'agit d'un grade A3, c'est-à-dire élevé dans la hiérarchie de la Commission, les carrières évoluant à l'époque de A8 à A1 (directeur général et directeur général adjoint). Depuis la réforme Kinnock le système a changé mais l'esprit est demeuré le même.

« agents temporaires » (contrat à durée déterminée), un Français, Pascal Chatillon. Que la Commission s'occupe de la promotion du tourisme dans l'Union peut légitimement dépasser l'entendement, puisqu'on voit mal quelle est la valeur ajoutée d'une action communautaire dans ce domaine ! Mais l'exécutif européen n'y est pas pour grand-chose, puisque ce sont les Etats membres qui ont décidé, en 1988, de lancer un « programme d'action » afin de souligner l'importance économique de l'activité touristique... Entre 1989 et 1995, 40 millions d'écus (autant d'euros) ont été consacrés au financement de divers « plans d'actions » en faveur du tourisme. Devant un tel pactole, géré en direct par la Commission, dans un domaine où elle n'avait aucune expérience, le chef de l'unité, qui avait conservé des intérêts dans diverses sociétés touristiques, n'hésita pas longtemps : il détourna, entre 1989 et 1993, environ 4,5 millions d'écus, soit à son profit, soit au profit de proches, soit au profit de sociétés « amies ». Ce qui est étonnant, dans cette affaire, est qu'un fonctionnaire aussi indélicat ait pu atteindre un tel niveau hiérarchique et surtout agir aussi longtemps sans attirer l'attention de ses supérieurs, alors même que le Parlement européen s'inquiétait dès 1990 de la gestion de l'unité tourisme et que la Cour des comptes, dans un rapport de septembre 1992, a mis le doigt sur de nombreuses irrégularités. Ce n'est qu'en 1993 que l'enquête interne débuta et il fallut attendre le 1er août 1995 pour que le fonctionnaire soit révoqué, mais sans suppression de ses droits à la retraite, sanction la plus élevée. Néanmoins, même tardivement, les contrôles internes ont fonctionné. La justice française, compétente dans cette affaire, fut moins clémente : le tribunal de grande instance de Paris a condamné, le 22 septembre 2000, Georges Tzoanos à 4 ans de prison ferme et à une amende d'un million de francs et Pascal Chatillon à 2 ans de prison avec sursis et à une amende de 100 000 francs, outre le paiement solidaire à l'Union de 6 650 865 francs de dommages et intérêts. Le jugement a été confirmé par un arrêt de la cour d'appel du 30 avril 2003, mais la Cour de cassation a cassé sa décision en 2004. Le feuilleton judiciaire n'est donc pas terminé douze ans après les faits.

Les contrats fictifs de l'aide humanitaire

Une autre affaire de fraude, sans doute la plus grave qu'ait connue la Commission, concerne Echo, l'Office d'aide humanitaire de l'Union. Là aussi, les faits se sont déroulés sous Delors. Un chef d'unité, le Français Hubert Onidi, profitant des vacances de son supérieur direct, l'Espagnol Santiago Gomez-Raino, exige d'une société extérieure travaillant depuis une vingtaine d'années avec la Commission – Perry Lux, basée à Luxembourg, l'une des sociétés dirigées par le Français Claude Perry – qu'elle verse un salaire fictif à son épouse en échange de contrats avec Echo. Entre juillet 1993 et juillet 1995, Perry verse donc ce salaire par l'intermédiaire de l'une de ses filiales off-shore située en Irlande et il obtient les contrats promis. Le pot-aux-roses est découvert par l'UCLAF[1] à l'automne 1997 à l'occasion d'une enquête sur quatre contrats d'un montant de 2,4 millions d'écus conclus en 1993 et 1994 par Onidi et censés concerner l'aide humanitaire à l'ex-Yougoslavie et à la région des Grands Lacs, en Afrique. Or il s'avère qu'ils étaient entièrement fictifs.

Mais tout l'argent n'a pas été détourné au profit d'Onidi, loin de là. L'affaire a mis au jour une pratique couramment employée par la Commission dans les années 1990 afin de pallier son manque chronique de personnel. Elle a pris l'habitude de conclure des contrats fictifs avec des sociétés extérieures, à charge pour elles de mettre à sa disposition le personnel manquant, personnel connu à Bruxelles sous le nom de « sous-marins »... Dans ce cas précis, l'argent a été utilisé pour payer onze personnes travaillant... au sein de l'unité financière d'Echo. Mais, et cela donne une idée de la marge bénéficiaire de la société intermédiaire et du coût du pot-de-vin, environ 600 000 écus ont purement et simplement disparu. « La marge est, en général, de 6 à 8 % sur le montant du contrat. Cela peut aller dans le meilleur des cas jusqu'à 12 % », a ainsi reconnu Perry[2]. Onidi a été révoqué et privé du tiers de sa retraite

1. Unité de coordination de la lutte antifraude, créée en le 20 novembre 1987, prédécesseur de l'OLAF.

2. *Libération* du 24 septembre 1998.

le 21 mai 2000, ce qui constitue la plus grave sanction jamais infligée à un fonctionnaire.

Système D

Pour le reste, les médias ont souvent abusivement qualifié de « fraudes » des comportements qui relèvent surtout de l'acrobatie comptable : pour accomplir leurs tâches, des fonctionnaires ont été amenés à violer les règlements financiers, comme l'a montré l'affaire Echo. « C'était le système Emile Noël-Jacques Delors », analyse l'ex-député européen Gianfranco Dell'Alba (Italie, Parti radical)[1]. L'ancien président de la Commission européenne et son fidèle secrétaire général, à l'affût de tout ce qui pouvait permettre d'accroître les compétences communautaires, avaient pour principe de ne jamais refuser une offre des chefs d'Etat et de gouvernement. Aux directions générales de se débrouiller pour financer les salaires des petites mains. De fait, si le budget communautaire a littéralement explosé durant les années Delors, surtout avec la création des aides régionales, si les compétences se sont accrues de façon exponentielle, le nombre de fonctionnaires n'a pas vraiment suivi en dépit des demandes répétées de la Commission. Or, et c'est sans doute l'une de ses plus grandes erreurs, Delors, tout à son souci de relancer la construction communautaire et d'asseoir la légitimité de la Commission, a continué à accepter de nouvelles missions au lieu de les subordonner à la création de postes, par exemple dans le domaine du tourisme ou de l'aide humanitaire. Ce n'est sans doute pas un hasard si les principaux dérapages ont eu lieu dans ces deux secteurs où l'on a le plus « externalisé » les tâches.

Le premier rapport du « Comité des experts indépendants » du 15 mars 1999 décrit parfaitement le mécanisme mis en place dans le cas de l'Office humanitaire, qui a fait appel « à un nombre extraordinairement élevé d'agents temporaires/auxiliaires et en recourant aux "mini-budgets", c'est-à-dire en finançant le personnel extérieur affecté aux tâches administratives internes sur les crédits opérationnels ». Cette pratique, officiellement interdite en 1993, s'est poursuivie par la force des choses, le personnel conti-

---

1. Entretien avec les auteurs.

nuant à manquer. Le problème, évidemment, est que l'on peut passer rapidement d'une irrégularité administrative à une fraude pure et simple. Comme le souligne le Comité, « en tolérant dans les faits le recours à des pratiques irrégulières, la Commission s'expose à un risque grave car il s'agit d'une porte ouverte à la fraude » et « cela engendre une culture institutionnelle inacceptable ». Comme l'argent échappe à tout contrôle, puisqu'il quitte les circuits légaux, la tentation est forte de se servir dans la caisse... Pourtant, au regard d'un système qui s'était généralisé au début des années 1990, on peut considérer que les dérapages ont été particulièrement peu nombreux. Il ne s'agit pas de dire qu'il ne fallait pas entamer une réforme de l'administration communautaire ou encore d'excuser des violations des normes comptables, bien au contraire. Mais, il ne faut pas oublier que l'impulsion est venu du pouvoir politique et que la « faute » de l'administration est d'avoir obéi aux ordres.

Le dentiste de la commissaire

C'est cette responsabilité du politique que Prodi et son équipe ont voulu éviter de poser en désignant l'administration communautaire comme seule responsable des dysfonctionnements. Pourtant, si la Commission Santer a chuté, c'est essentiellement à cause du comportement de l'un de ses commissaires, en l'occurrence Edith Cresson, chargée de la recherche et de l'éducation. C'est par un détour tortueux, celui des fraudes commises au sein d'Echo, qu'Edith Cresson est entrée sous les feux de l'actualité. A la fin de l'été 1998, un quotidien régional belge [1] révèle, sans que son nom soit cité, qu'un « ami » très proche de l'ancienne Première ministre française aurait bénéficié des largesses d'une société extérieure à la Commission mais travaillant exclusivement pour elle. But de la manœuvre : utiliser l'ami en question afin de convaincre la commissaire de signer des contrats entre ses services et ladite société. Or, cette dernière est justement celle qui est impliquée dans le scandale Echo, Perry-Lux. Cresson jouera d'ailleurs de la confusion faite par le quotidien belge avec l'affaire Echo pour hurler au

1. *La Meuse-La Lanterne* du 24 août 1998.

complot durant le mois de septembre, puisque, effectivement, elle n'avait aucun pouvoir de gestion sur l'Office humanitaire.

Mais les dessous de l'affaire sont révélés fin septembre [1]. L'ami en question est un dentiste à la retraite âgé de 70 ans, René Berthelot, originaire de Châtellerault, la ville dont Edith Cresson fut maire jusqu'en 1997. Arrivé dans les bagages de la commissaire en janvier 1995, date de sa prise de fonction, ce proche, qui était déjà dans son entourage lorsqu'elle était Première ministre, entre mai 1991 et avril 1992, est chargé de lui trouver un appartement à Bruxelles et de le décorer, comme il l'expliquera lui-même. Il faisait à tel point partie des meubles qu'il avait libre accès au bureau de la commissaire, au grand agacement des membres de son cabinet. C'est le numéro 2 des services de sécurité de la Commission, Claude Willeme, un Français, qui a mis en contact Perry et Berthelot. L'affaire est vite conclue : le premier versera un salaire mensuel de 3 800 euros sur un compte luxembourgeois en échange de son entregent auprès de Cresson. Les versements cesseront en août 1995, Perry n'ayant obtenu aucun des contrats qu'il espérait et que, dit-il, « on » lui aurait « promis ». Rien d'étonnant à cela, puisque le chef de cabinet de Cresson, le Français François Lamoureux, avait donné l'ordre de faire le ménage dans ses directions générales et de ne plus recruter de « sous-marins », appliquant en cela les instructions de Santer.

Jusque-là, Cresson n'a commis aucune faute. Certes, elle aurait dû s'inquiéter que son ami, « son gourou » selon le terme de Perry, ait obtenu un emploi fictif auprès d'un personnage pour le moins douteux. Ce qu'elle n'a pas fait. « Le docteur René Berthelot, qui est effectivement un ami de vingt ans, (...) a passé un contrat avec M. Perry à titre privé et je ne vois pas en quoi cela me concernait », déclare-t-elle [2]. Mais comme elle n'a pas donné l'ordre à ses directions générales de faire affaire avec Perry, personne ne pouvait lui reprocher quoi que ce soit. Soucieuse de trouver une rémunération de remplacement à son ami, Edith Cresson commet alors une erreur : elle ordonne à ses services de lui trouver quelque chose. L'administration communautaire n'a pas à l'époque l'habitude de contester les ordres des commissaires. La direction générale de la recherche le recrute donc comme « visiteur scienti-

1. *Libération* du 24 septembre 1998.
2. *Le Monde* des 4 et 5 octobre 1998.

fique » afin, officiellement, de « coordonner les recherches sur le sida ». René Berthelot le reconnaît volontiers : « Sans Edith Cresson, je n'aurais pas obtenu (ce) poste » qui requiert une compétence certaine qu'il n'a manifestement pas. La fonction pour laquelle il est rémunéré est réservée soit à des professeurs d'université, soit à des personnalités scientifiques de haut niveau. En théorie.

Il bénéficie de trois contrats couvrant la période du 1er septembre 1995 au 28 février 1997 assortis d'une rémunération de 24 400 francs par mois (3 700 euros). Ensuite, le statut de la fonction publique européenne lui interdisant de signer un nouveau contrat avec la direction générale de la recherche, il est embauché par le Centre commun de recherche (CCR), un service de la Commission gérant huit instituts jusqu'au 31 décembre 1997. Sa rémunération bondit : 45 375 francs par mois (6 900 euros). Par un tour de passe-passe, la Commission a même renoncé à déduire de son revenu le montant de sa retraite française (14 167 francs). Dans la lettre d'embauche, le CCR lui accorde en effet une « augmentation de 25 % exceptionnellement autorisée par le directeur général », qui couvre exactement le montant de sa retraite. Au total, Berthelot a reçu de la Commission près de 140 000 euros. Mais, à la suite d'un accident cardiaque, il cesse toutes ses activités à partir d'avril 1997, son salaire lui étant néanmoins versé jusqu'à la fin de la période contractuelle. Le cabinet d'Edith Cresson tente alors de calmer le jeu en montrant à quelques journalistes des « preuves matérielles » de la réalité du travail de Berthelot. L'effet est désastreux : on y trouve dix « notes » totalisant 24 pages et portant sur des sujets aussi importants que l'impact de la recherche et de l'innovation en Poitou-Charentes, la région d'Edith Cresson...

Des amis comblés

Les révélations se succèdent [1]. Le fils de René Berthelot, Philippe, « actuaire en assurance », a ainsi bénéficié d'un contrat d'un an (qui a pris fin le 15 octobre 1998) avec la DG recherche et l'ancienne journaliste – au *Nouvel Observateur* puis à *L'Express* –

1. *Libération* des 28 septembre, 29 octobre et 23 novembre 1998.

Elisabeth Schemla, biographe de Cresson, a été embauchée au CCR, pour s'occuper de la communication du centre. Un ancien membre de son cabinet, Jean-Cyril Spinetta, désirant rentrer en France pour s'occuper de sa famille, fut bombardé « expert national détaché » (END) auprès de la direction générale « recherche » pour s'occuper, entre avril 1996 et juin 1997, de la mise en place du « service volontaire européen », un « petit boulot » selon ses propres mots. L'intérêt de ce « job » était d'être doté d'une indemnité de 18 000 francs (2 700 euros) par mois qui s'ajoute au salaire de base. Son salaire de membre de cabinet est maintenu grâce à cet artifice. Choisi par le gouvernement socialiste de Lionel Jospin pour devenir le patron d'Air France en septembre 1997, il n'en continua pas moins à percevoir son indemnité, jusqu'à ce que les services de la Commission s'aperçoivent, en octobre, qu'il n'y avait plus droit depuis le mois de juin précédent. Il remboursera le trop-perçu. De même, le garde du corps et le chauffeur d'Edith Cresson, mis à disposition de tous les anciens Premiers ministres par la République, bénéficièrent de ce statut d'expert national détaché.

Enfin, Edith Cresson a confié, en juillet 1995, à un universitaire de ses amis, Jean-Louis Reiffers, doyen honoraire de la faculté des sciences économiques de l'université de la Méditerranée et qui fut l'un de ses conseillers à Matignon, la rédaction d'un « livre blanc sur l'éducation et la formation », avant de le propulser à la tête d'un « groupe de réflexion » sur le même sujet (66 000 francs d'indemnités soit 10 000 euros). Puis, en décembre 1995, Reiffers a obtenu un « contrat d'assistance » pour la somme de 30 000 euros dans le cadre de la mise en œuvre du livre blanc qu'il avait écrit. Surtout, pour remplir les cinq « objectifs » établis par ce groupe, un appel d'offres fut lancé et remporté, pour l'un des objectifs, par une société répondant au nom de « Jean-Louis Reiffers conseil » pour un montant de 530 000 francs environ (80 000 euros)... La CCAM (organe de la Commission qui contrôle les appels d'offres) se fit tirer l'oreille en raison de la « proximité notoire » entre Reiffers et Cresson. Le contrat lui fut néanmoins accordé à la suite d'une intervention directe, le 16 novembre 1996, du directeur général de la DG « éducation ». Le Contrôle financier de la Commission se saisit ensuite de cette affaire et s'émut des « fortes présomptions d'inégalité de traitements ». S'agit-il d'emplois fictifs ? Il est clair en tout cas que Cresson n'a pas hésité à mélanger les genres en accordant un traitement privilégié à certains de ses amis.

Cresson crie au complot

La réaction d'Edith Cresson à ces accusations est particulièrement violente : non seulement elle refuse de répondre aux questions de la presse mais elle décide, le 2 octobre, de poursuivre *Libération* en diffamation pour « amalgames » et « déformations » après avoir exigé la parution d'un droit de réponse [1]. Pour elle, il s'agit d'un « complot ». « Certains veulent aujourd'hui tirer à boulets rouges sur la Commission et, comme par hasard, ce sont plutôt des commissaires de gauche qui sont dans le collimateur [2]. » Le collège des commissaires se désolidarise de la commissaire : par une déclaration qui ne passa pas inaperçue, la porte-parole du président de la Commission, Martine Reicherts, se contente de noter qu'elle agit à titre personnel. En privé, les commissaires s'en donnent à cœur joie, épinglant une commissaire « arrogante » qui refuse de reconnaître ses erreurs au risque d'entraîner l'ensemble de la Commission dans la tourmente. Cinq ans après les faits, Jacques Santer raconte qu'il a déconseillé à sa commissaire d'aller en justice afin de calmer le jeu : « Elle a refusé en m'expliquant que son honneur était atteint [3]. » La ligne de défense de l'ancienne Première ministre française, produit d'une classe politique française qui n'a jamais hésité à confondre les intérêts de l'Etat avec ceux de son parti et, dans quelques cas, avec les siens propres, ne variera jamais. En janvier 1999, elle dénonce à nouveau, la « campagne écœurante » dont elle est l'objet et affirme qu'elle n'a « pas l'habitude de céder devant des tentatives d'intimidation : l'époque des sacrifices humains (est) révolue [4] ».

Le problème est que Santer n'a aucun moyen de pression sur Cresson : il n'est qu'un primus inter pares et ne dispose pas de la lettre de démission en blanc que son successeur prendra la précau-

1. Elle se désiste de sa plainte le 11 mai 1999, au lendemain de la démission de la Commission Santer.
2. *Le Monde* des 4 et 5 octobre 1998.
3. Entretien avec les auteurs.
4. Entretien avec Reuters, le 8 janvier 1999.

tion d'exiger de tous ses commissaires. En outre, les autorités françaises se mobilisent pour sauver le soldat Cresson : ni Jacques Chirac, ni Lionel Jospin, qui sont alors en « cohabitation », ne veulent laisser un ancien Premier ministre de la République attaqué pour des faits qui, vus de Paris, ne sont pas si graves que cela. Le message sera envoyé à Santer, qui s'inclinera. Le 6 janvier 1999, il « couvrira » sa commissaire : « Mme Cresson m'a assuré qu'il n'y avait pas d'irrégularités. Je ne peux pas en dire plus. La Commission se déclare solidaire de Mme Cresson. »

Dans le même temps, toute une série d'affaires, révélées par la presse européenne, allemande notamment, éclaboussent l'exécutif européen. Si la plupart d'entre elles remontent à la Commission précédente, l'une d'entre elles touche, une nouvelle fois, Cresson. Des malversations concernant Leonardo da Vinci, un programme qui vise à promouvoir la formation professionnelle et doté, du 1er juin 1995 au 31 mai 2000, d'un conséquent budget de 620 millions d'euros, sont mises au jour. La gestion de ce programme a été sous-traitée, faute de personnel encore une fois, à un « bureau d'assistance technique », Agenor SA en l'occurrence. Or, dès 1997, les services d'audit interne de la Commission découvrent une série d'irrégularités comptables et surtout de fraudes graves (fausses factures, sous-traitance bidon, manipulation d'appels d'offres, embauche de membres de la famille du patron d'Agenor, etc.).

Les « experts indépendants » font le ménage

Saisi de l'affaire, le Parlement européen refuse le 14 janvier 1999 de censurer la Commission mais crée le même jour un « Comité des experts indépendants ». La résolution adoptée par les parlementaires prévoit que ces experts devront « examiner la façon dont la Commission décèle et traite les cas de fraude, de mauvaise gestion et de népotisme ». Edith Cresson proclame que « le chemin de la vérité est désormais ouvert et les prochaines semaines apporteront tous les éléments de clarification nécessaire » sur ce qu'elle persiste à appeler des « calomnies ». Le président de l'exécutif européen commet alors une erreur politique majeure : il s'engage à suivre les conclusions des « sages ». Le 3 mars, il affirme que « si des commissaires sont mis en cause, ils devront se comporter en tant que personnes politiques et en tirer leurs conclusions ». Ce faisant, il s'ôte toute marge de manœuvre en s'interdisant tout droit d'inventaire. « C'était une erreur [1] », reconnaît-il aujourd'hui.

Les cinq experts choisis, le 27 janvier, par l'exécutif européen et le Parlement sont des juristes de haut vol, dont Pierre Lelong, ancien président de la Cour des comptes européenne et président de chambre à la Cour des comptes française. Leur rapport est publié le lundi 15 mars 1999. Il est dévastateur pour Edith Cresson, la seule commissaire à être directement mise en cause, tous les autres, notamment l'Espagnol Manuel Marin, sévèrement épinglé par la presse allemande, étant exonérés des accusations portées contre eux. En revanche, pour Berthelot, le favoritisme ne fait aucun doute, selon les « sages ». Le Comité révèle, en particulier, le contenu d'une lettre d'un contrôleur financier datée du 14 septembre 1998 : « Il est difficile de ne pas conclure que les missions de visiteur scientifique en 1996 et 1997 de M. Berthelot représenteraient – au moins dans l'essentiel – des moyens pour rémunérer le conseiller de Mme Cresson, dans le cadre de (ses) fonctions en tant que maire de Châtellerault. Il s'agit, jusqu'à preuve du contraire, d'un abus de biens sociaux. » Le Comité estime que Berthelot n'aurait jamais dû être embauché en tant que visiteur scientifique faute de remplir les conditions minimales. « Nous sommes ici confrontés à un cas certain de favoritisme. Une personne dont le profil ne correspondait pas aux différents postes sur lesquels elle a été recrutée a néanmoins été engagée. Les prestations fournies sont manifestement insuffisantes en quantité, qualité et pertinence. La Communauté "n'en a pas eu pour son argent". »

Des conclusions ravageuses

La logique aurait voulu que seule Cresson démissionne. Les commissaires qui ont consulté, tout au long de la journée du dimanche 14 mars 1999, dans les locaux du Parlement européen, les parties du rapport qui leur sont consacrées sont d'ailleurs euphori-

1. Entretien avec les auteurs.

ques. Certes, plusieurs dérives administratives et quelques cas de fraudes sont épinglés, mais rien qui justifie une démission collective. Seule la commissaire française ressort furieuse de l'exercice. « Vous oubliez que vous vous adressez à un ancien Premier ministre », lance-t-elle aux cinq experts sidérés. « J'ai appelé immédiatement Jacques Chirac et son Premier ministre, Lionel Jospin, pour leur dire que seule Edith Cresson était mise en cause. Le président français est resté silencieux. Jospin aussi, mais il a toujours été en retrait dans la défense de Cresson », souligne Santer [1]. Aucun des commissaires n'a toutefois pris connaissance des conclusions du rapport qui ont été rédigées par l'expert français, Pierre Lelong, dans le plus grand secret. Le collège, réuni le lundi après-midi, les découvre, tout juste une heure avant les journalistes.

Ce texte s'en prend à la Commission tout entière, et pas à la seule Cresson. « Les commissaires arguaient parfois du fait qu'ils n'étaient pas au courant de ce qui se passait dans leurs services » alors que les problèmes étaient « souvent bien connus » de ces derniers, « même au plus haut niveau des fonctionnaires », peut-on y lire. Or, cela « revient à admettre que les autorités politiques ont perdu le contrôle sur l'administration qu'elles sont supposées gérer ». La condamnation à mort suit immédiatement. « Cette perte de contrôle implique dès le départ une lourde responsabilité, aussi bien des commissaires pris séparément que de la Commission en tant que collège », tranche Lelong. « Il devient difficile de trouver quelqu'un qui ait le moindre sentiment d'être responsable. »

A la lecture de ces phrases assassines, la consternation au sein de l'exécutif européen est d'autant plus grande que le président du Comité, le Néerlandais André Middelhoek, a assuré le matin même à Santer que les conclusions seraient dans la droite ligne du reste du rapport. « Il m'a trahi et je lui en veux énormément pour cela », raconte Santer [2]. Le président de la Commission jette à la poubelle son projet de communiqué dans lequel il félicitait le Comité pour son « professionnalisme ». Il sait que la censure par le Parlement est d'autant plus inévitable que Cresson refuse de démissionner seule : ce sera une chute collective ou rien. Le Belge Karel Van Miert, le commissaire à la concurrence, explique que « la question (...) était avant tout : comment obtenir que Cresson s'en aille.

1. Entretien avec les auteurs.
2. Entretien avec les auteurs.

Manifestement, elle ne s'y préparait nullement. Bien au contraire, elle continuait à déclarer haut et fort que Chirac et Jospin lui maintenaient leur soutien envers et contre tout. A toutes fins utiles, Santer avait déjà consulté certains commissaires dont moi-même au sujet de l'attitude à prendre au cas où Cresson serait mise en cause par le rapport. Dans cette hypothèse, Santer était cette fois bien d'accord de lui ôter son portefeuille, si elle refusait de partir d'elle-même [1] ». Mais, compte tenu des conclusions, cette solution apparaît bien insuffisante

A 22 heures, les socialistes du Parlement européen, qui ont jusqu'alors soutenu la Commission, annoncent qu'ils déposeront une motion de censure. La messe est dite. Peu avant 1 heure du matin, mardi, Santer annonce aux journalistes la démission de la Commission sans faire de commentaire politique. Le lendemain, il se montre un peu plus pugnace dans un communiqué où il critique le fait qu'à partir « d'un nombre très limité de cas de fraude et de dysfonctionnements (le rapport) donne de cette institution et de ses fonctionnaires une image d'irresponsabilité généralisée. Cette image est fausse. J'ai été choqué par la tonalité des conclusions, que je récuse ».

Des « experts » manipulateurs

Avec le recul, il apparaît que Santer avait raison : les conclusions des « experts indépendants » semblent totalement hors de propos. En tirant des conclusions politiques de leur travail d'enquête, ils ont violé leur mandat. Il revenait au seul Parlement européen, qui dispose du pouvoir de censurer la Commission, de décider ce qu'il convenait de faire. Les conclusions du rapport étaient un rideau de fumée destiné à protéger Cresson. Karel Van Miert le dit sans ambages et accuse Pierre Lelong d'avoir voulu sauver la commissaire en obéissant à des instructions venues de Paris : « La stratégie de Paris était claire : éviter à tout prix que Cresson ne doive partir seule, quitte à noircir toute l'équipe [2]. »

Certes, l'ancienne Première ministre française, imprégnée des

1. *Le Marché et le pouvoir*, Karel Van Miert, éditions Racine, 2000.
2. *Ibid.*

mœurs politiques hexagonales, n'a pas eu conscience de commettre une faute. La culture en vigueur à Bruxelles, largement influencée par les canons de la morale de l'action publique anglo-saxonne et nordique, n'est pas celle qui a cours à Paris. Mais il n'empêche qu'elle seule a utilisé des fonds publics pour rémunérer des collaborateurs dont le travail n'avait aucun rapport avec ses activités européennes et que, pour beaucoup, elle seule aurait dû démissionner. La leçon a d'ailleurs été tirée par le traité de Nice de décembre 2000 qui a donné un pouvoir de révocation au président de la Commission. Rendre politiquement responsable chaque commissaire de la moindre dérive ou faute de ses services est pour le moins étrange. Si une telle règle était appliquée dans les Etats membres, les ministres passeraient leur temps à démissionner. La responsabilité n'existe que si le titulaire de l'autorité hiérarchique, conscient des dérapages existants, n'a rien fait pour y remédier ou s'il ne s'est pas intéressé à la façon dont fonctionnent ses services une fois son attention attirée par les organes de contrôle. Or, dans le cas de la Commission Santer, une telle preuve n'a pas été apportée : au contraire, une réforme de l'administration avait été engagée et avait commencé à produire ses premiers résultats. La conception extensive de la responsabilité politique théorisée par les « experts indépendants » est à l'origine de la dérive et de la paralysie progressive de la Commission. Chaque commissaire étant a priori responsable de ce qui se passe dans ses services, chacun cherche à ouvrir le parapluie pour se protéger.

Un épilogue qui dure

Politiquement, le dossier est clos. Mais l'affaire Cresson n'est toujours pas terminée. A l'automne 1999, une députée européenne, l'écologiste belge Nelly Maes, dépose une plainte contre l'ancienne commissaire auprès des autorités pénales belges. La Commission, non sans réticence, se porte partie civile afin d'avoir accès au dossier. La démarche n'est pas sans danger. En effet, comme il n'existe pas de juge pénal européen ni de droit pénal européen, la justice belge est compétente pour juger de toutes les infractions commises sur le territoire du royaume selon le droit belge. Autrement dit, même s'il existe bien une infraction au regard des règles internes des institutions européennes ou même des lois pénales des autres pays européens, il suffit qu'au regard du droit belge l'infraction ne soit pas incriminée ou que les éléments de l'infraction ne soient pas réunis pour que le commissaire ou le fonctionnaire poursuivi échappe à toute sanction. C'est exactement ce qui s'est passé.

Au terme de quatre années d'instruction, la chambre du conseil du tribunal de première instance de Bruxelles a rendu, le 30 juin 2004, une ordonnance de non-lieu au bénéfice de l'ancienne commissaire française et de plusieurs de ses collaborateurs. Autrement dit, la justice belge considère qu'il n'y a pas lieu à poursuivre, faute de preuve : il ne s'agit donc pas d'un acquittement au sens juridique du terme. Marianne Thomas, la procureure du roi qui a requis l'abandon des poursuites, a été plus loin en estimant que « la justice belge a été utilisée pour régler des comptes. C'est une affaire politique et non criminelle ». On peut imaginer que tous les hommes politiques condamnés, notamment en France, pour avoir couvert des emplois fictifs doivent désormais rêver d'être jugés en Belgique... Car, si René Berthelot n'a pas bénéficié d'un emploi fictif, au sens où il était employé pour une autre tâche que celle qu'il était censé remplir, on peut estimer qu'il n'existera jamais d'emploi fictif, du moins en Belgique. Cresson, lors d'une conférence de presse donnée le jour de la décision judiciaire, a d'ailleurs reconnu que son ami n'avait pas les qualifications requises. « On m'avait proposé Georges Charpak (le Prix Nobel de physique 1992), mais j'ai préféré Berthelot. Personne ne m'a dit que son profil ne correspondait pas au poste. D'autres ont des postes sans les qualifications requises. »

Face à une décision qui paraît « blanchir » son ex-membre, la Commission n'a plus d'autre choix que de la poursuivre devant la Cour de justice des communautés européennes, ce qu'elle a fait le 19 juillet 2004. Selon elle, Cresson serait responsable de cas de « favoritisme » et coupable de « négligence caractérisée » : elle a donc « manqué à ses obligations pendant son mandat de commissaire » au sens de l'article 213 du traité qui dispose que les membres de la Commission « s'abstiennent de tout acte incompatible avec le caractère de leurs fonctions ». Le jugement de la Cour ne sera pas rendu avant un ou deux ans et, au pire, pourrait décider de priver Cresson de tout ou partie de sa retraite. Cinq ans après les faits, cette procédure ressemble à de l'acharnement, ce qui a conduit Pascal Lamy, le commissaire au commerce extérieur et lui aussi socialiste, à s'y opposer. En vain. Car, ce qui est jeu désormais, c'est la réalité ou non des fautes commises par l'ancienne commissaire.

CHAPITRE 3

La tentation du coup d'Etat permanent

Au lendemain de la conclusion du traité de Maastricht, le 11 décembre 1991, la Commission abandonne les derniers bureaux qu'elle occupe encore dans le « Berlaymont », au 200 rue de la Loi, à Bruxelles, son siège historique. L'évacuation a commencé au printemps, lorsqu'il s'est avéré que ce bâtiment des années 1960 était truffé d'amiante. Symbole de l'Union dans le monde entier, au même titre que le drapeau européen, douze étoiles jaunes sur fond bleu, ou l'*Ode à la joie* de Beethoven, ce bâtiment à trois branches domine le quartier européen de sa masse imposante. Instinctivement, le visiteur sent que le pouvoir est là. Le Conseil des ministres n'occupe, à un jet de pierre, qu'une bâtisse vieillotte et sans grâce, le « Charlemagne ». Le Parlement européen squatte une série d'immeubles dénuée de toute unité architecturale, non loin de là. Mais, désormais, le Berlaymont n'est plus qu'une coquille vide, un bâtiment à désamianter d'urgence. L'exécutif européen a relogé tant bien que mal les quelque 3 000 fonctionnaires qui y travaillaient en louant une quinzaine de bâtiments dispersés à travers la ville. Le collège des commissaires, lui, a trouvé refuge de l'autre côté du rond-point Schuman, épicentre du quartier européen, dans le Breydel, un immeuble sans identité propre comme la spéculation immobilière débridée des années 1970 en a fait naître tant dans ce quartier ravagé. Une installation qui devait être toute provisoire. Il était convenu avec l'Etat belge, propriétaire des lieux, que la Commission retrouverait ses locaux le 1er décembre 1998. L'adresse postale de la Commission n'a d'ailleurs jamais changé et resta figée au 200 rue de la Loi. Mais ce provisoire s'éternisera par la faute des autorités locales incapables de planifier efficacement les travaux. Finalement, la Commission a réinvesti le Berlaymont le 1er novembre 2004, treize ans après son départ [1]...

Dans l'intervalle, le Parlement européen a pris possession, à l'automne 1993, de son somptueux siège baptisé par la presse belge le « Caprice des Dieux », tant en raison de sa forme, qui évoque irrésistiblement le célèbre fromage, que de son coût pharaonique d'un milliard d'euros. L'Assemblée a ainsi pu regrouper l'ensemble de ses services dans un complexe plus adapté à ses besoins et surtout disposer d'un hémicycle à Bruxelles et non plus seulement à Strasbourg. En 2005, les travaux durent encore, les extensions n'en finissant pas de surgir de terre afin d'accueillir des députés européens de plus en plus nombreux en raison des élargissements successifs. Mais ce n'est pas le seul siège du Parlement, puisqu'il est l'unique institution qui peut se prévaloir d'en avoir trois. Outre Bruxelles, pour les « mini-sessions » de deux jours qui ont lieu chaque mois, les réunions des commissions parlementaires et des groupes politiques, Luxembourg (pour certains services administratifs), il y a aussi Strasbourg, pour les douze sessions plénières annuelles [2]. En 1999, le Parlement a achevé sa mue immobilière en abandonnant enfin les locaux du Conseil de l'Europe situés dans la capitale alsacienne qu'il louait une semaine par mois pour un tout nouveau bâtiment, encore plus somptueux que celui de Bruxelles, spécialement construit pour lui. Coût de l'infrastructure : 450 millions d'euros pour quatre (petits) jours par mois, sans compter tous les frais liés à la transhumance mensuelle de plus de 2 000 personnes.

Scoumoune immobilière

Le Conseil des ministres, lui aussi, en a terminé avec le bricolage et les bâtiments inadaptés en quittant le « Charlemagne » pour

---

1. Le bâtiment coûtera, sur vingt-sept ans, 552 millions d'euros à la Commission européenne. Mais la facture de la rénovation pour l'Etat belge devrait être trois fois plus élevée. Sur ce scandale, lire le « livre noir » des sénateurs belges Alain Destexhe et Vincent Van Quickenborne, janvier 2002, disponible sur www. alain-destexhe.com.

2. Les sessions s'étalent du lundi au jeudi, les députés ayant décidé de supprimer la journée du vendredi en 2001.

emménager dans des locaux à l'architecture un tantinet mussolinienne situés face au Berlaymont au printemps 1995, le « Justus Lipsius ». Le parallèle est saisissant : alors que la Commission perd son siège pour camper dans du provisoire pendant treize ans, les deux autres institutions, elles, étalent leur puissance. Curieusement, la déchéance immobilière de l'exécutif européen a accompagné son affaiblissement politique tout au long des années 1990. Effet ou cause ? En tous les cas, la scoumoune a commencé avec l'abandon du Berlaymont. Les trois dernières années de la présidence de Jacques Delors, entre 1992 et 1994, ont été particulièrement agitées. De la ratification chaotique du traité de Maastricht aux crises monétaires à répétition des années 1992 et 1993 en passant par l'explosion du système monétaire européen fin août 1993, tout y passera. Puis, le mandat de Jacques Santer s'achève, en mars 1999, dans le déshonneur et celui de Romano Prodi, en novembre 2004, dans l'indifférence. La réinstallation de la Commission dans un bâtiment flambant neuf, dont seule l'étoile à trois branches subsiste de l'architecture initiale, au moment de l'entrée en scène de la Commission Barroso, va-t-elle aller de pair avec un regain de légitimité ? Beaucoup de fonctionnaires européens l'espèrent, sans trop y croire après l'horrible décennie qu'ils viennent de vivre.

Les véritables vainqueurs des dix dernières années, ce sont les députés européens. Le Parlement a comblé le vide politique – et immobilier ! – laissé par la Commission et est devenu, depuis 1999, l'un des acteurs majeurs de la scène politique communautaire. Cette montée en puissance d'un Parlement qui, jusque-là, ne jouait qu'un rôle secondaire dans le « triangle institutionnel » formé par la Commission, le Conseil des ministres et l'Assemblée de Strasbourg, doit beaucoup aux erreurs de Santer.

Les erreurs politiques de Jacques Santer

L'homme politique luxembourgeois n'a pas pleinement assimilé que le Parlement est devenu une institution de plein exercice depuis que le traité de Maastricht – entré en vigueur en 1993 – lui a accordé le statut de colégislateur avec le Conseil des ministres dans beaucoup de domaines, dont la mise en place du marché intérieur. C'est ce qu'on appelle dans le jargon communautaire la « procédure de codécision [1] ». Jusque-là, et en particulier sous le long règne de Delors, Commission et Parlement, les deux institutions vraiment fédérales de l'Union, étaient objectivement alliés afin d'arracher aux Etats membres davantage de pouvoirs propres et de pousser les feux de l'intégration communautaire. Mais, avec Maastricht, le Parlement a obtenu les moyens de développer son autonomie. Il a alors voulu pousser son avantage : seul organe européen émanant directement du suffrage populaire, il estime qu'il a une légitimité supérieure à celle de la Commission dont les membres sont nommés par les chefs d'Etat et de gouvernement. Cette évolution vers un parlementarisme européen, qui a marqué les années 1990, n'a pas été immédiatement perçue par les commissaires. Les différences entre les cultures politiques des Etats membres y sont pour beaucoup : « Le respect pour le travail parlementaire est en général moins développé dans le sud de l'Union que dans les pays scandinaves, en Grande-Bretagne ou encore aux Pays-Bas. Ainsi s'expliquent des réactions parfois à fleur de peau ou quelquefois même hautaines chez certains membres de la Commission [2] », reconnaît Karel Van Miert.

« A partir de 1994, la Commission est fille du Parlement européen. Jacques Santer ne l'a pas vu venir, souligne Jean-Louis Bourlanges, député européen (UDF). Au cours de la décennie 1990, les pouvoirs du Parlement ont été conquis assez largement sur la Commission. Avec la procédure de codécision, on a instauré un dialogue direct entre le Parlement et le Conseil des ministres. A un moment, la Commission disparaît purement et simplement de ce dialogue [3]. » L'exécutif européen n'est plus que spectateur des négociations entre les deux autres institutions, son accord à un amendement parlementaire, contrairement à ce qui se passait avec l'ancienne procédure de « coopération », n'étant plus nécessaire.

---

1. Les traités d'Amsterdam de 1997 et de Nice de 2001 ont achevé de hisser le Parlement quasiment au même rang, en matière législative du moins, que le Conseil des ministres, qui a longtemps détenu le monopole de l'adoption des lois européennes. Avant le traité de Maastricht, le Parlement européen n'avait qu'un pouvoir limité avec la « procédure de coopération ». Dans quelques domaines (en particulier les lois européennes relatives au marché intérieur), l'Acte unique de 1986 lui a reconnu le droit d'adopter des amendements aux propositions de la Commission mais il revenait à cette dernière de les présenter ou non au Conseil des ministres qui conservait toujours le dernier mot.

2. *Le Marché et le pouvoir*, *op. cit.*

3. Entretien avec les auteurs.

L'antagonisme entre la Commission et le Parlement a donc été croissant [1].

A cette évolution systémique s'ajoute un facteur politique important : Jacques Santer est un président « par défaut » puisqu'il ne doit sa nomination qu'au veto britannique opposé à la candidature du Premier ministre belge Jean-Luc Dehaene, en juin 1994. Le Parlement, méfiant, n'approuva d'ailleurs sa nomination, le 20 juillet 1994, que du bout des lèvres, par 262 voix contre 245, la plus faible majorité jamais obtenue par un président de la Commission. Il a fallu que les gouvernements rameutent et parfois menacent « leurs » eurodéputés pour arracher cette investiture. Beaucoup espéraient un vote négatif afin de montrer que les gouvernements devaient désormais compter avec les députés. Le 18 janvier 1995, après avoir confirmé l'ensemble du nouveau collège [2], les présidents des groupes socialiste et conservateur avertissent immédiatement Santer. « Il n'y aura pas de lune de miel, lance Pauline Green, chef du groupe socialiste (PSE), un ton au-dessus de son collègue conservateur Wilfried Martens. Dès cet après-midi, la nouvelle Commission sera sous surveillance (...) Nous voterons une motion de censure si cela s'avère nécessaire. » Il faut dire que le slogan sous lequel le nouveau président de la Commission a placé son action n'a rien d'enthousiasmant et ne risque pas de rassembler autour de lui : « Faire moins, mais faire mieux (...) Il ne faut pas se nourrir de rêves mais travailler sur les différents chantiers ouverts. »

Cette faiblesse politique de départ explique pour beaucoup les malheurs de l'ancien premier ministre luxembourgeois, un véritable fédéraliste qui n'a jamais trahi ses convictions et dont la détermination n'a pas peu contribué au lancement de l'euro en 1999, malgré le scepticisme ambiant et les ricanements de Londres. Santer devra aussi compter, à partir de septembre 1998, avec un changement politique majeur : Helmut Kohl, jusque-là soutien indéfectible de la construction communautaire et donc de la

1. Le seul pouvoir réel de la Commission, dans le domaine législatif, reste son monopole de proposition, le Parlement n'ayant jamais obtenu la possibilité de pouvoir déposer une proposition de loi européenne, l'une des prérogatives essentielles des parlements nationaux. L'exécutif reste donc maître de l'agenda politique et sa seule arme est de pouvoir retirer à chaque instant l'un de ses projets s'il l'estime dénaturé. Mais ce dernier point est contesté par certains Etats, dont la France, qui estiment que le pouvoir d'initiative de la Commission est épuisé par le dépôt d'une proposition

2. A une très large majorité cette fois, l'avertissement ayant été donné lors de l'investiture de Santer.

Commission, perd les élections en Allemagne. Les députés européens de sa famille politique, la CDU-CSU, désormais dans l'opposition, entameront alors une guérilla contre l'exécutif communautaire dans la perspective des élections européennes de juin 1999. Pour les démocrates-chrétiens allemands, c'est l'occasion de prendre leur revanche, d'où leur pugnacité à donner des leçons à ces technocrates européens qui, pour résumer leur phraséologie de l'époque, dépensent n'importe comment l'argent durement gagné par les travailleurs allemands. Le slogan est d'ailleurs partagé par toute la classe politique allemande. Gerhard Schröder en fera un cheval de bataille : « On a assez trait la vache à lait allemande. »

Enfin, dernier élément, l'élargissement à la Suède et à la Finlande, en janvier 1995, a subtilement, mais de façon déterminante, modifié l'équilibre culturel de l'Europe en renforçant les protestants du Nord jusque-là très minoritaires face aux catholiques du Sud [1]. Le rapport à la chose publique s'est fait plus exigeant : la transparence, la rigueur, le souci permanent du bien public, le refus du pardon, sont devenus, petit à petit, les nouvelles normes de l'Union. En un mot, l'Europe puritaine a pris le pas sur l'Europe des petits arrangements d'une construction européenne dominée par des démocrates-chrétiens.

La « vache folle », mère de tous les scandales

Les députés européens ont l'occasion de tester leurs nouveaux pouvoirs avec l'affaire de la « vache folle ». Le 27 mars 1996, la Commission décide d'imposer un embargo mondial sur les exportations de viande bovine britannique. Une semaine plus tôt, le 20 mars, le gouvernement dirigé par le conservateur John Major a annoncé que cette maladie animale, l'ESB (encéphalopathie spongiforme bovine), pouvait se transmettre à l'homme sous le nom de maladie de Creutzfeldt-Jakob, une affection mortelle du cerveau. Dix cas de MCJ « atypiques » sont apparus à la suite de l'ingestion de viande contaminée [2]. Dès le départ, la Commission

1. L'Autriche a adhéré au même moment. Mais l'impact de ce pays catholique et germanophone a été moindre.

2. Fin 2004, la maladie de Creutzfeldt-Jakob a causé la mort de 150 personnes dans le monde dont 143 en Grande-Bretagne.

Santer se prend les pieds dans le tapis. Alors que les opinions publiques paniquent et que, dès le 21 mars, la France, la Belgique, le Portugal, les Pays-Bas et la Suède, imposent un embargo unilatéral sur la viande britannique, l'Autrichien Franz Fischler, commissaire à l'agriculture, les menace de poursuites devant la Cour de justice européenne. Il fait valoir que ces mesures unilatérales sont contraires aux règles du marché intérieur. Seule une décision communautaire peut, en effet, empêcher une marchandise de circuler librement, sauf en cas de menaces graves pour la santé publique. Selon la Commission, ce n'est nullement avéré. La méfiance de Bruxelles est d'autant plus forte que son « Comité scientifique vétérinaire » (le CSV, composé d'experts indépendants mais rattachés à la Commission) estime, lors d'une réunion d'urgence le 22 mars, que les données scientifiques actuelles ne permettent pas « d'établir la preuve que l'ESB est transmissible à l'homme ».

Trois jours plus tard, la Commission n'a plus le choix : le « Comité vétérinaire permanent » de l'Union (CVP), qui regroupe les chefs vétérinaires des Etats membres, vote à l'unanimité (moins la Grande-Bretagne), le 25 mars, un embargo total. La Commission doit donc se résoudre à se dédire et à légaliser les mesures unilatérales qui, au cours de la semaine, ont été adoptées par la quasi-totalité des Quinze. Elle a aussi pris conscience qu'une action devant la Cour de justice de Luxembourg contre les Etats membres pourrait bien se terminer en déconfiture. En présentant la décision de la Commission devant le Parlement européen, le 27 mars, Fischler ne cache pas que, pour lui, cet embargo ne peut qu'être très provisoire : « Nous invitons le Royaume-Uni à prendre le plus rapidement possible de mesures concrètes afin que cette interdiction puisse être levée le plus rapidement possible. » Il faudra simplement que l'Union puisse être « sûre qu'il n'y aura plus aucun danger pour les consommateurs ». Il évoque un délai de six semaines pour revoir cette décision, alors que l'ESB est apparue en 1986 et que la Grande-Bretagne, où se concentrent 98 % des cas de vaches folles, n'est toujours pas parvenue à l'éradiquer et refuse des mesures de bon sens comme l'abattage de l'ensemble d'un troupeau lorsqu'une bête est contaminée. Une précipitation pour le moins étrange alors que la santé humaine semble en péril.

La Commission engluée dans la gélatine

Ce que personne ne sait encore à ce moment-là, c'est que la Commission a longuement plaidé, le 25 mars, lors de la réunion du Comité vétérinaire permanent, pour que l'embargo soit limité au minimum, soutenant ainsi les demandes britanniques. Elle a proposé, notamment, d'en exclure trois produits dérivés du bœuf : la gélatine, le suif et le sperme. Pourquoi ? Car ces produits sont économiquement très importants, en particulier la gélatine et le suif qui sont utilisés par les industries agroalimentaires (dans les bonbons, notamment), cosmétiques et du médicament (en particulier pour fabriquer les gélules enrobant le produit proprement dit). C'est pousser le bouchon un peu loin quand on vient de tergiverser durant une semaine avant de se rallier à l'embargo : les gouvernements refusent. Cet échec n'a pas empêché la Commission de revenir à la charge le 10 avril suivant, toujours devant les chefs des services vétérinaires, qui refusent à nouveau la levée partielle de l'embargo.

Le gouvernement britannique accroît néanmoins sa pression sur Bruxelles : dans une lettre adressée à Jacques Santer, le 3 mai 1996, John Major souligne « l'impérieuse nécessité de lever entièrement l'embargo qui frappe la gélatine, le suif et le sperme », première étape vers une levée totale du boycott. Le 20 mai, furieux de ne rien voir venir, le gouvernement britannique décide de pratiquer une « politique de non-coopération » afin de paralyser le processus décisionnel de l'Union. Le même jour, le commissaire autrichien saisit les chefs vétérinaires des Quinze d'une nouvelle demande de levée partielle de l'embargo. Mais l'Allemagne, l'Autriche, la Belgique, l'Espagne, le Luxembourg, les Pays-Bas et le Portugal votent contre. En revanche, la France vire de bord et soutient la Commission : Jacques Chirac, qui a toujours été sensible aux intérêts des agriculteurs, vient de rendre visite à John Major... Au Conseil des ministres de l'agriculture qui suit, les mêmes pays réitèrent leur vote. Le problème est que cette alliance de pays forme une « minorité de blocage » qui empêche l'adoption de la proposition de la Commission mais ne constitue pas la majorité qualifiée requise pour lui lier les mains. En vertu de ce que le jargon européen surnomme poétiquement la « procédure de comitologie », la décision finale lui revient donc. Comme on pouvait s'y attendre, le 11 juin, Fischler annonce triomphalement que l'embargo est levé pour les produits dérivés du bœuf, moins de trois mois après l'annonce du lien entre le prion de la vache folle et une maladie mortelle pour l'homme.

Pour justifier sa décision, il invoque un rapport intérimaire de l'Institut Inveresk qui démontrerait qu'il existe un procédé industriel permettant d'inactiver l'agent de l'ESB. A ce moment-là, tout le monde le croit sur parole, même si le fameux rapport demeure secret et que personne ne sait qu'il a été commandé... par l'Association européenne des fabricants de gélatine. Mais les choses se gâtent sérieusement pour le commissaire autrichien lorsqu'un quotidien révèle que le rapport définitif d'Inveresk, daté du 26 juin, conclut au contraire à l'insuffisance des procédés d'inactivation connus [1]. L'Organisation internationale des épizooties a d'ailleurs dit exactement la même chose, en mai précédent, ce qui aurait dû alerter Fischler. A la suite de ces révélations, l'embargo sur le suif, la gélatine et le sperme ne sera finalement pas levé.

Une note inexistante ?

Le problème, pour Bruxelles, est que cette affaire éclate dix jours après que la presse a publié le fac-similé d'une vieille note datée du 12 octobre 1990. Rédigée par un fonctionnaire européen dont l'identité est dissimulée, cette note montre que la Commission a délibérément caché la gravité de la crise de la vache folle, et ce dans l'intérêt des éleveurs et de l'industrie agroalimentaire [2]. Ce fonctionnaire a assisté pour le compte du service « protection des consommateurs » à la réunion du Comité vétérinaire permanent des 9 et 10 octobre 1990 consacrée à l'ESB. Effaré par les propos qu'il entend alors, il rédige un compte rendu succinct des échanges

1. *Libération* du 19 juillet 1996.

2. *Le Journal du dimanche* du 30 juin 1996. Le mensuel *Que choisir* l'avait déjà publié en février 1991 sans que cela soulève d'indignation particulière.

afin d'alerter ses supérieurs hiérarchiques de ce qui se trame. Il cite l'Espagnol Fernando Mansito, directeur général adjoint à l'agriculture, qui déclare d'entrée qu'il « faut avoir une attitude froide pour ne pas provoquer de réactions défavorables sur le marché » et demande à ce qu'on ne « parle plus d'ESB ». Les chefs vétérinaires des États membres et la Commission tombent ensuite d'accord sur deux points. D'une part, « nous allons demander officiellement au Royaume-Uni de ne plus publier les résultats de ses recherches ». D'autre part, « il faut minimiser cette affaire ESB en pratiquant la désinformation. Il vaut mieux dire que la presse a tendance à exagérer ». On a bien lu : « désinformation ».

Durant la semaine qui suit la publication de cette note, la Commission nie fermement son existence. Il s'agit, dit-elle, d'une « note de dossier » dont les archives n'ont gardé aucune trace et « qui n'engage pas la Commission ». La réunion a sans doute eu lieu, mais, selon elle, aucun service n'a gardé de compte rendu. Lassé par les questions des journalistes, le porte-parole de l'exécutif européen, Klaus Van der Pas, lâche même « l'affaire est close ». Manque de chance : le 8 juillet, *Libération* publie la totalité de ladite note, ses références administratives ainsi que le nom du fameux fonctionnaire, le Français Gilbert Castille, à la retraite depuis janvier 1991... Mieux : le journal a retrouvé l'heureux retraité qui vit dans la région de Limoges.

L'entourage de Santer s'enfonce en expliquant en privé que le fonctionnaire en question était incompétent et porté sur la bouteille. Elégant. Mais au Parlement européen, ces révélations sont prises très au sérieux. Le 9 juillet 1996, son président, le socialiste allemand Klaus Hänsch, écrit à Jacques Santer pour le sommer de s'expliquer. Il estime que la révélation de la fameuse note, ainsi que la publication d'informations selon lesquelles du bœuf britannique serait importé frauduleusement dans l'Union rendent urgentes de telles explications. Ces « deux accusations sont d'une gravité extrême », écrit-il, et cela peut déboucher sur « une crise de confiance à l'égard des pouvoirs publics chargés de régler le problème et, en particulier, à l'égard de la Commission ». En conclusion, il exige que Santer vienne s'expliquer devant le Parlement européen lors de la session plénière de Strasbourg de la mi-juillet, le menaçant en termes à peine voilés de la censurer en cas de réponse insatisfaisante.

La Commission sous enquête

Le débat a lieu le mardi 16 juillet. Il se passe mal pour la Commission. Le Français Jean-Claude Pasty, un chiraquien pur sucre, donne le ton : « Nous avons le sentiment extrêmement pénible que la Commission n'a pas pris dans le passé, et peut-être encore aujourd'hui, l'exacte mesure du cataclysme que représente l'affaire de la vache folle. » Pour le socialiste luxembourgeois Ben Fayot, le compte rendu de Castille est représentatif de « tout ce que l'on reproche à la bureaucratie européenne ». Cette note révèle tout à la fois « une mentalité où le marché est la valeur suprême » et « un aveuglement incroyable » des autorités européennes. La plupart des eurodéputés insistent sur le fait que, dès la fin des années 1990, des informations alarmistes sur la possible transmission à l'homme de l'ESB existaient. Le travailliste britannique Kenneth Collins rappelle ainsi qu'il essaye en vain depuis 1988 de convaincre la Commission. « La Commission est tellement préoccupée par l'information sur cette maladie qu'elle a cherché à la museler. »

Jacques Santer tente de défendre la Commission qu'il préside et minimise l'affaire Castille, auteur d'une « note d'humeur (qui) n'a pas été transmise au commissaire responsable pour la protection des consommateurs » et qui rapporte des propos imaginaires. Tous les actes de la Commission démontreraient que la maladie a toujours été prise au sérieux par Bruxelles. Après avoir hésité, le Parlement européen vote à main levée [1] la création d'une commission d'enquête parlementaire le jeudi 18 juillet, la seconde dans l'histoire du Parlement, la première ayant été consacrée à la fraude à la TVA. Sa tâche sera d'examiner « les allégations d'infraction ou de mauvaise administration dans l'application du droit communautaire en matière d'ESB ». Le Parlement estime que « des éléments significatifs conduisent à considérer que le problème de l'ESB n'a pas été géré avec la vigilance nécessaire par la Commission ni par les administrations nationales ».

1. Le vote à main levée, à la différence du « scrutin nominal », empêche de déterminer avec précision qui a voté pour ou contre. C'est le président du Parlement qui détermine s'il existe une majorité. En cas de doute, il est procédé à un scrutin nominal.

Les députés européens ont été ébranlés par les hésitations de la Commission sur ce dossier. Depuis le scandale du bœuf aux hormones, puis celui du sang contaminé par le virus du sida, les opinions publiques sont devenues extrêmement sensibles aux questions de santé. Pour la première fois, le doute est là : et si ce moteur de la construction communautaire qu'est la Commission n'était pas nécessairement du côté du « bien » ? Et si, à l'instar des administrations nationales, elle était, elle aussi, sensible aux intérêts économiques et peu regardante sur les moyens employés ?

La crise de mars 1996 a été précédée de deux sérieuses alertes qui auraient dû amener la Commission à davantage de prudence. Au début des années 1990, l'Allemagne et la France, inquiètes de l'ampleur de l'épizootie et alors qu'il est déjà prouvé que l'ESB franchissait la barrière des espèces vers les chats et les porcs, ont voulu imposer un embargo sur la viande bovine britannique. L'Irlandais Ray MacSharry, l'un des prédécesseurs de Fischler, menace et tempête d'autant plus que les stocks communautaires sont importants à cause d'une surproduction chronique [1]. Un embargo risquerait de déclencher une panique et de faire exploser et les stocks et le budget communautaire qui devrait alors compenser le manque à gagner des éleveurs. L'homme, dont l'aphorisme préféré est « l'économie va bien quand le prix du bétail est bon », obtient, à l'issue d'un Conseil des ministres de l'agriculture extraordinaire convoqué les 6 et 7 juin 1990, que ces deux pays renoncent à tout embargo. La date est importante, comme on s'en apercevra plus tard : c'est à partir de là que la Commission organise un véritable « black-out ». En 1994, le même scénario se reproduit : la Commission refuse une nouvelle fois la demande allemande d'imposer un embargo « faute de preuves scientifiques » quant à une possible transmission à l'homme. A l'époque, il faut noter que la plupart des Etats membres, dont la France, n'ont pas soutenu l'Allemagne dans cette affaire de peur de déstabiliser le marché de la viande bovine encore fragile alors que la réforme de la PAC de 1992 commence à faire sentir ses premiers effets.

1. En 1992, les stocks de viande bovine ont atteint le niveau historique de 1,1 million de tonnes.

Désinformation à tous les étages

Six mois après l'instauration de l'embargo et deux jours avant la première réunion de la commission d'enquête parlementaire, un quotidien français [1] publie une série de documents qui montrent que la Commission a organisé une campagne de désinformation entre 1990 et 1995 et que le compte rendu rédigé par Castille n'est nullement une « note de dossier personnelle et non enregistrée » comme l'affirme l'exécutif européen. Ainsi, un procès-verbal de cette fameuse réunion d'octobre 1990 rédigé, cette fois, par le chef vétérinaire britannique confirme bien qu' « en marge de la réunion, M. Mansito (le directeur général adjoint à l'agriculture, NDA) nous a affirmé qu'il ne voulait plus que le sujet de l'ESB soit inclus dans l'agenda » du comité vétérinaire. Le 1er mars 1993, le Français Guy Legras, directeur général chargé de l'agriculture, répond par une fin de non-recevoir à son homologue chargé du marché intérieur, l'Italien Ricardo Perissich, qui souhaite que le Comité scientifique vétérinaire et le Comité scientifique des denrées alimentaires (qui dépend de lui) travaillent ensemble sur « les risques de transmission à l'homme de l'ESB et autres encéphalopathies infectieuses », notamment à la suite de l'interdiction française d'introduire des abats bovins dans les petits pots pour bébés. « Selon mon expérience, argumente Legras, toute discussion sur l'ESB cause inévitablement des problèmes sur le marché de la viande. En janvier dernier, nous avons déjà eu une alarme suite à un programme de télévision allemand et c'est à force de prudence et de discrétion que nous avons pu, pour le moment, éviter la panique (...) Pour maintenir le public rassuré, il est essentiel de ne pas provoquer nous-mêmes une réouverture du débat. Si tu peux m'aider, il faudrait donc être prudent et éviter cette discussion des Comités scientifiques. » On a bien lu : la bonne santé des éleveurs prime sur celle des consommateurs, qu'ils soient adultes ou bébés.

Mais il est évident que les fonctionnaires n'ont pas agi seuls dans cette affaire. L'impulsion n'a pu venir que du niveau politi-

1. *Libération* du 2 septembre 1996.

que de la Commission. Un fax daté du 28 octobre 1993 est particulièrement révélateur. Dans celui-ci, Martine Reicherts, la chef de cabinet adjointe du Luxembourgeois René Steichen, qui a succédé, en 1993, à Ray MacSharry au portefeuille de l'agriculture, demande au fonctionnaire de la direction générale de l'agriculture chargé du dossier depuis l'origine, le Britannique Brian Marchant, de modifier un projet de lettre adressée au ministre allemand de la santé afin qu'il « ajoute un paragraphe sur les risques politiques de monter l'affaire en épingle. Cette affaire a causé beaucoup de bruit et entraîné beaucoup de dégâts sur le niveau de consommation ». Brian Marchant s'exécute et le ministre allemand reçoit la missive, datée du 30 novembre 1993 dans laquelle René Steichen estime « qu'un nouveau débat public sur la problématique ESB serait dangereux. Chaque nouvelle discussion a des répercussions dramatiques sur la consommation de viande bovine dans toute la Communauté. J'ose espérer que l'on ne va pas reprendre ce débat ».

De même, la Commission n'a jamais mis en œuvre le « programme communautaire de recherche sur l'ESB » dont le principe avait été décidé par les ministres de l'agriculture en juin 1990. Au mois d'avril précédent, le Comité vétérinaire permanent a proposé une série de mesures destinées à éradiquer l'épizootie en Grande-Bretagne. Elles allaient de l'abattage des veaux dont la mère est atteinte par l'ESB à l'interdiction d'exporter des animaux vivants ou des carcasses provenant d'un troupeau infecté en passant par la mise en place d'un système de traçabilité, l'interdiction d'alimenter des ruminants avec des farines animales (interdiction en vigueur en Grande-Bretagne depuis 1988) et la création d'un réseau de surveillance épidémiologique. La seule mesure adoptée est l'interdiction de l'exportation des veaux issus de vaches folles... Si ce programme avait été adopté, l'épizootie aurait sans doute été stoppée. Comble du cynisme : dans un document de travail daté du 25 mars 1994, destiné à préparer la réunion des ministres de la santé du 30 mars suivant, la Commission « félicite » le Royaume-Uni d'avoir pris les mesures de précaution nécessaires et estime que « rien n'indique la nécessité d'étendre les mesures communautaires de protection de la santé publique au regard de l'ESB ».

Une commission d'enquête pugnace

Les preuves sont là : la Commission a tout fait pour étouffer la vérité sur l'ESB afin de ne pas perturber le marché de la viande bovine. La commission d'enquête parlementaire pourra dès lors difficilement minimiser l'affaire. Pourtant, lors de sa mise en place, les eurodéputés, comme effarouchés par leur propre audace du mois de juillet, semblent vouloir reculer. Ses dix-neuf membres élisent comme président le démocrate-chrétien allemand Reimer Böge. Ce dernier était initialement opposé à la création d'une telle commission sous le prétexte que l'on savait désormais tout et qu'un nouveau battage serait inutile et très négatif pour les producteurs. Mais la pression médiatique a comme dopé les députés : ils vont faire montre d'une réelle pugnacité qui va désarçonner une Commission peu habituée à être bousculée par ses « alliés naturels ». Après cinq mois de travail, la commission d'enquête publie le 7 février 1997 un rapport rédigé par le socialiste espagnol Manuel Medina Ortega. Certes, le Royaume-Uni est aussi gravement mis en cause. Mais seule la Commission est responsable devant le Parlement européen et les députés font une description sidérante d'un système institutionnel devenu fou

Medina Ortega confirme d'abord que « les principaux symptômes de la mauvaise gestion de la crise de l'ESB se sont manifestés entre 1990 et 1994 », c'est-à-dire au moment où il aurait fallu mobiliser tous les moyens de l'Union pour endiguer cette maladie. Le principal responsable de cette inaction est, selon le rapporteur, le commissaire Ray McSharry, qui a tout fait pour minimiser la crise « dans le souci notoire (...) d'éviter des perturbations sur le marché de la viande bovine ». En juin 1990, rappelle le rapport, il a menacé l'Allemagne et la France de sanctions si elles prenaient des mesures unilatérales contre la viande britannique. En plein Conseil des ministres de crise, les 6 et 7 juin 1990, il expulse de la salle trois de ses fonctionnaires qui ont osé proposer de limiter les exportations britanniques aux seules carcasses désossées. Il a ensuite couvert la suspension de toutes les inspections vétérinaires en Grande-Bretagne. Elles ne reprendront qu'en juin 1994. Lors d'une rencontre avec son directeur général, Guy Legras, le 18 septembre 1990, il lui ordonne de ne plus tenir aucune réunion sur l'ESB. La commission d'enquête y voit la preuve d'une véritable « politique d'occultation » voulue par le commissaire à l'agriculture mais aussi par sa direction générale, qui s'est « accaparée » de la gestion du dossier.

Ainsi, Georgios Gouvras, le directeur de la santé publique de la Commission, alerte son supérieur, le 22 mars 1994. Il propose que, « compte tenu des doutes qui planent sur l'inocuité de la viande bovine, l'élémentaire principe de prudence invite à adopter dans l'état actuel des connaissances qui restent incertaines des mesures conservatoires et de précaution. La responsabilité (de la Commission) pourrait être mise en cause dans l'avenir s'il était avéré que l'ESB est transmissible à l'homme suite à la consommation de viande bovine ». Bien vu. Mais ce supérieur, le docteur William Hunter lui retourne sa note en indiquant simplement que des recherches scientifiques sont en cours. Il est vrai qu'il est citoyen de Sa Gracieuse Majesté.

Des Britanniques à tous les étages

Ce fait a son importance, puisque le rapport souligne que les Britanniques sont partout dans la chaîne qui a géré l'épizootie, que ce soit parmi les experts ou les fonctionnaires. C'est particulièrement vrai du « Comité scientifique vétérinaire », normalement composé d'experts indépendants nommés par la Commission sur proposition des Etats membres. Son rôle est fondamental, comme le note la commission d'enquête qui dénonce, au passage, la « prépondérance excessive » des comités d'experts – vétérinaires ou scientifiques – qui, alliés à la Commission, ont quasiment les mains libres pour décider, les Etats membres étant réduits au rôle de spectateurs. Si la composition du CSV n'appelle pas de remarque particulière, il n'en va pas de même du « sous-groupe » créé en son sein qui était chargé des questions liées à la vache folle. En effet, celui-ci a toujours été présidé par un vétérinaire britannique lui-même membre de l'administration du Royaume-Uni et était majoritairement composé de vétérinaires britanniques. Il n'est donc pas étonnant que le « CSV (ait) tendance à refléter la pensée du ministère britannique de l'Agriculture », comme le dit la commission d'enquête. En outre, les décisions sont adoptées par « consensus » et il n'est pas fait état des – rares – opinions divergentes. Un comble pour un comité « scientifique » ! Les experts, notamment allemands, qui ont osé exposer en public leurs doutes, se sont fait rappeler à l'ordre par la Commission. Guy Legras a ainsi envoyé une lettre au ministère de la Santé allemand, le 21 septembre 1994, pour que les « fonctionnaires d'un gouvernement national » cessent de « saper de la sorte la législation communautaire ». Afin que la boucle soit bouclée, le fonctionnaire de la Commission chargé de préparer les réunions de ce sous-groupe et de rédiger les procès-verbaux est un agent temporaire britannique, lui aussi ancien du ministère de l'Agriculture britannique, Brian Marchant. La commission d'enquête a même mis la main sur un échange de lettres entre le président du comité vétérinaire, qui était conseiller au ministère de l'Agriculture britannique, dans laquelle il donne des instructions à Marchant. « Ce n'est pas le prototype d'une collaboration entre un scientifique indépendant et une institution communautaire », note ironiquement le rapport.

Medina Ortega démontre aussi que c'est sous la « pression politique » du gouvernement britannique que la Commission a cessé entre 1990 et 1994 toute inspection vétérinaire au Royaume-Uni après une inspection très négative sur ce qui se passait dans les abattoirs locaux. Le compte rendu de visite s'est mystérieusement égaré dans les couloirs et n'est « jamais parvenu, semble-t-il, à la hiérarchie ». L'exécutif communautaire s'est défendu en estimant qu'il revenait en priorité aux autorités britanniques de contrôler la bonne application des mesures anti-ESB. Faux, répond la commission d'enquête : d'après les textes communautaires, la Commission a « une obligation de surveillance et de tutelle des programmes de contrôle des autorités nationales. L'absence d'initiative de la Commission envers le gouvernement britannique pourrait s'interpréter comme une “faute de vigilance”. En outre, la Commission a fait preuve de faiblesse politique face au Royaume-Uni en se laissant intimider par les pressions exercées par le chef des services vétérinaires britanniques, M. Meldrum ».

L'inaction de la Commission face aux exportations de farines animales, vecteur de la maladie, du Royaume-Uni vers le continent, alors que Londres en a interdit l'utilisation dans la nourriture de ses propres bovins depuis 1988, est, elle aussi, dénoncée.

L'argument était, rappelle le rapport, qu'« il n'existait pas de base juridique habilitant la Commission à proposer une telle mesure ». Pourtant, « le directeur à l'Agriculture, M. Guy Legras, a fait parvenir, le 13 février 1990 au Commissaire MacSharry, un projet (visant à) interdire les exportations de farine de viande et d'os britannique » afin « d'éviter les risques sanitaires dans les autres Etats membres ». Une proposition qui sombrera dans l'oubli et le juridisme tatillon d'une partie de la Commission. « A ce sujet, comme pour la majorité des activités en rapport avec l'ESB, on constate entre 1990 et 1994 un silence qui, au vu des résultats de notre commission d'enquête, ne peut être considéré comme accidentel ».

Jacques Santer dans le bain

Si le passé est épinglé, la gestion de la crise par la Commission Santer est, elle aussi, violemment critiquée. Ainsi, elle a adopté avec « retard (...) une procédure efficace d'inactivation de l'agent de l'ESB » dans les farines animales alors que les scientifiques la pressaient de le faire le plus rapidement possible. La nouvelle réglementation n'est finalement entrée en vigueur que le 1er avril 1997, un an après le début de la crise. Bruxelles a aussi été d'une « étrange passivité devant le fait que les farines de viande et d'os continuaient à être administrées aux porcs, animaux capables de développer expérimentalement l'ESB comme cela a été constaté dès 1990 », alors que les Britanniques eux-mêmes interdisaient de nourrir l'ensemble des animaux de ferme avec ces aliments. De même, l'équipe de Jacques Santer a limité la portée de l'embargo en excluant de son champ, le 11 juin 1996, la gélatine, le suif et le sperme et ce, en dépit d'avis scientifiques contraires. Manifestement, comme le souligne la commission d'enquête, il s'agissait de complaire aux intérêts de la filière alimentaire britannique soutenue par Londres. D'ailleurs, Brian Marchant a reconnu qu'il avait gardé sous le coude le rapport définitif de l'Institut Inveresk qui reconnaissait qu'il n'y avait en fait aucun moyen d'inactiver le prion dans le suif et la gélatine...

Pour la commission d'enquête, il est donc clair qu'il y a eu des « dysfonctionnements administratifs » et que des fonctionnaires

« n'ont pas accompli leur devoir », ce qui appelle des sanctions individuelles. « La Commission est coupable d'erreurs et de négligences graves qui, selon toutes les apparences, engagent clairement la responsabilité politique des commissaires et, en particulier, pour la période 1990-1994, celle des commissaires MacSharry et Steichen. L'actuel commissaire, M. Fischler, a, lui aussi, à répondre d'erreurs manifestes. » Elle appelle donc la Commission Santer à « assumer ses responsabilités politiques » d'autant qu'elle estime qu'elle a « fait obstacle » à ses travaux afin de dissimuler la vérité [1].

L'affaire de la vache folle est incontestablement d'une gravité sans précédent et marque la fin de « l'âge d'or » de la Commission, celui où elle incarnait sans contestation possible l'intérêt européen. Encore aujourd'hui, elle n'a pas regagné sa légitimité et elle mettra longtemps à le faire. Il ne s'agit pas de l'accuser d'avoir nourri une intention maligne. Elle s'est tout simplement laissé enfermer dans une logique administrativo-économique, celle qui a fait ses preuves pour bâtir le marché intérieur ou l'union économique et monétaire, mais qui a échoué devant le premier obstacle humain, celui de la santé publique. C'est tout le danger d'une construction communautaire qui s'est faite par effraction, contre les opinions publiques. Il ne s'agit pas d'une critique mais d'un constat : imagine-t-on que sans une élite éclairée et déterminée, l'aventure européenne aurait pu commencer en 1950, cinq ans à peine après la fin de la Seconde Guerre mondiale ? Mais dans les années 1990, cette façon de procéder montre ses limites car l'Union, en étendant ses compétences, s'est immiscée au plus près de la vie des citoyens : la santé, la sécurité, l'environnement sont désormais touchés par ses décisions.

Le refus de voir les dangers potentiels de l'ESB doit être replacé dans le contexte de l'époque : la Commission Delors veut absolument parvenir à achever son grand-œuvre, le marché intérieur, en janvier 1993, comme prévu. Elle veut aussi réformer la Politique agricole commune (PAC), cette machine devenue infernale qui coûte de plus en plus cher et qui pousse les paysans à produire. Décréter un embargo contre la viande bovine britannique en 1988 ou en 1990, c'est l'assurance de tout bloquer. Sans le gouvernement eurosceptique de Margaret Thatcher puis de John Major (à partir de la fin 1990), rien ne peut se faire. Surtout, les opinions

1. *Libération* a publié plusieurs enquêtes sur l'ensemble des dérives de la Commission (en particulier dans ses éditions du 28 octobre et du 26 novembre) qui ont été confirmées par la commission d'enquête parlementaire.

publiques auraient pris conscience des risques d'un marché sans frontières qui repose sur la confiance que l'on peut avoir dans les autres. Or, en l'occurrence, les « autres » ont failli... On comprend mieux, dès lors, que la Commission, que ce soit sous Delors ou Santer, ait choisi de minimiser les risques en se prévalant des incertitudes scientifiques. Au-delà de ce choix idéologique, l'affaire de la vache folle a aussi révélé que la machine communautaire était totalement perméable aux intérêts nationaux et industriels les moins défendables et qu'elle était incapable de concevoir des systèmes internes de contrôle propres à endiguer ce type de dérive. C'est cette faillite de la « gouvernance européenne » qu'a mise au jour le Parlement.

La Commission aurait pu immédiatement en tirer les leçons : reconnaissance des fautes commises, démissions des responsables politiques impliqués, sanctions, réformes, etc. Sa réaction fut tardive et timorée [1]. Engluée dans son arrogance, elle s'est montrée incapable d'une autocritique salvatrice. Pour elle, l'affaire de la vache folle a été et reste essentiellement une affaire « politique » gonflée par le Parlement européen et la presse. Jacques Santer l'a clairement dit aux eurodéputés de la commission d'enquête, le 15 janvier 1997 : « Je récuse très fermement l'idée selon laquelle nous aurions privilégié le marché au détriment de la santé humaine ou pratiqué une politique délibérée de désinformation (...) Notre devise a été de privilégier la transparence et la voie scientifique et d'éviter tout risque pour la santé humaine. » De même, il estime que la Commission Delors n'a nullement failli : « Je ne jetterai pas la pierre à mon prédécesseur. » « Les connaissances scientifiques » ayant évolué avec le temps « faisons preuve de modestie », dira-t-il. Bref, ni responsable, ni coupable. Pour lui, les conclusions de la commission d'enquête sont nulles et non avenues [2]. Franz Fischler a donc été maintenu dans son poste et a été reconduit dans ses fonctions par Romano Prodi, de 1999 à 2004.

---

1. Le mode de fonctionnement des comités scientifiques a été entièrement réformé et, surtout, ils ont été rattachés au commissaire en charge de la santé publique. De même, le contrôle vétérinaire échappe désormais à la direction générale de l'agriculture.

2. Franz Fischler a poursuivi cet exercice de dénégation en essayant d'obtenir, dès 1997, la levée totale de l'embargo, ce qui sera fait le 1er août 1999, sans doute beaucoup trop tôt du simple point de vue du principe de précaution. Heureusement, l'absence de catastrophe sanitaire d'ampleur et la résorption rapide de l'épizootie en Grande-Bretagne grâce aux mesures décidées par l'Union ont montré que le danger était effectivement passé.

Un rapport sans conséquence spéciale

Il est vrai que le Parlement européen n'a lui-même pas été jusqu'au bout de sa logique. Sa commission d'enquête n'a pas recommandé la censure, préférant détailler une série de réformes extrêmement techniques. Dépassés par l'ampleur de leurs découvertes, les députés n'ont pas osé « tuer le père », c'est-à-dire renverser la Commission. Il est d'ailleurs significatif que la commission d'enquête ait renoncé, après en avoir débattu, à convoquer Delors. La peur de faire « exploser le système » l'a emporté sur toute autre considération. L'Assemblée se contentera, le 20 février 1997, de menacer la Commission d'une censure si, dans un délai d'un an, elle n'a pas réformé son mode de fonctionnement et sanctionné les fonctionnaires coupables d'incurie. Cette menace ne sera jamais soumise à discussion.

Rares sont ceux qui souhaitent une crise européenne. Les travaillistes britanniques, qui sont à quelques mois d'élections générales qu'ils allaient emporter, mais aussi Helmut Kohl, qui veut protéger Jacques Santer, un démocrate-chrétien comme lui, ont beaucoup pesé. Mais d'autres facteurs ont joué : beaucoup veulent éviter que la Commission n'apparaisse aux yeux de l'opinion publique comme la principale responsable de la crise de la vache folle, dédouanant par là le gouvernement conservateur du Royaume-Uni. En outre, une Conférence intergouvernementale (CIG), qui va aboutir au traité d'Amsterdam de juin 1997, est en cours et une crise aurait compliqué les négociations. La plupart des gouvernements ont donc mis tout leur poids dans la balance. Avec succès : une proposition de censure réelle, déposée par le socialiste belge José Happart, est massivement rejetée le 20 février 1997 grâce à l'alliance des socialistes et des conservateurs par 326 voix contre 118. Il est à noter que 57 des 67 députés français présents ont voté en faveur de la censure, tous groupes politiques confondus, et qu'à l'inverse, 75 des 85 députés allemands et 71 des 76 britanniques ont voté contre cette motion. Cette mobilisation française s'explique en grande partie par l'émotion de l'opinion publique hexagonale.

Ce rendez-vous manqué n'est cependant pas resté sans conséquence. On peut même affirmer qu'il a été l'élément déclencheur de la crise qui va finalement emporter la Commission Santer, en 1999. Le Parlement a pris goût à cette parlementarisation de la vie politique européenne et rien, désormais, ne pourra arrêter cette évolution. Le temps où la Commission était au centre du système est bel et bien terminé. Tout nouveau faux pas lui est interdit. Dans ce contexte, la moindre étincelle est susceptible de mettre le feu aux poudres. Edith Cresson sera cette étincelle [1].

Le prétexte Van Buitenen

Pourtant, comme dans l'affaire de la vache folle, ce n'est pas le Parlement européen qui est à la pointe du combat contre la Commission. Il reste non seulement longtemps à la remorque de la presse qui, la première, révèle l'affaire Cresson, mais, dépassé par l'ampleur des scandales, il n'hésitera pas à remettre ses pouvoirs entre les mains d'un « Comité des experts indépendants ». Cela étant, au final, il sortira une nouvelle fois renforcé de la tourmente. Alors que les premiers articles mettant en cause la gestion des fonds communautaires par la Commission datent de la fin août 1998, les parlementaires n'abandonnent leur réserve qu'à la fin du mois d'octobre. Plusieurs facteurs expliquent cette relative lenteur. A la différence de la crise de la vache folle, les accusations contre l'exécutif européen ne sont d'abord pas jugées d'une particulière gravité, notamment par les élus français ou italiens. Quelques détournements de fonds ou une poignée d'emplois fictifs ne sont rien par rapport aux affaires qui défrayent régulièrement la chronique de leurs pays respectifs. Ensuite, les députés français, cette fois-ci, se démèneront pour protéger Edith Cresson qui fut, quand même, une ancienne Première ministre de François Mitterrand et que Jacques Chirac apprécie. Ils seront les principaux relais de la thèse du « complot » antieuropéen et antifrançais... Enfin, les Allemands, qui jouent un rôle clef par leur nombre et leur présence assidue, ont été absorbés par leurs élections législatives qui ont vu,

1. Voir chapitre 2.

en septembre 1998, la défaite historique des chrétiens-démocrates d'Helmut Kohl.

Ce n'est d'ailleurs pas un hasard si l'attaque contre la Commission partira de la « Commission de contrôle budgétaire » du Parlement, dite Cocobu, bastion de la CDU-CSU (elle est dirigée par Diemut Theato, membre de ce parti démocrate-chrétien allemand), qui voit là un moyen de se refaire une santé avant les élections européennes de juin 1999 et d'embarrasser le chancelier social-démocrate Gerhard Schröder. Celui-ci n'a nul besoin d'une crise européenne alors qu'il se prépare à présider l'Union au premier semestre 1999 au cours duquel il doit faire adopter la loi de programmation budgétaire européenne pour les années 2000 à 2006. La Cocobu est aussi un instrument dont sauront se servir les conservateurs britanniques, dont James Elles, ancien fonctionnaire de la Commission et bon connaisseur de la machine. C'est la Cocobu qui prend l'initiative de convoquer Edith Cresson, le 28 octobre 1998, afin de l'interroger sur le recrutement contesté de René Berthelot. A ce moment, la commissaire à la recherche et à l'éducation peut encore limiter les dégâts. C'est mal la connaître : elle choisit le mépris, renvoyant dans les cordes les eurodéputés qui ont l'impudence de contester son droit à faire « appel à des conseillers extérieurs », un droit qu'elle juge « légitime ». On ne lui pardonnera pas cette audition. Mais, il faudra attendre le 9 décembre pour que l'affaire prenne vraiment de l'ampleur, trois mois après les premiers articles de presse.

Ce jour-là, la présidente du groupe des Verts, la Belge Magda Aelvoet, rend public un document rédigé par un fonctionnaire européen anonyme qui dénonce l'inaction de la Commission face aux fraudes et aux irrégularités et qui veut s'assurer que le Parlement empêchera que les affaires soient « étouffées ». Ce texte n'est en réalité qu'une compilation de cas déjà connus, dont le dossier Cresson. Mais il présente un avantage : il émane d'un fonctionnaire ce qui donne, du point du vue des députés, de la légitimité aux accusations de fraudes. A la suite d'une gaffe du groupe Vert, le nom de son auteur sera connu le jour même : il s'agit du Néerlandais Paul Van Buitenen, un fonctionnaire de seconde catégorie chargé de réaliser un audit des comptes du programme de formation professionnelle Leonardo da Vinci, qui dépend de Cresson. La réaction de la Commission est violente : le 16 décembre, Van Buitenen est suspendu pour s'être substitué « à la fois à sa hiérarchie, aux autorités de contrôle et, même, aux autorités judiciaires. Cela ne serait toléré dans aucune administration au monde, ni dans aucune entreprise privée [1] ». Ce faisant, l'exécutif européen fournit au Parlement ce qui lui manquait : un martyr, un rôle que l'intéressé, sanctionné pour en avoir référé aux élus du peuple européen, endosse à merveille [2]. Jacques Santer va faire une gaffe supplémentaire en menaçant le Parlement. Plusieurs députés de la Cocobu proposent, en effet, de refuser la « décharge budgétaire », c'est-à-dire le quitus pour l'exécution du budget 1996, afin de marquer la volonté du Parlement d'obtenir la vérité sur les affaires. L'acte en lui-même est technique et n'emporte aucune conséquence : seuls quelques comptables auront des difficultés à trouver le sommeil... Mais politiquement, c'est une autre affaire, puisque cela équivaudrait à une mini-censure. Le président de la Commission, qui craint que la Cocobu ne transforme une procédure comptable en une procédure de contrôle politique, hausse le ton, le 16 décembre. « J'étais à Washington à ce moment-là, raconte-t-il, il fallait mettre en demeure le Parlement, il fallait que les choses soient claires [3]. » Dans un message aux députés, il estime que « la crédibilité et l'autorité de cette Commission seraient gravement atteintes » en cas de vote négatif sur la décharge budgétaire. Dans ce cas, il appelle les eurodéputés à assumer la conséquence de leurs actes et « à clarifier la situation en procédant à un vote sur une motion de censure ». Le sang des eurodéputés ne fait qu'un tour face à ce qui est perçu comme une ingérence dans la souveraineté parlementaire. Seul le groupe socialiste, soucieux de protéger les commissaires attaqués qui sont tous de son bord – Edith Cresson, mais aussi, à tort, l'Espagnol Manuel Marin – appelle à voter le quitus. La présidente du PSE, Pauline Green, dénonce les « naufrageurs » qui veulent « plonger l'Europe dans le chaos » : « Il s'agit d'une question de confiance à la Commission. » Mais ses troupes sont mises en minorité et la décharge est refusée le 17 décembre. Santer a sans doute eu le tort de ne pas avoir placé la barre assez haut en menaçant de démissionner : en faisant les choses à moitié, il a donné l'occasion au Parlement de resserrer son emprise.

---

1. La Commission ne rendra publique cette suspension que le 5 janvier 1999.

2. Il recevra même la plus haute décoration de son pays au lendemain de la chute de la Commission Santer. Depuis, il a quitté la Commission et il s'est fait élire député européen en juin 2004 comme candidat « antifraude ». Il est apparenté au groupe Vert.

3. Entretien avec les auteurs.

De Charybde en Scylla

La Commission encaisse le coup. Pour rebondir, les socialistes du Parlement européen annoncent le même jour qu'ils déposeront en janvier 1999 une motion de censure [1] et que le groupe socialiste votera contre afin de manifester sa confiance dans la Commission et de restaurer sa crédibilité. Une manœuvre d'une totale obscurité justifiée par l'inexistence, dans l'arsenal constitutionnel européen, d'un vote de confiance. Au début du mois de janvier 1999, la tension monte d'un cran, attisée par la perspective des élections européennes qui se rapprochent. Les démocrates-chrétiens veulent profiter du vote de la motion de censure, qui est programmé pour le 14 janvier, pour avoir la peau de deux commissaires socialistes, Edith Cresson et Manuel Marin, au centre de la tourmente. La manœuvre est limpide : démontrer que la corruption est à gauche. Pauline Green rétorque que ce sera tout le monde ou personne : si la résolution demandant le départ des deux commissaires est votée, son groupe votera alors sa motion de censure de l'ensemble de la Commission.

Le vote sera particulièrement complexe. La résolution mettant en cause nommément Cresson est d'abord rejetée [2] : les socialistes ont fait bloc tout comme les Verts et les libéraux qui ont voté pour mais les conservateurs se sont divisés. Ensuite, une résolution déposée par le PSE qui prévoit la création d'un « comité d'experts indépendants » pour enquêter sur ce qui se passe au sein de la Commission est approuvée [3]. Objectif : dessaisir la Cocobu de son pouvoir d'investigation et éviter la constitution d'une commission d'enquête parlementaire dont on sait, après l'affaire de la vache folle, qu'elle peut aller très loin. Satisfait, le PSE retire alors sa « motion de censure de soutien ». Mais une vraie motion de censure, déposée par les souverainistes de Philippe de Villiers, est soumise au vote. A la surprise générale, elle n'est rejetée que de

1. Pour être adoptée, la censure doit réunir deux tiers des voix représentant au moins la moitié des membres du Parlement européen.

2. Par 357 voix contre 165.

3. Par 319 voix contre 157

justesse, par 293 voix (les PSE et une partie du PPE) contre 232 (Verts, les gaullistes et les villiéristes ainsi qu'une partie du PPE). L'exaspération à l'égard de la Commission va donc croissant, même si les députés n'ont pas, encore une fois osé, la renverser. Au lieu d'une mort rapide, la Commission subira un long calvaire. Le supplice se terminera, en mars 1999, par l'exécution politique de la Commission Jacques Santer.

L'affaire Cresson apparaît pourtant infiniment moins grave que l'affaire de la vache folle. « La Commission est vraiment tombée pour une broutille », estime le député européen Gianfranco Dell'Alba (Italie, Parti radical), qui dénonce l'entrée en « opposition à l'Europe (des démocrates-chrétiens allemands), une fois l'ombre de Kohl disparue [1] ». L'analyse par nationalité du vote du 14 janvier 1999 montre qu'une logique étatique a été à l'œuvre et confirme ce jugement. Tous partis confondus, les Italiens, les Espagnols, les Grecs, les Irlandais et les Portugais ont soutenu la Commission, alors que les Allemands ont voté en bloc la censure. Tout s'est passé comme si les principaux pays bénéficiaires du budget européen avaient décidé de soutenir Jacques Santer, qui défendait leur point de vue dans les négociations budgétaires pour la période 2000-2006 qui entraient alors dans leur phase finale. Ce fait a conforté la certitude de ceux qui, comme Edith Cresson, voient dans les affaires un « complot allemand ». Une analyse que partage, au demeurant, Jean-Louis Bourlanges. « L'affaire Cresson coïncide avec la "découverte" par les Allemands de leur statut de contributeur net au budget européen alors qu'ils doivent déjà assumer les charges de l'unification [2]. » En outre, cinq ans après avoir investi Santer du bout des lèvres, les députés se sont vengés du Conseil européen des chefs d'Etat et de gouvernement qui leur a imposé un président dont ils ne voulaient pas. La vache folle et les affaires de fraudes ont achevé de déconsidérer cet exécutif et convaincu les plus réticents des députés qu'il fallait que le Parlement prenne ses responsabilité et occupe le vide politique créé par la Commission.

Cela étant, la prise du pouvoir par le Parlement n'a pas été une marche triomphale. Il a longuement hésité à assumer ses responsabilités : après le refus de voter la censure en février 1997, il a

1. Entretien avec les auteurs.
2. Entretien avec les auteurs.

abdiqué ses pouvoirs entre les mains d'un « comité d'experts indépendants » en février 1999, alors qu'il lui revenait d'exercer l'un des droits fondamental de tout Parlement, celui de créer une « commission d'enquête ». Ce sont même les experts qui ont, en réalité, exigé le départ de la Commission Santer. On peut sans peine imaginer qu'avec un Delors à la tête de la Commission, jamais le Parlement ne serait ainsi sorti du bois.

La Cocobu se sent pousser des ailes

Après la démission de Santer, la Cocobu a littéralement surfé sur la vague de son succès. La situation politique lui a été une nouvelle fois favorable. Les élections européennes de juin 1999 ont vu la victoire des conservateurs devant les socialistes [1]. Or, en mars précédent, le Conseil européen, à l'époque dominé par les sociaux-démocrates, a désigné, dans la précipitation, Prodi pour succéder à Santer. Le problème est que celui-ci est catalogué de centre gauche bien que démocrate-chrétien. La droite a accepté ce choix en grinçant quelque peu des dents. Mais le social-démocrate Gerhard Schröder a commis une faute lorsqu'il a violé la tradition de son pays qui veut que l'un des deux commissaires auxquels ont alors droit les grands Etats soit un membre de l'opposition. Pour des raisons internes à sa coalition « rouge-verte », il a envoyé à Bruxelles un social-démocrate, Günter Verheugen, et une écologiste, Michaële Schreyer. Cela, la composante allemande du groupe conservateur au Parlement européen ne lui a jamais pardonné. Dès lors, tout a été bon pour entraver le travail d'une Commission jugée globalement illégitime par la droite de l'Assemblée de Strasbourg. La Cocobu va, une nouvelle fois, être l'instrument de ce travail de sape.

L'audition des commissaires de la Commission Prodi, en août et septembre 1999, permet aux députés de donner de la voix. C'est la première fois que le Parlement teste ce nouveau pouvoir issu d'un accord conclu avec la Commission et le Conseil des ministres.

1. Le PPE-DE devient, pour la première fois de son histoire, la principale force politique du Parlement avec 233 députés contre 201 précédemment. A l'intérieur de ce groupe, les Allemands sont numériquement les plus nombreux. Le PSE régresse avec 180 élus au lieu de 214.

L'exercice est quelque peu biaisé puisque les députés ne peuvent pas refuser un commissaire, mais seulement censurer l'ensemble de la Commission. Malgré cette limite, les eurodéputés transforment les auditions en véritable procès pénal en fouillant dans le passé des candidats. La conservatrice Loyola de Palacio, vice-présidente de l'exécutif chargée des relations avec le Parlement, des transports et de l'énergie, le découvre à ses dépens, lors de son audition du 30 août 1999. Celle qui a victorieusement dirigé la campagne du Parti populaire aux élections européennes doit faire face à des attaques lancées par les socialistes à propos d'une affaire de détournement d'aides communautaires aux producteurs de lin qui éclabousse ses plus proches collaborateurs du temps où elle était la ministre de l'Agriculture du gouvernement conservateur de José Maria Aznar. Elle se retranche derrière les conclusions d'une commission d'enquête parlementaire des Cortes – dominés par son propre parti – dont les conclusions, le 17 août précédent, la dégagent de toute responsabilité. Mais sa ligne de défense, consistant à charger les échelons subalternes de son ministère, passe mal.

Quelques jours plus tard, c'est au tour de Philippe Busquin, l'ex-président du Parti socialiste francophone belge, commissaire désigné à la recherche, d'être victime d'attaques menées par le Vlaams Blok, un parti flamand d'extrême droite, épaulé par les démocrates-chrétiens allemand et néerlandais. On lui reproche d'être impliqué dans les affaires de financement occulte qui ont éclaboussé, à la fin des années 1980, son parti et... de ne pas parler le néerlandais, la langue « d'une majorité de Belges ». Même s'il a été blanchi par la justice belge, un député allemand de la CDU-CSU, Werner Langen s'exclame : « La Commission ne peut pas devenir la poubelle de la politique belge. » Puis, c'est au tour du socialiste français, Pascal Lamy, commissaire désigné au commerce, qui est sommé de s'expliquer sur l' « affaire Fléchard », du nom d'une entreprise française qui aurait bénéficié d'un traitement de faveur en 1994, du temps où il était le chef de cabinet de Jacques Delors. Mais les hostilités tournent court, les grands groupes politiques se tenant par la barbichette (Palacio contre Lamy et Busquin). La Commission Prodi est donc investie sans problème.

La Cocobu se noie dans le beurre

La Cocobu, qui tient là un bel os, décide de poursuivre ses investigations sur le socialiste Lamy. Quelques mois plus tard, en avril 2000, elle menace de ne pas signer la décharge pour l'exécution du budget 1998 afin d'obtenir des explications sur l' « affaire Fléchard ». La droite allemande estime que Lamy a joué de son influence lorsqu'il était chef de cabinet de Delors pour réduire illégalement une amende frappant cette entreprise impliquée dans une fraude à l'exportation, et ce, à la suite d'une intervention du gouvernement français alors dirigé par Edouard Balladur. Des informations alarmistes sont distillées à la presse allemande pour faire monter la tension.

Tout remonte à 1991. En décembre, alors que l'Union soviétique vient de disparaître, Fléchard est chargée d'acheminer 6 750 tonnes des surplus de beurre irlandais à prix bradé vers Riga, en Lettonie, avant de le remettre aux Russes alors en pleine crise alimentaire. Ce beurre n'arrivera jamais à destination. Il est revendu en Pologne à un prix bien supérieur à celui pratiqué sur le marché russe. Bruxelles est donc en droit de faire jouer une pénalité prévue, qui lui permet de transformer en amende le dépôt de garantie de 17,6 millions d'euros constitué par Fléchard. Mais l'entreprise, que cette sanction mettrait en faillite, avec 900 emplois à la clef, en appelle au gouvernement Balladur. Au sein de la Commission, les avis divergent. L'amende est phénoménale, sans aucun rapport avec l'ampleur de la fraude, rien ne prouvant que Fléchard y ait été impliqué. Il semble plutôt qu'il ait été victime de ses intermédiaires polonais. Le cas sera finalement tranché durant une réunion tenue en janvier 1994 sous la houlette du chef de cabinet adjoint de Delors, Jean-Pierre Jouyet. Fléchard s'en tire avec une amende de 3 millions d'euros.

Peu satisfaite des réponses de Pascal Lamy lors de son audition en septembre 1999, la Cocobu demande, début 2000, un avis à la Cour des comptes. Dans un rapport confidentiel, remis le 11 mai, celle-ci critique certes la décision de la Commission mais ne met pas en cause Lamy. L'exécutif européen maintient qu'il a pris la bonne décision en tenant compte de tous les paramètres. L'affaire Fléchard ne progresse donc pas d'un pouce. Elle s'enlisera dans les sables des institutions européennes en dépit des efforts de la Cocobu : en 2005, on n'en sait pas plus qu'en 1998. Mais le prestige de la commission du contrôle budgétaire est gravement écorné par cet épisode, tant son acharnement ne semble dicté que par la volonté d'affaiblir la Commission. « On assiste à une dérive complète : tout est utilisé pour interdire la restauration de l'autorité de la Commission », dénonce, en 2000, la socialiste française Pervenche Berès. « J'ai claqué la porte de cette commission en 2001, raconte Bourlanges. J'en avais marre des poubelles [1]. »

Le fantôme d'Eurostat

La leçon ne portera pas. La Cocobu reste persuadée que la Commission est composée de fraudeurs avérés ou, à tout le moins, en puissance et qu'elle a reçu la mission quasi divine de les pourchasser. En 2003, la presse, une fois de plus, va lui offrir l'occasion de rebondir qu'elle attendait. Un quotidien britannique [2] révèle que le parquet de Paris a ouvert, le 4 avril précédent, une information judiciaire contre X pour « recel et complicité d'abus de confiance » à la suite d'une plainte de l'Office de lutte antifraude (OLAF) qui enquête sur des malversations comptables qui auraient eu lieu au sein d'Eurostat, l'Office européen de statistiques. Deux hauts fonctionnaires français sont particulièrement visés : Yves Franchet, le directeur général d'Eurostat, qui doit prendre sa retraite trois mois plus tard, et son adjoint, Daniel Byk.

Il s'avère rapidement qu'il s'agit d'une affaire qui remonte à la fin de la Commission Santer et dont la presse a déjà parlé fin 1998. Eurostat, comme l'ensemble des directions générales de la Commission, a eu recours à des expédients comptables pour pallier un manque chronique de moyens notamment en personnel. A l'époque, l'Office statistique a vu ses tâches exploser dans le cadre de la préparation de l'union économique et monétaire, puisqu'il a été chargé de valider l'ensemble des comptes publics des Etats membres. Faute de budget suffisant, Eurostat a utilisé toute la panoplie

1. Entretien avec les auteurs.
2. *Financial Times* du 16 mai 2003.

des méthodes comptables douteuses, comme des contrats fictifs ou surévalués. Avec une originalité. Le produit de la vente de ses statistiques par l'intermédiaire de « data shops », organismes de droit privé, atterrissait sur des comptes secrets ouverts au Luxembourg où se trouve son siège. En tout, il semblerait qu'au moins 900 000 euros aient transité par ces comptes entre 1996 et 1999. Lorsque l'affaire Cresson éclate, Franchet sent que le vent tourne. Il commande alors un audit interne sur la gestion de son administration afin de se couvrir. Cet audit, extrêmement sévère sur ses méthodes de gestion, est transmis à l'OLAF. Sans suite immédiate. Franchet met néanmoins fin au système des caisses noires en 1999, mais en donnant une simple « instruction orale ». Autrement dit, personne ne sait exactement comment ont été liquidés les fameux comptes secrets, ce qui donne prise à tous les fantasmes.

L'affaire est donc connue de la Commission, contrairement à ce qu'elle affirmera plus tard. Cela n'empêche pas l'équipe dirigée par Prodi de maintenir Franchet à son poste en dépit de ses demandes de mutation, faute d'une candidature crédible pour le remplacer. Il faut dire que toute l'institution ayant pris des libertés avec les règlements financiers au cours de la décennie écoulée, Prodi n'allait pas se lancer dans une chasse aux sorcières qui risquait de décapiter son institution. Le chef d'Eurostat jouissait d'une telle confiance de ses collègues qu'il fut même chargé de préparer la réforme de la fonction publique européenne avec un petit groupe de directeurs généraux. Néanmoins, et c'est logique, l'OLAF ouvre une enquête, mais seulement en 2000. Le 8 juillet 2002, sans avoir entendu ni Franchet, ni ses adjoints, une constante, il dépose plainte auprès de la justice du Luxembourg. L'Office récidive le 4 avril 2003 en transmettant au parquet de Paris l'audit réalisé à la demande de Franchet. Pourquoi Paris ? Parce qu'une des sociétés ayant bénéficié des contrats Eurostat, Planistat, y a son siège [1]. La Commission, pour le coup, tombe des nues : le patron de l'OLAF, Franz Hermann Brüner, ne l'a même pas avertie de son initiative. Ce n'est que fin avril qu'il l'en informera officiellement.

1. Elle aurait reçu d'Eurostat 41,3 millions d'euros en exécution de divers contrats sur une période de dix ans.

Kinnock fait le ménage

Neil Kinnock, le commissaire chargé de la réforme administrative, ne fait pas dans la demi-mesure. Le 21 mai 2003, en l'absence de tout élément nouveau, il annonce qu'il relève Franchet et Byk de leurs fonctions. « A leur demande », a-t-il le toupet d'affirmer. Pourtant, les deux hommes ne sont pas directement visés par la plainte de l'OLAF. La Cocobu, qui depuis février 2003 s'interroge sur quelques contrats conclus par Eurostat, voit là l'occasion de redorer son blason. Le 17 juin, elle convoque le commissaire chargé des affaires économiques et financières, l'Espagnol Pedro Solbes, qui exerce la tutelle d'Eurostat, la commissaire chargée du budget et de la lutte antifraude, l'Allemande Michaële Schreyer, et Neil Kinnock. La charge est menée par la conservatrice bavaroise Gabriele Stauner qui s'est déjà illustrée lors de l'affaire Fléchard. Pour la Cocobu, la Commission Prodi savait que quelque chose n'allait pas à Eurostat et a caché la vérité au Parlement. Les commissaires font valoir leur ignorance de l'enquête menée par l'OLAF, celui-ci ne leur ayant transmis ses conclusions que début mai, soit après le dépôt de la plainte auprès du parquet de Paris. Stauner, peu satisfaite de ces réponses, clame qu'elle va « maintenir la pression sur la Commission » : « C'est un gros scandale qui implique que des caisses noires alimentées par le budget communautaire ont échappé à toute surveillance. » Que l'affaire soit ancienne et mette en cause la gestion de la Commission Santer plutôt que celle dirigée par Romano Prodi ne gêne pas outre mesure les députés.

Le 9 juillet 2003, Kinnock, affolé par une presse anglo-saxonne et allemande déchaînée, frappe un nouveau coup. Du jamais vu : il met à pied l'ensemble du personnel d'encadrement d'Eurostat, engage des poursuites disciplinaires contre trois de ses dirigeants, suspend l'ensemble des contrats conclus avec la société Planistat et, enfin, crée une véritable commission d'enquête interne de vingt personnes chargée de faire la lumière sur les comptes d'Eurostat. Dans la nuit du 8 juillet, il envoie même les services de sécurité de la Commission à Luxembourg saisir l'ensemble des archives de l'Office. Il n'hésite pas à laisser entendre devant les médias qu'il pourrait y avoir de l' « enrichissement personnel » de la part des dirigeants d'Eurostat. Il veut ainsi montrer qu'il prend le taureau par les cornes et calmer le Parlement. Mais c'est mal connaître les députés de la Cocobu : l'odeur du sang les attire. Il est vrai que les trois commissaires sur la sellette sont de gauche et l'occasion de faire sauter la Commission Prodi à quelques mois des élections européennes de juin 2004 apparaît comme une opportunité à ne pas manquer. Le mécanisme qui a abouti à la chute de Santer semble se mettre en place. Le président du Parlement, l'Irlandais Pat Cox, tente bien de calmer le jeu. Tout cela a un « air de déjà vu », estime-t-il et la Commission Prodi « agit avec une vigueur tout à fait louable et une grande énergie », ce qui la différencie de l'exécutif dirigé par Jacques Santer. « Comment la Commission tombe-t-elle dans de tels pièges ? s'interroge aujourd'hui Gianfranco Dell'Alba, membre à l'époque de la Cocobu [1]. Kinnock est largement responsable de l'ampleur prise par cette affaire. Il a joué la presse à scandale en parlant d'"enrichissement personnel". »

La Cocobu montre les dents

Le 16 juillet, la Cocobu décide de convoquer Prodi pour le mois de septembre suivant. Elle réclame même la démission de Solbes. Réponse maladroite de l'intéressé : « J'accepte toutes les responsabilités pour ce que j'ai fait mais pas pour ce que je n'ai pas fait et encore moins pour ce que je ne sais pas. » Inquiet de la dimension que prend cette affaire baroque, Prodi, qui prépare son retour sur la scène politique italienne, envisage, à la fin du mois de juillet, de sacrifier le commissaire espagnol. Il peut le faire, puisqu'il a pris la précaution de faire signer à chaque commissaire, lors de leur prise de fonction en septembre 1999, une lettre de démission en blanc. Mais le gouvernement espagnol lui fait savoir qu'il est hors de question que l'un de ses commissaires saute alors que sa responsabilité n'est nullement établie. Toutes les autres capitales sont sur la même longueur d'onde : en pleine négociation de la future Constitution européenne, à quelques mois de l'élargissement à dix nouveaux Etats membres et des élections européennes, il n'est pas question que l'Europe sombre dans une nouvelle crise qui alimenterait l'euroscepticisme. Les groupes politiques du Parlement ont,

1. Entretien avec les auteurs.

eux aussi, reçu le message. A gauche, on réalise enfin que seuls des commissaires de leur bord sont mis en cause par une Cocobu aux mains des conservateurs. Après tout, l'affaire Eurostat n'est qu'une scorie du passé. Renvoyer Prodi pour si peu, alors même qu'il se plie aux quatre volontés du Parlement dans sa chasse aux fraudes, apparaît totalement démesuré.

Courant septembre, Romano Prodi prend aussi conscience que le départ de Solbes ne circonscrirait pas l'incendie. Pourquoi, dans ce cas, ne pas renvoyer Kinnock et Schreyer, qui sont aussi « responsables » que le commissaire espagnol ? Tous ses doutes sont balayés lorsque l'affaire se dégonfle brusquement le 24 septembre, comme on pouvait s'y attendre. Trois rapports (de l'OLAF, du service d'audit et de la commission d'enquête interne créée en juillet 2003) sont remis aux commissaires ce jour-là. Ils affirment que non seulement il n'y a pas eu enrichissement personnel, mais que les systèmes de double comptabilité, qui ont uniquement servi au fonctionnement d'Eurostat et de ses « data shops », ont bel et bien cessé en 1999, ainsi que l'a toujours affirmé Franchet. Cependant, les sommes déposées sur ces comptes secrets ont été dépensées jusqu'en 2003. Bref, l'homme a commis une faute, mais pas plus que la plupart des directeurs généraux de l'époque.

Prodi tire sur les lampistes

Prodi décide donc de changer son fusil d'épaule et charge... Franchet. Le procédé n'est pas très élégant mais il a le mérite d'être sans risque, l'homme étant à la retraite depuis le 1er septembre. Il n'hésite pas à affirmer, le 25 septembre, devant la Cocobu et les présidents des groupes politiques réunis à Strasbourg, que les « faits ne nous sont apparus dans toute leur gravité et toute leur ampleur qu'en mai 2003 », alors même que le système de double comptabilité était décrit dans le rapport d'audit interne de 1998 commandé par Franchet. Mais voilà : certes, « quelques morceaux du puzzle était disponibles » dès 2002, mais ils étaient « insuffisants pour déclencher une réaction car il manquait toujours l'élément le plus important, la mise en cause du directeur général lui-même ». Pour Prodi, Franchet « n'a pas correctement informé » Solbes de « dérives » qui « remontent pour l'essentiel à une période où (Eursostat) n'était pas sous sa responsabilité ». Il estime même que l'on « pourrait presque parler de désinformation [1] ». Pour faire bonne mesure, il charge aussi l'OLAF, qui « n'a pas jugé bon de prévenir la Commission ».

La défense de Prodi passe comme une lettre à la poste au Parlement européen, qui lui accorde sa confiance. « Nous n'avons pas besoin d'une crise au moment de l'élargissement et du lancement de la Conférence intergouvernementale » sur la Constitution européenne, lance Hans Gert Pöttering, le patron du groupe conservateur. La Cocobu, furieuse, tente de revenir à la charge, en janvier 2004, en proclamant que les commissaires devraient être « politiquement responsable des fautes commises dans leurs départements ». Une conception tellement extensive de la responsabilité qu'elle risque d'aboutir à une paralysie de la Commission. Mais l'affaire est définitivement close – sur le plan politique, du moins – le 4 mai 2004 lorsque le Parlement rejette par 515 voix contre 88, un score sans appel, une motion de censure contre la Commission déposée par les eurosceptiques. L'affaire Eurostat a sans doute été le chant du cygne de la Commission du contrôle budgétaire qui, dans cette affaire, a perdu considération et pouvoir. Après les élections de juin 2004, elle a d'ailleurs été désertée par les ténors du Parlement et investie par des « exaltés », selon le mot d'un député français, comme Paul Van Buitenen, nouvel élu devenu chevalier autoproclamé de la lutte antifraude.

Le Parlement imperator ?

En tout état de cause, l'affaire Eurostat a confirmé que la Commission est bel et bien entre les mains du Parlement européen

1. Après avoir observé un long silence, Yves Franchet envoie une lettre aux députés européens le 15 novembre 2003 pour se défendre. Il accuse l'OLAF et Romano Prodi d'avoir violé la présomption d'innocence. « Il n'existe aucune preuve qui puisse confirmer ces propos diffamants et ces accusations, écrit-il. J'ai toujours agi avec honnêteté, sans violer aucune procédure de la Commission et en tenant informé qui de droit au sein de la Commission. » Il affirme qu'il n'y a eu « aucune fraude, aucune corruption, aucune disparition d'argent communautaire, aucun usage des fonds communautaires pour des fins autres que celles de la mission d'Eurostat » et affirme détenir les preuves de ce qu'il avance. Il admet qu'il y a eu des « irrégularités à corriger » mais que celles-ci existaient dans bien d'autres directions générales.

et que le moindre toussotement des députés lui donne la grippe. Le problème de cette parlementarisation du système politique de l'Union est qu'elle ne correspond à aucun espace public européen. La vie politique, même si cela est en train de changer, reste encore étroitement enfermée dans le cadre national. D'où les maladresses des parlementaires, qui ne savent pas comment user de leurs nouveaux pouvoirs. Les incidents entre la Commission et le Parlement font irrésistiblement penser à une cour de récréation dans laquelle les caïds veulent affirmer leur prééminence et non à un débat démocratique adulte. « Le Parlement a instrumentalisé des difficultés financières pour déboulonner la Commission, note Bourlanges : il s'agit de la frapper d'illégitimité. » « Les députés n'ont qu'un but : dire "debout-assis-couché" aux commissaires [1]. »

La saga qui a entouré la nomination de José Manuel Durao Barroso en novembre 2004 laisse mal augurer de l'évolution des rapports entre les deux institutions. En l'obligeant à revoir la composition de son équipe, le Parlement a d'emblée obtenu un ascendant politique sur l'exécutif européen. Or, et le vrai risque de cette parlementarisation est là, plus le Parlement contrôle la Commission, plus celle-ci est méprisée par le Conseil européen et le Conseil des ministres. Or, jusqu'à nouvel ordre, le Parlement n'a aucun pouvoir sur les Etats qui restent les véritables maître de l'Union. En voulant à toute force dominer la Commission faute de pouvoir le faire avec le Conseil, le Parlement s'est tiré une balle dans le pied, les deux institutions réellement communautaires devant être naturellement alliées. On peut ajouter que, pour apparaître comme un interlocuteur légitime aux yeux des Etats, le Parlement a encore du chemin à faire. Même si cela s'améliore, le taux de présence des députés reste insuffisant et leur réticence à accepter que leurs frais soient effectivement contrôlés n'ajoute guère à leur gloire [2].

---

1. Entretien avec les auteurs.

2. Le salaire des députés n'est pas versé par le budget européen mais par les budgets nationaux et il est identique à celui perçu par les parlementaires des Etats membres. Autrement dit, pour un travail identique, le salaire peut varier de un à douze... Afin de « compenser » ces différences, le Parlement se montre à la fois généreux et peu regardant sur les frais (secrétariat, assistants, voyages, etc.). Le problème est que même les députés les mieux payés, en l'occurrence les Italiens (12 000 euros par mois), profitent de ce système pervers. Les Etats membres sont prêts à unifier les salaires (cependant à un niveau inférieur au 8 500 euros mensuel réclamés par les députés) mais à condition que les frais soient contrôlés. Le Parlement, lui, annonce qu'il est prêt à le faire mais à condition que les salaires soient unifiés. Un accord pourrait intervenir en 2005.

La façon dont le système politique de l'Union s'est parlementarisé est pour le moins étonnante. L'évolution n'a pas eu lieu, comme dans les démocraties modernes, par le biais d'un affrontement entre forces politiques mais en empruntant un chemin qui s'apparente davantage à celui d'un procès. « Les parlementaires ont d'emblée mis l'accent sur des responsabilités individuelles plutôt que collectives, et sur des fautes techniques ou morales plutôt que sur des divergences politiques », note ainsi très justement Paul Magnette, le directeur de l'Institut d'études européennes de l'Université libre de Bruxelles [1]. Le contrôle démocratique s'est exercé par le biais de la responsabilité pénale des dépositaires de l'autorité publique, un précédent dans l'histoire de la démocratie moderne. Le problème est que le Parlement n'est pas un juge mais le lieu d'exercice d'un pouvoir politique : les garanties procédurales inhérentes à une instruction et à un procès judiciaires n'existent pas avec les risques graves de violation des droits fondamentaux que cela implique. On frôle en permanence le procès en sorcellerie. Il n'est pas sûr que la démocratie y gagne.

Un système « à l'américaine »

Cette dérive pénaliste s'explique aisément : la Commission n'est pas un gouvernement qui s'appuie sur une majorité parlementaire clairement identifiée comme cela se passe dans n'importe quel Etat. Elle est composée de personnalités nommées souverainement par chaque gouvernement et le Parlement n'a que le pouvoir de l'investir, ou de la rejeter, en bloc. Or, sachant que les Etats membres envoient à Bruxelles quelqu'un qui est forcément de la couleur politique de la majorité en place et qu'aucune force politique représentée au Parlement européen n'a jamais approché à elle seule, même de loin, la majorité absolue, l'investiture de la Commission ne peut être que transpartisane. Il ne peut donc être question d'affrontement sur un programme politique en tant que tel entre une majorité et une opposition. En imaginant même qu'un jour il y ait concordance des majorités politiques entre le Conseil des ministres, la Commission et le Parlement européen et qu'un

1. « Contrôler l'Europe, pouvoirs et responsabilité dans l'Union européenne », Institut d'études européennes, 2003.

programme politique conforme à cette majorité soit mis en œuvre, le système perdrait alors en légitimité en abandonnant son caractère transpartisan. En effet, les Etats membres qui ne seraient pas de cette couleur politique risqueraient de ne pas accepter les décisions prises par l'Union qui sont en contradiction flagrante avec le programme sur lequel ils ont été élus. Or, ils sont aussi légitimes que les institutions européennes. Pour dire les choses autrement, les décisions dans l'Union ne peuvent être que le fruit d'un compromis politique dans lequel tout le monde doit se retrouver. Le système politique de l'Union est ainsi fait qu'il implique une véritable cohabitation entre les institutions et au sein même des institutions. L'Europe se gouverne au centre avec, parfois, des inflexions à droite ou à gauche si la Commission et le Parlement sont plus ou moins à droite ou à gauche.

En outre, il ne faut pas non plus perdre de vue que les mots recouvrent souvent des réalités différentes. On peut ainsi s'interroger sur les points communs entre les travaillistes britanniques et les socialistes français qui siègent pourtant au sein du Parti des socialistes européens. Etre « à gauche » ou « à droite » ne signifie pas toujours grand-chose. Ainsi, les députés français de l'UMP sont plus souvent d'accord avec leurs collègues français du PS qu'avec les conservateurs et les libéraux des autres pays. Autre élément important, même s'il n'est curieusement pas le plus structurant : l'engagement fédéraliste ou eurosceptique des députés. Cette fracture transcende les groupes politiques et les délégations nationales et peut amener à des prises de position qui ont peu à voir avec la couleur politique affichée. Enfin, la défense des intérêts nationaux joue un rôle majeur à Bruxelles. Par exemple, tous les députés allemands ont voté contre la directive libéralisant les OPA (offre publique d'achat), en juillet 2001, celle-ci étant perçue, avec raison, comme une menace pour le modèle du capitalisme rhénan. Les majorités sont donc fluctuantes et ne recoupent que partiellement la réalité des groupes politiques qui, sur les votes importants, se divisent presque toujours. Ces rapports de force complexes tant au sein du Parlement que de la Commission rendent donc inopérantes les grilles de lecture nationale de la politique européenne et expliquent pour une large part l'angle d'attaque pénaliste choisi par les eurodéputés pour exercer le contrôle démocratique de l'exécutif. Le système politique européen est en réalité assez proche du système américain où le « bipartisanisme » est de règle.

Les socialistes français refusent l'alliance au centre

Cela ne signifie pas que la politique et les affrontements idéologiques soient absents. Ainsi, c'est le Parlement européen qui a exigé que le président de la Commission soit choisi par le Conseil européen des chefs d'Etat et de gouvernement au sein de la famille qui a gagné les élections européennes de 2004, une exigence reprise par la Constitution européenne. C'est l'une des raisons qui a condamné, en juin 2004, la candidature du libéral belge Guy Verhofstadt, celui-ci n'appartenant pas au clan conservateur. De même, la vie politique européenne se structure toujours davantage entre les deux principaux groupes politiques que sont d'une part un grand groupe où eurosceptiques, conservateurs et démocrates-chrétiens cohabitent et, d'autre part, le PSE. Les centristes-libéraux et les Verts sont susceptibles de jouer les forces d'appoint. On est, encore une fois, assez proche du modèle américain qui s'est structuré au cours de l'histoire autour du Parti républicain et du Parti démocrate.

Une intéressante tentative de rapprochement a eu lieu, en juin 2004, entre le groupe de l'Alliance des démocrates et des libéraux pour l'Europe (ADLE), le PSE et les Verts pour envoyer les conservateurs dans l'opposition. Aucun groupe n'ayant la majorité à lui seul, une alliance est nécessaire pour se répartir les postes au sein du Parlement et éviter qu'ils soient soumis à la glorieuse incertitude de majorités fluctuantes. C'est particulièrement vrai pour la présidence du Parlement que les deux principaux groupes ont pris l'habitude de se répartir en deux demi-mandats de deux ans et demi. Lors de la législature 1999-2004, les conservateurs s'étaient alliés avec les libéraux, à la grande fureur du PSE exclu pour la première fois depuis 1982 de la « majorité » parlementaire. Mais, cette alliance a eu le mérite de traduire clairement au sein de l'Assemblée et ce, pour la première fois, le fait que l'Union était de droite : les socialistes sont devenus, à partir de 1999, largement minoritaires.

La tentative de bâtir une alternative a fait long feu, à l'instigation du PS français, principale délégation nationale au sein du PSE avec 31 élus sur 200, qui n'a pas voulu faire alliance avec l'UDF qui gouverne, en France, avec l'UMP de Jacques Chirac. Mais les Allemands, les Britanniques et les Espagnols du PSE, soucieux de ne pas être exclus des meilleurs postes, ont imposé une alliance avec le PPE-DE. Les socialistes français ont donc été piégés : après avoir refusé de s'allier avec l'UDF, ils se retrouvent alliés avec l'UMP qui siège au sein du PPE ! Le PS a dû boire la coupe jusqu'à la lie : pour sauver la présidence de la commission des affaires économiques et monétaires promise, en vertu de l'accord entre les deux groupes, à la fabiusienne Pervenche Berès, il a dû voter en faveur d'une députée slovaque, Anna Zaborska, opposée à l'avortement et aux droits des homosexuels, candidate désignée par la droite à la présidence de la commission des droits de la femme. Il a fallu tordre le bras des socialistes allemandes qui, une première fois, avaient refusé de voter pour Zaborska, afin de sauver la soldate Berès qui risquait de faire les frais d'un vote de rétorsion du PPE-DE [1] !

Depuis, les socialistes français ont compris qu'ils avaient fait fausse route. L'affaire Rocco Buttiglione, en octobre 2004, leur a fait prendre conscience de leur proximité avec les démocrates et les libéraux de l'ADLE. Ce n'est pas un hasard si ce sont ces derniers qui ont donné le signal de la révolte à la très grande surprise de leur président, le Britannique Graham Watson. Les socialistes français ont fait le même travail de conviction que l'UDF au sein de leur propre groupe. Après le renvoi de Buttiglione, beaucoup d'entre eux reconnaissent qu'ils ont plus en commun avec les centristes qu'ils ne l'imaginaient au départ. Surfant sur cette vague, François Bayrou et Franco Rutteli, un député italien anti-Berlusconi, ont créé, le 9 décembre 2004, un nouveau parti européen, le Parti démocrate européen, qui ambitionne de devenir l'équivalent, pour l'Union, du Parti démocrate américain. C'est-à-dire un grand parti de centre gauche... L'évolution du Parlement européen est donc loin, très loin, d'être terminée.

1. *Libération* des 24 et 27 juillet 2004.

CHAPITRE 4

Le combat des chefs

La patience de Gerhard Schröder est à bout. Comme un disque rayé, les Premiers ministres des « petits » Etats membres, le Portugais Antonio Guterres en tête, accusent pour la centième fois les « grands » de vouloir instaurer un directoire de l'Union. Chacun récrimine, râle, proteste. Il est 2 heures du matin, ce lundi 11 décembre 2000, et les Quinze sont enfermés dans la salle du palais des Congrès de Nice qui accueille le Conseil européen depuis maintenant quatre jours pour adopter un nouveau traité afin de préparer l'Europe à l'adhésion des pays de l'Est. Tout le monde est épuisé et a envie de prendre une bonne douche. Le chancelier allemand laisse alors éclater sa colère, oubliant toute réserve diplomatique. « Quand j'entends ces plaintes, ça me rend malade. Cela n'a rien à voir avec l'organisation de l'Europe, lance-t-il. Je me souviendrai de tout ce qui s'est passé ici pour longtemps. Il est 2 heures du matin et je suis prêt à l'accord. Mais si on commence à faire les maquignons, ça va devenir très difficile [1]. » Ses partenaires rentrent la tête dans les épaules et admettent alors que la proposition de compromis concoctée par la France, qui achève son semestre de présidence de l'Union, n'est pas parfaite au regard de

1. Toutes les citations proviennent des notes « antici » du sommet de Nice, c'est-à-dire du procès-verbal confidentiel de la réunion. Une petite équipe de trois ou quatre fonctionnaires européens triés sur le volet prennent des notes et, toutes les demi-heures, les transmettent à des diplomates qui attendent dans une salle annexe. Le système a été inventé par Giovanni Antici, un diplomate italien décédé en 2003, pour permettre aux délégations de suivre de loin ce qui se passe dans le huis clos du Conseil européen. Ces notes ne sont pas publiques mais les auteurs en ont un exemplaire en leur possession.

leurs intérêts nationaux, mais qu'ils peuvent s'en contenter « pour l'Europe ».

Mais Guy Verhofstadt, lui, fait front : il ne veut absolument pas entendre parler de ce traité qui va, comme il le martèle depuis trois jours, « détériorer » le fonctionnement des institutions européennes au lieu de l'améliorer. Le Premier ministre belge s'adresse au président français et confirme : « Je ne peux pas accepter. » « La Belgique met son veto à l'accord », constate solennellement Jacques Chirac, sous le regard las des chefs d'Etat et de gouvernement et de leurs ministres des Affaires étrangères. « Nous nous trouvons dans une situation unique dans l'histoire du Conseil européen : quatorze Etats membres ont adopté un texte et nous avons un problème avec la Belgique », poursuit le chef de l'Etat. Contrarié, il énumère tous les petits cadeaux faits à ce pays durant la négociation. « La Belgique a demandé que le Benelux ait autant de voix que chacun des quatre grands. On lui a donc donné une voix de plus ainsi que deux députés européens », ajoutant qu'il a également offert qu'à terme toutes les réunions du Conseil européen des chefs d'Etat et de gouvernement aient lieu à Bruxelles. « Je n'ai pas pu faire plus. Je lance un appel solennel à Verhofstadt pour qu'il accepte. » La séance est suspendue. Va-t-on vers l'échec du sommet ? Le traité de Nice va-t-il voir le jour ou, comme le proposait quelques heures auparavant Jacques Chirac à ses partenaires, « ne faut-il pas prendre le temps nécessaire et reporter la décision à des temps meilleurs » ? Rien ne va plus.

Les Quinze dans un bunker

Quatre jours plus tôt. En cette matinée du jeudi 7 décembre 2000, la promenade des Anglais est d'un calme étrange. Les voitures et les passants se font rares. Seul le ballet des cortèges officiels vient rompre le silence. Partout, des barrières métalliques empêchent le passage. Il faut être muni d'un badge ad hoc pour prétendre franchir les barrages et approcher de l'Acropolis, l'affreux palais des Congrès qui défigure le centre de la cité azuréenne, qui s'apprête à accueillir le Conseil européen [1], censé être

1. Le Conseil européen, créé en 1974 à l'initiative de Valéry Giscard d'Estaing, alors

l'apothéose du semestre de la présidence française de l'Union. Quelque 4 500 policiers et gendarmes sont déployés dans la ville, surveillant chaque mouvement. Des tireurs d'élite placés sur les toits achèvent de transformer Nice en camp retranché. L'Europe se fait à huis clos, coupée de ses citoyens, non par peur du terrorisme – le 11 septembre 2001 n'a pas encore eu lieu – mais des manifestants « altermondialistes ». Galvanisés par leur succès de Seattle de décembre 1999, ils sont venus manifester en masse, en compagnie des syndicats, contre « l'Europe libérale » et « libre-échangiste » que les Quinze sont accusés de préparer. Peu importe que le seul sujet du sommet soit le rééquilibrage institutionnel avant l'élargissement vers l'Est, les manifestants sont persuadés qu'on parle de l'Europe sociale. Quelques drapeaux arborant l'effigie de Marx, Lénine, Mao ou Che Guevarra complètent le tableau. De l'Acropolis, où arrivent les 15 « chefs », les 2 000 membres de délégations qui les accompagnent et les 3 000 journalistes qui vont « couvrir » l'événement, on n'entend pas la fureur des « anti » : ce n'est qu'en regardant la télévision que l'on se rend compte que de violents heurts ont lieu, dans l'après-midi, avec les forces de l'ordre. Seuls Jacques Chirac et Lionel Jospin sont incommodés par du gaz lacrymogène qui s'est infiltré dans le système d'aération. L'un tousse, l'autre a les larmes aux yeux en accueillant les délégations partenaires dans le hall de l'Acropolis. Un signe annonciateur de la catastrophe à venir ?

De fait, ce sommet sera le plus calamiteux et le plus long – quatre jours et quatre nuits ! – que l'Union ait jamais connu : les Quinze vont se déchirer à belles dents devant le monde entier, afficher leurs divisions et leur méfiance, défendre bec et ongles leurs supposés « intérêts nationaux ». Jamais l'Europe n'aura chuté aussi bas, démontrant jusqu'à l'absurde que les « chefs » sont

---

président de la République française, se réunissait deux fois par an dans le pays qui exerce à ce moment-là la présidence semestrielle tournante de l'Union. Avec l'accroissement des compétences de l'Union, les Conseils se sont multipliés : les chefs d'Etat et de gouvernement se retrouvent désormais quatre fois par an au minimum. Depuis 2004, toutes ces réunions se déroulent à Bruxelles. Il s'agit d'un organe d'impulsion politique qui décide par consensus mais qui n'a pas compétence pour adopter des normes juridiquement obligatoires. Il lui est déjà arrivé en de rares occasions de voter, notamment en juin 1985, afin de lancer une conférence intergouvernementale (CIG) contre l'avis du Premier ministre britannique Margaret Thatcher. Elle débouchera sur l'Acte unique qui étend le domaine du vote à la majorité qualifiée, sésame du marché unique.

désormais incapables de décider quoi que ce soit, de porter un quelconque projet européen et de voir plus loin que la prochaine échéance électorale nationale. Nice sera aussi le sommet, dans les deux sens du terme, de la mésentente franco-allemande : « A Nice, pas une seule fois les regards de Chirac et Schröder ne se sont rencontrés. C'était terrible », racontera plus tard Michel Barnier, alors commissaire européen chargé de la réforme institutionnelle et actuel ministre français des Affaires étrangères [1]. Ce sommet laissera des blessures profondes entre les Etats membres qui ne sont toujours pas cicatrisées aujourd'hui. Il confirmera et accélérera la décadence du Conseil européen qui a pourtant su, du temps de François Mitterrand et de Helmut Kohl, relancer une Europe que la Grande-Bretagne de Margaret Thatcher avait réussi à faire verser dans le fossé. Il est vrai que les gouvernants européens de ce début de XXIe siècle ne sont pas de la trempe de leurs prestigieux prédécesseurs. Les seuls qui ont encore une vision à long terme, tel Jean-Claude Juncker, le Premier ministre du Luxembourg qui est aussi le doyen du Conseil européen [2], viennent de pays trop petits pour peser de façon déterminante. Comment en est-on arrivé à un tel désastre ?

Les « petits » sont partout

A Nice, les Quinze se sont fixé un but ambitieux : réformer les institutions de l'Union afin de les rendre aptes à supporter le grand élargissement à l'Est qui s'annonce [3]. Ils savent depuis la fin des années 1980 qu'ils ont trop attendu pour procéder à cette indispensable réorganisation du pouvoir : à chaque nouvelle adhésion, en 1973 (Danemark, Grande-Bretagne, Irlande), en 1981 (Grèce) et en 1986 (Espagne et Portugal), ils se sont à chaque fois contentés d'adapter les institutions : un ou deux commissaires européens,

1. Entretien avec quelques journalistes, dont les auteurs.

2. Jean-Claude Juncker siège au Conseil européen depuis janvier 1995. Avant cela, il était depuis juin 1989 ministre des Finances de son pays, et a donc été, à ce titre, l'un des négociateurs du traité de Maastricht de 1992. C'est donc lui qui, incontestablement, a la plus longue expérience européenne, à 50 ans à peine en 2005.

3. Le 1er mai 2004, l'Union s'est élargie à dix nouveaux Etats membres, portant leur nombre à vingt-cinq.

quelques voix au Conseil des ministres, un certain nombre de députés européens, le tout en fonction de la population de l'entrant. A Maastricht, en décembre 1991, une nouvelle occasion fut gâchée. Mais la barque était déjà trop chargée à l'époque, avec l'union économique et monétaire et un timide petit bout de politique étrangère et de sécurité commune, pour ajouter un sujet aussi sensible que celui de l'équilibre des pouvoirs entre les Etats mais aussi entre les institutions. En juin 1992, lors du sommet de Lisbonne, les Douze de l'époque, ébranlés par le « non » danois au référendum sur le traité de Maastricht, décident de lancer sans tarder un nouvel élargissement, là aussi sans réforme institutionnelle préalable, en dépit des exhortations de Jacques Delors, qui sait qu'il deviendra de plus en plus difficile de redessiner l'architecture de l'Union avec l'augmentation du nombre des Etats. Mais les « chefs » veulent montrer à leurs opinions publiques que l'Union reste diablement attirante même en pleine crise. En janvier 1995, l'Autriche, la Finlande et la Suède rejoignent donc un club dont le règlement intérieur n'a pas été dépoussiéré depuis 1957.

Or, le système, imaginé au départ pour six pays, donne d'indéniables signes d'usure : la Commission, qui compte vingt membres [1] en 2000, fonctionne de plus en plus mal, comme le montre la crise de la Commission Santer. La « collégialité » a disparu et c'est le règne du chacun pour soi. Le Conseil des ministres, lui aussi, croule sous le nombre et ne parvient à se mettre d'accord qu'au prix de compromis chaque jour davantage minimalistes. Certaines de ses formations tournent carrément à vide, comme le Conseil des ministres des affaires étrangères [2], le premier en importance, devenu une pesante machine à produire des déclarations. Seul le Parlement européen, dont les pouvoirs se sont considérablement accrus au cours des traités successifs, parvient à tirer son épingle du jeu. Il est vrai que le nombre n'est pas un obstacle en soi au bon fonctionnement d'une assemblée élue, la

1. Un par Etat membre, sauf pour l'Allemagne, la France, la Grande-Bretagne, l'Italie et l'Espagne qui en ont droit à deux.

2. Le Conseil des ministres, qui ne doit pas être confondu avec le Conseil européen, est l'organe dans lequel siègent les Etats. Il a, à la fois, des pouvoirs exécutifs – il donne des instructions à la Commission – et législatifs – ces derniers étant partagés, dans une large mesure, avec le Parlement européen. Le Conseil qui, au départ, ne réunissait que les ministres des affaires étrangères, s'est petit à petit subdivisé en de multiples conseils spécialisés (finances, agriculture, marché intérieur, justice, transport, énergie, etc.).

dynamique propre aux groupes politiques parvenant à contrecarrer les forces centrifuges.

Surtout, la légitimité des institutions est mise en péril par la prédominance des petits Etats peu peuplés, devenus largement majoritaires au fur et à mesure des élargissements. Or, cette tendance va se renforcer avec l'adhésion des pays de l'Est, de Chypre, de Malte et plus tard des Balkans. Dans l'Europe des Six, il y avait trois « grands » (Allemagne, France, Italie) et trois « petits » (Pays-Bas, Belgique, Luxembourg). Dans une Europe des Vingt-Cinq, comme c'est devenu le cas, les grands ne seront plus que six : Allemagne, France, Royaume-Uni, Italie, Espagne et Pologne. En conséquence, la majorité qualifiée requise pour la plupart des votes au Conseil des ministres représente une part toujours plus réduite de la population européenne, compte tenu d'une « pondération » en faveur des petits Etats qui n'a pas évolué [1]. Avec dix pays, elle équivalait à 67 % de cette population ; à quinze, elle n'est plus que 58 %. Dans une Europe à vingt-huit, si rien ne change, elle chutera à 51 %, ce qui posera un réel problème de représentativité des décisions. Il est donc nécessaire de rééquilibrer la balance des pouvoirs, ne serait-ce que pour éviter que la place des grands ne continue à se dégrader par l'effet mécanique de l'élargissement.

Car ces derniers craignent de plus en plus qu'une coalition de petits pays, les « nains » comme les appellent les diplomates français, puissent dicter leur conduite aux grands, surtout au moment où l'Union développe sa politique étrangère et sa défense communes. Désormais, il s'agit de questions vitales, comme la paix et la guerre, et plus seulement de la taille des boîtes de conserve ! Le problème est le même au sein de la Commission, d'autant que l'on y vote à la majorité simple : un commissaire luxembourgeois a le même poids que son homologue allemand. Comme l'explique Jacques Chirac en privé, peu avant le sommet de Nice, « il faut préserver la capacité des grands pays d'être un

1. Le mode normal de décision, au sein du Conseil, est la majorité simple des Etats. Mais, en réalité, la plupart des matières sont soumises au vote à la majorité qualifiée (qui est une super majorité) ou à l'unanimité. La majorité qualifiée représentait avant Nice 71 % des voix, soit 62 voix sur 87. Chaque pays a droit à un certain nombre de voix en fonction de sa population mais celles-ci sont pondérées afin que les petits Etats membres ne soient pas écrasés : ainsi, si les grands ont droit à dix voix, le plus petit, le Luxembourg, a droit à deux voix. C'est ce qu'on appelle la pondération des voix. La minorité de blocage, à l'inverse, doit réunir dans une Union à quinze 26 voix, ce qui représente soit trois grands, soit un groupe d'Etats représentant au minimum 12,05 % de la population.

moteur sans permettre aux petits pays d'être un facteur de blocage ». Il y va de l'intégrité même de l'Union. Ce n'est pas un hasard si les grands se sont mis à multiplier, d'abord dans les domaines de la politique étrangère et de la défense, puis dans celui de la sécurité intérieure, des « groupes de contact » dont les petits sont exclus, court-circuitant ainsi le système décisionnel de l'Union [1].

Ce souci de limiter la place des petits est de bonne démocratie, les grands regroupant 70 % de la population européenne. Or, l'Union n'est pas seulement une union d'Etats, c'est aussi une union des peuples. Les grands n'acceptent d'être mis en minorité qu'à la condition que le vote reflète la réalité démographique – et donc démocratique – de l'Europe. L'égalité entre les Etats, principe cardinal des organisations internationales impotentes, c'est l'assurance que l'Union perdra toute légitimité. Le Portugal, quels que soient ses mérites, n'est pas l'Allemagne, ni en population, ni en richesse nationale, ni en influence, ni en termes de contribution à la construction européenne. Certes, il n'est jamais arrivé qu'un vote au sein du Conseil des ministres regroupe tous les grands contre tous les petits, les intérêts étant bien trop variables entre les pays. C'est d'ailleurs l'argument massue des partisans de l'égalitarisme.

Mais, outre qu'il vaut mieux prévenir que guérir, le fait même que la question se pose appelle un traitement politique afin d'apaiser les craintes des grands : il faut que chacun se sente à son aise dans un système institutionnel. Le chantier de Nice passe donc par quatre réformes : celle de la Commission, afin que le nombre de commissaires soit inférieur à celui des Etats membres, seule garantie qu'ils représentent bien l'intérêt général européen et non celui des capitales qui les envoient à Bruxelles; celle du système de vote au sein du Conseil des ministres, afin de redonner la place qui revient aux grands pays; celle de la composition du Parlement européen, instance qui doit refléter au plus près la démographie : enfin celle du domaine du vote à la majorité qualifiée qu'il faut étendre afin d'éviter que par l'exigence d'unanimité un seul pays puisse bloquer une décision.

1. On peut citer le « groupe de contact » sur l'ex-Yougoslavie, la troïka (Allemagne, France, Royaume-Uni) qui négocie avec l'Iran sur le nucléaire, ou encore le « G5 » sécurité (Allemagne, France, Italie, Royaume-Uni, Espagne) sur la coopération policière.

L'échec d'Amsterdam

Le sommet de Nice de décembre 2000 est censé être l'aboutissement d'un processus qui a démarré avec le traité de Maastricht de 1992, entré en vigueur le 1er novembre 1993. C'est, en effet, ce texte qui a donné le coup d'envoi d'un chantier institutionnel dont les Etats auront le plus grand mal à se dépêtrer. Un premier sommet, à Amsterdam, les 16 et 17 juin 1997, se terminera sur un échec, si bien que les Etats membres n'auront d'autre choix que de réunir un second Conseil européen, à Nice, trois ans plus tard, afin d'essayer de finir le travail.

Maastricht, à défaut de traiter le problème institutionnel, a fixé un rendez-vous en prévoyant que des négociations entre les Etats auraient lieu au sein d'une Conférence intergouvernementale (CIG) en 1996 afin d'« d'assurer l'efficacité des mécanismes des institutions communautaires »[1]. La CIG s'ouvre officiellement à Turin, le 29 mars 1996. Elle ne permet pas de véritables percées. Durant toute la négociation, les petits pays s'accrochent à « leur » commissaire et refusent donc que leur nombre soit limité à 12 ou 15, soit un nombre inférieur à celui des pays de l'Europe élargie pour éviter la paralysie de l'institution. Pour eux, un commissaire est un relais d'information et d'influence irremplaçable qui compense largement leur moindre poids au Conseil des ministres. Ils craignent aussi que dans les faits les grands Etats n'aient toujours droit à un commissaire alors qu'eux-mêmes doivent se contenter d'une présence à éclipse. C'est la peur ancestrale du « directoire » des grands, du retour de l'Empire, qui n'est pas dénuée de fondement.

De même, les petits renâclent à voir le poids des grands

1. La CIG réunit les représentants des Etats membres de l'Union qui, seuls, peuvent adopter à l'unanimité un nouveau traité modifiant le traité fondateur de 1957. En général, la CIG se réunit une fois par semaine au niveau des ministres délégués aux affaires européennes ou des secrétaires d'Etat et une fois par mois au niveau des ministres des affaires étrangères. Il revient aux chefs d'Etat et de gouvernement de trancher les dernières questions en suspens et de donner leur accord au texte négocié par leurs ministres.

s'accroître au sein du Conseil des ministres [1] : ils considèrent, sans toujours le dire, que l'égalité des Etats doit l'emporter sur l'égalité des citoyens. Enfin, la Grande-Bretagne, mais aussi le Danemark, la Suède ou encore la Finlande sont réticents à toute extension du vote à la majorité qualifiée : autrement dit, chacun veut conserver son droit de veto dans les matières qui l'intéressent. Le seul point de consensus entre les Quinze, après deux ans de travaux préparatoires à Amsterdam, porte sur l'extension des pouvoirs du Parlement européen. Mais, alors qu'en règle générale la dynamique propre à un sommet permet de surmonter une partie des blocages, non seulement Amsterdam ne se traduira par aucune réforme majeure mais figera aussi durablement les antagonismes.

Jusque-là, le Conseil européen a été une formidable machine à compromis. Il est rare que les « chefs » n'arrivent pas à s'entendre sur les dossiers les plus épineux, comme ils l'ont montré à Fontainebleau, en 1984, en résolvant le contentieux budgétaire avec la Grande-Bretagne, ou encore à Maastricht, en 1991, en lançant le projet de monnaie unique : là où un ministre n'ose pas toujours trancher, faute de poids politique suffisant, le chef de l'Etat ou le Premier ministre peut plus facilement décider de sacrifier l'intérêt national au nom de l'intérêt général, même s'il doit pour y parvenir passer sur le corps de son administration, souvent conservatrice. L'Europe n'aurait sans doute pas vu le jour si on avait laissé les ministres des Affaires étrangères s'en occuper, pas plus que l'euro si les ministres des Finances avaient eu le dernier mot. Le Conseil européen ayant lieu en petit comité (le « chef », plus son ministre des Affaires étrangères, auquel vient s'ajouter celui des Finances au besoin), sans oreille indiscrète, les échanges sont directs, d'une rare franchise, parfois violents, mais ils permettent au compromis de naître, souvent avec l'aide de Jacques Delors, lorsqu'il était président de la Commission entre 1985 et 1995, qui « coprésidait le Conseil », selon un diplomate français. Tout le monde se tutoie et s'appelle par son nom ou son prénom et chacun parle dans sa langue, sauf exception, un service d'interprétation étant assuré. « Il s'agit d'un conclave, d'un quasi huis clos », résume Pierre Sellal, le représentant permanent de la France auprès de l'Union [2].

1. Voir note 1, page 128.

2. Entretien avec les auteurs. Les ambassadeurs des Etats membres auprès de l'Union, qui ont quasiment rang de ministres, sont appelés « représentants permanents » et l'ambassade, « Représentation permanente ». Ils se réunissent toutes les semaines en

Mais cette machine à fabriquer du consensus s'est grippée sous l'effet du nombre à partir de 1995. « Il y a eu un effet de seuil et un décrochement entre douze et quinze. On est passé d'une communauté à une organisation internationale comme une autre », déplore ainsi le chef de la diplomatie française entre 1997 et 2002, Hubert Védrine [1]. « Avant, on pouvait répondre par une simple mimique, constate Sellal. Désormais, ça n'est plus possible : on ne voit plus les gens. » Vrai à Quinze, ce constat l'est encore plus à Vingt-Cinq, puisque plus de cinquante personnes siègent ensemble (entre les chefs, leurs ministres, le président de la Commission, le haut représentant pour la politique étrangère)... Ainsi, la nouvelle salle du Conseil européen s'apparente plus à un soviet suprême qu'à une réunion au coin du feu : pour voir l'orateur, il faut regarder un écran LCD installé devant chaque délégation. « Le processus de décision est devenu un processus collectif. La méthode est devenue parlementaire, analyse Sellal. Il est plus difficile d'arracher une décision car le consensus est plus difficile à atteindre, on le sait. On renonce plus vite qu'il y ait accord ou pas. On y met moins d'acharnement. »

L'euroréaliste Jospin

D'autres raisons ont joué pour empêcher un accord à Amsterdam. D'abord, l'élargissement de 1995 est beaucoup trop récent et les nouveaux Etats membres ne sont pas convaincus de la nécessité d'une réforme institutionnelle faute d'avoir testé suffisamment longtemps le système tel qu'il existe. Ensuite, les majorités viennent tout juste de changer en Grande-Bretagne et en France, après les victoires des travaillistes (le 1er mai 1997) et des socialistes (le 1er juin) à un mois d'intervalle : les nouveaux gouvernements ne

« Comité des représentants permanents » (Coreper). Les ambassadeurs siègent au sein du Coreper II, qui s'occupe des matières « nobles », politique étrangère et de sécurité commune, ou affaires économiques et financières, leurs adjoints siégeant au sein du Coreper I, compétent dans la plupart des domaines techniques (environnement, marché intérieur, etc.). Ce sont les RP qui prennent environ 80 % des décisions relevant du Conseil des ministres, seuls les points non réglés étant soumis aux ministres.

1. Entretien avec quelques journalistes dont les auteurs.

sont matériellement pas prêts à consentir à des réformes importantes faute d'en maîtriser les enjeux.

Côté français, Lionel Jospin a décidé, pour des raisons de politique intérieure, de mettre l'accent sur le pacte de stabilité et de croissance qui doit être définitivement adopté lors de ce Conseil afin de lui adjoindre un avenant social et économique. La réforme institutionnelle ne fait clairement pas partie de ses priorités. A cela s'ajoute le fait que la nouvelle équipe au pouvoir à Paris n'est pas europhile, loin s'en faut. Elle se proclame d'ailleurs volontiers « euroréaliste », ce que Jacques Delors s'est empressé de traduire par « eurosceptique ». Le Premier ministre a certes voté « oui » lors du référendum sur le traité de Maastricht en septembre 1992, mais au nom du « non au non ». Difficile d'être moins enthousiaste. L'ancien conseiller diplomatique de François Mitterrand, Hubert Védrine, bombardé ministre des Affaires étrangères, ne fait pas mystère non plus de son scepticisme à l'égard d'une Europe qu'il considère davantage comme une entrave à l'action de la France que comme un « multiplicateur de puissance ». Cultivant un cynisme – il récuse le terme, disant voir le monde tel qu'il est, pas tel qu'il voudrait qu'il soit – très parisien, cet énarque à l'intelligence acérée, qui a toujours navigué dans les plus hautes sphères de l'Etat, n'a pas les convictions d'un Roland Dumas, ancien ministre des Affaires étrangères de François Mitterrand, germanophile et germanophone, passionné par l'aventure européenne. Son ministre délégué aux Affaires européennes, Pierre Moscovici, qui n'a guère quitté son VIIe arrondissement de Paris (il y est né, y a fait ses études et sa carrière) est exactement sur la même longueur d'onde : l'Europe, pour lui, est *terra incognita* et il est plutôt fier de ne jamais avoir mis les pieds en Allemagne.

Plus grave encore : l'axe franco-allemand bat de l'aile. La France ne s'est pas du tout adaptée à la nouvelle donne induite par la fin de la Guerre froide et le début de l'élargissement à l'Est de l'OTAN et de l'Union. L'Allemagne, première puissance économique, financière et démographique du Vieux Continent, a retrouvé sa place au centre d'une Europe en expansion, marginalisant d'autant l'Hexagone et sa puissance nucléaire devenue moins incontournable dans ce nouveau monde multipolaire. Paris a beaucoup de mal à admettre que Berlin est désormais entré dans l'âge adulte. Cette difficulté à s'adapter à l'évolution européenne a pu être dissimulée pendant quelques années grâce aux excellents rapports qu'entretenaient François Mitterrand avec Helmut Kohl. Mais Jacques Chirac, élu en 1995, n'a pas réussi à nouer de liens réels avec son homologue allemand. Signe tangible de cette dégradation des rapports : les traditionnels « petits déjeuners » Mitterrand-Kohl qui ouvraient le second jour des sommets européens n'ont pas eu de suite.

La cohabitation française va encore compliquer les rapports entre les deux rives du Rhin, Helmut Kohl n'aimant guère Lionel Jospin, qui le lui rend bien. L'équipe en charge des affaires étrangères de la France, Védrine et Moscovici, répète d'ailleurs à l'envi que « la relation franco-allemande appartient au passé » et que l'avenir est celui des alliances multiples mais surtout du renforcement des liens avec Londres. La priorité donnée à la coopération franco-britannique en matière de défense, qui débouchera en 1998 sur les accords de Saint-Malo, est symptomatique de ce tropisme du Quai d'Orsay : il s'agit d'un dossier dont on peut discuter de manière intergouvernementale avec les partenaires que l'on a choisis, c'est-à-dire sans se faire embêter par les « petits » ou la Commission, et sans impliquer l'Allemagne.

Helmut Kohl se crispe

Cela étant, le chancelier allemand porte une part de responsabilité non négligeable dans la mésentente croissante entre Paris et Berlin. Considérablement affaibli, après quinze ans de pouvoir et à moins d'un an des élections législatives de septembre 1998, ses Länder, dominés par l'opposition, lui donnent du fil à retordre. Les régions allemandes, qui ont autrement plus de pouvoir qu'en France, refusent que l'Etat fédéral consente à de nouveaux partages de souveraineté dans des domaines relevant de leur compétence. Et comme il ne veut pas que l'introduction de l'euro, extrêmement contestée dans son pays, soit un fiasco, il ne tient pas à ouvrir un second front européen.

C'est pourquoi, à Amsterdam, prenant le contre-pied de son négociateur au sein de la conférence intergouvernementale, il s'oppose résolument, à la grande surprise des Français, à toute extension du champ du vote à la majorité qualifiée notamment en matière d'asile et d'immigration. Il y a pourtant urgence :

l'effondrement du Mur de Berlin et l'éclatement de l'ex-Yougoslavie ont amené dans l'Union des cohortes de réfugiés et d'immigrés illégaux, avec toutes les mafias qui s'en nourrissent. « Le soutien habituel des Allemands a fait défaut. Le chancelier s'est presque excusé de la pression de ses Länder », a reconnu avec franchise le Premier ministre belge Jean-Luc Dehaene, un démocrate-chrétien proche de Kohl. Enfin, pour que le tableau soit complet, il faut ajouter que José Maria Aznar est arrivé au pouvoir en Espagne le 4 mai 1996. Complexé par le prestige européen de son prédécesseur, le socialiste Felipe Gonzalez, qui savait négocier en douceur, il veut marquer que son pays entend désormais jouer dans la cour des grands et qu'il est hors de question pour lui d'être moins bien traité que l'Allemagne et la France.

Tous ces éléments mis bout à bout expliquent l'échec d'Amsterdam. Le traité, péniblement conclu après deux jours et une nuit de négociation, ne contient que quelques avancées en matière de vote à la majorité qualifiée, fait entrer dans l'« acquis communautaire », c'est-à-dire qu'elle s'impose aux candidats à l'adhésion, la convention de Schengen sur la libre circulation des personnes, qui avait été conclue entre quelques pays seulement en 1985 [1], et étend les pouvoirs du Parlement. En revanche, il reste muet sur la réforme institutionnelle. Tout s'est joué en quelques mouvements dans la nuit du mardi 17 au mercredi 18 juin 1997. L'Allemagne refusant toute extension du vote à la majorité qualifiée, les petits Etats ont bloqué une nouvelle répartition des voix – une « repondération » – au sein du Conseil des ministres. La plupart d'entre eux, en effet, conditionnent le rééquilibrage de la répartition des voix en faveur des grands pays à des progrès significatifs en matière d'intégration. Le système de « double majorité » (une décision est adoptée si elle réunit une majorité d'Etats représentant une majorité de la population européenne au lieu de l'addition des droits de vote pondérés attribués à chaque pays) a été un moment envisagé pour sortir de l'impasse. Mais il s'est heurté au veto de la France car il représente, selon Jacques Chirac, un « risque important de blocage ».

En réalité, l'inconvénient de ce système pour la France est qu'il accorde une place prépondérante à l'Allemagne au Conseil des ministres – puisqu'elle compte 22 millions d'habitants de plus que

1. Sa convention d'application a été signée en 1995.

les autres grands depuis l'unification –, alors que depuis l'origine de la construction européenne, les Etats les plus peuplés sont placés sur un pied d'égalité. Même l'abandon du second commissaire par les grands pays, destiné à encourager les petits à accepter une Commission qui comprendrait moins de membres que d'Etats, se heurte au veto d'Aznar : pour lui, l'Espagne a obtenu, lors de son adhésion, un second commissaire parce qu'elle a dû se contenter de huit voix au Conseil des ministres au lieu des dix normalement accordées aux grands. Pour lui, le fait que l'Espagne ait moins de la moitié de la population de l'Allemagne ne change rien à l'affaire. Donc, l'abandon du second commissaire ne pourra avoir lieu que lorsque Madrid aura obtenu une « compensation » en termes de votes supplémentaires au Conseil.

Malgré cet échec, les Quinze s'engagent à remettre l'ouvrage sur le métier : ils conviennent que, dans l'année précédant l'élargissement au 21e Etat membre, une nouvelle conférene intergouvernementale sera convoquée pour parvenir à une réforme d'ensemble des institutions. A l'époque, il est vrai que l'on pensait encore que l'adhésion des pays de l'Est aurait lieu en deux ou trois vagues. En jargon communautaire, les chantiers non achevés d'Amsterdam gagnent le doux nom anglais de *left overs* (les « reliquats »).

L'ouvrage est remis sur le métier

Le Belge Jean-Luc Dehaene, l'un des derniers grands « communautaires », qui ne se fait aucune illusion sur le courage de ses partenaires, veut verrouiller dès le lendemain de l'échec d'Amsterdam un nouveau rendez-vous. Il propose à quelques pays amis de signer une « déclaration » qui, implicitement, prend en otage l'élargissement pour obtenir une réforme des institutions. Elle affirme que « le traité d'Amsterdam ne répond pas à la nécessité (...) de progrès substantiels dans la voie du renforcement des institutions » qui est une « condition indispensable de la conclusion des premières négociations d'adhésion ». L'Italie, à l'époque dirigée par Romano Prodi, se rallie immédiatement à ce texte. Chirac, lui, s'est d'abord opposé à ce que la France s'y associe afin de ne pas gêner Kohl. Mais, la chancellerie allemande fait savoir qu'elle ne voit aucun inconvénient à ce que la France y souscrive même si elle-même s'en abstiendra : les raisons de politique intérieure qui ont amené Kohl à faire échouer Amsterdam n'ont pas disparu comme par miracle. A la mi-septembre 1997, la France rejoint donc les signataires de cette « déclaration » qui sera annexée au traité d'Amsterdam.

Il faut attendre un certain temps pour qu'elle produise ses effets. La priorité va d'abord à l'euro, lancé le 1er janvier 1999. Surtout, les négociations d'élargissement débutent, au printemps 1998, avec l'Estonie, la Hongrie, la Pologne, la Slovénie, la République Tchèque et Chypre [1]. Ce n'est donc qu'à Cologne, les 3 et 4 juin 1999, que la décision de lancer une nouvelle renégociation des traités est prise. La situation politique allemande, à ce moment, a profondément changé, Kohl ayant perdu les élections de septembre 1998. La victoire du social-démocrate Gerhard Schröder, qui veut achever de gagner ses galons d'européen après le succès du sommet de Berlin, en mars 1999, au cours duquel la loi de programmation budgétaire 2000-2006 a été adoptée et la nomination de Romano Prodi au poste de président de la Commission décidée, permettent d'envisager une relance du chantier institutionnel. Les négociations d'adhésion avec les pays candidats avançant plus rapidement que prévu, les chefs d'Etat et de gouvernement sont bien obligés de se préoccuper de la capacité de la mécanique communautaire à supporter une telle surcharge. Ils conviennent donc que la future CIG sera brève (entre février et décembre 2000), les sujets étant connus, et surtout limités aux « reliquats » d'Amsterdam.

Mais les raisons qui ont entraîné l'échec dans la cité amstellodamoise existent toujours. Les crispations sont même plus fortes. Ainsi, les petits pays sont chaque jour davantage persuadés que tous les Etats sont égaux, niant ainsi toute l'originalité de la construction communautaire, et qu'ils ne doivent concéder qu'un minimum aux grands. Surtout, l'axe franco-allemand a été sérieusement ébranlé par Jacques Chirac. Au sommet de Bruxelles du 2 mai 1998, censé désigner les pays qualifiés pour l'euro, le président de la République s'est opposé violemment à Helmut Kohl sur la désignation du premier président de la Banque centrale européenne (BCE) [2]. L'Allemagne n'oubliera pas de sitôt les mauvaises

---

1. La Lettonie, la Lituanie, la Slovaquie, Malte ainsi que la Bulgarie et la Roumanie devront attendre 2000 pour commencer à négocier.

2. Voir chapitre 8.

manières chiraquiennes. L'année suivante, le président français remettra le couvert lors du sommet de Berlin de mars 1999. Alors que le nouveau chancelier Schröder a besoin d'afficher une baisse de la contribution allemande au budget communautaire, Chirac refusera tout compromis afin de maintenir en l'état sa précieuse Politique agricole commune (PAC). Pour Chirac, il est normal que « l'Allemagne paye », comme elle l'a toujours fait. Schröder, qui ne peut pas se permettre de voir échouer le Conseil européen qu'il préside et qui est consacré au budget de l'Union pour les années 2000-2006, sera contraint d'avaler cette amère pilule mais, lui non plus, n'oubliera pas : le Conseil européen de Berlin ne se reproduira pas, jure-t-il. L'Allemagne n'hésitera plus à défendre ses intérêts nationaux, comme ses partenaires.

La bombe Fischer

Mais sans entente franco-allemande, la négociation n'a aucune chance de réussir. L'effet d'entraînement que ce vieux couple a sur les autres pays européens est irrésistible, comme le montre l'histoire communautaire. Si leur entente n'est pas toujours suffisante, elle est nécessaire à la bonne marche de l'Union. Outre qu'il s'agit des deux puissances centrales du Vieux Continent, les intérêts nationaux français et allemands sont tellement divergents qu'un accord entre les deux pays représente en général un moyen terme acceptable par tous. C'est l'Allemagne qui va prendre la première conscience des effets désastreux pour l'Union du fossé de plus en plus grand qui se creuse entre Paris et Berlin. Ce n'est pas de la chancellerie que viendra le signal mais de l'Auswärtigen Amt, le ministère des Affaires étrangères. Recevant, les 4 et 5 avril 2000, un petit groupe de journalistes français accrédités à Bruxelles, Joschka Fischer lance un appel à Paris. « Quand les choses deviennent sérieuses en Europe, tout repose sur la France et l'Allemagne », dit-il. « L'axe franco-allemand est indispensable pour faire bouger l'Europe. » « Le chancelier Schröder est prêt » à relancer le moteur franco-allemand, en panne de projets « visionnaires » depuis le départ de Mitterrand et de Kohl. « Mais c'est à la France de prendre l'initiative », ajoute le chef de la diplomatie allemande. « Elle a une position importante en Europe et c'est à elle que revient d'assumer le leadership. Si la France saisit cette opportunité qui s'offre à elle, une nouvelle étape de la construction communautaire commencera. » On ne saurait être plus clair.

Mais, comme en 1994, lorsque l'Allemagne proposa par le biais de Wolfgang Schaüble, le dauphin de Kohl, la création d'un « noyau dur » européen autour du couple franco-allemand, c'est le silence, voire le mépris, qui lui répondra, Paris ayant bien du mal à admettre que l'Allemagne est capable de finesse diplomatique. Le gouvernement socialiste français semble en outre s'être laissé gagner par un euroscepticisme très britannique. Moscovici n'hésite ainsi pas à affirmer que « la France n'est pas très éloignée des Britanniques. Ce n'est pas ce que j'aime, mais je crois qu'on est plus proche de Tony Blair que de Joschka Fischer [1] ». Ne voyant rien venir, et inquiet du surplace de la CIG, qui s'est ouverte le 14 février 2000, le chef de la diplomatie allemande décide de frapper un grand coup. Le 12 mai 2000, à l'université Humboldt de Berlin, il prononce un discours intitulé « De la Confédération à la Fédération, réflexion sur la finalité de l'intégration européenne ». Il y propose de passer « de la Confédération de l'Union à l'entière parlementarisation dans une Fédération européenne que demandait déjà Robert Schuman il y a cinquante ans. Et cela ne veut pas dire moins qu'un Parlement européen et un gouvernement, européen lui aussi, qui exercent effectivement le pouvoir législatif et le pouvoir exécutif au sein de la Fédération. Cette Fédération devra se fonder sur un traité constitutionnel ».

Dire que ce discours est mal vécu à Paris est un euphémisme. Contre l'évidence, l'Elysée et Matignon expliquent alors que Fischer n'engage pas Schröder. Le gouvernement français allume immédiatement des contre-feux. Dans une « réponse à Joschka Fischer », le chef de la diplomatie française démolit proprement le projet de son « ami », l'accusant tout à la fois d'être « confus » et de faire disparaître à terme les Etats-nations [2]. Jacques Chirac, dans un discours prononcé le 27 juin au Bundestag, se rallie certes à l'idée de rédiger une « Constitution européenne » mais, refuse que l'Union devienne, à terme, une fédération : « Je ne vois aucun pays, parmi les Quinze, qui soit disposé à mettre en place un

---

1. Entretien avec quelques journalistes, dont les auteurs.
2. *Le Monde* des 11 et 12 juin 2000.

gouvernement supranational. » Il se prononce en faveur de la création d'un « groupe pionnier » dans les domaines de la coordination des politiques économiques, de la défense et de la lutte contre la criminalité, mais simplement doté d'un « secrétariat », c'est-à-dire d'une structure intergouvernementale et non d'institutions fédérales. Une fin de non-recevoir en bonne et due forme. Cela n'empêche pas le ministre allemand de revenir à la charge, devant la commission des affaires constitutionnelles du Parlement européen, le 6 juillet suivant, en proposant carrément de calquer le système institutionnel de l'Union sur celui des Etats-Unis [1].

Védrine ne décolère pas contre son « ami » Fischer qui, selon lui, a pris le risque de « parasiter » la conférence intergouvernementale que la France préside depuis le 1er juillet : « Dans un monde idéal, il aurait dû lancer le débat en janvier 2001. Mais il avait un agenda de politique intérieure. Il a créé des attentes maximalistes. Il ne nous rend pas service [2]. » La CIG, de fait, piétine. Mais Fischer contrairement à ce qu'affirme Védrine n'y est pour rien. Les Quinze moulinent sans fin les différents plans de montage du meccano institutionnel pourtant déjà passés en revue avant Amsterdam. Lors d'un Conseil informel des ministres des affaires étrangères, à Evian, les 1er et 2 septembre, Védrine aura la satisfaction de voir l'ensemble de ses collègues, hormis le Belge et l'Italien, refuser les perspectives tracées par Fischer. « Aucun Etat membre ne se satisferait de se retrouver, d'ici à quelques années, dans la position du Texas, du Massachusetts ou de la Californie », ironise ainsi le secrétaire au Foreign Office, Robin Cook. Védrine n'hésitera pas à frapper très fort contre Fischer en se livrant à une parabole peu subtile qui fut prise à raison, à Berlin, comme une comparaison avec le nazisme : « Les peuples ont trop souffert, au cours des siècles écoulés, des joueurs de flûte qui les emmenaient parfois vers des déceptions cruelles [3]. » Autant dire que, grâce à la France qui a repoussé toutes les avances allemandes, l'atmosphère est de plus en plus glaciale entre les deux pays à mesure qu'approche le sommet de Nice.

1. *Libération* du 7 juillet 2000.
2. Entretien avec quelques journalistes dont les auteurs.
3. Dans un entretien à *Libération*, 20 novembre 2000.

Les dix « nains » montent au front

Le Conseil européen de Biarritz des 13 et 14 octobre 2000 va montrer à quel point les antagonismes sont forts. Le dîner du vendredi 13 se passe très mal. « Les échanges ont été très fermes, très vifs, parfois passionnels », reconnaît à l'issue de la réunion le Premier ministre luxembourgeois Jean-Claude Juncker. C'est surtout que l'on est retombé des grands projets visionnaires de Fischer aux calculs d'apothicaire. Jacques Chirac décide de dire leur fait aux petits pays : il les accuse de vouloir retarder l'élargissement en exigeant de garder leur commissaire et les menace, en cas d'échec au sommet de Nice, qui doit clôturer l'exercice dans deux mois, de poursuivre l'aventure européenne en marge du traité à quelques-uns. Lionel Jospin, dans la foulée, s'en prend au Portugais Antonio Guterres et à Juncker en leur faisant remarquer que, sans l'Union, leurs petits pays n'existeraient pas sur la scène internationale : « Croyez-vous que Clinton et Arafat vous parleraient comme ils le font ? » Réponse terrible du Luxembourgeois : « L'Union est née d'une guerre entre l'Allemagne et la France et les morts n'ont pas de nationalité. »

Les petits pays feront toutefois une ouverture à Biarritz en se disant prêts à adopter un nouveau système de vote à la majorité qualifiée. Au lieu de la complexe et opaque « repondération des voix », qui consiste à revoir le nombre de votes accordé à chaque pays, pourquoi ne pas passer à la « double majorité simple » ? Une décision serait adoptée si une majorité simple d'Etats représentant une majorité de la population vote en sa faveur. Mais si l'Allemagne et l'Italie sont d'accord, la France se cabre. Car la double majorité revient à accepter que l'Allemagne pèse plus lourd que les trois autres grands au sein du Conseil des ministres, puisqu'elle est la plus peuplée. Or, Paris estime avoir soldé les comptes de l'unification de l'Allemagne, qui a fait grossir la population du pays des citoyens de l'ex-RDA, en acceptant en 1993 de donner à l'Allemagne 12 députés européens de plus que la France, l'Italie et la Grande-Bretagne (99 contre 87), alors que la parité entre les grands pays était, là aussi, la règle.

Le décrochage ? Quel décrochage ?

L'Allemagne, elle, estime normal que son poids démographique soit pris en compte non seulement au Parlement européen, mais aussi au Conseil des ministres. S'il doit y avoir nouvelle pondération des voix au Conseil, elle demande à obtenir plus de voix que les trois autres grands. Cette volonté de « décrocher », d'avoir un poids plus important que la France dans les votes, prend totalement par surprise Paris, Helmut Kohl ayant toujours évité de poser cette question qu'il savait douloureuse pour son partenaire.

Si légitime qu'elle soit au premier abord, la réponse à apporter au fait démographique allemand n'est en effet pas si évidente. En 1951, avec la Communauté économique du charbon et de l'acier (CECA), puis en 1957, avec la Communauté économique européenne (CEE), la réconciliation franco-allemande s'est faite sur la base de l'égalité des droits. « A l'époque, la revendication allemande, c'était la parité avec la France », rappelle-t-on à Paris. Après la guerre, l'Allemagne divisée est loin d'être la puissance qu'elle est devenue. Néanmoins, la France, soucieuse de ne pas répéter les erreurs du passé, lui a accordé sans rechigner cette égalité. La question de la population n'entra pas en ligne de compte : pourtant, la RFA – pour laquelle il n'était pas question d'admettre le « fait RDA » – comptait déjà 71 millions d'habitants, et la France 57 avec l'Algérie. Chirac explique parfaitement ce qui s'est alors passé au lendemain de la guerre avec la réconciliation franco-allemande. « Il a été décidé d'effacer tout ce qu'un passé trop lourd avait accumulé entre nos deux pays et, à partir du moment où cette décision a été prise, il est évident que l'on ne pouvait le faire que sur un pied de stricte égalité. Ce n'était plus une question démographique ou de puissance économique ou militaire. C'étaient deux peuples égaux en tout et qui entendaient se retrouver [1]. »

Les pères fondateurs de l'Europe raisonnèrent donc en termes de « groupes » de pays : l'Allemagne, la France et l'Italie, les trois

1. Conférence de presse finale à Nice, le 11décembre 2000.

grands de l'époque, obtinrent chacune dix voix au Conseil, les Pays-Bas et la Belgique, cinq, et le Luxembourg, deux. Au fur et à mesure des élargissements, ce système, qui donnait un poids relatif plus important aux petits Etats, fut reconduit sans discussion. C'est au nom de ce « pacte fondamental », comme le dit Chirac, que Paris exclut d'abandonner la parité avec l'Allemagne. En outre, la différence démographique – qui s'amenuisera avec le temps, vu le vieillissement de la population allemande – n'est pas tout : pourquoi, fait-on valoir en France, ne pas tenir compte du poids économique, politique, diplomatique et militaire ?

Schröder, qui n'a pas les pudeurs de Kohl, insiste lourdement. En outre, il estime tenir là un moyen de faire rendre gorge à Chirac et de lui faire comprendre que le temps de l'Allemagne bon élève obligé de l'Europe est terminé. Paris essaiera d'abord de répondre par le silence à la demande allemande avant de clarifier sa position. Chirac dira franchement à Madrid, le 30 novembre 2000, qu'il n'est « pas favorable » au « décrochage » avec l'Allemagne.

Salade niçoise

Tout est donc en place pour le psychodrame final. Entre Biarritz et Nice, les positions ne changeront plus. Pis : en débarquant dans la cité azuréenne, la plupart des délégations pensent déjà à l'après-Nice : l'Allemagne, pressentant l'échec, a affiché sa volonté de lancer le plus rapidement possible un processus constitutionnel afin de réformer en profondeur l'Union. Comme si cela ne suffisait pas, l'ambiance est plombée par la chute de l'euro, la principale réalisation des Européens : la monnaie unique vient de s'effondrer face au billet vert, en atteignant, le 26 octobre 2000, son plus bas niveau historique, à 0,82 dollar. Le président de la République française, lui, n'arrive pas au sommet au mieux de sa forme. Empêtré, depuis mai 1997, dans une cohabitation avec les socialistes, à la suite de sa dissolution hasardeuse de l'Assemblée nationale, il doit tenir compte de l'avis de son Premier ministre avant de parler au nom de la France, ce qui lui interdit toute souplesse dans une négociation qui s'annonce rude.

Un épisode illustre la puissance de cette contrainte. Soucieux de sortir de la nasse, Chirac se résout finalement en décembre à accepter un décrochage symbolique avec l'Allemagne d'une ou deux voix afin de convaincre les petits d'accepter une redistribution radicale des cartes au Conseil. Il le fait savoir sous le sceau de la confidence à quelques journalistes réunis à Paris à la veille de l'ouverture du sommet de Nice. La nouvelle se répand comme un feu de paille et comble d'aise les diplomates allemands, qui voient la lumière au bout du tunnel. Quand le Quai d'Orsay apprend la nouvelle, sa première réaction est l'incrédulité : Chirac n'a pas pu dire cela. Vérification faite, c'est la panique : la position de négociation, arrêtée au départ par le couple Chirac-Jospin, interdit tout décrochage. Le Premier ministre y reste fermement attaché. Les pendules sont vite remises à l'heure : la fenêtre de tir est refermée. Le problème est que la position de négociation française est dès lors intenable : il y a une contradiction absolue entre son refus de décrocher avec une Allemagne beaucoup plus peuplée qu'elle et sa volonté de limiter l'influence des petits au nom de leur démographie !

Quatre jours et quatre nuits

Jeudi 7 décembre. 15 h 20. « Ce mec, il parle, il parle, il parle. Et crois-tu qu'il ait compris un mot de ce qu'on a dit autour de cette table ? Il n'écoute pas. » Dès le début du sommet, le Belge Guy Verhofstadt est très remonté contre Chirac et s'en ouvre au Danois Pouls Nyrup Rasmussen, jusqu'à ce que les deux hommes aperçoivent la caméra qui les filme et enregistre leur conversation. Le dîner, dans l'ancienne préfecture, n'apaise pas les esprits, au contraire. Chirac s'en prend violemment à la Commission qu'il accuse d'être responsable de la crise de la vache folle qui vient une nouvelle fois de rebondir. Son président, Prodi, se défend en rejetant la faute sur les gouvernements. A ce moment, l'un de ses proches entre dans la salle à manger pour lui apporter des documents. Chirac, furieux, exige qu'il sorte. Prodi s'énerve et lance : « Je vois mes fonctionnaires où je veux et quand je veux. »

Vendredi 8 décembre. 9 h 30. Le Premier ministre néerlandais Wim Kok se penche vers son compère belge. Ils dialoguent en néerlandais, sans se douter que leurs micros sont ouverts. Verhofstadt : « Toute la soirée d'hier était une farce ». Kok : « Oui, mais ça devient sérieux maintenant. Je suis très inquiet de cette mauvaise ambiance. Si ça continue, on va avoir une crise réelle. Ce qui se passe entre l'Allemagne et la France, je n'ai jamais vu ça. Et comme disait Gerhard (Schröder) : des bonnes relations, quelles bonnes relations ? » Verhofstadt : « Oui, Gerhard n'est plus amusé. Il est même en colère. »

Les négociations sur les institutions ne commencent pas tout de suite. Chirac en profite pour distribuer des petits cadeaux afin de se concilier les bonnes grâces de ses partenaires, une méthode communautaire classique. Le Premier ministre portugais, Antonio Guterres, l'un des plus farouches défenseurs de l'égalité entre les Etats, obtient une grosse ristourne sur l'amende due à Bruxelles par les fermiers des Açores pour cause de dépassement des quotas laitiers. José Maria Aznar, le chef du gouvernement espagnol, monnaie son accord au statut de la société européenne contre plusieurs centaines de millions d'euros d'aide aux pêcheurs hispaniques. A la demande de l'Italie – et pour la plus grande joie du Royaume-Uni, de l'Allemagne et autres fervents défenseurs de l'élargissement –, la présidence française propose que l'on fasse état dans les conclusions du sommet de « l'espoir » que les premiers nouveaux pays adhérents « puissent participer à la prochaine élection au Parlement européen » en juin 2004. Une manière de rapprocher la date d'adhésion des candidats les plus avancés dans les négociations, même si Chirac, durant une conférence de presse, met les points sur les « i » : la date de 2004 est un « vœu », « pas un engagement »...

Tony Blair qui, sous la pression des eurosceptiques, est arrivé à Nice bardé de « lignes rouges » à ne pas franchir dans la négociation, obtient, lui, que Jacques Chirac mange son chapeau sur la défense. Après la mise en garde lancée le mardi précédent par le secrétaire américain à la Défense, William Cohen, contre toute velléité d'émancipation des Européens, le Premier ministre britannique est violemment monté sur ses ergots, le jeudi 7 décembre, dès le premier jour du sommet de Nice, après avoir entendu le président français affirmer que l'Europe de la défense, « naturellement coordonnée avec l'Alliance atlantique », devait aussi en « être indépendante » pour « ce qui concerne son élaboration et sa mise en œuvre ». Emoi outre-Manche, où cet affront à l'Alliance atlantique fait le vendredi les gros titres de la presse. Les Français, désireux d'éviter une guerre sur ce thème hautement sensible pour leur principal partenaire militaire, ont gentiment sorti la gomme. Et effacé le paragraphe de leur projet de conclusions où il était affirmé que l'Europe « disposera d'une capacité autonome de prendre des décisions et, là où l'OTAN [...] n'est pas engagée, de lancer et de conduire des opérations de gestion de crise ». Sans craindre de se contredire totalement, Jacques Chirac explique, ensuite, que « le mot indépendant n'a pas de sens » et que personne ne conteste que « l'OTAN demeure le fondement de la défense des alliés ».

Vendredi 8 décembre. 17 heures. Chirac et Jospin entament enfin les choses sérieuses. Ils reçoivent en « confessionnal » tous les pays à tour de rôle afin d'essayer de trouver un compromis acceptable sur les institutions. Ces rencontres bilatérales sont l'occasion d'un nouvel incident avec Prodi. Au moment où il entre dans la salle, Chirac lui demande de sortir. Une première, le président de la Commission, « tiers neutre », ayant toujours assisté aux confessionnaux. Mais Chirac méprise Prodi et considère qu'il n'a pas besoin de lui. Vexé, le président de la Commission n'interviendra quasiment plus durant le reste du sommet, renonçant à jouer le rôle du « Monsieur bons offices » qui lui est normalement dévolu. Une attitude totalement irresponsable, même si Chirac s'est conduit comme un hussard, alors que la négociation qui s'ouvre est fondamentale. Le soir, au bar du Negresco, le palace où il loge, Schröder a du mal à cacher son énervement croissant devant la façon dont la présidence française mène les débats : « Ce que nous faisons ici est à peine explicable à nos concitoyens. »

« Un coup d'Etat institutionnel »

Samedi 9 décembre. 6 h 30. A l'issue des « confessionnaux », les experts français ont fait tourner leurs ordinateurs – un logiciel spécial a été mis au point – toute la nuit pour mettre un premier projet de réforme en circulation. La Commission est plafonnée à 20 membres à partir de 2010, lorsque l'Union comptera 27 Etats membres : chaque pays n'y aura donc plus « son » représentant. Il n'est pas dit comment se fera la rotation mais on peut penser que les grands auront toujours droit à un commissaire, laissant aux petits le soin de tirer à la courte paille pour savoir lequel d'entre eux en fera partie. La pondération des voix donne une place prépondérante aux pays les plus peuplés : entre les plus petits et les plus grands, l'échelle passe de 3 à 30 voix contre 2 à 10 voix dans le système existant. Autrement dit les grands pèsent dix fois plus que les petits et non plus seulement cinq fois. Les groupes de pays, tels qu'ils existent, sont maintenus : en clair la France ne décroche pas de l'Allemagne. La majorité qualifiée représente 71,9 % des voix dans une Union à 27 (soit 231 voix sur 321 au total) et doit dans tous les cas réunir au moins 50 % des Etats. Enfin, un pays peut demander à vérifier que la majorité qualifiée représente au moins 58 % de la population de l'Union (c'est ce qu'on appelle « filet démographique »). La « minorité de blocage », qui empêche qu'une décision soit adoptée, peut donc être réunie de trois façons différentes : il faut soit 91 voix (c'est-à-dire que trois « grands » n'y parviennent pas seuls), soit une majorité simple de pays, soit un groupe de pays pesant plus de 42 % de la population. Quant au Parlement européen, il reste plafonné à 700 membres comme l'a décidé le sommet d'Amsterdam, ce qui contraint chaque pays à abandonner des députés, mais au moins, dans le compromis, pour l'Allemagne que pour les autres. La présidence française propose enfin de faire passer à la majorité qualifiée une bonne partie du social, de la fiscalité indirecte et des sociétés, ainsi que l'asile, l'immigration, les perspectives financières et fait quelques pas dans certains domaines sensibles en matière de commerce extérieur.

Samedi 9 décembre. 8 h 45. Le Conseil européen reprend. « C'est le jour de vérité, clame Chirac. Si nous ne réussissons pas, ce serait une crise majeure, et aussi, mais ne le disons pas à l'extérieur, une crise pour l'euro. Un échec serait aussi un report *sine die* de l'élargissement. » Il lance alors un tour de table qui va montrer les dirigeants européens sous leur vrai jour, celui de marchands de tapis obsédés par l'intérêt national à court terme, négociant pied à pied une voix, un commissaire ou un député. Le Portugais Antonio Guterres, prenant la tête du camp des petits, sonne la charge contre les propositions françaises : « C'est un coup d'Etat institutionnel qui transforme la Communauté en un directoire à trois. Il n'y a aucun rôle pour les Etats membres moyens. » Paavo Lipponen, le Finlandais, souligne que « sur la majorité qualifiée, le niveau d'ambition est en dessous de zéro ». Pour Schröder, « on n'est pas allé au bout de l'avenue » en matière de repondération des voix : en clair, l'Allemagne ne voit pas son poids démographique reconnu. Il se dit prêt à « envisager » le vote à la double majorité. En revanche, le chancelier s'oppose à tout passage à la majorité qualifiée pour le droit de séjour des ressortissants des pays tiers, l'Allemagne redoutant que « Bruxelles » ne lui impose d'accueillir des étrangers chez elle.

Le Néerlandais Wim Kok estime que tout cela « est décevant et, sur quelques points, inacceptable (...) Sur la pondération, les grands Etats membres sont servis royalement pour la perte (de leur deuxième) commissaire. Les Pays-Bas sont les parents pauvres de manière inéquitable », puisqu'ils sont traités comme un petit pays malgré leurs 15 millions d'habitants. Chacun des chefs de gouvernement des petits pays reprend la même antienne : trop de pouvoir aux grands. L'Italien Giuliano Amato appelle au calme : « Chacun a un problème. Il faut examiner ce que l'on peut faire. Pouvons-nous nous présenter devant nos Parlements respectifs en ayant fait échouer l'élargissement et fait chuter l'euro à 0,50 dollar ? » Tony Blair, lui, approuve sans réserve le document de la présidence. Il est bien le seul. Face à cette réception plutôt glaciale, Chirac soupire, agacé. « A mon avis, personne n'a bougé sur rien, pratiquement. Pour faire l'Europe, il faut une volonté et une vision. Après cinquante ans d'efforts, les visionnaires sont fatigués. Chacun est plus attaché à la vision de son propre Etat qu'à la vision de l'Europe. Il n'y aurait pas lieu de s'en formaliser s'il n'y avait pas le problème de l'élargissement. »

Sur la composition de la Commission, la plupart des « petits » exigent d'attendre que l'Union compte 27 Etats membres avant de réunir un Conseil européen qui pourrait éventuellement envisager la réduction du nombre de ses membres. Lionel Jospin, qui représente la France et non la présidence de l'Union, rôle qui revient à Chirac, s'énerve : « Si on ne veut changer la Commission que progressivement, on peut avancer aussi progressivement pour la majorité qualifiée. » Autrement dit, les propositions de la présidence pour abandonner le droit de veto dans certaines matières ne tiennent plus...

Le grand marchandage commence

L'Espagnol José Maria Aznar rappelle que lors du sommet d'Amsterdam, en 1997, il avait été acté que la perte du deuxième commissaire pour les grands pays devait être compensée par un accroissement du nombre de leurs droits de vote au Conseil des ministres. « L'Espagne ne paiera pas deux fois, à la Commission et avec la pondération » au Conseil, s'exclame-t-il. Chirac est ravi de ce renfort : il s'agit, dit-il, d'une question « d'éthique et de démocratie ». Le Néerlandais Wim Kok, qui considère être à la tête du plus petit des grands pays ou du plus grand des petits, insiste pour quitter le groupe formé par la Grèce, la République Tchèque, la Belgique, la Hongrie et le Portugal qui naviguent entre 8 et 10 millions d'habitants et disposent de 10 voix dans la proposition française. Il est vrai que le système proposé est illogique, puisque la Roumanie, avec plus de 22 millions d'habitants, n'aurait droit qu'à 12 voix, soit 2 de plus que la Belgique (10 millions d'habitants) mais 16 de moins que l'Espagne (39 millions d'habitants) ! « J'avais compris jeudi pourquoi les solutions ne sont pas seulement mathématiques. Je comprends l'élément de “realpolitik”. Mais pourquoi les Pays-Bas devraient-ils payer pour l'affaire franco-allemande », c'est-à-dire pour le refus français de décrocher ? s'interroge-t-il. Le Luxembourgeois Jean-Claude Juncker, dont le Grand-Duché est peuplé de moins de 400 000 habitants, se fait ironique : « Je suis un peu mal quand on commence à parler de démographie (...) Je comprends le problème de la France pour des raisons historiques mais l'Allemagne pourrait dire qu'elle a des problèmes de légitimité démographique (...) Je n'insisterai pas sur la parité franco-allemande mais je peux l'accepter. »

Schröder se décide alors à énoncer clairement ce qu'il pense du refus français de donner à son pays plus de voix qu'aux autres grands : « La différence entre l'Allemagne et le suivant est de 22 millions, soit aussi grande que la population roumaine ! Où sont la justice et la légitimité ? » Autrement dit, l'Allemagne pourrait prétendre à 12 voix de plus que la France... Le chancelier se fait aussi le défenseur des intérêts polonais en réclamant pour Varsovie le même nombre de votes que Madrid. En effet, le tableau des votes comporte une autre curiosité : alors qu'elle a le même nombre d'habitants que l'Espagne, la Pologne n'a droit qu'à 26 voix, et non 28. Il admet cependant que cette quasi-égalité entre la Pologne et l'Allemagne n'est pas aisée à justifier, puisque la Pologne, avec une production de richesses équivalente à celle du Danemark, aurait presque autant de votes que l'Allemagne, cochon de payant de l'Union. La conclusion est limpide : « La meilleure solution serait la double majorité. »

La Pologne s'invite dans la négociation

L'affaire polonaise va donner lieu à un bel incident diplomatique. Les tableaux proposés par la France sont, au moment où les chefs en discutent, distribués à la presse par la délégation finlandaise pour qui la transparence n'est pas un vain mot. Les Polonais découvrent avec horreur qu'ils sont moins bien traités que l'Espagne. C'est l'émoi à Varsovie. Aussitôt, un communiqué est publié par le gouvernement polonais, qui exige du Conseil européen « un statut identique à celui de l'Espagne ». Les diplomates français, conscients de leur gaffe, expliquent que l'idée venait... des Allemands. Ce qui est parfaitement vrai. Mais au lieu d'occuper le terrain pour éviter une crispation avec Varsovie, ils laissent le champ libre aux diplomates allemands, qui parviendront à faire passer le message inverse.

Pendant ce temps, le débat continue à s'enliser dans la salle du Conseil européen. Chirac est de plus en plus exaspéré et jette des pourcentages à la tête de ses collègues : « Je veux vous mettre en garde (...) : si 35 % de la population ne pouvaient pas s'opposer alors que 11 % pourraient le faire, dans un certain nombre d'Etats membres, ce pourrait être le début de la fin de l'Europe. Après deux ou trois incidents de ce genre, les trois Etats les plus peuplés diraient "faisons autre chose". » Alors, lui rétorque aussi sec le Finlandais Lipponen, qui a de la suite dans les idées, « la seule solution objective est la double majorité simple ». Guterres renchérit : « Il faut tenir compte du fait que nous sommes un groupe d'Etats membres fiers avec des siècles d'histoire et des frontières. On ne peut pas oublier les Etats. Soyons honnêtes : seule la double clef, Etats et population, a un sens (...) Après cette CIG, les grands Etats membres auront gagné plus de pouvoir. Cela ne doit pas être trop humiliant sinon ce ne sera pas supportable. » « On ne bâtit rien sur l'humiliation, sauf dans les régimes autoritaires », lui répond un Chirac grinçant.

Samedi 9 décembre. 17 h 30. La France soumet un second compromis à ses partenaires. Chirac recule sur le plafonnement de la Commission pour se concilier les petits : lorsque l'Union comptera 27 Etats membres, les chefs se réuniront pour fixer le nombre de commissaires qui sera obligatoirement inférieur à 27, mais sans qu'un chiffre soit cité, ce qui revient à laisser un nouveau « reliquat » pour l'avenir. Les petits sont presque tous rassurés, sauf la Suède, le Danemark et l'Autriche, qui persistent à exiger qu'aucun chiffre ne soit cité. Chirac les met en garde : « Dans cette affaire-là, ce sont les grands Etats membres qui ont fait neuf pas sur dix. C'est une grande victoire pour les petits Etats membres. On l'a fait. Il ne faut pas venir nous demander de dire merci... » Le Finlandais Lipponen ne se laisse pas démonter : « La concession des grands Etats membres était à Amsterdam. Après cela ce n'était plus une concession. Personne ne perd son second commissaire dans un futur proche ! » Schröder, hilare : « On ne sait pas ! Romano (Prodi) peut en virer un ! » Le président français se détend un peu : « C'est un sens aigu de l'humour nordique ! C'est l'humour des banquises ! » En tout état de cause, cet aspect du compromis ne bougera plus : rendez-vous est pris lorsque l'Union comptera 27 pays pour arrêter un nombre de commissaires inférieur à 27.

La discussion continue sur les matières qui doivent passer à la majorité qualifiée. C'est un concours de beauté des égoïsmes nationaux, chacun voulant à tout prix garder son droit de veto. Jospin n'apprécie pas et le dit. « Nous avons accepté de bouger deux fois dans la même journée alors que certaines délégations n'ont pas bougé du tout et le disent. Vis-à-vis de notre parlement, qui existe toujours, j'ai besoin d'un équilibre. C'est "unfair" (injuste) », se plaint-il en constatant que les Britanniques refusent d'abandonner leur droit de veto sur la fiscalité, alors que la France a évolué sur la politique commerciale. Chirac vole au secours de son Premier ministre. « Pourquoi la France a-t-elle bougé » sur la politique commerciale et donc sur sa précieuse « exception culturelle », demande-t-il. « D'abord dans le même esprit que l'Allemagne à Berlin (où l'Allemagne avait accepté en mars 1999 de mettre la main au portefeuille pour financer l'Union, NDA). Nous avions dit que nous nous en souviendrions et je m'en souviens », lance-t-il à Gerhard Schröder. Ensuite, « parce que nous avons la présidence (de l'Union) et que nous sommes en cohabitation. Nous prendrons tous les deux la responsabilité. Si j'avais été Premier ministre, je n'aurais pas accepté. » Puis il s'emporte : « Nous ne demandons pas de reconnaissance, mais un minimum de respect. Lorsque quelqu'un fait un geste comme ça on peut attendre un peu de respect ! »

Samedi 9 décembre. 22 heures. Un dîner facultatif est organisé : les chefs qui préfèrent aller se coucher peuvent le faire. L'Italien Giuliano Amato, qui souffre d'une sciatique, ne se le fait pas dire deux fois. Chirac, lui, enchaîne avec deux courtes séances de travail, dont l'une avec le chancelier allemand.

Seconde tentative de compromis

Dimanche 10 décembre. 10 heures. Les Quinze examinent une nouvelle proposition de pondération des voix et de composition du Parlement. Le seuil de la majorité qualifiée augmente à 73,29 % des voix et le filet démographique (le minimum de population à atteindre pour obtenir une décision) augmente à 62 %. Autrement dit, l'Allemagne a un avantage décisif : avec deux autres grands, elle dépasse aisément les 38 % de la population nécessaires pour bloquer toutes les décisions. En revanche, les autres grands devront trouver un allié supplémentaire, soit quatre pays. Si les grands restent à 30 voix chacun, la Pologne est désormais traitée comme l'Espagne et les Pays-Bas décrochent du groupe des moyens – et donc de la Belgique – avec 12 voix. Au Parlement, le nombre de députés passe à 738, loin des 700 fixés à Amsterdam, afin, notamment, de donner plus d'élus à l'Allemagne et, ainsi, d'arracher son accord à l'absence de décrochage avec les trois autres grands au Conseil. Schröder donne son feu vert du bout des lèvres « même si les différences de population n'ont pas été prises en compte comme elles auraient dû l'être. Ça sera dur de convaincre les citoyens allemands mais je vais essayer ». Le président du Conseil italien, Amato, reconnaît que « l'Allemagne consent un sacrifice sur l'autel de l'intérêt général ».

Les petits ne l'entendent pas de cette oreille. Une nouvelle fois, Guterres mène l'attaque : « C'est discriminatoire pour un groupe de pays (...) La compensation au Conseil pour un groupe de pays (les grands, NDA) est exagérée et il y a maintenant une compensation supplémentaire au Parlement européen. Ce n'était pas prévu à Amsterdam. » Chirac ne supporte manifestement plus le Premier ministre portugais : « Les pays les plus peuplés ont fait le plus de chemin (...) Les pays les moins peuplés ont empoché. » Guterres n'est pas plus impressionné que cela : « La France a invoqué l'Histoire. Mais moi aussi j'ai mon Histoire : j'ai un problème de proportion avec l'Espagne, des problèmes d'affirmation de l'identité nationale pendant huit siècles. » Il juge inadmissible que l'écart entre Lisbonne et Madrid se creuse. Blair lui fait remarquer qu' « avec cette proposition, le Royaume-Uni a un vote pour deux millions d'habitants, contre un vote pour 800 000 au Portugal. On ne pourra sortir avec quelque chose de très différent. Un autre point : cette affaire est vitale pour Schröder et on compte trop souvent sur la bonne volonté allemande ».

Chirac essaie de détendre l'atmosphère : « Il faut trouver la juste voie, comme disent les Asiatiques, un équilibre délicat et personne ne rentrera satisfait chez lui. Tout le monde sera mécontent. C'est comme ça. » « Il faut moins invoquer l'Histoire, intervient l'Autrichien Schüssel. La meilleure solution est celle de la double majorité et le seul argument contre est justement celui de l'Histoire. » Verhofstadt est furieux que les Pays-Bas décrochent de la Belgique au prétexte qu'ils comptent 5 millions d'habitants de plus que son pays alors que 22 millions d'Allemands passent à la trappe : « Dans ce papier, il y a deux sortes de pays : les grands Etats membres tous égaux, les autres tous dissociés. C'est à la tête du client. L'Union ne fonctionne pas comme cela. » Il fait remarquer que, dans le système existant, les trois pays du Benelux ont plus de voix qu'un grand, alors qu'avec le projet français on est loin du compte. Le Flamand propose de créer trois groupes – grands, moyens, petits – qui auraient tous le même nombre de voix pour « arrêter cette guéguerre et ce bain de sang dans le groupe des petits pays et des moyens ». Chirac, de plus en plus agacé : « Les grands Etats membres auraient tout perdu si on va dans cette direction. » « Nous devons tous faire des sacrifices (...) S'il n'y avait pas de décision aujourd'hui, ce serait une honte. »

Kok demande que la Roumanie soit mieux traitée, vu sa population, et que le décrochage des Pays-Bas par rapport à la Belgique soit plus prononcé. Mais, il se dit quand même prêt à accepter un compromis global. Chirac est un tantinet rasséréné : « Nous avons pu observer une vraie volonté de compromis chez certains mais il y a aussi ceux qui ont peu ou pas bougé. Ceux qui ont bougé le plus sont les plus peuplés. » Juncker, lui, n'est pas encore prêt à s'y plier : « Le tableau est inexplicable : la Lituanie est aussi peuplée que l'Irlande mais a deux voix de moins (...) Je n'accepte pas que les voix du Luxembourg ne soient pas doublées, ni maintenant ni jamais. » Mais le Premier ministre irlandais Bertie Ahern n'apprécie pas la comparaison : « Si nous utilisons l'argument démographique entre l'Irlande et la Lituanie, il faudra un mois de discussion. »

Guterres ne renonce jamais

Le Premier ministre portugais refuse de lâcher prise : « Chirac, tu as dit que certains ont fait des sacrifices (...). Mais ici tous les grands sont satisfaits, pas les autres ! » « Comment puis-je expliquer à mon peuple qu'en étant 4 fois moins nombreux que les Espagnols, nous avons 2,5 fois de voix en moins mais que l'Allemagne avec 2 fois plus de population que l'Espagne a seulement 2 voix de plus ? » Et il enfonce un nouveau coin entre l'Allemagne et la France en acceptant les sièges supplémentaires au Parlement pour la première mais pas pour la seconde. Chirac réplique : « Guterres dit que les grands sont contents mais c'est faux, c'est tout le contraire, ils sont mécontents et se sentent même humiliés. Les 5 grands pays représentent 300 millions de personnes et il faut aussi qu'ils puissent justifier les résultats. » Il consent cependant, après une suspension de séance de trente minutes, à accepter que le Luxembourg et... Chypre passent à 4 voix mais pas la Lituanie ! Un vrai concours de l'Eurovision. « Bon, annonce Chirac, il faut en finir cette nuit. » Guterres douche immédiatement son ardeur : « Je ne suis pas en mesure d'accepter le traité. » Verhofstatdt : « Je ne suis pas d'accord non plus. »

Dimanche 10 décembre. 13 h 30. Le couvert est remis. Cela fait déjà six repas au sommet et les estomacs fatiguent. Une rumeur court : Jacques Chirac est malade. L'Elysée dément : le président est en pleine forme. Cette négociation marathon commence à irriter ceux qui ont des engagements : Benita Ferrero-Waldner, la ministre autrichienne des Affaires étrangères, annule une visite au Japon, les Suédois piaffent car ils ne seront pas à Stockholm pour la remise du prix Nobel. Les Allemands annoncent qu'ils ne quitteront plus la salle : l'accord se fera cette nuit ou ne se fera pas.

Dimanche 10 décembre. 16 heures. Un nouveau projet de compromis est déposé par la France. Verhofstadt, surpris, constate que l'une des avancées qu'il croyait acquise, la possibilité de lancer les « coopérations renforcées » entre les pays « pionniers » qui souhaitent aller de l'avant sans attendre les retardataires, est affaiblie : la défense en est désormais exclue. Blair explique : « Pour le moment on ne peut combiner coopérations renforcées et défense. Dans le futur on fera mieux. » La chef de la diplomatie suédoise, Anna Lindh, annonce que « c'est le résultat d'un compromis, il ne faut pas le rouvrir ». « Quand y a-t-il eu compromis ? s'emporte Verhofstadt. Je n'y étais pas ! C'est le compromis de qui ? »

« Napoléon a écrit le Code civil en trois coups de cuiller à pot »

Les Quinze poursuivent leur détricotage du projet de la présidence française en rétablissant le vote à l'unanimité partout où cela est possible. Blair jouit d'une compréhension impressionnante de la part de ses pairs. Il fait passer sans difficulté son opposition à l'extension de la majorité qualifiée dans la partie du social qui n'y est pas soumise ainsi que dans le fiscal. Chirac, devant le regard attristé des plus communautaires, commente : « Tout le monde sait que le Royaume-Uni n'accepterait jamais de perdre son veto dans ce domaine. » Il est bruyamment approuvé par Schröder, Aznar et Jospin. Juncker, dont le pays est souvent accusé de refuser toute harmonisation fiscale, est sidéré : « Depuis beaucoup d'années je suis engagé dans des efforts d'harmonisation fiscale. Je n'oublierai rien de cet échange. » Lipponen annonce alors qu'il veut garder l'unanimité « sur le 137 ». Chirac ironise : « Je vais vous dire ce que ça veut dire dès que j'aurai compris. » Le commissaire européen chargé des réformes administratives, Michel Barnier, lui explique qu'il s'agit de la modernisation des systèmes de sécurité sociale. Chirac abasourdi : « Quand je pense que Napoléon a écrit le Code civil en trois coups de cuiller à pot ! Sur le 137, il n'y aura plus rien si on prend l'amendement de Lipponen, plus rien ! » Verhofstadt constate que « nous nous neutralisons les uns les autres ! ».

L'Espagne, soutenue par le Portugal, accepte de passer après 2007 à la majorité qualifiée pour la programmation budgétaire, mais sans « codécision » avec les députés européens afin de ne pas entrer dans une négociation avec le Parlement. Chirac : « Je doute déjà que le Parlement européen soit enthousiaste de nos travaux mais là, en plus, on va le chatouiller. » Schröder, soutenu par Kok et Barnier : « On risque un conflit dangereux. Le Parlement européen est très sensible. J'insiste sur la codécision. » Finalement, la situation restera inchangée : le Parlement ne pourra que rejeter ou approuver en bloc le compromis trouvé par les gouvernements sur le financement de l'Union. Sur l'environnement, la Grande-Bretagne, soutenue par l'Espagne, la Suède et l'Irlande, réclame le maintien de l'unanimité. Schüssel : « C'est une honte ! On fait trop peu de progrès dans la majorité qualifiée. » Chirac, grinçant, lui rétorque : « Et au sujet de l'article 7, Schüssel ? » La veille, le chancelier autrichien a effectivement obtenu d'augmenter la majorité nécessaire pour constater « qu'il existe un risque clair de violation grave par un Etat membre » des principes de la démocratie et de l'Etat de droit. Encore traumatisé par l'instauration de « sanctions » par ses pairs lors de l'entrée dans son gouvernement, en février 2000, du parti d'extrême droite de Jörg Haïder, le FPÖ, le chancelier autrichien n'a aucune intention de faciliter la tâche de ses partenaires. Au même moment, Védrine, manifestement épuisé, plaisante devant les journalistes : « On discute, on avance, y a pas de blocage, pas de blocage, on discute, y a pas de blocage... » « On a l'impression d'être sur un chemin de halage avec nous dans le rôle des chevaux. »

Dimanche 10 décembre. 20 h 50. Les Quinze ont achevé de réduire quasiment à néant la plupart des avancées proposées par la France en matière de vote à la majorité qualifiée : il ne reste plus qu'une trentaine de domaines secondaires dans lesquels les Etats membres ont consenti à abandonner leur veto (des règlements intérieurs de la Cour de justice ou de la Cour des comptes en passant par le statut des partis politiques européens...). « Le traité de Nice est accepté sous réserve des questions concernant la

Commission, la pondération et le Parlement européen », peut donc proclamer Chirac. « Le paquet est bien maigre », lâche Verhofstadt. « On ne va quand même pas le peser ! lui rétorque le chef de l'Etat : l'Europe ne s'est pas faite en un week-end et il ne faut pas minimiser ce qu'on a fait. »

« Jacques, essaie encore »

Les Quinze reviennent ensuite à nouveau sur les institutions. « L'Allemagne a fait de durs sacrifices » en acceptant de « défranchiser 22 millions d'habitants », entame Schröder : il considère donc que le compromis français est acceptable, tout comme Aznar et Blair. Guterres prend alors la parole. « C'est l'heure de vérité, lance-t-il. Je dis non parce que l'Europe est moins juste et plus déséquilibrée. On peut accepter le sacrifice d'injustice quand il y a progrès vers l'efficacité. Mais il n'y a de progrès ni vers l'efficacité, ni vers l'approfondissement du projet européen. » Le Premier ministre Finlandais, Lipponen, poursuit en soulignant à quel point la prise de décision devient difficile : « Pour chaque décision, il faudra 73 % des votes, 62 % de la population et la moitié des Etats membres (...) Si nous voulons construire une superpuissance, nous ne pouvons le faire comme ça. » Le chef du gouvernement belge, Verhofstadt, lance à Schröder : « L'important n'est pas de savoir qui souffre le plus mais si c'est un bon accord pour faire fonctionner l'Union après l'élargissement. » Pour lui « on a basculé dans la mentalité d'apothicaire ». Il refuse donc le traité, tout comme Schüssel à sa suite.

Amato souligne que « la minorité de blocage n'est pas si importante : les grands ne se sont jamais mis ensemble. Il ne faut pas voir de danger là où il n'existe pas. Mais je suis d'accord pour aller vers un plus grand équilibre : Jacques essaie encore ! » Les Pays-Bas et le Danemark se disent prêts à accepter le paquet même s'il n'est pas satisfaisant. Le Grec Costas Simitis est partagé. « Je trouverais décevant de ne pas avoir de résultat mais un mauvais résultat serait encore plus décevant », explique-t-il. Juncker trouve que la situation commence sérieusement à sentir le roussi : « J'ai peur d'un échec. Ça serait la première fois qu'on quitte un Conseil européen en laissant des blessures. » Chirac reconnaît que son compromis n'est pas encore acceptable en l'état. Il soupire : « Ne nous décourageons pas. La présidence va faire un dernier effort. Nous sommes les seuls à chercher des solutions dans tous les sens sur les ordinateurs et chaque fois il y a deux ou trois irréductibles. »

Dimanche 10 décembre. 22 h 50. La séance est suspendue, une nouvelle fois. Chirac, Jospin, Védrine et Moscovici se réunissent dans un salon du palais des Congrès puis entament un nouveau ballet de bilatérales.

Le veto belge

Lundi 11 décembre. 1 h 30. « Ceci est la dernière proposition de la présidence », lance Chirac qui a repris à son compte un compromis concocté par les Finlandais. Le nombre de voix dans l'Union à 27 passe de 337 à 342 et la majorité qualifiée fait un bond à 74,56 % (255 voix). Elle est donc plus difficile à atteindre que dans le système existant où il faut 71 % des voix. La minorité de blocage diminue à 87 voix (contre 91 précédemment) : si les quatre grands perdent chacun une voix (à 29), trois d'entre eux seulement peuvent bloquer la machine. La Roumanie gagne une voix et se retrouve à égalité avec les Pays-Bas (13 voix) alors que sa population est plus importante. La Lituanie gagne deux voix, mais a toujours deux voix de moins que l'Irlande à population égale. Chypre et le Luxembourg se retrouvent dans le même groupe que la Lettonie, la Slovénie et l'Estonie. Grâce à ce nouveau tripatouillage, les trois pays du Benelux ont autant de voix qu'un grand (29, soit 13 pour les Pays-Bas, 12 pour la Belgique et 4 pour le Luxembourg). Le nombre de parlementaires est réduit à 728 contre 738 dans le projet précédent, les grands perdant deux députés chacun.

Verhofstadt reste insatisfait : le fonctionnement des institutions « se détériore (...) C'est discriminatoire et donc c'est non ». Cette fois, il laisse tomber l'affaire du décrochage avec les Pays-Bas et concentre enfin son tir sur l'essentiel. Schüssel, lui aussi, est réservé sur l'augmentation du seuil de la majorité qualifiée mais est prêt à accepter. Simitis, lui, est furieux que la Belgique ait 22 sièges au Parlement alors qu'il doit se contenter de 20 députés pour une population équivalente. Guterres est enfin satisfait. Chirac s'adresse à Verhostadt : « Mettez-vous votre veto ? — Je ne peux pas accepter », lui répond celui-ci. Le Premier ministre danois, Rasmussen, vole, une nouvelle fois, au secours de la Lituanie. « Les pays qui arrivent doivent avoir une petite réduction », argumente le chef de l'Etat avec un cynisme décoiffant. D'ailleurs, « je propose d'augmenter le nombre de députés à 22 pour les anciens Etats seulement. Les nouveaux restent à 20 ». La Grèce et le Portugal passent donc à 22 députés, soit 732 députés en tout. La République Tchèque et la Hongrie, avec la même population, restent, eux, avec leurs 20 sièges.

Le Premier ministre belge demande alors une suspension de séance. Entre quatre yeux, Schröder propose à Chirac de donner à l'Allemagne une voix de plus pour sortir du blocage en échange de l'abandon du « filet démographique » afin de faciliter la prise de décision. Le président refuse aussi sec. Toute la pression se porte alors sur la Belgique, dernier obstacle. Verhostadt, qui est au pouvoir dans son pays depuis les élections de juin 1999, n'a pas une grande expérience européenne. Il hésite à déclencher une crise. Il sait que le traité que les Quinze s'apprêtent à signer est catastrophique et sera mal reçu par les opinions publiques : mais la petite Belgique a-t-elle les épaules nécessaires pour bloquer l'accord ? Trop isolé, Verhofstadt décide de jeter l'éponge.

Lundi 11 décembre. 4 h 20. L'accord se fait sur la base d'une proposition belge qui bouge un peu les lignes : deux voix supplémentaires sont – enfin – données à la Lituanie, la plaçant ainsi sur le même pied que l'Irlande, tandis que la Roumanie a droit à une voix de plus : il y a donc 345 voix en tout. Il est aussi ajouté que le seuil de la majorité qualifiée sera, en tout état de cause, plafonné à 73,4 %, ce qui implique une minorité de blocage à 91 voix, lorsque tous les pays candidats auront adhéré. Verhofstadt explique son revirement à ses partenaires : « J'ai besoin pour justifier en Belgique ce qui s'est passé d'ajouter des voix à la Roumanie et à la Lituanie. Nous nous présenterons mieux vis-à-vis de ceux qui vont nous rejoindre. » Chirac souligne le « geste élégant » de la Belgique. « J'accepte pour l'élargissement », lui rétorque son homologue, l'air sinistre [1].

---

1. Dans un entretien à *Libération* (12 février 2001), Guy Verhofstadt reconnaîtra qu'il « y avait une énorme pression pour que j'accepte le compromis. J'aurais bien continué un petit peu à me battre, mais vu l'heure... ».

Juncker, en vieux sage des Conseils européens, dit immédiatement aux journalistes l'estime dans lequel il tient ce nouveau traité : « Je ne pense pas beaucoup de bien de décisions prises la tête chaude au petit matin. Jamais autant qu'à Nice je n'ai eu l'impression que l'Europe reste une entreprise fragile [1]. » Schröder, lui, explique pourquoi il n'a pas cherché à tout prix le décrochage : « L'Allemagne a fait en sorte d'éviter un conflit avec la France » qui aurait « ébranlé la relation franco-allemande d'une façon que nous ne pouvons pas souhaiter ». « Même si les raisons pour rester à égalité ont parfois été exagérées », ajoute-t-il. Côté français, on fait mine de triompher : « Vous verrez que ce sommet de Nice restera dans l'histoire de l'Europe comme un grand sommet par l'ampleur et la complexité des problèmes qui ont été réglés », lance Chirac devant des journalistes dubitatifs. Il reconnaît que « chacun est à la fois prudent, voire agressif » lors des négociations, mais que, « finalement, à force de discussion, d'argumentation, nous avons réussi à obtenir un résultat convenable, mieux que convenable d'ailleurs, un bon résultat ». On est près de la méthode Coué. Epuisé, il admet cependant qu'il « faudra que les méthodes de travail changent. Il n'est pas normal de terminer à 5 heures du matin. Il y a un problème d'organisation. Ne pas dormir pendant quatre jours est absurde. » Prodi, totalement à côté du sujet encore une fois, n'hésite pas à se féliciter du résultat sous l'œil étonné d'un Chirac qui ne l'a pas ménagé et l'a entendu récriminer dans sa barbe tout au long du sommet : « C'est un bon accord. Ce matin, nous avons pu conclure ce sommet en applaudissant. Cela a été un sommet majeur, intéressant. » Il estime même que le nouveau système de repondération « rend possible un processus décisionnel rapide et efficace ». On croit rêver.

Le calamiteux traité de Nice

Le lendemain, la presse internationale tire à boulets rouges sur ce traité qui non seulement ne règle aucun des problèmes auxquels est confrontée l'Union mais qui réussit l'exploit de les aggraver en

1. Juncker déclare le 12 décembre que la présidence française « a parfois été une partie du problème et non une partie de la solution » et qu'elle « a laissé s'installer une dispute malsaine entre petits et grands Etats ».

rendant la prise de décision quasiment impossible. Les commentateurs [1] et le Parlement européen sont tout aussi sévères. Louis Michel, le ministre des Affaires étrangères de Belgique, juge carrément qu'il s'agit d'un « mauvais traité ». Il n'y a guère que les pays d'Europe centrale et orientale à se réjouir puisque le dernier obstacle à l'adhésion, l'exigence d'une réforme institutionnelle préalable, a sauté. La Pologne, elle, est plus que satisfaite : grâce à l'Espagne, elle se retrouve à deux voix seulement de l'Allemagne, son puissant voisin avec lequel elle entretient des rapports complexes.

Quelques jours après Nice, les diplomates vont s'apercevoir avec horreur que le texte, bâclé dans les dernières minutes de la négociation, contient des contradictions et il leur faudra une semaine de négociation supplémentaire pour se mettre d'accord. Une démonstration par l'absurde de l'hermétisme de ce traité. Le texte est signé le 26 février 2001 à Nice et entre en vigueur le 1er février 2003 [2].

Les autorités françaises mettront longtemps à reconnaître que ce traité est une catastrophe pour l'Europe. Le 12 janvier 2001, présentant ses vœux à la presse, Hubert Védrine se désole de « l'erreur collective d'appréciation » commise par des journalistes « militants sincères et convaincus de l'intégration européenne » qui ont jugé que Nice était un échec, en « décalage stupéfiant » selon lui par rapport aux résultats. Jacques Chirac, lors de la signature du traité, affirme ne pas partager « le sentiment de ceux pour qui l'esprit européen n'a pas soufflé à Nice. Bien sûr, les chefs d'Etat et de gouvernement ont veillé, dans les débats à leurs intérêts nationaux (...). Bien sûr, la négociation a parfois été difficile. Ce n'est pas anormal puisqu'il s'agissait de revoir des équilibres d'influence inchangés depuis plus de quarante ans et destinés à durer des années encore ». Pour le président de la République, « c'est le meilleur traité possible compte tenu des contraintes qui existaient et il permettra à l'Europe de demain de continuer à fonctionner avec efficacité [3] ». En novembre 2001, Pierre Mosco-

---

1. « Nice : un Suez diplomatique », écrit ainsi François Heisbourg dans *Le Monde* du 26 décembre 2000.

2. Les Irlandais ont rejeté le traité de Nice lors du référendum du 8 juin 2001. Mais le 20 octobre 2002, une nouvelle consultation populaire, mieux préparée que la première par le gouvernement, a donné une majorité au « oui », permettant ainsi au traité d'entrer en vigueur.

3. Discours du 26 février 2001, lors de la signature du traité.

vici publiera même un livre dans lequel il essaye de « réparer l'erreur judiciaire dont ce traité a été l'objet », pas moins, même s'il reconnaît que « Nice laisse un goût de cendres et a projeté une image négative de l'Union européenne [1] ».

Quoi qu'en disent les autorités françaises, ce traité est un échec à plusieurs égards. D'abord parce que l'objectif initial, faciliter la prise de décision dans la grande Europe et rendre le meccano institutionnel plus légitime, n'a pas été rempli. Bien au contraire, l'efficacité du système a été gravement compromise. Désormais, il faudra réunir une triple majorité au sein du Conseil des ministres : 73,4 % des voix représentant au moins la moitié des Etats membres qui eux-mêmes devront peser 62 % de la population européenne. A l'inverse, il suffira de remplir l'un quelconque de ces critères pour bloquer une décision : réunir soit plus de 26,6 % des voix, soit une majorité d'Etats membres, soit une coalition de pays pesant plus de 38 % de la population. Autrement dit, les clefs pour décider se cumulent alors que les clefs pour bloquer sont alternatives.

Ensuite, la parité entre les grands Etats n'a pas survécu à Nice contrairement au « but de guerre » de la France. Même si les grands, y compris l'Allemagne, ont droit chacun à 29 voix, cette égalité affichée n'est qu'un trompe-l'œil. En effet, le « filet démographique » donne à l'Allemagne un avantage sur ses partenaires : si Berlin rallie Paris et Londres à sa cause, elle réunira 201 millions d'habitants, soit 41 % de l'Union à 27. En revanche, Paris, Londres et Rome plafonnent à eux trois à 35 % de la population totale. Il leur faudra donc un allié supplémentaire. Ce décrochage est accentué par la répartition des sièges au Parlement européen, l'Allemagne étant le seul pays à ne pas perdre un député (99 sièges) alors que l'élargissement aurait dû imposer des sacrifices à chacun. Mieux : son avance sur ses grands partenaires s'accroît, ceux-ci passant de 87 sièges à 72. La France, la Grande-Bretagne, l'Italie, l'Espagne et la Pologne ont dû abandonner en tout 73 sièges sur l'autel de l'élargissement. Dominante au Conseil des ministres, l'Allemagne l'est aussi au Parlement européen. La situation est devenue presque caricaturale dans cette institution, où

1. Pierre Moscovici, *L'Europe, une puissance dans la mondialisation*, Seuil. Depuis, l'ancien ministre a fait du chemin sur la voie de « l'euroenthousiasme » : il estime désormais que le traité de Nice est catastrophique, défend la Constitution européenne qui devrait le remplacer, s'est fait élire député européen en juin 2004 et préside la section française du très fédéraliste Mouvement européen depuis février 2005.

les chefs des deux principaux groupes politiques sont allemands depuis les élections de juin 2004 : Martin Shulz pour les socialistes et Hans Gert Pöttering pour les conservateurs.

Enfin, la repondération au profit des grands Etats n'est, au final, que marginale. La France, par exemple, représentera, dans une Union à 27, 8,4 % des voix, alors qu'avant Nice elle pesait 7,5 % des voix. Un résultat bien maigre après un tel psychodrame. Réciproquement, les petits ne perdent que peu de poids (le Luxembourg, par exemple, passe de 1,5 % des voix à 1,1 %). Surtout, ils sont les grands gagnants au Parlement européen : alors que la Grande-Bretagne, la France, l'Italie, l'Espagne et la Pologne consentent de gros sacrifices, les moyens et les petits, eux, conservent, voire accroissent leur représentation. La situation est encore pire à la Commission, chaque pays ayant droit à un commissaire, les grands ayant renoncé à leur second représentant. Cela a pour conséquence de déséquilibrer gravement l'exécutif communautaire. En effet, les six pays les plus peuplés rassemblant 70 % de la population européenne ont droit au même nombre de commissaires que les Etats les moins peuplés qui pèsent moins de 1 % de la population de l'Union ! Or, les votes ont lieu à la majorité simple et la Commission peut prendre des décisions seule dans des domaines aussi sensibles que la concurrence. Quelle est la légitimité d'un tel collège dès lors qu'il est dominé par les Etats les moins peuplés et les plus pauvres de l'Union ?

Tous ces déséquilibres n'ont même pas été compensés par une extension importante du champs du vote à la majorité qualifiée au sein du Conseil des ministres : le droit de veto est maintenu dans de nombreux domaines, notamment fiscaux et sociaux. Le seul point positif est celui de l'accroissement des pouvoirs du Parlement européen, les domaines soumis à la codécision ayant été une nouvelle fois élargis [1]. Donc, par quelque bout que l'on prenne le traité de Nice qui régit aujourd'hui le fonctionnement de l'Union, il s'agit bel et bien d'un fiasco.

1. La codécision place le Parlement européen sur le même plan que le Conseil des ministres pour adopter les lois européennes (directives et règlements). Il faut donc que les deux institutions parviennent à un accord.

« Un peu de calme ! »

Malgré tout, il contient une vraie pépite, la « déclaration sur l'avenir de l'Union » qui a ouvert la voie à la « Convention sur l'avenir de l'Europe » et au « traité constitutionnel [1] ». Idée de l'Allemagne, qui veut clarifier les compétences entre l'Union européenne, les Etats et les régions, elle a été acceptée sans enthousiasme par la France qui n'avait aucune envie de se lancer dans une nouvelle conférence intergouvernementale dès 2004, comme le prévoit cette déclaration annexée au traité. N'était-ce pas une manière de dire que Nice a échoué ? Surtout, le gouvernement français n'apprécie guère qu'un « large débat associant toutes les parties intéressées », le Parlement européen, la Commission, les représentants des Parlements nationaux et l'ensemble de l'opinion publique précède les travaux proprement dits de la CIG. N'est-ce pas une tentative de déposséder les Etats de l'une de leurs prérogatives essentielles, celle de conclure des traités comme ils l'entendent ?

Il ne faut pas attendre longtemps pour que les premières escarmouches franco-allemandes aient lieu autour de la future CIG. Le 19 janvier 2001, Gerhard Schröder, sort du bois : répondant à Védrine qui vient de prononcer un discours insipide devant le Bundestag, il réclame une « Constitution pour l'Europe », reprenant ainsi à son compte les idées lancées six mois plus tôt par Joschka Fischer : « Nous avons besoin de davantage de progrès courageux dans l'intégration (...) Seule une intégration toujours plus poussée sera en mesure de contrebalancer les forces centrifuges d'une Union plus grande. Nous y sommes prêts. La France aussi », s'avance-t-il. Védrine lui répond quelques jours plus tard, le 22 janvier, que non, justement, la France n'y est pas prête : « Il faut un peu de calme. Le rendez-vous est fixé en 2004, pas en janvier 2001. » Fischer fait mine de ne pas avoir entendu le chef de la diplomatie français et repart à l'assaut le même jour : « Il faut dynamiser l'approfondissement de l'Union. » « Et la relation franco-allemande est, à cet égard, cruciale et pour nous sans alternative (...) Le moteur franco-allemand est fondamental pour

1. Voir les chapitres 10 et 11.

l'unification européenne. Cela doit rester ainsi et cela restera ainsi. » Le ministre des Affaires étrangères allemand, soutenu par le chancelier, craint que l'affrontement de Nice laisse des traces durables et tend donc une nouvelle fois la main à la France. Il a immédiatement compris, conseillé pour le coup par son ami Daniel Cohn-Bendit, député européen Vert, que l'affirmation brutale de la puissance allemande, qui se retrouve désormais placée au centre de l'échiquier institutionnel, menace le projet européen qui a toujours reposé sur le refus du leadership d'un seul. Une Allemagne trop dominatrice n'est acceptable par personne à long terme. « Le parachèvement de l'intégration européenne, réponse que je souhaite aux défis de l'avenir, ne peut réussir et ne réussira que si la France et l'Allemagne en font une cause commune », martèle-t-il à nouveau le 30 janvier, à Fribourg, craignant de ne pas être entendu. A Bruxelles, on partage cette analyse : « La première urgence est de recréer une relation franco-allemande, insiste Michel Barnier : il faut refaire la preuve de ce lien : avons-nous un intérêt stratégique à être ensemble ou restons nous en parallèle ? » Au-delà même, « il est nécessaire de rebâtir et retisser les liens entre les chefs de gouvernement qui ont été gravement atteints à Nice [1] ».

A l'initiative allemande, un dîner entre Chirac, Jospin, Schröder, Védrine et Fischer est organisé le 31 janvier 2001 à Blaesheim, une petite ville alsacienne. « On a été un peu surpris de la vitesse à laquelle ils ont démarré », admet l'Elysée. Le chancelier en profite pour reconnaître officiellement qu'il y a bel et bien eu brouille et qu'il faut essayer d'oublier « les erreurs qui ont pu être commises dans le passé ». Ces dîners vont devenir mensuels sous le doux nom de « processus de Blaesheim » mais ne déboucheront sur rien de concret. Jospin et Védrine traînent les pieds, refusant d'admettre l'évidence que rien ne se fait en Europe sans l'Allemagne – et sans la France, évidemment. Le chef de la diplomatie française ne cache pas le peu d'estime dans lequel il tient son homologue allemand qu'il accuse de ne rien comprendre aux rapports de force à l'œuvre entre pays européens qui ont amené Nice. Il ne fera d'ailleurs jamais aucun effort pour relancer l'axe franco-allemand.

Durant toute l'année 2001, l'Allemagne ne se découragera pas et, épaulée par la Belgique, elle va donner le tempo face à une France de plus en plus crispée. Le 4 avril 2001, devant le Parle-

1. Entretien avec quelques journalistes dont les auteurs.

ment de Strasbourg, le président allemand Johannes Rau plaide, à son tour, comme l'a fait Fischer en juin et juillet 2000, pour qu'une Constitution européenne transforme enfin l'Union en une véritable fédération. Le Conseil des ministres deviendrait une « chambre des Etats », « garant de (leur) souveraineté ». Le Parlement européen serait ainsi un « véritable parlement bicaméral », sur le modèle allemand ou américain : à côté du Sénat des Etats, une Chambre des représentants élue directement par les citoyens européens. L'exécutif, lui, resterait incarné par la Commission, « avocat de l'intérêt communautaire ». Mais son président devra être soit « élu directement par le peuple », soit « par les deux chambres du Parlement ».

Schröder, fédéraliste ?

Schröder va reprendre ces idées à son compte, le 30 avril 2001, dans un document destiné à être adopté par le parti social-démocrate, le SPD. L'accueil, à Paris, reste glacial. Même si ces idées enthousiasment les fédéralistes européens, les propositions du chancelier ne sont pas dénuées d'arrière-pensées. Car, tout en prônant une fédération, il veut, en même temps, faire fondre le budget communautaire afin que l'Allemagne paie moins : il souhaite ainsi une « renationalisation » de la Politique agricole commune et des aides régionales. Autrement dit, l'Union, dans l'idée de Schröder, ne serait plus qu'une coquille bien vide avec des institutions fortes. En privé, un responsable français juge qu'il s'agit là d'un « message à consommation interne et non d'un message adressé à la France : l'Allemagne se rassure en se disant qu'elle est européenne. On chante les cantiques comme dans toutes les religions. Les propositions de Schröder sont habiles, de ce point de vue : il promet l'Europe, mais une Europe qui ne coûte rien. Il ne veut plus de solidarité c'est-à-dire payer pour les autres ».

Le 9 mai 2001, devant une commission parlementaire du Bundestag, Védrine oppose une fin de non-recevoir aux idées de Schröder : transformer le Conseil des ministres en Sénat « romprait nettement l'équilibre au détriment du Conseil et des Etats membres ». « Plus nous renforcerons le Parlement et la Commission, moins nous devrons réduire le Conseil au rôle d'une seconde chambre. » « En l'absence de cet élément, il n'y aura pas de consensus. Nous ne pourrons pas donner notre accord », tranche-t-il. Jean-Claude Juncker, dans un discours très fédéraliste prononcé à Bruxelles le 15 mai, remet les pendules à l'heure : « Je préfère de très loin un chancelier allemand qui se prononce en faveur d'une Europe fédérale (...) à un chancelier qui dit le contraire (...). Sinon, nous serions dans un débat d'une tout autre nature. » En clair : même si l'Allemagne a des arrière-pensées, il faut saisir la main tendue.

Le 28 mai 2001, Lionel Jospin décide de sortir enfin du long mutisme qu'il observe sur l'Europe depuis son arrivée au pouvoir. Mais son discours peu enthousiaste glace tout ce que l'Europe compte de fédéralistes. Certes, il fait sien le concept de « fédération d'Etats-nations », forgé par Jacques Delors et repris à son compte par Jacques Chirac, qui signifie tout et son contraire. S'il se rallie à l'idée de Constitution, l'architecture institutionnelle qu'il imagine est bien loin de la fédération souhaitée par l'Allemagne : tombant dans un travers très Quai d'Orsay – son discours a été préparé par Pierre Moscovici, son homme de confiance –, il appelle de ses vœux une Europe forte mais avec des institutions faibles, un peu le contraire de ce qu'il reproche à l'Allemagne. Pour le Premier ministre, tout le pouvoir doit revenir *in fine* au Conseil européen, où la décision se prend par consensus, afin de préserver le rôle central des nations. Décidément, à gauche comme à droite, l'heure n'est pas à l'enthousiasme européen.

Il est vrai que les propositions fédéralistes de l'Allemagne sont largement minoritaires. Elles ne sont soutenues en réalité que par les gouvernements autrichien, belge et néerlandais et, bien sûr, par la Commission et le Parlement européen. Mais elles ont le mérite fondamental d'alimenter le débat sur l'avenir de l'Europe et surtout d'habituer les pays à l'idée que la prochaine CIG pourrait bien aboutir à une Constitution européenne, mot encore tabou quelques mois auparavant. D'ailleurs, l'enthousiasme allemand finit par payer. A Göteborg, les 15 et 16 juin 2001, les Quinze décident que le but de la future CIG sera d'adapter les institutions de l'Union « aux nouvelles réalités et aux attentes des citoyens » et pas seulement de traiter les quatre questions énumérées à Nice – la répartition des compétences entre l'Union et les Etats, le statut juridique de la Charte des droits fondamentaux, la simplification des traités et le rôle des parlements nationaux dans l'architecture européenne.

Lors du sommet bilatéral de Nantes du 23 novembre 2001, Paris cède à Berlin et les deux pays annoncent qu'ils veulent une « Constitution » qui devra être préparée par une « Convention sur l'avenir de l'Europe » réunissant les représentants des Parlements européen et nationaux, des gouvernements et de la Commission. Le Parlement de Strasbourg, qui se bat depuis le début de l'année pour la création d'une telle enceinte, tout comme la Commission et la présidence belge de l'Union, qui a débuté le 1er juillet, reçoivent donc un appui décisif. Même la Grande-Bretagne, bastion de l'euroscepticisme, est prête à accepter ce schéma, persuadée qu'elle parviendra à empêcher toute dérive fédéraliste.

D'ailleurs, comme l'explique Védrine, il n'est pas question dans l'esprit des Français, de renoncer à une once de pouvoir : « Si la Convention se transforme en Constituante, on va directement au clash [1]. » Pour lui, il reviendra aux seuls gouvernements de décider à l'issue du processus de l'architecture future de l'Europe. On ne se refait pas ! En dépit de ces réserves, le sommet qui se tient à Laeken, l'une des communes de la Région bruxelloise, les 14 et 15 décembre, et qui doit adopter la « Déclaration sur l'avenir de l'Europe », s'ouvre sous de meilleurs auspices que Nice. Certes, et cela servira sans doute la cause de ceux qui souhaitent enterrer le traité conclu un an plus tôt le plus rapidement possible, les Quinze ont la tête ailleurs : les attentats du 11 septembre 2001 ont fait basculer le monde dans une période d'incertitude. Le régime des talibans vient de s'effondrer et l'Union craint que les Etats-Unis n'étendent leur guerre contre le terrorisme à d'autres pays. Il n'est donc pas question de se déchirer à nouveau sur l'avenir de l'Union au moment où les opinions publiques ont besoin d'être rassurées.

« Vous ne savez même pas ce qu'est le proscuitto ! »

Mais les « chefs » ne vont pas pouvoir s'empêcher de montrer, une nouvelle fois, leur pire visage. Ils vont faire la démonstration qu'ils n'ont rien appris, rien compris depuis Nice. Ainsi, la « déclaration de Laeken » ne fera pas l'objet d'une discussion très passionnée ni même approfondie alors que c'était l'occasion de

1. Entretien avec quelques journalistes, dont les auteurs.

faire un bilan de plus de cinquante ans de construction communautaire. La France et la Grande-Bretagne obtiennent simplement que les aspects les plus fédéralistes du projet belge soient gommés et surtout que la future Convention européenne ne soit tenue que de fournir des « options » aux gouvernements, à charge pour ces derniers de faire le tri, et non un projet rédigé article par article. Pour les chefs, le véritable enjeu du sommet est ailleurs : ils vont se chamailler sur la nomination du président de la Convention [1] et surtout sur... les sièges de treize agences européennes [2] !

On atteint le fond. Les arguments volent bas, très bas, chacun voulant à toute force l'un de ces obscurs organismes pour des raisons de prestige national. Ainsi, la France réclame pour Lille l'Autorité alimentaire européenne ou, à défaut, l'Agence pour la sécurité maritime pour Nantes. Problème : la Finlande et l'Italie veulent aussi l'Autorité alimentaire. Silvio Berlusconi, fraîchement élu à la tête du gouvernement de la Péninsule, va se faire remarquer en défendant bec et ongles la candidature de Parme, les deux agences (pour la protection civile et la surveillance des frontières extérieures) qui lui reviennent dans le compromis préparé par la présidence belge ne lui convenant pas. Agacé par les prétentions du Premier ministre finlandais, Paavo Lipponen, il lui lance : « Mais vous ne savez même pas ce qu'est le proscuitto... » « Il a été impossible de décrocher Parme mais nous avons résisté de manière dure », explique à l'issue du sommet un Berlusconi tout fier qui dénonce les « promesses faites depuis plusieurs années à Helsinki par des gouvernements sociaux-démocrates ». Sous-entendu : la droite, qui domine désormais le Conseil européen, n'a pas de cadeaux à faire aux socialistes. La gauche, c'est l'obsession d'Il Cavaliere : depuis son retour au pouvoir, il agrémente pratiquement tous les dîners des chefs d'Etat et de gouvernement d'une longue tirade sur la manière dont, véritable combattant de la liberté, il a vaincu les « communistes » en Italie.

D'ailleurs, « Jacques Chirac a fait lui aussi de la résistance »,

1. Voir chapitre 10.

2. Autorité alimentaire européenne, Agence pour la sécurité maritime, Agence pour la sécurité aérienne, Agence pour la sécurité et l'interopérabilité ferroviaire, Agence pour la protection civile, Eurojust, Collège européen de police, Agence communautaire pour l'échange d'informations en matière de visas, Observatoire pour l'asile et l'immigration, Agence pour la sécurité de la technologie de l'information, Bureau pour la surveillance des frontières extérieures, ITER, Observatoire pour la drogue et la toxicomanie.

révèle le président du Conseil italien. De fait, le président français a bataillé comme il en a l'habitude pour obtenir « son » agence. Il n'a pas arrangé sa réputation de machiste lorsqu'il a lancé au Premier ministre suédois Göran Persson : « Vous avez des jolies filles chez vous ? — Oui, répond l'autre interloqué. — Eh bien, vous n'avez qu'à ouvrir une agence de mannequins et comme ça vous aurez un siège chez vous. » Chirac est un habitué de ces saillies. En février 1988, alors qu'il est le Premier ministre de François Mitterrand et qu'il négocie les premières « perspectives financières » à Bruxelles, avec l'impitoyable Margaret Thatcher, il s'exclame, oubliant que son micro est ouvert : « Qu'est-ce qu'elle me veut cette ménagère, mes couilles sur un plateau ? » En décembre 1997, à Luxembourg, agacé par Tony Blair qui exige de siéger à l'Eurogroupe alors qu'il ne veut pas adopter la monnaie unique, il lance : « Est-ce qu'on va continuer longtemps à enculer les mouches ? » Chaque chef a en mémoire une anecdote ou l'autre qui font la grandeur présidentielle. Plutôt que de rejouer Nice, après plusieurs heures de discussion, Guy Verhofstadt préfère tout simplement arrêter les frais. Il faudra attendre le sommet de Bruxelles des 12 et 13 décembre 2003 pour que les sièges soient finalement attribués et l'Italie obtiendra l'Autorité alimentaire. Deux ans pour une décision aussi insignifiante !

Mais l'essentiel a été obtenu par Verhofstadt : les gouvernements ont accepté le principe d'une Convention européenne pour préparer un nouveau traité, éventuellement une Constitution, d'ici à juin 2003. Les « chefs » ont ainsi reconnu implicitement qu'ils se sentaient incapables de négocier eux-mêmes un texte un tant soit peu ambitieux et qu'il valait mieux passer la main à des représentants élus. Ce véritable hara-kiri du Conseil européen est sans doute le meilleur service que pouvait rendre à l'Union cet organisme usé. Chacune de ses réunions est de plus en plus laborieuse, comme le montre le sommet de Laeken. Il est désormais inapte à la prise de décision, chaque chef ne pense qu'à préserver ses intérêts nationaux aussi misérables soient-ils, les visionnaires sont une poignée et l'esprit communautaire a disparu. Après avoir redonné de l'ambition à l'Union durant dix ans, entre 1984 et 1992, il est désormais un vecteur de médiocrité et de paralysie.

CHAPITRE 5

Les médias contre l'Europe ?

C'était le temps des militants. Alors que mai 1968 éclate à Paris, un petit groupe de jeunes rêvent d'Europe à Grenoble. Ils s'appellent Marc Paoloni, Marcel Scotto, José-Alain Fralon, Roger Bouchard, Patrick Bonazza et Gérard Rousselot. Ils étudient pour la plupart les sciences politiques au pied des Alpes. Gueule d'ange, charisme irrésistible et bagout d'enfer, leur « chef », Rousselot, revient, comme Bouchard, de la guerre d'Algérie. Depuis 1965, ce militant gaulliste aux allures de baroudeur donne à ses « élèves » à peine sortis de l'adolescence – le plus jeune a 16 ans – des cours improvisés de sciences politiques, de sociologie et d'histoire. Mélange de boy-scoutisme – on crapahute dans la montagne, on retape des châteaux en ruine – et de militantisme politique, le « club Europa » réunit des garçons qui ont presque tous un point en commun. Ils ont connu, de près ou de loin, les horreurs de la guerre d'Algérie ou le déchirement d'un exil forcé vers la France. Leur but ? « L'idée, c'est de monter à Bruxelles pour faire l'Europe », explique Paoloni [1]. Comment ? Le flou le plus absolu règne.

C'est de Rousselot, parti en éclaireur à Bruxelles dès 1968, que vient l'inspiration : on fera du journalisme, quitte à bouffer de la vache enragée et à camper l'un chez l'autre pendant quelques années. Ce n'est pas leur vocation première, loin s'en faut. Certains d'entre eux regretteront d'ailleurs toute leur vie d'être restés des observateurs engagés alors qu'ils auraient pu devenir des

---

1. Entretien avec les auteurs.

acteurs de la construction européenne, par exemple en intégrant la Commission. Mais au cours de l'été 1969, la décision est prise : une première partie du groupe « monte » en Belgique, bientôt suivie par les autres.

Le Bruxelles européen des années 1960 n'a rien à voir avec la capitale européenne d'aujourd'hui. Le Conseil des ministres tient ses réunions au « Ravenstein », un immeuble du centre de Bruxelles où quelques journalistes attendent en haut des escaliers, à côté des toilettes, de prendre connaissance des décisions prises par les « Six [1] ». La Commission siège rue de la Joyeuse Entrée, dans un petit bâtiment situé le long du Parc du Cinquantenaire. En 1965, avec ses 3 200 fonctionnaires disséminés dans huit bâtiments, elle est l'équivalent d'une institution moyenne de la famille des Nations unies, comme l'Unicef. Les députés européens désignés par leurs Assemblées nationales respectives se réunissent périodiquement à Strasbourg et à Luxembourg mais ils n'ont pratiquement aucun pouvoir : on parle de l' « Assemblée parlementaire » et non du « Parlement européen [2] ».

Le Berlaymont, l'imposant édifice en forme de croix que la Commission occupera à partir de 1967, est encore en construction. Les Dames du Berlaymont, chanoinesses régulières de l'ordre de Saint-Augustin, se sont fait tirer l'oreille pour vendre leur couvent de la rue de la Loi avec le parc de deux hectares qui l'entoure. Après tout, elles ne l'occupent que depuis 1864, après avoir déjà été chassées de leur précédent couvent de la rue de l'Etoile par la construction d'une autre mastodonte bruxellois, le Palais de Justice de l'architecte Joseph Poelaert ! Mais l'Etat belge, qui veut ancrer la Commission à Bruxelles, sait se montrer persuasif et généreux pour les pousser à quitter ce qui est encore au début des années 1960 un quartier d'hôtels particuliers construit au XIXe par la bourgeoisie triomphante. Il est vrai que d'autres pays sont prêts à accueillir le siège des institutions européennes éparpillées entre Bruxelles, Luxembourg et Strasbourg, « provisoirement » jusqu'en 1993, définitivement ensuite. L'Italie met Turin sur la table, la France propose Strasbourg et Chantilly, à 30 km de Paris. Au lieu du sempiternel « Bruxelles a décidé », le tic réducteur des journaux

---

1. Allemagne, France, Italie, Pays-Bas, Belgique et Luxembourg.

2. Il faudra attendre 1979 pour qu'ils soient élus au suffrage universel et 1987, avec l'entrée en vigueur de l'Acte unique, pour qu'ils acquièrent quelques pouvoirs.

et des télévisions, on aurait pu avoir des titres comme « Chantilly somme la France d'ouvrir son marché de l'électricité »...

Les pionniers

Quand les « Grenoblois » arrivent à Bruxelles, le corps de journalistes accrédités auprès de la Communauté économique européenne (CEE) ne compte qu'une poignée de correspondants. En 1958, un an après la signature du traité de Rome, ils n'étaient même que deux. Le premier fut Emmanuele Gazzo, créateur de « l'Agence Europe » en 1953, peu après le lancement de la Communauté européenne du charbon et de l'acier (CECA). Mousse sur un navire au long cours à 15 ans avant de devenir éditeur et journaliste en Italie, ce bourlingueur, qui a déjà 50 ans bien sonnés en 1958, est une figure mythique de la presse européenne. Sur le papier bleu de son bulletin quotidien, ce détenteur des tables de la loi fédéraliste va pendant quarante-trois ans faire la leçon aux ministres, aux commissaires et aux députés européens en distribuant bons et mauvais points dans des éditoriaux souvent sentencieux mais respectés. Une lecture obligée pour tous les décideurs européens. Il créera même une dynastie avec ses filles jumelles, Lydia et Marina, qui embrasseront la carrière avant de reprendre le flambeau de leur père à la tête de l'Agence Europe pour la seconde. Intime des pères fondateurs, dont Jean Monnet que les sœurs Gazzo voient souvent débarquer à la maison pendant leur enfance, le patriarche mourra en août 1994, quelques semaines après avoir signé son dernier éditorial et quelques mois avant que Jacques Delors ne quitte définitivement Bruxelles.

Quelques grands journaux européens envoient ensuite des correspondants, dont la *Frankfurter Allgemeine Zeitung*, *Die Welt* et les grandes agences de presse – AFP, Reuters, UPI. Seul journal britannique présent, le *Financial Times*. Le général de Gaulle s'obstinant à poser son veto à l'adhésion du Royaume-Uni (par deux fois, en 1964 et en 1967), ni le *Daily Telegraph*, ni le *Times* de Londres, deux des titres les plus prestigieux de la presse mondiale, ne jugent utile d'investir dans un « machin » à l'avenir duquel ils ne croient pas. *Le Monde*, qui est pourtant la référence en termes de politique internationale en Europe, attendra 1969 pour disposer à Bruxelles d'un correspondant salarié à temps plein en la personne de Philippe Lemaître [1]. Ce dernier, qui travaille depuis 1963 dans la capitale belge pour Agra-France, une publication agricole confidentielle, et qui « pige » pour *Le Monde* depuis 1966, fait déjà figure d'ancien. « J'ai vu arriver les autres », raconte-t-il aujourd'hui [2]. Il restera en poste jusqu'en 2001. *Le Figaro* ne prendra un correspondant permanent qu'en 1973 en débauchant du bureau bruxellois de l'AFP Yann de l'Ecotais, qui y officiait depuis 1965. Le nombre de correspondants accrédités auprès des institutions européennes n'atteindra la quarantaine qu'en 1978. Les « Bruxellois » travaillent surtout dans l'information agricole, seul secteur d'activité concret de cette Europe qui se construit lentement. Le premier papier de Lemaître pour *Le Monde* concerne d'ailleurs les aides aux fécules de pommes de terre et de maïs. C'est l'époque où les betteraviers français, riches des généreuses subventions européennes, mettent des millions de francs sur la table pour fonder, en 1972, « Europolitique », une agence de presse spécialisée concurrente de l'Agence Europe.

Tous copains

Même après la fin de la politique de la « chaise vide » pratiquée par le général de Gaulle en 1965-66 pour empêcher le passage au vote à la majorité qualifiée au sein du Conseil des ministres, la CEE apparaît constamment en sursis. La première crise du pétrole de 1973 donne le coup d'envoi d'une très longue période de basses eaux, d'eurosclérose et d'europessimisme marquée par la restructuration de la sidérurgie, les crises budgétaires à répétition, les blocages britanniques et la surproduction agricole. Bruxelles apparaît alors comme un bagne où sont relégués quelques journalistes écrivant des articles techniques incompréhensibles par le commun des mortels. Robert de Suzannet, qui fut correspondant du

1. *Libération*, journal né en 1973, a attendu janvier 1992 pour nommer un correspondant permanent. En revanche, *Les Echos*, quotidien économique né en 1954, a envoyé rapidement un journaliste à Bruxelles. *La Tribune*, son concurrent créé en janvier 1985, a aussi nommé immédiatement un correspondant en la personne de Marc Paoloni, un pilier de la « bande de Grenoble » toujours en poste.

2. Entretien avec les auteurs.

Figaro à Bruxelles, ne se faisait aucune illusion sur son rôle. « Mes papiers, disait-il, ne sont parcourus que par les voyageurs imprévoyants coincés pendant des heures dans un train avec un quotidien pour seul viatique. Ils ont déjà lu tous les autres articles, parcouru l'horoscope, fait les mots croisés et dévoré la rubrique nécrologique. Morts d'ennui, ils s'attaquent enfin aux Montants compensatoires monétaires et à la réduction de la production d'aciers plats si le train ne les libère pas auparavant en arrivant en gare. »

Mais si la capitale belge n'est pas un poste pour les journalistes ambitieux qui rêvent du prix Albert-Londres, la ville, curieux mélange de 19 villages qui ont chacun leur centre et leur personnalité, offre une qualité de vie exceptionnelle à ces hommes et ces femmes venus y travailler un an et qui y resteront pour beaucoup toute leur vie. A la fin des années 1960 et au début des années 1970, Bruxelles est une cité provinciale et prospère qui peut encore revendiquer le titre de capitale d'un pays toujours uni. Les tensions communautaires entre Flamands et Wallons sont certes présentes, mais les manifestations de nationalisme restent limitées et la dévolution des pouvoirs aux régions est un phénomène contenu. Malgré la « drache nationale », cette pluie qui tombe presque sans cesse en Belgique, la ville est agréable. Les quartiers les plus populaires du centre-ville n'ont guère la cote auprès de l'eurocratie naissante. Fonctionnaires européens et journalistes se concentrent à Uccle et dans les deux Woluwé (Saint-Pierre et Saint-Lambert), où l'on vit aux côtés de l'aristocratie et de la bourgeoisie francophones de la capitale dans de grosses villas entourées de somptueux jardins. Dans les autres quartiers, et singulièrement dans la zone d'implantation européenne, les promoteurs de bureaux s'en donnent à cœur joie, dévastant des pans entiers de la ville et créant un chaos urbanistique que l'on enseigne désormais comme un contre-exemple dans les écoles d'architecture sous le terme de « bruxellisation ».

Tout ce petit monde européen se connaît. Les journalistes sont des intimes des commissaires, des hauts fonctionnaires et des diplomates en poste à Bruxelles. Le Néerlandais Sicco Mansholt, père de la Politique agricole commune, teste ses idées autour de déjeuners au Cap d'Argent, un restaurant situé au pied du palais des Beaux-Arts construit par l'architecte Horta au début du siècle dernier. Une tablée lui suffit pour prendre le pouls de la presse européenne. Pas besoin de rendez-vous pour rencontrer un membre de l'exécutif européen, il suffit d'entrer dans son bureau, sans aucun contrôle de sécurité. Les ministres de passage à Bruxelles tous les mois finissent par devenir aussi des familiers. Une réunion-marathon de six jours sur la prime à la vache allaitante, ça rapproche. « On est tous devenus copains », se souvient Lemaître [1].

Complicité et connivence

La concurrence entre journalistes est faible et le stress inexistant. Les ordinateurs portables et les GSM, excroissances naturelles des journalistes du XXIe siècle, appartiennent encore au domaine de la science-fiction. On dicte son papier par téléphone à une « sténo » ou on envoie un télex de la poste centrale. La proximité est renforcée par le « rendez-vous de midi », les conférences de presse quotidiennes organisées par la Commission. Unique au monde, cette rencontre permet à l'exécutif d'alimenter la presse en nouvelles « prémâchées » et de développer des liens amicaux avec les journalistes. C'est aussi une façon de contrôler les médias et d'en prendre le pouls. A l'époque, le « rendez-vous » se tient dans une salle du Berlaymont dont l'élément essentiel est le bar. Seule contrainte technique : la machine à café doit s'arrêter quand le vicomte Etienne Davignon, commissaire à l'Industrie, explique combien de sidérurgistes devront passer à la trappe pour restructurer les aciéries européennes. Toutes les informations se partagent, parce que la véritable difficulté du métier, c'est d'être compris par ses lecteurs. Pourquoi se battre pour un « scoop » qui n'excite guère des rédactions nationales bâillant d'ennui à la seule évocation de Bruxelles ? Tout ce petit monde parle français, langue dominante dans la ville et dans des institutions européennes calquées sur le modèle hexagonal. Les journalistes et les porte-parole ne peuvent d'ailleurs s'exprimer qu'en français lors du rendez-vous de midi. L'imprudent visiteur américain ou norvégien qui ose poser une question en anglais se fait vite remettre à sa place par les huées de ses collègues. Il faudra attendre 1995 pour que l'anglais soit admis en salle de presse en plus du français.

Des idylles se nouent entre journalistes et fonctionnaires, des

1. Entretien avec les auteurs.

mariages sont célébrés, des enfants – futurs fonctionnaires pour certains – naissent et fréquentent l'école européenne de Bruxelles, officiellement réservée aux rejetons des fonctionnaires mais qui ouvre ses portes à d'autres moyennant finances. Des disputes éclatent aussi, générant des inimitiés terribles qui dureront des décennies. Parmi les brillants jeunes gens qui font un « stage » à la Commission sur recommandation, on trouve des noms qui reviendront trente ans plus tard tout en haut de l'affiche de l'actualité européenne. Le tout jeune Karel Van Miert, futur commissaire à la concurrence, sera par exemple parrainé par Philippe Lemaître. Cette proximité touche parfois à la confusion des genres.

Bref, c'est en famille qu'on fait l'Europe, dans une complicité, voire une connivence extraordinaires. Les « dommages collatéraux » sont évidents. Le sentiment de participer à un projet historique fragile, menacé et mal compris par les opinions publiques a pu amener des journalistes à minimiser les travers de la construction communautaire. Certains ont cédé à une sorte de « raison d'Etat européenne », où les dérives d'une bureaucratie parfois atteinte de cécité sont traitées avec compréhension, ou même volontairement ignorées.

Les années Delors

Ce phénomène va atteindre des sommets durant les « années Delors » qui, à partir de 1985, marquent un tournant dans l'histoire européenne. L'ancien ministre des Finances français dispose de l'appui de François Mitterrand et d'Helmut Kohl et d'un mandat précis : sortir l'Europe de l'ornière dans laquelle elle s'embourbe. Commence alors une décade prodigieuse marquée par l'achèvement du marché unique et le traité de Maastricht, qui allait conduire à l'introduction de l'euro. Après des années d'eurosclérose, le corps de presse européen est galvanisé par cette relance. Il va être l'un des plus précieux alliés de Delors en lui offrant une couverture médiatique importante et surtout très favorable. Cet élément est loin d'être négligeable, car il ne faut pas perdre de vue que la Commission n'a pas d'opinion publique propre. Son président ne peut, comme Jacques Chirac ou Tony Blair, faire directement irruption dans les foyers européens par télévision interposée pour s'adresser à ses « compatriotes », même s'il dispose d'une tribune dans son propre pays. Ce sont donc les journalistes accrédités qui jouent ce rôle de caisse de résonance pour faire passer ses idées auprès des citoyens et des gouvernements de l'Union, explorer des pistes avant de se lancer à l'eau et présenter des initiatives. De ce point de vue, la presse, à Bruxelles, est un véritable acteur : perdre ses faveurs, c'est l'assurance d'une descente aux enfers médiatiques. Santer et Prodi l'ont expérimenté à leurs dépens, faute de l'avoir compris.

Jacques Delors a pourtant entamé cette relation essentielle d'un bien mauvais pied. Les méchants articles publiés pendant les toutes premières semaines de son règne montrent qu'il n'y a pas eu de coup de foudre entre l'ancien ministre français des Finances et son « peuple » journalistique. Il n'est pas français pour rien : persuadé que l'on peut contrôler la presse, il part dans des colères froides lorsque des articles peu amènes atterrissent sur son bureau et c'est son entourage qui trinque. Mais l'autodidacte qu'il est va très vite comprendre qu'il lui faut se concilier la presse en jouant l'ouverture et la complicité dans l'élaboration de ses projets. L'entreprise de séduction fonctionne parfaitement. A l'exception notable de la plupart des journaux britanniques, alignés sur la position eurosceptique des gouvernements Thatcher et Major, les journalistes vont suivre le mouvement. Parfois au prix de batailles homériques avec des rédactions nationales souvent ethnocentristes, particulièrement en France. Défendre, de Bruxelles, la politique du « franc fort » menée au début des années 1990 par la Banque de France afin que la monnaie unique ait une chance de voir le jour a tenu de l'exploit suicidaire face aux bataillons d'économistes parisiens favorables à la dévaluation qui ont l'oreille des patrons des quotidiens. Tenter de « vendre » un papier expliquant les bienfaits de la monnaie unique à des rédactions centrales allemandes plus enclines à tresser les louanges du mark a constitué une performance épuisante pour nombre de correspondants.

Mais le succès même de la relance entamée par Delors va profondément transformer la sociologie de la salle de presse. Les élargissements successifs à de nombreux pays, les nouveaux traités, l'extension continue des compétences vont amener la plupart des rédactions à nommer des correspondants permanents à Bruxelles. En 1993, la salle de presse compte déjà 650 accrédités permanents. Ces journalistes nouvellement arrivés ne partagent pas la même dévotion à l'égard de la construction communautaire. Pour eux, elle n'est pas un sujet de passion mais tout simplement un objet d'observation. Delors, qui a perdu l'habitude d'être critiqué, sauf par une presse britannique dont l'outrance affaiblit la charge, perd parfois son sang-froid quand des articles l'irritent [1]. L'adhésion de nombreux pays du Nord a aussi modifié la culture journalistique bruxelloise. Ce qui peut paraître normal ou sans importance pour le Sud apparaît souvent comme anormal au Nord. L'anglais est devenu la langue dominante [2]. L'obsession de la transparence, le questionnement agressif, la recherche d'informations extérieures à la sphère communautaire ont petit à petit gagné l'ensemble de la salle de presse. Au milieu des années 1990, la Commission s'est, en fait, retrouvée soumise au traitement habituellement réservé aux gouvernements nationaux. Un choc qu'elle n'était nullement prête à encaisser.

L'investigation arrive à Bruxelles

L'affaire de la vache folle, en 1996-1997, tourne définitivement la page de la complicité avec les journalistes. Bousculée par les révélations sur ses manquements, la Commission réagit avec l'arrogance de ceux qui sont habitués à avoir raison. Las, cette fois-ci, une partie des médias refuse de l'absoudre et poursuit ses investigations. Les « points de midi » perdent en convivialité et gagnent en brutalité. Les porte-parole de l'institution, soumis au feu roulant de questions de plus en plus agressives, vont surnommer la salle de presse le « chaudron ». L'ambiance entre journalistes change aussi. Les « historiques » s'en prennent à ceux qui « font le jeu des eurosceptiques ». Ils considèrent que la construction communautaire est mise en danger et que la grandeur de l'objectif ultime excuse quelques « errements bureaucratiques ».

---

1. En juin 1993, il demandera en vain à Serge July, le patron de *Libération*, le rappel en France du correspondant de son quotidien à Bruxelles.

2. La plupart des documents ne sont plus disponibles qu'en anglais alors que le multilinguisme est l'un des principes de base de l'Union européenne, celle-ci produisant des normes directement applicables dans les Etats membres. Une simple visite sur le site officiel de l'Union (http://europa.eu.int), pourtant destiné au grand public, suffit pour constater l'étendue des dégâts.

Ces deux conceptions du métier de journaliste, l'une idéologique, l'autre pragmatique, se retrouvent aussi dans la presse étrangère y compris britannique. En 1998, les affaires de fraudes, révélées par un petit groupe de journaux [1], vont confirmer ce désamour entre la Commission et les médias. Les relations entre les « historiques » et les « nouveaux » se tendent encore plus. Les premiers ne jugent pas bon d'évoquer le dossier Cresson jusqu'à ce que le Parlement européen s'en empare car il s'agit pour eux d'une « non-affaire ». L'argument est toujours le même : autant de bruit pour quelques emplois supposés fictifs, si courants dans les pays latins et en France en particulier, c'est faire le jeu des eurosceptiques. Même après la chute de la Commission Santer et encore aujourd'hui, l'ancien Premier ministre français trouve des défenseurs parmi les correspondants français à Bruxelles. Dans le cas spécifique de la France, le rapport qu'entretiennent la plupart des médias avec le pouvoir politique explique en partie cette attitude [2].

La Commission, totalement déstabilisée par des journalistes qu'elle ne comprend plus, cherche à réagir. Ses réflexions en disent long sur son désarroi. En janvier 1999, à la suite d'une erreur de manipulation, une stagiaire de la Commission agrafe une note interne confidentielle avec un arrêt de la Cour de justice européenne et remet le tout à la reprographie. Quelques heures plus tard, l'ensemble est distribué aux... journalistes qui peuvent ainsi prendre connaissance de ce que l'exécutif européen pense d'eux. Ladite note, rédigée par le porte-parole d'Edith Cresson, Jimmy Jamar, déplore une « prise en main de la salle de presse par des journalistes d'investigation. Mais il est faux de dire que nous

---

1. Un *pool* de journalistes basé sur le volontariat a été créé pour enquêter sur les « affaires » à partir de septembre 1998 : *Libération*, *Le Nouvel Observateur*, le *Sunday Telegraph*, *Focus*, un hebdomadaire allemand, ARD, une chaîne de télévision allemande, *La Meuse-La Lanterne*, *Le Soir*. Les affaires seront réparties selon les sources de chacun et l'échange d'informations sera systématique. Sa composition a été critiquée, la déontologie de certains de ses membres ayant été jugée douteuse. De fait, certains journaux du *pool* ont dérapé en faisant de la Commission un nid de fraudeurs.

2. Deux thèses récentes ont été consacrées à l'évolution de la couverture médiatique de l'Union européenne depuis les années 1990. Olivier Baisnée : *La production de l'actualité communautaire. Eléments d'une sociologie comparée du corps de presse accrédité auprès de l'UE (France/Grande Bretagne)*, Rennes, 2004. Gilles Bastin : *Les professionnels de l'information européenne à Bruxelles*, Paris, 2004. Lire aussi : *En quête d'Europe, Médias européens et médiatisation de l'Europe*, sous la direction de Dominique Marchetti, 301 p., Presses universitaires de Rennes, 2004.

n'avons plus d'amis. Au contraire : beaucoup de journalistes avouent leur perplexité devant ce qui arrive ; beaucoup désapprouvent – parfois ouvertement – l'outrance de leurs collègues (...) Nous devons utiliser nos alliés potentiels pour rétablir un équilibre entre journalistes de fond et d'investigation ». Plus loin, ce document juge qu'une « dose de cynisme – et parfois d'hypocrisie – dans la manière de diffuser l'information est parfois nécessaire (...) Face à certains journalistes particulièrement retors, il faut malheureusement se résigner à se faire (provisoirement) violence ».

En finir avec les « points de midi »

La Commission retiendra la leçon. Dès son arrivée à Bruxelles, Romano Prodi n'aura qu'un souci : stériliser l'information, la rendre la plus inodore et la plus neutre possible. Cette stratégie passera par une « professionnalisation » du service de presse. Les porte-parole seront davantage choisis pour leur fidélité à l'institution que pour leurs qualités de communicateurs. L'idée est de couper les liens unissant le commissaire à « son » porte-parole afin d'éviter que celui-ci ne soit tenté de le défendre en donnant de l'information sur un autre membre du collège. On essaie d'appliquer les méthodes des « spin doctors » de Tony Blair pour créer des événements que la presse est obligée de suivre plutôt que de la laisser fouiner. Enfin, toute l'information va se retrouver sur Internet et les points de presse quotidiens sont diffusés par Europe by satellite (EBS) le tout au nom de la « transparence ». Impossible, dans ces conditions, d'utiliser encore la pratique du « off the record », qui permet de parler sans voir son nom cité. Désormais, la parole est contrainte. La langue de bois devient la nouvelle règle de fer[1].

L'opération, sur le long terme, est une réussite. L'information diffusée par la Commission est de plus en plus insipide, officielle voire, par certains aspects, « soviétique », même si sa masse critique fait que l'institution continue de jouer les premiers rôles

1. Cette technique a montré ses limites : elle n'a pas empêché les journaux de continuer leur travail et le service du porte-parole de multiplier les erreurs de gestion médiatique. Ce n'est qu'avec l'affaire Eurostat, en 2003, que la Commission montrera un certain savoir-faire.

médiatiques. « Bruxelles », cela reste l'exécutif européen. Mais il y a un prix : les journalistes ont tendance à « couvrir » davantage le Conseil des ministres mais aussi de plus en plus le Parlement européen, le lieu où la parole est le plus libre. Le refroidissement des relations entre la presse et la Commission a une autre conséquence, plus grave : rares sont désormais les journalistes à se sentir impliqués par la construction communautaire. Bruxelles s'est banalisé au point de n'être plus qu'un point de passage dans une carrière journalistique.

La « famille » s'agrandit

Mais plus aucune rédaction ne conteste la nécessité d'avoir un représentant auprès de l'Union. Les journalistes accrédités sont désormais plus de 1 200 (chiffre 2004). Il s'agit du plus grand corps de presse au monde, cinquante-sept nationalités y sont représentées. Ils sont particulièrement choyés par les différentes institutions qui entretiennent des bataillons de porte-parole toujours disponibles pour répondre aux questions les plus incongrues sur les sujets les plus baroques. Les fonctionnaires en charge des dossiers savent aussi se montrer accueillants. Tant et si bien que recueillir l'information quotidienne ne constitue pas une difficulté insurmontable. Contrairement à l'image souvent véhiculée, l'Europe est davantage une maison de verre qu'un monstre d'opacité bâti par des technocrates complotant en grand secret. Il est impossible de cacher quoi que ce soit avec un tel nombre de commissaires, de fonctionnaires, de délégations nationales, de députés européens et de lobbyistes. Gâtée par l'abondance des sources, la presse est aussi techniquement choyée. Bruxelles est le seul endroit du monde où un journaliste de télévision peut débarquer du Mexique les mains dans les poches. La Commission lui fournira tout gratuitement : de l'équipe de tournage au montage de son sujet.

A cette inflation journalistique correspond une inflation de fonctionnaires et de diplomates européens. La proximité est devenue physiquement impossible : trop de monde de trop de nationalités différentes. L'Union possède ou loue désormais plus de 50 bâtiments à Bruxelles, soit 11 % du parc de bureaux de la ville. Les fonctionnaires, permanents et temporaires confondus, frôlent les 30 000. En y ajoutant tous ceux qui gravitent autour de l'Europe, les lobbyistes, les diplomates et les journalistes, on arrive selon une étude réalisée pour les autorités de la région de Bruxelles-capitale à un chiffre de près 55 000 personnes travaillant pour ou dépendant des institutions internationales basées à Bruxelles. Avec leurs familles, on tourne autour de 100 000 personnes qui dépensent en Belgique quelque 6 milliards d'euros par an. Ils forment une population à part dans la ville. Leur niveau de vie [1], comme celui des journalistes, à un moindre niveau, est en total décalage par rapport à la population belge habitant Bruxelles, qui n'a fait que se paupériser ces trente dernières années. Le revenu par habitant des Bruxellois est passé sous celui des Wallons et est très largement inférieur à celui des Flamands.

Malgré un récent mouvement de retour dans la capitale, les ménages à revenu moyen ont massivement quitté une ville où les loyers ont explosé au tournant du millénaire, même si, en comparaison de Paris ou Londres, les prix restent raisonnables. S'il ne s'agit certainement pas de la seule explication, l'avancée inexorable des surfaces de bureaux occupées par les institutions européennes et la présence d'une énorme communauté expatriée a changé la donne. Une fracture sociale de plus en plus importante s'est creusée dans une ville désormais divisée entre quartiers riches et pauvres, sans aucun mécanisme d'entraide. Il reste que l'Europe est essentielle à la survie économique d'une ville pratiquement abandonnée à son sort par les autorités fédérales belges. Ces dernières ne lui consentent qu'une aumône de quelque 125 millions d'euros par an pour assumer son double rôle de capitale de l'Europe et de Belgique. Sans la perfusion européenne, Bruxelles, où le chômage frappe 22 % de la population active, serait ruinée.

1. L'échelle des salaires, pour le personnel d'encadrement, va de 6 000 à 16 000 euros par mois sans compter les primes et les très généreuses allocations familiales. La grille complète est disponible sur le site :
www.europa.eu.int/comm/dgs/personnel-administration/statut/tocfr100.pdf.

La Manschaft allemande

Les gros bataillons de journalistes européens sont allemands. Quelque cent cinquante correspondants nourrissent la presse la plus influente d'Europe, des grands quotidiens aux journaux télévisés en passant par des journaux « régionaux », dont la qualité n'a rien à voir avec un presse régionale française trop souvent abonnée aux concours de pétanque. L'austère *Frankfurter Allgemeine Zeitung* (FAZ) et ses six correspondants bruxellois font face à une concurrence féroce d'autres quotidiens généralistes comme *Die Welt*, la *Frankfurter Rundschau* ou la *Süddeutsche Zeitung*, qui ont chacun trois journalistes à Bruxelles. Les quotidiens économiques, dont *Handelsblatt* et ses cinq envoyés spéciaux permanents, sont sous la pression du *Financial Times Deutschland*, qui est entré de manière très agressive sur le marché européen, à l'instar de son grand frère britannique. Tous les grands hebdomadaires – *Die Zeit*, *Stern*, *Der Spiegel*, *Focus* – entretiennent de un à trois correspondants permanents. Toutes les régions du pays sont représentées, du *Badische* au *Stuttgarter Zeitung*. L'audiovisuel allemand est lui aussi puissamment installé. La Deutsche Welle, la « BBC allemande » qui diffuse en plusieurs langues, y a douze correspondants. Si la Deutschland Radio dispose de six journalistes, les radios régionales, comme la Bayerischer Rundfunk, sont très présentes. Les chaînes de télévision allemandes ont des équipes pléthoriques dans la capitale belge : cinq journalistes pour la ZDF, quatre pour ARD. Même si la crise structurelle que connaît la presse écrite n'a pas épargné l'Allemagne, l'ampleur, la diversité et le professionnalisme de sa couverture de l'actualité européenne sont, pris globalement, sans équivalent dans les autres pays. Rien n'échappe à ces cent cinquante journalistes que leurs rédactions n'hésitent pas à envoyer dans tous les coins d'Europe pour y débusquer une bonne « histoire ».

Les commissaires, ministres et diplomates allemands travaillent main dans la main avec cette meute plutôt amicale. Comme tous ses homologues du gouvernement fédéral, le ministre allemand des Affaires étrangères – quel que soit son bord politique – entretient avec la presse bruxelloise une relation extrêmement proche. Lors des réunions mensuelles des chefs de la diplomatie européenne, il rencontre les correspondants de son pays au moins deux fois pour les tenir au courant de l'évolution des débats. Le soir, il revoit bien souvent les médias les plus importants autour d'une table de restaurant pour un briefing *off the record* qui lui permet de distiller des confidences. Le rite du *Kamingespräch* est sacré. Après le dîner entre les chefs d'Etat et de gouvernement qui a lieu au premier jour des Conseils européens, le chancelier se rend vers minuit dans la grande salle d'un café ou dans un hôtel bruxellois pour y répondre autour d'une bière à toutes les questions jusqu'à épuisement des acteurs. Le résultat de cette occupation de terrain est que la presse accorde une place très importante au point de vue de son gouvernement.

La grande misère française

Dans l'autre grand pays fondateur de l'Union, le paysage est très différent. La France dispose en tout et pour tout d'une patrouille de quarante-trois journalistes à Bruxelles, à peine plus que les Pays-Bas, quatre fois moins peuplés. La comparaison avec les médias allemands, espagnols ou italiens est tout aussi terrible pour les Français. Et encore ce chiffre est-il déformé par l'importance de la présence de l'Agence France-Presse (AFP), qui compte onze journalistes. Seul *Le Monde* a consenti un véritable investissement en ouvrant un « bureau européen » qui fait travailler cinq rédacteurs, même si *Le Figaro, La Tribune* ou *Les Echos* ont récemment doublé leur représentation avec deux correspondants chacun. Un seul hebdomadaire (*Le Nouvel Observateur*) et un seul régional (*Les Dernières Nouvelles d'Alsace*) disposent d'un correspondant à plein temps. *Le Point* et *L'Express* se contentent de pigistes, tout comme les radios, à l'exception notable du groupe Radio France (France Inter, France Info, Radio France International), très bien représenté. La présence des télévisions françaises est famélique. France 2 et France 3 ont chacune un correspondant. Comme le Brésil et la Bulgarie. Mais deux fois moins que la Chine – ce pays renforce régulièrement sa présence à Bruxelles – et quatre fois moins que la Finlande, où ne vivent que cinq millions de personnes. TF1, la plus grande chaîne de télévision d'Europe, fait l'impasse sur Bruxelles même si LCI vient d'y créer un poste.

Les contacts qu'entretiennent les journalistes français à Bruxelles avec leurs hommes politiques se réduisent à leur plus simple expression. Jacques Chirac, qui n'aime guère les médias, se contente d'une conférence de presse finale lors des sommets. Il est rarement question de rencontre au coin du feu pour tenter d'expliquer la position française. Seules rares exceptions : François Mitterrand, durant ses deux septennats, s'est toujours astreint à ces rencontres informelles, tout comme Hubert Védrine, lorsqu'il était ministre des Affaires étrangères entre 1997 et 2002. Nicolas Sarkozy, lorsqu'il était au gouvernement, a lui aussi essayé de ranimer ces contacts avec la presse qui font beaucoup pour faire passer un argumentaire. Mais de façon générale, les hommes politiques français se méfient beaucoup de ces journalistes souvent peu sensibles à « l'intérêt national » et soupçonnés d'europhilie, l'insulte suprême.

Leur nombre réduit serait surtout dû aux difficultés qu'endure la presse française. Il est vrai que les Français lisent deux fois moins de journaux que les Britanniques et trois fois moins que les Allemands. Mais ce constat n'explique pas tout : ils regardent la télévision et lisent les hebdomadaires. TF1, si elle voulait rivaliser avec ses homologues allemandes, devrait avoir cinq ou six correspondants. Explication désabusée d'un journaliste de la chaîne : « A Paris, on trouve que l'Europe, c'est chiant. Et puis, on me dit qu'on peut y être en une heure vingt de TGV. » Il est également vrai que l'Union se vend difficilement en images. Rendre compte de ses négociations quand on ne dispose que de scènes montrant des hommes en costumes gris qui sortent d'une voiture blindée pour s'engouffrer dans un bâtiment bruxellois tient de la gageure. Mais la télévision française serait-elle la seule à être incapable d'illustrer les affaires européennes, puisque les autres pays semblent surmonter la difficulté ou s'en accommoder ?

Enfin, à l'exception du *Monde*, qui a créé de haute lutte une page quotidienne « Union européenne », les correspondants français se heurtent souvent à un certain euroscepticisme de leurs rédactions centrales ou tout simplement à des choix rédactionnels de plus en plus tournés vers le « reportage » et l' « humain », toutes choses qui excluent l'Union : le fait divers y est rare. Ils passent souvent des heures au téléphone pour essayer de placer un papier qui, s'il est accepté, passera le plus souvent dans les pages économiques. Imposer un article européen dans la noble section internationale constitue une épreuve d'obstacles. Pour les médias parisiens, l'Europe commence à exister quand un ministre français rue dans les brancards ou, mieux, quand Jacques Chirac se mêle de l'affaire.

Une presse britannique eurosceptique

Le triste panorama offert par la présence française à Bruxelles est relativisé par le spectacle donné par la presse britannique. Si l'on exclut la vingtaine de journalistes de l'agence Reuters, une multinationale de l'information qui n'a de britannique que l'origine, ou le *Financial Times*, dont la cible est la communauté internationale des hommes d'affaires et non un public national, sa couverture de l'Europe frappe par son particularisme. Les tabloïds europhobes, comme *The Sun* ou le *Daily Mirror*, ont pour seul objectif de dépeindre une Europe acharnée à détruire l'identité nationale britannique, à décréter des règlements absurdes sur la courbure des concombres ou à abolir le système de chasse d'eau des sujets de Sa Gracieuse Majesté. Leurs articles ont parfois un lien très ténu avec la réalité mais l'important est ailleurs. Ainsi, lorsque *The Sun*, premier titre de la presse britannique avec plus de trois millions d'exemplaires vendus par jour, décide en 2005 d'envoyer un correspondant permanent à Bruxelles, Michael Lea, c'est, selon l'annonce faite sur son site Internet, « pour faire éclater la vérité sur la corruption » qui y règne. Son premier article, publié le 24 janvier 2005, est un modèle du genre et permet de comprendre pourquoi les Britanniques sont les plus eurosceptiques des 25 peuples de l'Union européenne. Intitulé *« Fill Eur boots* [1] *»*, il « révèle » que le salaire réel des *« fatcat eurocrats »* (« les rupins d'eurocrates ») est plus élevé que leur salaire brut, les avantages divers couvrant le montant de l'impôt européen.

Les journaux britanniques dits « de qualité » sont eux aussi pour la plupart férocement eurosceptiques. Les correspondants du *Times* ou du *Daily Telegraph* sont, parfois à leur corps défendant, obligés

1. Jeu de mots autour de l'Europe (« Eur »), qui peut se traduire par « Remplissez vos petits souliers ». Fait notable : tous les chiffres cités sont parfaitement exacts.

de casser de l'Europe à longueur d'article. Et s'ils ne le font pas, leurs articles sont réécrits à Londres sans qu'ils en soient avertis. Restent *The Guardian*, *The Independent* ou la BBC, qui entretient à Bruxelles son bureau le plus important en dehors du Royaume-Uni, pour donner une image plus objective de la construction européenne, ce qui fait très peu pour un pays où la presse est aussi puissante. Mais même la prestigieuse chaîne publique britannique, modèle universel pour son impartialité et sa qualité, n'est pas à l'abri des critiques. Le 27 janvier 2005, un rapport indépendant rédigé sous la direction de Lord Wilson of Dinton sur le suivi des affaires européennes par la « Beeb » a porté un jugement extrêmement sévère. « Le problème de l'ignorance des dossiers européens par les journalistes de la BBC doit être résolu de manière urgente », peut-on lire dans ce document. Partialité, stéréotypes, simplification outrancière, refus de parler de ce qui n'est pas considéré comme amusant : les « sages » britanniques s'en sont donné à cœur joie. Fait intéressant, qui pourrait inspirer nombre de médias : ils ont recommandé de sortir l'Union du domaine « étranger » pour en parler dans le temps d'antenne dévolu aux nouvelles nationales. Le soupir de soulagement des députés européens britanniques pro-Union démontre l'ampleur du problème. « L'ignorance de l'opinion publique britannique est certainement due en partie aux lacunes de l'opérateur public national lorsqu'il s'agit d'informer de manière exhaustive et indépendante, ce qui doit être corrigé avant le référendum de l'an prochain (2006, NDA) sur la Constitution », a ainsi déclaré le chef du groupe centriste du Parlement européen, le libéral-démocrate Graham Watson.

L'accès des médias britanniques à des ministres tétanisés par la peur de paraître compromis avec le moloch bruxellois est encore plus restreint que celui des Français. Crispé par l'enjeu, Tony Blair quitte la plupart du temps les sommets européens en se contentant de faire une brève déclaration, debout, pour la BBC, et son grand rival au sein du parti travailliste, le chancelier de l'Echiquier, Gordon Brown, ne cherche même pas à cacher son peu d'appétit pour la construction européenne.

La famille européenne se disloque

Trente-cinq ans après leur arrivée à Bruxelles, les journalistes-militants ont presque tous passé la main et seuls quelques correspondants « engagés » sont venus les remplacer. Certes, on ne quitte toujours pas Bruxelles comme on y est arrivé. Il reste difficile de poser un regard clinique sur ce qui reste la plus extraordinaire aventure politique positive de tous les temps, la construction pacifique d'une Europe unie. Mais, dans leur immense majorité, les journalistes présents dans la capitale belge ne sont plus là pour « faire » l'Europe, comme naguère. Des dizaines de jeunes journalistes anglo-saxons travaillant pour des agences financières se livrent une bataille féroce pour obtenir quelques secondes avant leur concurrent une information sur le taux de change de l'euro ou la dernière fusion d'entreprises sous le regard étonné des derniers caciques. La « famille européenne », devenue trop grande, se disloque. On pourrait penser qu'un millier de personnes travaillant quotidiennement ensemble sur le même sujet pendant des années finissent par créer une sorte d'homo europeus précurseur du citoyen européen. Il n'en est rien et, au contraire, on assiste à une dérive relativement récente, la « renationalisation » de l'information européenne.

La presse ne joue plus que très rarement son rôle de médium entre les opinions publiques nationales très différentes et l'Union européenne. Les correspondants s'efforcent de trouver un angle national pour « vendre » un papier à leurs rédactions centrales. Les sommets européens, devenus de gigantesques machines où de 2 000 à 4 000 journalistes, protégés par deux ou trois fois plus de policiers derrière des murs de barbelés infranchissables pour cause de contestation altermondialiste et de terrorisme, participent au phénomène. Les sources nationales prennent une importance cruciale dans ces grand-messes où l'on cherche plus à savoir qui a gagné ou perdu qu'à analyser la réunion en termes européens. En outre, ces Conseils voient débarquer des hordes de journalistes venus des capitales, chaperonnés par de véritables services de propagande nationaux. La « presse présidentielle » française constitue un exemple caricatural de ce phénomène. Entièrement prise en charge de son départ de Paris à son retour dans la capitale française – voyages, réservations d'hôtel, transfert des bagages, petit livret explicatif de l'événement à couvrir –, les journalistes qui en font partie constituent une véritable tribu suivant les faits et gestes du président français. Certes, le voyage est payant (et il revient parfois cher) mais tout ce petit monde est surveillé par le staff élyséen qui voyage avec eux. Le plus étonnant est l'habitude prise par un certain nombre d'entre eux, qui n'a été copiée par aucun autre groupe national de journalistes, de s'incruster... dans la salle allouée à la délégation française, où des tables de travail et des téléphones sont installés à leur intention à la demande de l'Elysée.

La presse présidentielle voyage

Alors que leurs homologues de la plupart des autres pays courent les diplomates et les ministres des autres nationalités pour bâtir une image aussi complète que possible de la réalité, la presse présidentielle campe dans ses murs. Pendant deux ou trois jours, les journalistes y seront abreuvés d'informations par l'Elysée et rendront leur copie deux heures à peine après la fin de la réunion, parce que l'avion qui doit les ramener à la maison et où des militaires leur serviront un repas arrosé des meilleurs vins n'attend pas. Cet agenda serré les oblige même à louper les autres conférences de presse au cas où ils auraient envie de les suivre. Le contrôle qui est une réplique de ce qui se fait aux Etats-Unis est presque total et le résultat recherché est obtenu : les Français ont une vision très largement franco-française de la construction européenne.

Ils sont loin d'être les seuls à pâtir d'un champ de vision limité. L'explication pédagogique cède presque partout la place à une lecture de l'événement au prisme déformant de la politique intérieure. Combien d'argent pour la Pologne ? Chirac a-t-il bien défendu les agriculteurs ? Blair a-t-il fait des concessions aux fédéralistes ? Quelle gaffe a bien pu commettre Berlusconi ? Schröder a-t-il tenu bon sur la contribution budgétaire allemande ? La revue de la presse au lendemain d'un sommet européen est une expérience souvent étonnante : on croirait que 25 réunions se sont déroulées en 25 endroits différents, avec autant de bons et de méchants. Les clichés nationaux sortent renforcés de ces sommets. L'arrivée de journalistes des pays de l'Est a aggravé ce trait. La presse polonaise, par exemple, voit tout à travers un nationalisme à fleur de peau doublé d'un sentiment de persécution. L'histoire de la Pologne, un pays sans cesse envahi, dépecé voire annihilé au cours des siècles, explique sans doute cette attitude qui pousse les responsables politiques à durcir leur position. A Copenhague, en décembre 2002, quand le Premier ministre polonais Lezlek Miller est entré dans la salle de presse polonaise après avoir obtenu un milliard d'euros de plus que prévu pour son pays dans les dernières minutes des négociations d'adhésion, « ses » journalistes lui ont réservé une « standing ovation » digne d'une réunion du parti communiste nord-coréen.

Ce phénomène est lourd de dangers pour la construction européenne. Depuis l'adhésion de leurs pays à la CEE, en 1973, les hommes politiques britanniques ont ainsi soigneusement entretenu l'image d'un pays se battant seul *« to fight the British corner »* (défendre les intérêts britanniques) à coup de vetos, de slogans du type *« I want my money back »* et d'une exclusion volontaire de certains grands projets, comme l'euro. La presse a embrayé et le résultat en est que les gouvernements britanniques sont devenus pratiquement les otages des tabloïds. La valse-hésitation de Tony Blair sur la tenue d'un référendum sur l'adhésion de son pays à l'euro est en grande partie due à l'opposition de la presse populaire britannique aux mains du magnat australien Ruppert Murdoch, féroce eurosceptique. Ce n'est pas non plus un hasard si les sondages d'opinion démontrent que la France est le pays le plus opposé à l'élargissement de l'Union : les réalités et les avantages de ces adhésions pour le quatrième pays exportateur du monde n'ont pas été expliqués. Si les Français ont failli dire « non » au traité de Maastricht lors du référendum de 1992, c'est aussi faute d'avoir compris qu'il représente la plus grande victoire de la France en Europe, celle qui a obligé les Allemands à abandonner leur mark et à partager leur souveraineté monétaire.

S'il fallait que les médias fassent leur travail en révélant tous les aspects négatifs et les dérives de la construction européenne, on ne peut que constater les dégâts causés par ces révélations. Souvent, les « affaires » ont permis de conforter un euroscepticisme latent ou affirmé. Les rédactions centrales ont, en outre, désormais tendance à exiger de leurs correspondants du sensationnel, le mot étant entendu comme critique et négatif. A la lecture des journaux, on a souvent l'impression que tout va mal dès qu'il s'agit d'Europe. L'euro est trop haut ou trop bas, la réglementation est trop tatillonne ou trop laxiste, la construction communautaire est trop libérale ou pas assez. S'émerveiller de ce que les Européens ont réussi à construire en plus de cinquante ans, c'est être « naïf ». La critique est normale mais, devenue trop systématique, elle est grosse de danger car les contempteurs de l'Europe n'ont pas grand-chose d'autre à proposer que le retour à l'Etat national dont le « génie » s'est payé en millions de morts.

Si le temps des militants est révolu, il reste donc à inventer une interface entre une réalité européenne parfois technique, souvent mal comprise et présentée de manière négative et les 25 opinions publiques nationales. Faute de quoi, l'opinion publique européenne, qui ne peut naître que si elle est correctement informée des enjeux, restera à l'écart de la construction de l'Europe ou lui sera carrément hostile.

DEUXIÈME PARTIE

L'Europe, puissance mondiale

CHAPITRE 6

Quand Bruxelles fait plier les Etats-Unis

Pierre Wynants a l'habitude de voir défiler des célébrités dans son restaurant de la place Rouppe, dans le centre de Bruxelles. Hommes politiques, stars du cinéma, sportifs célèbres, chanteurs à succès et dirigeants d'entreprises se disputent les tables du « Comme chez soi », trois étoiles Michelin paradoxalement nichées au cœur d'un des quartiers les plus dégradés de la capitale belge. Mais cette légende vivante de la gastronomie belge n'a probablement pas reconnu les deux hommes qui, en ce 11 janvier 2001, poussent la porte de son établissement. Ce sont pourtant respectivement le PDG de la plus grande entreprise industrielle du monde et « l'homme le plus puissant d'Europe » qui s'attablent dans le décor Art nouveau un peu kitsch de cette vénérable institution bruxelloise. C'est Jack Welch, bonne fourchette et solide descente malgré un quintuple pontage coronarien, qui a choisi le restaurant et qui régale. Arrivé de New York, le président de General Electric (GE) a entrepris de racheter un autre géant américain de l'aéronautique, Honeywell. Pour réaliser cette fusion géante, il doit obtenir le feu vert de son convive, le commissaire européen à la concurrence, l'Italien Mario Monti. On parle relativement peu de l'opération au cours de ce déjeuner, puisque Welch n'a pas encore officiellement déposé son dossier auprès de la Commission. Mais l'homme d'affaires américain fait immédiatement savoir à son interlocuteur qu'il veut une décision rapide : pour lui, il n'y a aucun problème de concurrence.

Ce genre de contact entre le « gendarme de la concurrence » européen et un chef d'entreprise est rarissime à ce stade d'une opération. Mais Monti a une bonne raison de rencontrer le magnat américain, un proche de George W. Bush. Le futur président américain vient d'être élu après beaucoup de péripéties, mais il ne prendra ses fonctions que dans quelques jours, le 20 janvier 2001. « J'ai accepté ce déjeuner, ce qui est exceptionnel, parce que je voulais connaître sa perception des relations entre les Etats-Unis et l'Europe [1] », explique le commissaire, qui ne fait aucun commentaire précis sur le fond de la fusion GE/Honeywell. Welch tente de dérider son vis-à-vis en lui demandant de l'appeler « Jack ». Peine perdue, on en restera à « Monsieur Welch », tant que le dossier ne sera pas bouclé. Le PDG règle l'addition, s'engouffre dans sa limousine et laisse la place Rouppe derrière lui avec des sentiments mitigés à propos de Monti. « Je l'ai trouvé intelligent et agréable, mais un peu collet monté », écrira-t-il après coup, avant que l'optimisme ne reprenne le dessus. « Malgré tout, j'ai quitté le restaurant en espérant une décision rapide [2]. » Il ne sait pas encore qu'il ira de surprise en surprise et qu'il découvrira, souvent avec incompréhension, parfois avec colère, l'ampleur du pouvoir détenu dans ce domaine par la Commission européenne.

Un rêve américain

« An American icon ». Une icône américaine. Jack Welch est un phénomène difficile à imaginer en Europe. Quand, au moment de prendre sa retraite, en septembre 2001, Welch écrit son autobiographie, le livre figure dans la liste des best-sellers pendant près d'un an. L'à-valoir ? Un peu plus de 7 millions de dollars, record mondial pour ce type d'ouvrage. Warner, par ailleurs filiale de GE, est prêt à casser sa tirelire afin d'obtenir les mémoires de l'homme auquel le magazine *Fortune* a décerné le titre de « manager du siècle ». L'avance ira à des œuvres de charité. Avec un salaire de 120 millions de dollars en 2000, des actions de General Electric pour un montant de 900 millions de dollars, il peut se montrer généreux. Son parcours professionnel est de ceux qui font rêver l'Amérique. Fils unique d'une famille modeste de l'immigration irlandaise, il décroche un diplôme d'ingénieur chimiste sans briller

1. Entretien avec les auteurs.
2. Jack Welch, *Ma vie de patron*, Editions village global, 2001.

mais, déjà, avec l'opiniâtreté qui marquera sa carrière professionnelle. Le 17 octobre 1960, Jack entre à GE, pour ne plus jamais la quitter. Après avoir grimpé tous les échelons, il en deviendra le président en 1981. « Je veux la révolution », annonce immédiatement ce petit homme fort en gueule, sec, noueux, colérique, brutal et sans scrupules.

Pratiquement inconnu des salariés du géant américain à son arrivée aux commandes, il fait peur. Même ses meilleurs amis au sein de l'entreprise ont un jour fait l'expérience de l'accolade accompagnée d'une menace de licenciement au cas où les résultats de leur division ne s'amélioreraient pas. Les titres de ses livres ne font pas dans la dentelle : « Devenez meilleurs ou soyez vaincus » et « Maîtrisez votre destin ou quelqu'un d'autre le fera ». Quelques mois après son accession au sommet, *Newsweek* le surnomme *« Neutron Jack »*, par analogie avec la bombe qui détruit les hommes et laisse les bâtiments debout. Il fait de GE la première grande entreprise classique rentable qui prend de mesures pour améliorer sa compétitivité alors qu'elle dégage au moment de sa prise de pouvoir 1,5 milliard de bénéfice net par an. Objectif de ce pionnier du *downsizing*, la réduction des effectifs, la sélection naturelle. De 411 000 salariés au début des années 1980, le groupe passe à 299 000 personnes fin 1985, dont 81 000 licenciements secs. Les résultats sont là. General Electric, vieille entreprise créée en 1892 par Thomas Edison pour vendre ses ampoules électriques, devient, tout simplement, le plus grand conglomérat du monde. Plastiques, moteurs d'avion, chaînes de télévision (NBC et CNBC), électroménager, turbines, imagerie médicale, ingéniérie financière, leasing d'avions, assurances, immobilier, diamants industriels, crédit à la consommation, distribution : les deux lettres stylisées de GE font partie du mythe américain.

En vingt ans, Welch a procédé à près de 1 000 acquisitions et a cédé quelque 400 sociétés. Il s'est débarrassé des téléviseurs et des horloges, pas assez rentables, pour se concentrer sur les points forts de GE. Devise : être le numéro un ou deux du secteur, ou dégager. *Fix, close or sell.* On restructure, on ferme ou on vend. Les bénéfices de GE sont passés de 1,5 milliard de dollars en 1981, à 15 milliards de dollars l'année de son départ [1]. La capitalisation

---

1. GE reste aussi bien gérée trois ans après son départ. En 2004, elle a réalisé 16,6 milliards de dollars de bénéfices. Le successeur de Jack Welch, Jeffrey Immelt, a investi

boursière est passée sous son règne de 14 à près de 500 milliards de dollars, devenant la plus importante du monde. Les mauvais esprits diront que l'extraordinaire mouvement haussier des Bourses pendant les années 1980 et 1990 l'ont bien aidé. Mais cela n'explique pas tout. Janet Lowe, une des multiples biographes de Jack Welch, a calculé que 100 dollars placés dans des actions GE en 1980 étaient devenus 7 183 dollars en 1999 mais n'en auraient rapporté que 2 339 s'ils avaient été investis dans un panier de valeurs industrielles américaines [1].

Une retraite retardée

L'homme peut donc penser en 2001 à prendre une retraite bien méritée, une notion toute relative pour Welch qui, depuis, est devenu consultant et signe des contrats avec une demi-douzaine d'entreprises, dont JP Morgan Chase et Fiat. Son départ de l'entreprise est prévu pour le 30 avril 2001, cinq mois après son 65e anniversaire. Mais un grain de sable vient chambouler ses projets. Le 19 octobre 2000, il apprend fortuitement que United Technologies, un autre fabricant de moteurs d'avions, s'apprête à racheter Honeywell. La surprise est totale. Il y a six mois, il avait lui-même envisagé d'acquérir ce fleuron industriel pour enrichir la gamme de GE. Les deux entreprises se complètent à merveille. Si Honeywell fabrique aussi des moteurs d'avions, sa niche est celle des moyens porteurs, alors que General Electric fournit les réacteurs des long-courriers d'Airbus et de Boeing. GE pourrait grâce à ce rachat améliorer sa gamme en pénétrant sur un créneau où les autres motoristes, Rolls-Royce et Pratt & Withney, ses principaux concurrents, sont très bien installés. Mais, surtout, Honeywell est en pointe dans l'avionique embarquée, le « cerveau » de l'avion.

A l'époque, Welch avait renoncé à cette acquisition. En février 2000, l'action Honeywell oscillait entre 50 et 60 dollars. La fusion aurait coûté beaucoup trop cher. Mais en octobre de la même année, les piètres résultats de Honeywell ont fait chuter son cours

---

en trois ans 60 milliards de dollars dans le rachat d'entreprises tout en se débarrassant de filiales pour un montant de 25 milliards.

1. Janet Lowe, *An Americain Icon*, John Wiley & Sons, 2002.

en Bourse et l'opération peut se faire quasiment à la moitié du prix initial. L'offre faite par United Technologies sur Honeywell réveille son intérêt de prédateur pour une proie qu'il avait presque oubliée. La réaction sera fulgurante et très « welchienne » : après avoir consulté quelques personnes, il décide de présenter une contre-offre. Problème : le conseil d'administration de United a déjà approuvé l'opération et celui de Honeywell est en train de faire de même. Welch appelle au téléphone le PDG de l'entreprise convoitée, Michael Bonsignore, qui lui dit que l'accord sera signé dans les cinq minutes. « Non, surtout pas, je vous en prie, je vais vous faire une meilleure offre [1] ! » lui dit Welch, qui sait ce que United a mis sur la table. Fidèle à ses manies, il en griffonne les principaux points sur une feuille de papier qu'il faxe à Bonsignore. Le conseil d'administration de Honeywell suspend sa réunion pour examiner l'offre : leurs actionnaires recevront 1,55 action GE pour chacun de leurs titres. La proposition valorise Honeywell à 45 milliards de dollars soit cinq de plus que l'offre d'UT. Le 23 octobre 2000, le mariage est annoncé publiquement. Les noces sont approuvées le 10 janvier 2001 par les actionnaires de General Electric.

C'est au lendemain de ce feu vert qu'il fait la connaissance de Mario Monti à Bruxelles. Visiblement, l'Américain n'a guère d'atomes crochus avec la personnalité complexe du commissaire européen, un intellectuel sophistiqué aux antipodes du self-made man qu'est Jack Welch. *Il professore* ne goûte guère les familiarités, même avec ses proches. « Personne ne le connaît vraiment, souligne un de ses collaborateurs. Il reste toujours sur sa réserve, garde ses distances en toutes circonstances. » Ce natif de Varèse, qui a vu le jour en 1943, est une sommité dans son pays, un mélange d'éminence grise et d'autorité morale.

L'anti-Berlusconi

Monti a passé le plus clair de sa vie professionnelle à enseigner l'économie à la prestigieuse université Bocconi de Milan, dont il deviendra recteur en 1989, puis président en 1994. Dans l'Italie des

---

1. Jack Welch, *Ma vie de patron*, *op. cit.*

années 1970 dominée par la démocratie-chrétienne, où le plus puissant parti communiste hors d'URSS était aux portes du pouvoir, où l'Etat était propriétaire de pans entiers de l'économie, il ne faisait pas bon prôner la dérégulation. C'est pourtant ce qu'il a fait pendant vingt ans, jouant un rôle majeur dans la manière dont le paysage économique italien se façonne. Dans ses éditoriaux publiés par *Il Corriere della Sera*, il fait la leçon aux hommes politiques italiens. A Bocconi, il forme une génération d'économistes qui vont essaimer dans tout le pays et dans les institutions internationales. Ce sont eux qui permettront en partie à l'Italie d'être membre de l'euro dès la première heure, malgré une dette colossale. Membre de conseils d'administration de plusieurs géants industriels, comme Fiat et IBM, Monti connaît aussi la réalité de l'entreprise. En Italie, on le compare à Alan Greenspan, le président de la Réserve fédérale américaine (Fed), le « sorcier » de l'économie américaine.

L'entrée en politique aurait dû constituer le couronnement naturel d'une telle carrière. Après la chute du premier gouvernement de Silvio Berlusconi, en 1994, le centre-gauche propose qu'il forme un gouvernement. Il refuse. La même fin de non-recevoir est opposée à Carlo Azeglio Ciampi lorsqu'il lui demande d'être son ministre du Budget, puis à Berlusconi, qui tente en 2001, lors de son retour au pouvoir, d'obtenir une caution européenne en lui proposant les Affaires étrangères. En 2004, il refusera une nouvelle fois de succéder à Giulio Tremonti au poste de ministre des Finances [1]. « J'ai toujours été hostile à la politique partisane dont je n'ai jamais eu une impression superbe dans le contexte italien [2] », explique-t-il dans son bureau étriqué de la rue Joseph-II, où l'empilement des dossiers réduit un espace déjà compté. Sanglé dans des costumes bleus un peu tristes, une austérité tempérée par un humour très britannique, le cheveu gris impeccablement coiffé en arrière, c'est l'anti-Berlusconi. Rien ne lui va plus mal que le sobriquet de « super-Mario » dont une partie de la presse l'a affublé et qu'il déteste. Il est vrai que la comparaison avec le petit plombier excité à moustache du jeu vidéo laisse pantois. C'est

1. Berlusconi lui fera payer cette attitude en refusant de le confirmer pour un troisiième mandat à la Commission européenne en 2004 et lui préférera Rocco Buttiglione, un ultraconservateur catholique qui n'entrera même pas en fonctions après son rejet par le Parlement européen (voir chapitre 1).

2. Entretien avec les auteurs.

donc le grand commis d'un Etat qui en compte si peu que l'Italie va envoyer à Bruxelles en 1995, dans la Commission présidée par le Luxembourgeois Jacques Santer. Il va y faire forte impression au poste de commissaire chargé du marché intérieur.

Un emblématique dossier illustre sa détermination, la lutte contre les ventes hors-taxes dans les aéroports pour les passagers qui empruntent les vols intra-européens. Il n'y a aucune raison de maintenir ce privilège dans un marché unique théoriquement achevé depuis 1993 et les chefs d'Etat et de gouvernement de l'Union appuient la Commission. Les commerçants des villes ne comprennent pas pourquoi leurs concurrents des aéroports peuvent leur faire de la concurrence déloyale, comme si le fait de tenir boutique à Roissy ou Zaventem leur donnait un statut spécial. Comme, en plus, c'est l'alcool et le tabac qui sont les plus vendus dans les « duty-free », un zeste de morale vient complémenter l'argumentaire. Un objectif est fixé : supprimer cette anomalie pour les vols intérieurs à l'UE pour le 1er janvier 1999, date du lancement de l'euro.

Commence alors l'une des plus impressionnantes opérations de « lobbying » de l'histoire européenne. Les commerçants hors-taxes se payent les services de spécialistes de la communication qui mettent en scène l'apocalypse : des pertes d'emplois par dizaines de milliers, des aéroports sans vie, des billets d'avions plus chers. Ils sonnent à toutes les portes et trouvent une oreille complaisante auprès de la plupart des dirigeants européens. A Vienne, en 1998, quelques mois avant la suppression des « duty-free », le président français Jacques Chirac et le chancelier allemand Gerhard Schröder somment Mario Monti de renoncer à... leur propre projet, puisque les gouvernements l'ont approuvé à l'unanimité. Ils savent que c'est illogique et que les bénéfices vont dans les poches de quelques groupes qui contrôlent les boutiques hors-taxes, lesquelles facturent d'ailleurs leurs produits plus cher qu'en ville (exception faite de l'alcool et des cigarettes). Mais « les petites gens », dit Chirac, aiment avoir « l'illusion » qu'ils achètent bon marché. Et les « petites gens » sont des électeurs.

Rescapé de la Commission Santer

Monti tiendra bon. Jamais il ne fera la moindre concession sur ce dossier. Là où un homme politique aurait sans doute transigé en accordant par exemple une période de transition de quelques années avant de supprimer les avantages des boutiquiers, l'économiste qu'il est ne plie pas. Et finit par gagner de guerre lasse. Le spectacle des véritables galeries commerciales qui se sont développées dans les aéroports lui donne raison a posteriori : la lutte pour maintenir le privilège du hors-taxe visait avant tout à préserver une invraisemblable rente de situation.

C'est auréolé de cette victoire sur la démagogie et les groupes de pression que Mario Monti, confirmé pour un nouveau mandat de cinq ans à Bruxelles, va succéder au Belge Karel Van Miert au poste le plus important de la Commission en termes de pouvoir, celui de commissaire à la concurrence. Il est l'un des quatre rescapés – sur vingt – de l'équipe Santer, et Romano Prodi accepte sans hésitation apparente de confier à son compatriote un poste qui risque de lui faire de l'ombre. Il s'impose tout de suite dans ses fonctions. Le mérite n'en revient pas qu'à lui. Le surnom d'« homme le plus puissant d'Europe », c'est son prédécesseur qui l'a obtenu en utilisant des instruments très fédéralistes avec une détermination de fer, malgré des ressources humaines relativement limitées.

La concurrence est l'une des politiques les plus achevées de l'Union. Très longtemps, les Etats-Unis ont été les seuls à disposer d'un véritable instrument performant en la matière, si l'on excepte l'Allemagne, où les Américains ont imposé le Bundeskartelamt pour casser les cartels hérités du nazisme. La nécessité d'avoir des règles du jeu au niveau européen s'est imposée pour faire fonctionner le marché unique. A partir d'un certain seuil, toute subvention publique doit ainsi être « notifiée » à la Commission, qui doit apprécier s'il s'agit ou non d'une aide d'Etat susceptible de fausser la concurrence. Les gouvernements se montrent en effet extrêmement généreux avec l'argent du contribuable. En 2002 [1], ils ont

1. Derniers chiffres disponibles début 2005.

distribué pour 48 milliards d'euros d'aides, sans compter le soutien à leurs chemins de fer. L'Allemagne, pays faussement libéral, se taille dans le lot la part du lion avec 13 milliards d'euros, suivie par la France (10 milliards d'euros). Les compagnies aériennes, les banques publiques, les charbonnages, les maîtres de forges ou les agriculteurs ont tous, à un moment ou à un autre, bénéficié de ce pactole attribué pour des raisons économiques souvent peu évidentes, quand il ne s'agit pas tout simplement d'assurer une réélection dans une région sensible [1].

C'est aux règles de concurrence européennes que l'on doit par exemple le coup d'arrêt donné à l'extraordinaire hémorragie de deniers publics en faveur de la politique suicidaire menée dans les années 1990 par le Crédit Lyonnais, une institution qui voulait devenir la plus grande banque du monde. Cet établissement public s'est lancé dans une politique d'expansion avec pour cibles privilégiées l'immobilier et le cinéma. Aucun feu rouge n'est venu freiner sa course avant qu'il ne soit trop tard. Comptes inexacts, interventionnisme de l'Etat, collusion entre le monde politique et la grande finance : tout y est. Karel Van Miert a bien résumé l'état d'esprit qui régnait dans la « banque de Dieu », « une de ces institutions forteresses (...) dirigées par des gens qui se croyaient intouchables [2] ».

Les choses ont commencé à dégénérer en 1993, lorsque le PDG de l'époque, Jean-Yves Haberer, annonce pour la première fois une perte. L'Etat vient à la rescousse mais il faut attendre quelques années avant que l'ampleur de la facture n'apparaisse réellement au grand jour. La bombe tombe le 20 avril 1998 lorsque Van Miert brandit devant quelques journalistes sous couvert d'anonymat la menace d'une mise en faillite du « Lyonnais ». La nouvelle est immédiatement envoyée sur les écrans des salles de marchés par les agences de presse financières. Certains jouent les fiers-à-bras. « Le jour où la Commission prendra la décision historique de planter la plus grande banque européenne, sa main tremblera », affirme alors un haut responsable du ministère français de l'Economie et des Finances. Mais le « grand argentier » français, le socialiste Dominique Strauss-Kahn, a reçu le message : la Com-

1. Le chiffre est toutefois en baisse constante, puisqu'en 1993 le montant des aides d'Etat dépassait les 75 milliards d'euros.

2. Karel Van Miert, *Le Marché et le pouvoir*, *op. cit.*

mission n'hésitera pas à demander le remboursement des milliards de francs d'aide publique accordés à la banque si le Crédit Lyonnais, et son actionnaire principal, l'Etat, refusent de réduire la voilure. En mai 1998, en marge du Conseil européen de Bruxelles qui lance l'euro, à l'issue d'une négociation qui a mis l'exécutif européen aux prises avec trois gouvernements successifs, ceux d'Edouard Balladur, d'Alain Juppé et de Lionel Jospin, un accord est trouvé : l'Etat français devra faire subir une cure d'amaigrissement au Lyonnais en fermant des centaines d'agences et en vendant ses bijoux de famille, notamment les filiales les plus rentables, pour rentrer dans le rang, restaurer des conditions de concurrence acceptables et fermer le robinet des aides. Les concurrents du Lyonnais, le gouvernement et les contribuables français peuvent pousser un soupir de soulagement : la facture, dont on ne connaîtra peut-être jamais le montant exact, s'élèverait selon les derniers comptages à quelque 11 milliards d'euros. C'est l'aide d'Etat la plus élevée de l'histoire de l'Union que chaque ménage français a payée par ses impôts.

Le « chancelier Volkswagen »

L'Histoire va se répéter à l'été 2003, lorsque le gouvernement de Jean-Pierre Raffarin annonce que l'Etat vole au secours d'Alstom en participant à une augmentation du capital de l'entreprise avant même d'en avoir averti la Commission. Le cas du constructeur des TGV et des turbines de réacteurs nucléaires, qui subit des difficultés liées à la crise économique, n'a rien à voir avec celui du Crédit Lyonnais. Mais la Commission réagit avec la même rigueur. Elle refuse toute mesure irréversible, ce qui est le cas de l'augmentation de capital, tant qu'elle n'aura pas approuvé le plan de sauvetage de l'entreprise. Le bras de fer va durer près de deux mois pendant lesquels Monti va être soumis à des pressions gigantesques. Les autorités françaises l'accusent d'ignorer les impératifs de la politique industrielle et le ministre français des Finances, Nicolas Sarkozy, le soupçonne de faire le jeu de Siemens, son grand concurrent dans le domaine des trains à grande vitesse et des turbines. Le 29 septembre 2003, Bercy se rend à ses arguments et renonce à toute participation aux fonds propres d'Alstom tant que le plan de restructuration n'aura pas été approuvé par les services de Mario Monti.

Les dossiers prennent très souvent une tournure politique et il faut avoir les nerfs solides pour affronter un chancelier allemand furieux de voir la Commission se mêler de choses qui, selon lui, ne la regardent pas. Gerhard Schröder, qui siégea au conseil de surveillance de Volkswagen lorsqu'il était ministre-président du Land de Basse-Saxe, n'a toujours pas digéré l'amende de 102 millions d'euros imposée en 1998 par la Commission au constructeur allemand. VW a été condamné pour avoir interdit à ses concessionnaires en Italie de vendre ses véhicules à des Allemands à la recherche d'une bonne affaire. Une restriction désormais impossible, grâce à la nouvelle législation sur la distribution automobile qui a introduit la concurrence dans ce secteur où les différences de prix d'un pays à l'autre dépassent parfois 40 % au détriment des consommateurs.

Les pouvoirs de la Commission en matière de concurrence semblent dans certains cas s'inspirer de romans policiers. Une petite équipe d'enquêteurs européens a ainsi multiplié ces dernières années les « raids » menés à l'aube dans les entreprises soupçonnées d'ententes. Le mécanisme est simple : pour maintenir des prix élevés sur tel ou tel marché et empocher plus de bénéfices en faisant payer le consommateur, il suffit de s'entendre avec son concurrent sur les prix, de se partager les marchés et de fixer des quotas de production pour chacun. Les apparences sont parfois trompeuses. Une guerre des prix peut par exemple révéler l'existence d'un cartel, dont les membres « punissent » ainsi une entreprise qui souhaiterait en sortir. Mais des différences de prix importantes d'un pays à l'autre pour un même produit signalent presque à coup sûr une entente. Il faut cependant des preuves et elles ne tombent pas du ciel dans une Union où les Etats membres protègent souvent leur « champion » par leur passivité. Une seule manière de procéder pour déjouer ces pratiques illégales : saisir par surprise, avec l'aide des autorités judiciaires locales, documents et disques durs d'ordinateurs pour les éplucher afin de retrouver la trace de ces petits arrangements entre amis. Et infliger une amende qui peut aller jusqu'à 10 % du chiffre d'affaires des entreprises concernées, selon la durée et la gravité de l'infraction. Un peu plus de 200 fonctionnaires à peine se répartissent ce travail de titan, un nombre qui est totalement insuffisant.

Parfois, c'est un « repenti » qui donne le tuyau à la Commission, une procédure utilisée par les autorités américaines de la concurrence. La nouvelle « politique de clémence » inaugurée par la Commission en février 2002 prévoit une immunité totale pour la première entreprise participant au cartel qui fournira des preuves sur une entente dont l'exécutif de l'Union n'aurait pas encore eu vent, sauf si elle a contraint les autres firmes à y participer. Pour départager les repentis dans le cas où il y en aurait plusieurs, les demandes de clémence se font uniquement par fax, une technique qui permet d'enregistrer officiellement l'identité de l'envoyeur et l'heure exacte de la délation. Depuis 2002, c'est le déluge : en trois ans, près de 100 entreprises ont imploré le pardon de l'exécutif européen, dont un peu plus d'un tiers ont obtenu satisfaction.

Le cartel des vitamines

Le système fonctionne. En 2001, année où tous les records ont été battus, les services de Bruxelles ont infligé des amendes d'un montant de 1,836 milliard d'euros à 56 entreprises pour 10 ententes – des papetiers aux cimentiers en passant par les groupes pharmaceutiques –, une somme qui est venue gonfler les coffres communautaires, et donc réduire les contributions nationales au budget. Preuve de cette volonté de sévir, le montant perçu en une seule année sous la baguette de Monti, est supérieur à l'ensemble des sommes encaissées depuis la création, en 1962, des instruments permettant de procéder aux perquisitions et d'imposer des amendes.

L'amende record (885 millions d'euros) qui a frappé en 2001 le « cartel des vitamines » organisé par le suisse Hoffmann-La Roche (50 % du marché mondial) et l'allemand BASF illustre spectaculairement cette force de frappe. Co-organisateurs d'un cartel qui a sévi pendant dix ans grâce à la discrétion des membres réunis le plus souvent en Suisse mais parfois aussi en Extrême-Orient pour ne pas attirer l'attention, ils ont dû respectivement payer 462 et 296 millions d'euros au budget communautaire, des montants qui donnent une idée de l'ampleur des bénéfices empochés sur un marché européen de près d'un milliard d'euros par an. Le groupe franco-suisse Aventis, le « repenti » du cartel qui a participé à l'enquête, a obtenu l'immunité totale et échappé ainsi à une amende de 113 millions d'euros. Les chiffres viennent dissiper les doutes sur l'efficacité de ces lourdes punitions : après la dissolution du cartel, les recettes provenant des ventes de vitamine C sur le marché européen sont miraculeusement passées de 250 à 120 millions d'euros par an grâce aux baisses de prix. Même les très aristocratiques maisons de vente aux enchères ne sont pas épargnées. Le 30 octobre 2002, la Commission a ainsi infligé à Sotheby's une amende de 20,4 millions d'euros pour entente avec Christie's sur les commissions perçues.

Mais l'instrument le plus médiatisé de la politique de concurrence européenne est indéniablement le règlement sur les fusions et acquisitions, adopté sous la présidence française de l'Union du second semestre 1989 et qui est entré en vigueur en 1990. Il n'a été appliqué en tout et pour tout que par trois hommes : un ultra-libéral anglais, Leon Brittan, souvent contesté par les interventionnistes, un socialiste flamand, Karel Van Miert, qui a illustré l'adage selon lequel les braconniers font les meilleurs garde-chasse, et le centriste Mario Monti [1]. Ce règlement oblige la Commission à se pencher sur les conséquences pour la concurrence de toute opération « de dimension communautaire ». Est réputée telle toute fusion ou tout rachat entraînant la création d'un groupe qui réalise un chiffre d'affaires total supérieur à cinq milliards d'euros sur le plan mondial, pour peu, deuxième critère, que la nouvelle entité ait une activité significative en Europe (250 millions d'euros de chiffres d'affaires par entreprise).

La fusion entre GE et Honeywell entre dans ces clous et peut avoir des conséquences négatives sur la concurrence en Europe, même s'il s'agit de deux entreprises américaines. L'inverse est également vrai : les autorités américaines de la concurrence ont le pouvoir d'interdire une fusion entre deux compagnies européennes et l'Union leur reconnaît ce droit. La Commission a ainsi interdit en 2000 la fusion entre les opérateurs Wordlcom et Sprint par crainte de la domination du nouveau groupe sur Internet – imitant en cela, il est vrai, les autorités américaines. Les Etats-Unis ont bloqué la fusion entre Air Liquide et BOC, qui avait pourtant été autorisée par l'Union. Dans ce cas, c'est le retour à la case départ pour les entreprises, obligées d'oublier leurs projets.

1. Neelie Kroes, une libérale néerlandaise, est entrée en fonctions à ce poste en novembre 2004.

La pomme de discorde aérienne

Jack Welch sait donc qu'il doit « notifier » l'opération à Bruxelles, ce qu'il fait relativement tard, le 6 février 2001, soit près d'un mois après l'approbation de l'opération par ses actionnaires. Le délai légal est d'une semaine. La Commission dispose alors d'un mois pour dire si elle accepte la fusion ou si elle soulève des « doutes sérieux ». Si c'est le cas, une enquête approfondie est ouverte et la décision finale – approbation, interdiction ou feu vert sous condition – doit tomber dans les quatre mois suivants [1]. Dans l'immense majorité des cas, le feu vert intervient dès la première phase : sur plus de 2 100 fusions notifiées depuis 1990, plus de 1 900 ont été approuvées après un mois et 18 à peine ont été interdites. Welch est donc sûr de son fait. Il veut absolument un feu vert rapide, dès le mois de février car les nouvelles ne sont pas bonnes pour Honeywell, dont les bénéfices se contractent. Le président de GE veut reprendre la société en main avant de partir à la retraite et léguer à son successeur déjà désigné, Jeff Immlett, une entreprise en ordre de marche. L'homme d'affaires américain aurait pourtant dû se méfier. L'aviation est un secteur très sensible pour la Commission.

Dès la mi-1991, le tout nouveau règlement sur les fusions a été utilisé pour la première fois pour bloquer une opération dans le domaine aérien. Le groupe français Aérospatiale et l'italien Alenia voulaient racheter à Boeing la société canadienne De Havilland, qui fabrique des avions de transport régional à turbopropulseurs. Pour la Commission, si le numéro un mondial du marché rachète le numéro deux, le nouveau groupe sera sur ce marché dans une position dominante extrêmement forte et inattaquable. C'est donc un « niet ». La décision soulève un tollé. Les autorités françaises – qui viennent pourtant d'approuver le mécanisme qui donne ce pouvoir à la Commission – sont vent debout. Aérospatiale sonne à toutes les portes pour obliger la Commission à changer d'avis. Paris invoque des arguments qui reviennent presque toujours dans ce type d'affaire : la Commission empêche la création de

1. Ces délais ont depuis été allongés. Voir plus loin.

« champions » européens par un application trop stricte des règles et ne considère pas le marché pertinent. Pour Aérospatiale, le marché est celui, global, des avions de transport régional, qu'ils soient à réacteur ou à turbopropulseur. Pour les autorités bruxelloises, il y a deux marchés distincts, l'un pour les vols longs, l'autre pour les vols courts. Résultat : un avionneur peut être en position dominante sur le marché des turbopropulseurs même s'il ne l'est pas sur le marché global des avions régionaux. L'affaire va prendre un tour politique et il faudra toute la détermination de Jacques Delors, qui préside alors la Commission, pour résister aux pressions de son pays.

L'aviation, toujours. Quelques années plus tard, en décembre 1996, Boeing annonce son intention de racheter McDonnell Douglas (MDC), l'ancien leader du marché. Mais, si son activité militaire reste florissante, sa division aviation civile bat de l'aile. L'entreprise survit grâce à la production de pièces détachées pour son immense flotte toujours en activité, comparable à l'époque à celle du consortium européen Airbus. Karel Van Miert doit examiner la fusion entre les deux avionneurs américains, dont le chiffre d'affaires cumulé est à l'époque de 28 milliards d'euros, avec d'importantes ventes aux compagnies aériennes européennes. Les autorités américaines sont favorables à l'opération, pour des raisons politiques et stratégiques : pas question que MDC, bénéficiaire d'énormes contrats dans le domaine de la défense, passe sous le giron d'un investisseur étranger. Pour Boeing, en lutte acharnée avec Airbus pour la première place mondiale, il est évident que l'Europe doit autoriser la fusion. Mais Van Miert tique. Conjuguée à la position dominante du constructeur de Seattle dans le domaine des avions à réaction de plus de 100 sièges – son gros porteur 747 n'a aucun concurrent à l'époque –, la flotte existante de MDC lui permettrait de contrôler jusqu'à 84 % du marché mondial. Boeing a en outre conclu avec trois des plus grandes compagnies aériennes de la planète des contrats d'exclusivité les obligeant à acheter ses avions pendant vingt ans. Explication de Boeing : les compagnies aiment tellement nos avions qu'ils veulent se lier à nous pour une génération. La fusion permet également à Boeing de tripler ses activités dans le domaine de la défense et de récupérer au passage les milliards de dollars que le Pentagone investit dans la recherche. Pour le commissaire flamand, cette puissance de feu risque de tuer toute concurrence et de permettre à Boeing de faire la loi et de dicter ses prix sur le marché mondial. Si au moins Airbus se mettait sur les rangs pour racheter MDC, il y aurait une possibilité de concurrence réelle... Mais le consortium européen est tellement persuadé d'être retoqué par les autorités américaines qu'il n'ose même pas faire une offre, malgré les appels du pied de Van Miert.

Quand ce dernier fait savoir que des concessions seront nécessaires pour obtenir son feu vert, les pressions se déchaînent. Le président Bill Clinton menace l'Europe de sanctions commerciales et appelle le président du Conseil italien, Romano Prodi, pour qu'il intervienne. Le Congrès, toutes tendances confondues, et la presse américaine montent au créneau pour dénoncer le protectionnisme de Bruxelles, qui n'aurait qu'un but, protéger Airbus. Boeing joue la carte dite de « l'entreprise défaillante » : s'il ne rachète pas MDC, l'avionneur mourra. Mais la Commission n'est pas dupe et réfute un argument qui a pourtant été pris en compte dans d'autres cas. Ce n'est pas ce qui reste de l'activité civile de MDC, soit 3 % du marché, qui lui permettra de se sauver. Karel Van Miert fait donc connaître les conditions auxquelles il acceptera la fusion. On y trouve la suppression des contrats d'exclusivité de vingt ans et l'obligation de rendre accessibles aux concurrents, moyennant rémunération, tous les brevets d'origine militaire dont Boeing tirerait des applications civiles. Jusqu'à la veille de la décision, qui doit impérativement tomber le 23 juillet 1998, l'avionneur américain, comptant sur l'efficacité des pressions politiques et économiques sur les Européens, campe sur sa position de refus. Mais la résistance des autorités de Bruxelles paie et, le 22 juillet, Van Miert reçoit en pleine réunion avec ses collègues un fax lui annonçant que Boeing accepte toutes ses conditions en bloc. Le boulet est passé tout près et la Commission a failli opposer pour la première fois son veto à une fusion entre deux entreprises américaines approuvée par les Etats-Unis.

Feu vert américain

En dépit de ce précédent, Jack Welch ne doute pas un instant que la Commission approuvera son grand-œuvre. « Des problèmes de concurrence ? Ce n'est pas un sujet ! Vous n'avez jamais vu un accord aussi net. Nos clients sont différents, nous ne sommes pas sur les mêmes marchés. En février, cette affaire sera bouclée », dit-il en présentant la fusion devant la presse le 23 octobre 2000. Les activités sont, selon lui, complémentaires dans trois domaines clefs – les moteurs d'avions, les systèmes industriels et les plastiques – et n'entraînent pas de chevauchements qui donneraient à la nouvelle entité une position par trop dominante dont elle pourrait abuser pour tuer ses concurrents et, ensuite, dicter ses prix. Le département américain de la Justice (DOJ) est de son avis : le 3 mai 2001, il approuve la fusion en échange d'une minuscule concession, la vente de la division qui fabrique des hélicoptères de combat, soit 200 millions de dollars. Une broutille.

L'Europe le fera déchanter. « S'il y a une chose à laquelle je ne m'attendais pas, c'est la longue procédure antitrust à laquelle nous a soumis la Commission européenne [1] », écrira-t-il après l'affaire. Monti se souvient avec amusement de la réaction du PDG. « C'est une personnalité très charismatique qui n'est pas exactement caractérisée par des hésitations ou des complexes d'infériorité, ironise-t-il. Il n'avait probablement pas l'habitude de rencontrer une opposition ferme et sérieuse à ses intentions [2]. » L'opération a été examinée par la « Merger Task Force » (MTF), un petit groupe d'une soixantaine de fonctionnaires chargés d'analyser toutes les grandes fusions et dirigé par l'Allemand Götz Drauz. Des « ayatollahs » de la concurrence, comme le disent certains commissaires européens qui n'apprécient guère leurs manières ? Oui, et ils en jouent. Arrogants ? Certainement, comme en témoigne l'emblème qu'ils se sont choisi malgré les réticences de leur patron – une étoile de shérif ornée, en son centre, d'un piranha. Pour eux, le respect de la concurrence vaut que l'on condamne à mort une entreprise. « Nous sommes là pour faire respecter les règles, nous ne prenons pas en compte la logique industrielle », affirme l'un de ses membres. Au moment de l'examen de la fusion GE/Honeywell leur mandat est clair : ils doivent examiner si la fusion n'entraînera pas la création ou le renforcement d'une position dominante qui serait de nature à affecter la concurrence dans le marché unique. Et, depuis quelques années, ils ont beaucoup de travail : la création du grand marché et la mondialisation ont poussé les entreprises

1. Jack Welch, *Ma vie de patron*, *op. cit.*
2. Entretien avec les auteurs.

européennes à une course à la grandeur qui perdra beaucoup d'entre elles.

Chaque lundi, les quatre chefs d'unité de ce petit corps d'élite se répartissent les nouveaux dossiers, en constituant une équipe de quatre ou cinq enquêteurs. On y trouve des juristes, mais aussi des économistes. S'il n'y a pas de problème, la fusion sera approuvée dans un délai d'un mois. L'unité de la MTF chargée du dossier GE, qui est pilotée par l'Espagnol Enrique Gonzalez-Diaz, est confrontée à un cas très spécial. Les concurrents de GE-Honeywell se sont plaints auprès de la Commission. Mais, ce ne sont pas les européens, Rolls-Royce ou Thales qui crient le plus fort, mais bien les américains United Technologies, qui fabrique les moteurs Pratt & Withney, et Rockwell Collins, ainsi que les clients, les compagnies aériennes qui craignent d'être piégées. Aux Etats-Unis, tous ces acteurs savent que les autorités américaines s'apprêtent à laisser passer l'opération sans vraiment sourciller et comptent donc sur Bruxelles pour les défendre et, dans certains cas, assurer leur survie. Dans un marathon épuisant qui explique pourquoi les fonctionnaires ne font pas long feu à la MTF, Gonzalez-Diaz et son équipe commencent à éplucher des milliers de pages de documents, effectuent des « tests de marché », rencontrent les avocats, les lobbyistes et les concurrents.

Un cas d'école

Quand le PDG de GE revient à Bruxelles, le 26 février 2001, c'est pour s'entendre dire par Monti que la Commission refuse de donner son feu vert à l'issue de cette première phase et qu'elle a décidé d'ouvrir une enquête approfondie en raison de ses « doutes sérieux ». Pour la Commission, cette fusion est presque un cas d'école. « Avec cette opération, Welch avait acheté Boeing, mais Boeing ne le savait pas encore », ironise un responsable de la concurrence à Bruxelles. Il y a d'abord l'association de la puissance de GE, dominant dans les moteurs d'avions commerciaux de grande capacité (plus de 100 places), avec Honeywell, dominant sur les marchés des moteurs d'avions d'affaires et dans l'avionique. La Commission étudie notamment « l'effet de portefeuille », ou effet de gamme : une entreprise s'appuie sur un marché qu'elle domine afin de gagner une position dominante sur un autre.

A cet effet « horizontal » qui est susceptible à lui seul d'influencer le choix des clients, il faut ajouter la formidable intégration « verticale » de GE. Avec GE Capital, la « banque » du groupe, le conglomérat procure à ses branches industrielles des moyens financiers énormes pour supporter l'échec de certains produits, inévitable dans ce type d'industrie, et à ses clients des prêts pour acheter ses avions. GE Capital a par exemple financé le projet d'avion 777 de Boeing, pour lequel le constructeur de Seattle a bien entendu choisi des moteurs... GE. Mais il y a surtout GE Capital Services (Gecas). Cette société de leasing d'avions, qui dispose en permanence de 1 100 appareils, est tout simplement le plus gros acheteur d'avions neufs au monde, propriétaire de la plus importante flotte d'avions en service et titulaire de la plus grande masse d'avions en commande et sous option. Les affaires se font en famille. Contrairement aux sociétés de leasing indépendantes, Gecas n'achète que des avions neufs équipés de moteurs GE et il n'y a aucune raison de penser qu'après la fusion elle n'exigera pas que l'avionique embarquée soit signée Honeywell. Les compagnies aériennes sont influencées par ce comportement : pour des raisons d'économies d'échelle et d'harmonisation de leurs flottes, il est beaucoup plus logique de ne s'équiper qu'en moteurs GE ou en avionique Honeywell. Petit détail, qui achève d'illustrer la puissance du géant américain : GE est le plus important acheteur individuel de billets d'avions au monde pour ses cadres qui volent sans cesse dans les avions motorisés par leur entreprise. Telle qu'elle est projetée, la fusion renforcerait selon Bruxelles la position dominante du nouveau groupe et une « stratégie d'exclusion » est possible. Les concurrents pourraient tout simplement être évincés grâce à des offres de prix groupées et à une surenchère technologique permise par les subventions du Pentagone. A terme, selon la Commission, c'est toute la capacité d'innovation de l'industrie aéronautique non américaine qui est menacée par la fusion. Une menace de mort pour Airbus.

Le refus du feu vert immédiat est un coup dur pour Welch, qui reste cependant optimiste. Il pense offrir quelques concessions mineures pour emporter l'adhésion de la Commission au terme de son enquête approfondie. Aux Etats-Unis, la vente de la division fabriquant des moteurs d'hélicoptères de combat a suffi : un petit geste supplémentaire devrait donc calmer les Européens. Monti ne le décourage pas, mais reste ferme. Le 17 avril 2001, à New York, le commissaire dit lors d'une conférence de presse avoir « l'impression que tous les efforts seront consentis pour rencontrer nos préoccupations ». Le 8 mai, quelques jours après le feu vert des autorités américaines de la concurrence, la « communication de griefs » est prête. Dans ce document de 155 pages, la Commission donne la liste de ses objections à la fusion. GE dispose de deux semaines pour répondre. Entre-temps, les choses vont de mal en pis pour Honeywell. Son bénéfice a chuté de 92 % au premier trimestre et l'entreprise supprime 6 500 emplois en raison du ralentissement économique aux Etats-Unis. La mariée est peut-être moins belle que prévu, mais Welch la désire toujours autant. Le rachat d'Honeywell, dit-il, se traduira pas des économies d'échelle de 3 milliards de dollars, plus du double de ce qui était prévu au départ. Les choses se gâtent vraiment fin mai, lors de l'audition de deux jours pendant laquelle la Commission entend successivement les arguments de GE, puis ceux des concurrents. Le tout-puissant PDG comprend enfin qu'il lui faudra faire des concessions sérieuses s'il veut emporter la décision.

Coup de poker transatlantique

Commence alors un gigantesque bras de fer qui va durer tout le mois de juin 2001. Welch débarque à Bruxelles le jeudi 7 et file à l'hôtel Conrad, un palace où descendent tous les décideurs américains, pour arrêter sa stratégie avec les équipes des deux entreprises et ses avocats. Pour la première fois, il accepte de céder des activités de Honeywell pour un montant de 1,3 milliard de dollars afin de rendre l'opération moins dommageable. Il laisse ses hommes présenter l'offre à la Commission et s'envole pour Capri avec son épouse pour le week-end. A Bruxelles, les choses se passent mal. L'offre de GE est refusée. Welch propose alors à Monti de venir à Rome pour discuter en tête-à-tête. Mais le commissaire n'a aucune envie d'être « cuisiné » loin de ses bases bruxelloises et refuse. Le PDG américain tente alors un énorme coup de poker pour remporter la mise d'un coup. Alors que le délai pour la décision de la Commission expire le 12 juillet, il revient à Bruxelles après son week-end italien pour faire publiquement ce qu'il présente comme sa « dernière offre ». Du jamais vu dans ce type d'affaires. Le mercredi 13 juin, il prend ses documents et se présente seul à son rendez-vous avec Monti, qui est entouré d'une dizaine de collaborateurs. Il met sur la table un paquet de concessions qui entraîneraient la vente d'actifs de Honeywell pour un montant de 1,9 milliard de dollars. Dix fois plus que ce qu'il a dû lâcher pour obtenir le feu vert américain. Il accepte de céder à la concurrence les systèmes d'alerte d'approche au sol, les mécanismes anticollision, les moteurs pour les jets régionaux ou encore les démarreurs.

Ce n'est toujours pas assez. Monti dresse une liste d'activités de Honeywell qui devraient être cédées à la concurrence pour prix de son autorisation. Il y a en pour 5 ou 6 milliards de dollars. Une montagne qu'il sait inacceptable pour Welch. A moins..., dit-il. A moins que GE n'accepte de vendre des parts de sa précieuse filiale de leasing d'avions, Gecas, à des concurrents motoristes, comme Pratt & Withney ou Rolls-Royce, ainsi que la séparation juridique et comptable d'avec la maison mère. Il s'agit d'assurer la quasi-indépendance de Gecas, qui choisirait alors sans pression ses motoristes et ses fournisseurs d'avionique. Dans ce cas, les concessions pourront être limitées autour de 1 milliard de dollars seulement. Pas question, répond Welch. Un dialogue digne de Holywood, confirmé par les deux parties, a alors lieu : « Si c'est votre position, je rentre chez moi ce soir, dit l'homme d'affaires américain. J'ai un livre à écrire. — Vous avez là un dernier chapitre tout trouvé, monsieur Welch. Et "Go home, Mr Welch" ferait un titre parfait », lui retorque sans ciller le directeur général allemand de la concurrence, Alexander Schaub.

Le lendemain, jeudi 14 juin, Monti et Welch se reparlent au téléphone et, selon le second, qui officialise sa dernière offre pour marquer le coup, le premier lui dit : « Maintenant que l'affaire est terminée, je peux vous dire : "Good bye, Jack !" » Fait inédit dans les annales, GE annonce de son propre chef l'échec des tractations dans un communiqué publié le jour même à New York. Nous voulons la fusion, mais il y a une limite, affirme Welch. « Les exigences les plus extraordinaires de la Commission vont au-delà de cette limite ; cela montre qu'on apprend à tout âge », écrira-t-il dans un communiqué rageur. « Dans ce cas précis, les exigences des autorités européennes ont dépassé tout ce que moi-même ou nos conseillers européens avions imaginé et divergent sensiblement de celles de leurs homologues américaines ou canadiennes. » En agissant ainsi, il sait que la classe politique et le monde des affaires des Etats-Unis vont se mobiliser.

Les gouvernements des Quinze font alors l'objet d'« énormes pressions » selon Monti. Jack Welch ne manque pas une occasion de faire du chantage à l'emploi en rappelant que GE emploie 85 000 personnes dans l'Union. Sous-entendu : si vous interdisez la fusion, je ferme mes usines en Europe. Une menace qui n'est pas prise une seconde au sérieux par le commissaire, qui s'en amuse. « Je lui ai dit qu'effectivement nous ne le considérions pas comme une entreprise américaine et que c'est pour cela que nous devions traiter le dossier [1]. » Il est d'ailleurs piquant de noter qu'à la veille du second référendum irlandais sur le traité de Nice, le 19 octobre 2002, c'est l'argument inverse qui sera utilisé lorsque GE a menacé de ne plus investir en Irlande en cas de deuxième « non ». Le dossier est évoqué en juin, lors du sommet américano-européen de Göteborg, en Suède. Le lendemain, à Varsovie, George W. Bush s'étonne. « Notre gouvernement a examiné la fusion et l'a approuvée. Le gouvernement canadien a examiné la fusion et l'a approuvée. Et je suis préoccupé que les Européens l'aient rejetée. C'est tout ce que j'ai à dire. »

L'Amérique se déchaîne

Harry Stonecipher, vice-président du groupe Boeing après avoir été pendant vingt-sept ans salarié de... GE, accuse : « Pourquoi la Commission européenne serait-elle inquiète alors que moi, en tant que constructeur, je ne le suis pas ? ironise-t-il. Ce ne sont pas les compagnies aériennes qui s'opposent à la fusion, c'est Airbus. » Et de menacer : « Les Etats-Unis ont approuvé cette fusion. Si l'Europe la refuse, que se passe-t-il ? Vous ne devenez pas vraiment des amis, non [2] ? » Phil Gramm, un sénateur républicain du Texas, l'Etat de George W. Bush, s'étrangle d'indignation sur CNBC, la télévision de Welch, en se demandant « de quel pouvoir dispose l'Union pour s'occuper de deux entreprises qui sont fon-

1. Entretien avec les auteurs.

2. *Le Monde* du 16 juin 2001. Stonecipher présentera ensuite ses excuses à la direction d'Airbus.

damentalement américaines ». Le Congrès commence à s'agiter et les plus excités, y compris du côté démocrate, brandissent l'arme de mesures de rétorsion commerciales contre l'Union. « Nous ne pouvons pas rester sans rien faire quand des grandes entreprises américaines vont être maltraitées de cette façon », lance le sénateur démocrate Robert Toricelli lors d'un débat parlementaire le 22 juin. Le sénateur démocrate de Virginie, John Rockefeller, prend sa plus belle plume pour écrire à Loyola de Palacio, la vice-présidente de la Commission, pour lui signifier qu'un veto aurait « un effet glacial sur toute coopération transatlantique dans les domaines de l'aviation et de l'espace ». Dans la ligne de mire : les avances octroyées par les Etats membres du consortium Airbus pour financer le développement de ses avions. Robert Zoellick, le représentant américain au Commerce, s'en prend devant le Sénat américain aux « théologiens européens qui utilisent des vieux concepts que la plupart des gens dans la profession des économistes ont abandonné il y a longtemps ». Le premier prix de la subtilité revient indéniablement au secrétaire américain au Trésor, Paul O'Neil, qui n'y va pas par quatre chemins. « Ce serait une folie de voir la fusion bloquée », s'exclame-t-il avant de faire remarquer que les commissaires européens « ne sont pas élus et fonctionnent comme une autocratie qui peut imposer sa volonté sur des choses qui ne devraient pas être sous leur autorité ».

D'ordinaire impassible Monti sort de sa réserve devant ces critiques et profite d'une conférence de presse pour contre-attaquer. « Je déplore les tentatives visant à désinformer le public et à provoquer une intervention politique. De telles façons d'agir sont totalement déplacées et n'ont pas la moindre incidence sur la Commission », dit-il. « Il s'agit d'une décision juridique et économique et non politique. » Deux ans après, il n'a toujours pas digéré « ces pressions et ces critiques superficielles, virulentes, comme celles de Paul O'Neil, qui a fait des observations vraiment inacceptables pour le manque de connaissance élémentaire, autant que pour l'impolitesse diplomatique. Le président Bush était intervenu à Varsovie avec plus de discrétion [1] ». On peut se demander si l'opération a été examinée à Washington avec toute la rigueur requise ou si des considérations stratégiques n'ont pas prévalu sur la protection de la concurrence. Monti ne cache

1. Entretien avec les auteurs.

d'ailleurs pas avoir manqué d'un interlocuteur aux Etats-Unis pendant cette période : son alter ego au département américain de la Justice, Charles James, n'avait pas encore été confirmé par le Sénat et son prédécesseur, qui gérait les affaires courantes, avait dû s'abstenir de traiter ce dossier parce qu'il avait travaillé pour... GE.

Quand le « comité consultatif des fusions », qui est composé des autorités nationales de concurrence des Quinze, rend son avis le 25 juin, les jeux sont faits. Tous les Etats membres estiment que la Commission a raison de vouloir interdire la fusion, seule l'Irlande s'abstenant. Welch fera encore pour la forme une ultime offre, dont il sait qu'elle sera refusée par la Commission, même s'il affirme le contraire a posteriori. Il propose le 28 juin de céder des actifs de Honeywell pour un montant de 1,1 milliard de dollars, tout en vendant 19,9 % de Gecas à un investisseur privé, mais... choisi par GE. Monti refuse et explique que sa décision aurait été la même si GE avait fait cette offre trois mois plus tôt.

La vérité est qu'à ce stade GE ne paraît plus réellement intéressé par Honeywell, mais il lui faut continuer les négociations, sous peine de se voir imposer d'énormes sanctions pour rupture de contrat. La nouvelle garde semble avoir décidé d'arrêter les frais. Dans son style tout en nuances, Monti estime que General Electric ne donnait plus l'impression de vraiment vouloir Honeywell. « La détermination des parties à proposer des remèdes suffisants a peut-être été atténuée par des arrière-pensées sur l'opportunité de conclure l'opération [1]. » Le PDG de Honeywell, Michael Bonsignore, lui, veut à tout prix la fusion pour sauver son entreprise défaillante. Le 29 juin, il écrit à Welch pour proposer un prix moins élevé pour ses actions et supplie GE d'accepter les conditions de la Commission. Des actifs d'un montant de 2,2 milliards de dollars serait cédés et la Commission approuverait le choix de l'investisseur minoritaire et de l'administrateur de Gecas. Réponse de Welch : votre proposition « n'offre aucun intérêt aux yeux de nos actionnaires ». La saga s'arrête là. Le 3 juillet, la Commission annonce, officiellement, sans surprise, qu'elle pose son veto à la fusion.

La première victime est Michael Bonsignore, forcé à la démission le jour même du « niet » bruxellois, et remplacé par... l'ancien numéro deux de GE, Lawrence Bossidy, ami intime de Welch.

1. *Idem.*

L'ex-PDG de Honeywell ne pardonnera pas cette trahison et attendra quelques mois pour lâcher son venin. Il fustige Welch, un PDG « autocratique » qui base ses coups sur « l'impulsion et l'instinct plutôt que sur le travail de préparation et l'application qui convient [1] ». Pour lui, la fusion aurait pu être approuvée si les conseillers de Welch avaient eu le courage de lui tenir tête et si Welch avait agi différemment sur le plan personnel. « La relation de Jack avec Mario Monti (...) était un cas d'école illustrant comment il ne faut pas gérer un processus et le protocole ». Monti balaye l'argument d'un revers de la main. « Le résultat aurait été le même avec un autre style de comportement [2]. »

Le gendarme tombe de son piédestal

Jamais la visibilité des autorités européennes de la concurrence n'aura été aussi forte qu'en cette année 2001. Dans la foulée de son veto à l'opération GE-Honeywell, la Commission va interdire le 10 octobre le rachat par Schneider Electric de Legrand, respectivement numéros un et deux du matériel électrique en France. Le 30 octobre, c'est au tour de la fusion entre Tetra Laval, leader mondial suédois des emballages en carton, et la société française Sidel, qui fabrique des équipements pour bouteilles en plastique, d'être interdite. Les Français, qui ont l'impression d'être la cible privilégiée des foudres de Bruxelles, mènent la charge contre une Commission qui empêcherait la création de champions européens, appliquerait des théories trop rigides et favoriserait la prise de contrôle par des groupes extra-européens. Un argument étonnant lorsque l'on sait que la Commission a autorisé les mariages entre TotalFina et Elf, Carrefour et Promodès, Framatome et Siemens ou encore Usinor, Arbed et Aceralia, devenu Arcelor, le premier producteur mondial d'acier. Mais Mario Monti fait front avec flegme, défendant le système européen de contrôle des fusions contre ces attaques qui ne sont pas les premières. L'ancien chancelier allemand Helmut Kohl voulait déjà priver Bruxelles de ses pouvoirs et les confier à une agence indépendante.

1. *Financial Times* du 18 octobre 2001.
2. Entretien avec les auteurs.

Le gendarme de la concurrence perdra de sa superbe lors de la véritable tempête qui va s'abattre sur lui en 2002. Le Tribunal de première instance de l'Union, sis à Luxembourg, annule, le 6 juin 2002, le veto posé par la Commission au mariage entre les voyagistes Airtours et First Choice. Pour le TPI, « la décision de la Commission est entachée d'erreurs portant sur des éléments essentiels pour déterminer la création d'une position dominante collective » et elle n'a pas établi que l'opération « porterait effectivement atteinte à la concurrence ». Mais l'alerte passe quasiment inaperçue. Monti renie partiellement sa décision d'interdire en faisant discrètement savoir qu'il a trouvé le dossier totalement bouclé par son prédécesseur, Karel Van Miert, à son arrivée aux affaires en 1999. Tout en maintenant qu'il avait raison, il prend bien garde de faire appel du jugement devant la Cour de justice.

Ayant senti le vent du boulet, il demandera d'ailleurs immédiatement à ses services de réexaminer leur proposition de veto au rachat de P&O Princess, le groupe britannique de croisières, par le numéro un du secteur, l'Américain Carnival, pour créer un groupe pesant 20 milliards de dollars. Le 24 juillet 2002, à la surprise générale, un feu vert sans conditions sera accordé à cette fusion qui suscitait les plus vives réserves des services de Monti quelques semaines plus tôt. Carnival a dû être le premier étonné, puisqu'il se disait prêt à se séparer de certaines activités pour éviter une position par trop dominante en Méditerranée. Monti aura beau affirmer que l'affaire Airtours n'a pas influencé ce revirement qui serait dû uniquement à une analyse plus fine du dossier, il trouve peu de monde pour le croire à Bruxelles.

En octobre 2002, c'est l'hallali. Le Tribunal de Luxembourg annule coup sur coup les veto de la Commission aux fusions entre Schneider Electric et Legrand et entre Tetra Laval et Sidel. Les termes des arrêts sont d'une rare violence. Dans le premier jugement du 22 octobre, les juges épinglent les « erreurs manifestes, omissions et contradictions » dans l'analyse économique ainsi que la « violation des droits de la défense ». Bref : les services de Mario Monti ont fait preuve d'amateurisme dans la gestion de ce dossier. Dans le second jugement, du 25 octobre, les juges stigmatisent les « erreurs de raisonnement » des services de Monti. « Nous avons constaté que des éléments de preuve n'avaient pas été apportés de manière suffisante et qu'il y avait certaines contradictions dans le raisonnement. La Commission a eu des défaillances qui ont conduit à ce résultat », explique le président du Tribunal, le Danois Bo Vesterdorf [1].

Curée contre Monti

C'est la curée. La presse, surtout anglo-saxonne, se déchaîne contre le « tsar » déchu, qui est très affecté par les revers subis et que l'on presse de rendre les armes. Sa crédibilité a été gravement touchée. « De quoi va-t-on se rappeler dans dix ans ? demande un haut fonctionnaire. Des échecs, pas des réussites. » Les appels à renoncer aux mécanismes européens de régulation de la concurrence se multiplient. Le problème, disent les critiques, surtout américains, du système européen, est que la Commission est à la fois procureur et juge, *judge and jury*. Il faudrait, à les en croire, adopter le système américain, où les fusions ne doivent pas être autorisées, mais peuvent être bloquées après coup par les tribunaux. Il est troublant de constater que le président du Tribunal de première instance a multiplié les interviews après les verdicts négatifs, alors que les juges de Luxembourg sont d'ordinaire muets comme des carpes. Or, il s'interrogeait ouvertement : « Peut-être serait-il utile d'examiner les avantages et les inconvénients du système américain [2]. » Il ne s'agit pas de nier les problèmes. La « merger task force » a clairement dérapé dans plusieurs cas extrêmement importants. « Ils avaient développé une mentalité arrogante de collectionneurs de trophées, reconnaît un haut responsable de la concurrence à Bruxelles. Arrogants avec les entreprises, arrogants avec leur collègues, ils ont voulu gagner leurs galons d'incorruptibles, de grands défenseurs des consommateurs, en étant impitoyables pour les fusions un tant soit peu problématiques. »

A l'intérieur même de la Commission, des fonctionnaires se réjouissent d'ailleurs de voir le caquet de leurs collègues de la MTF rabattu. La faiblesse de leurs effectifs, alors qu'ils étaient confrontés en 2000 et 2001 à une vague de fusions sans précédent, n'a pas peu contribué à cette impression de travail bâclé. Dans l'affaire Schneider-Legrand, les auditions devant le Tribunal de première instance ont mis aux prises les avocats surentraînés des entreprises

1. *Libération* du 7 novembre 2002.
2. *Ibid.*

à des représentants de la Commission complètement dépassés sur le plan de la connaissance du dossier et souvent incapables de justifier l'utilisation de telle ou telle théorie économique. « La MTF a trahi Monti, juge un avocat. Il leur faisait entièrement confiance, mais leur pouvoir absolu a fini par leur monter à la tête. » Pour la quasi-totalité de la communauté juridique européenne, les limiers de la task force, se sentant investis d'une mission, se sont mis à tirer des plans sur la comète : dans nombre de cas, ce n'est pas le risque actuel que les entreprises faisaient courir à la concurrence qui a été pris en compte par la MTF, mais le risque potentiel pour l'avenir. Résultat : les juges se sont intéressés d'un peu plus près à leurs spéculations et ont estimé qu'ils n'avaient pas réuni suffisamment de preuves pour interdire les fusions controversées. Monti a refusé de désavouer publiquement la MTF. « On ne tire pas sur une ambulance », souligne un de ses proches.

Il serait toutefois trop facile de rendre ces fonctionnaires seuls responsables de la déroute. Certaines théories économiques utilisées par la Commission sont contestables. Fin 2004, Me Jean Naslin, du cabinet Gide-Loyrette-Nouel, dénonce les a priori de la Commission, pour laquelle le « simple fait d'être en position dominante (suffit) trop souvent à présupposer un abus sans tenir compte de l'impact sur l'innovation ou l'intérêt du consommateur [1] ». De même, le choix du marché pertinent – européen, national, ou mondial – est sujet à caution, comme l'absence de prise en compte des conséquences sociales d'une décision. Ainsi, lorsque Seb a décidé en 2001 de reprendre l'ensemble des activités de Moulinex alors en faillite, le groupe français a découvert que le marché du petit électroménager était, pour l'exécutif européen, national et non européen, alors que les Chinois ont prouvé qu'il était mondial. Résultat : les usines Moulinex que Seb n'a pas pu reprendre pour satisfaire les exigences de Bruxelles n'ont jamais retrouvé preneur, ce qui prouve qu'elles constituaient plus un handicap qu'un avantage concurrentiel pour le nouveau groupe.

De même, les seuls intérêts des concurrents ont trop souvent été pris en compte. Dans la négociation sur le plan de sauvetage du groupe français Alstom, en 2004, Mario Monti a fait preuve avec le ministre français de l'Economie Nicolas Sarkozy d'un compor-

1. Propos tenus lors d'un colloque organisé par l'antenne bruxelloise du cabinet Gide-Loyrette-Nouel en association avec le quotidien économique *La Tribune*.

tement qui a démontré que cette préoccupation passait pour lui avant la survie du producteur français de TGV et de turbines, et du maintien de ses emplois, même si, sur le fond, sa mission l'obligeait à empêcher l'Etat-actionnaire d'utiliser l'argent public sans considération pour les conséquences sur les autres acteurs. « Sa principale préoccupation était l'impact sur Siemens, se souvient un des négociateurs. Si Alstom obtenait 100, il devait céder des activités équivalentes dans un autre domaine pour aider Siemens. »

Le système européen manque donc à l'évidence de ces fameux *checks and balances* (contrôles et équilibres) nécessaires au bon fonctionnement d'une mécanique aussi complexe que le contrôle de la concurrence. Car lorsqu'un fusible a sauté à la MTF, rien n'a pu arrêter les décisions négatives prises en 2001. Monti, qui est avant tout un macro-économiste, n'est pas un spécialiste de la vie des entreprises et a pour l'essentiel suivi l'avis de ses experts. Son côté notarial, son légitimisme et son intransigeance ont fait le reste. Mais on reste là encore dans la logique : on ne demande pas à un gendarme de s'interroger sur le bien-fondé du code de la route. L'appréciation politique des dossiers aurait pu et dû être réalisée ensuite. Or, cela ne s'est pas fait. La Commission a en effet suivi la recommandation du commissaire responsable, au lieu de faire une évaluation en profondeur. L'avis du « comité consultatif des Etats membres » est, lui aussi, suiviste dans la plupart des cas, ou alors il n'est pas pris en compte. Dans l'affaire Schneider-Legrand, à peine 6 pays sur 15 ont approuvé le veto de la Commission, qui a passé outre, même s'il est vrai que 6 Etats ne se sont pas exprimés.

Le joyau de la couronne

Un coup fatal, donc, pour la politique de concurrence européenne, ce véritable joyau de la couronne ? L'institution a, en tout cas, su réagir. Une réforme importante a été mise en œuvre pour mettre fin à ces dysfonctionnements. La MTF, devenue trop puissante, a été fondue au sein de la direction générale de la concurrence de la Commission. Les fusions sont désormais examinées sous l'angle des progrès technologiques et économique qu'elles apportent, de la plus-value en matière de politique industrielle et plus seulement de la concurrence pure et de l'intérêt pour le consommateur. Mais les entreprises devront faire la preuve que les avantages sont plus importants que les inconvénients. « Il ne s'agit pas de traire le consommateur domestique au nom d'une meilleure compétitivité internationale supposée alors qu'une fusion pourrait surtout se traduire par des dividendes pour les actionnaires », note Olivier Guersent, le chef de cabinet adjoint de la nouvelle commissaire à la Concurrence, Neelie Kroes [1]. Pas question de voler à tort et à travers au secours des entreprises comme cela se fait très souvent aux Etats-Unis. L'ancien commissaire Karel Van Miert a d'ailleurs fait des rappels bien utiles pour répondre aux entreprises qui se plaignent de voir la Commission réfléchir parfois en termes de marchés nationaux alors qu'elles les utilisent quand il s'agit de se protéger de la concurrence. « Ne soyons pas naïfs, dit-il. On veut un marché unique et que découvre-t-on ? Un nombre incroyable de marchés nationaux [2]. »

Outre la dissolution de la MTF, les délais ont été allongés pour permettre aux entreprises de présenter des concessions. Un « économiste en chef » a été nommé, recruté parmi les stars du marché et doté de ressources en personnel pour vérifier les analyses parfois trop juridiques des experts européens. Un groupe d'experts joue désormais le rôle d' « avocat du diable » afin de tester la solidité du projet de décision. Enfin, la justice européenne sera dotée de ressources supplémentaires pour statuer plus rapidement : trois ans plus tard, une fusion refusée ne peut être ressuscitée, six mois plus tard, tout reste possible. Cette réforme a été bien accueillie. Ni les entreprises, ni les politiques, ni les juristes ne veulent en effet se diriger vers un système à l'américaine qui comporte beaucoup plus d'éléments d'incertitude que son homologue européen. Ce dernier permet de donner un feu vert définitif en quelques mois. Lorsque le département américain de la Justice (DOJ) ou la Commission fédérale du commerce (FTC) demandent à une juridiction de bloquer une fusion, les entreprises jettent bien souvent l'éponge devant la complexité et la longueur de la procédure, qui peut prendre des années.

1. *Ibid.*
2. *Ibid.*

Culture de concurrence

Il convient également de relativiser les condamnations par le Tribunal. Les autorités américaines sont souvent désavouées par les tribunaux et elles n'en font pas une maladie. Les juges de Luxembourg n'ont en outre pas donné tort sur le fond à la Commission. La fusion Schneider-Legrand, ont-ils reconnu, pose un problème de concurrence en France, le principal marché. Le reproche majeur fait à l'exécutif européen est de ne pas avoir donné aux entreprises l'occasion d'y remédier. De même, le Tribunal, tout en fustigeant le manque de preuves, a admis la pertinence théorique de l'effet de conglomérat (ou effet de gamme) dans l'affaire Tetra Laval-Sidel [1]. Selon cette théorie, Tetra Laval aurait pu utiliser sa position de numéro un mondial sur le marché de l'emballage en carton comme levier pour dominer tout le marché de l'emballage en reprenant Sidel, qui fabrique du plastique. C'est un point vital pour la Commission, dans la mesure où le veto opposé à la fusion GE-Honywell est basé sur cette théorie. Le 15 février 2005, la Cour de justice saisie par la Commission dans l'affaire Tetra Laval-Sidel a d'ailleurs confirmé en appel la validité de cette théorie, tout en condamnant le comportement de l'exécutif européen, qui n'a pas tenu compte des concessions offertes par les entreprises.

Adopter le modèle américain serait par ailleurs une erreur en raison des spécificités de l'Union. Aux Etats-Unis, la culture de la concurrence interne est vieille de deux cents ans. Le marché unique y était une réalité, alors que les pays européens en étaient encore à se faire la guerre. Certes, la concurrence y est loin d'être parfaite. Le marché américain reste segmenté dans le domaine bancaire en raison des systèmes différents utilisés par les Etats, même si, contrairement à ce qui se passe en Europe, les comptes y sont rémunérés et n'entraînent pas de frais pour leurs détenteurs. Les Etats ont également adopté des règles disparates pour les assurances et la diversité des impôts locaux prouve qu'une har-

1. Après la condamnation par le Tribunal de première instance, la fusion entre les deux entreprises sera autorisée par la Commission moyennant quelques concessions.

monisation fiscale totale n'est pas le préalable à la bonne santé d'une monnaie unique. Enfin, la libéralisation de la téléphonie a été outre-Atlantique une expérience désastreuse qui n'est toujours pas résolue à ce jour, alors qu'elle est une réalité depuis 1998 dans l'Union. Il y aurait également beaucoup à dire sur la manière dont le marché de l'énergie a été ouvert. Mais le libéralisme économique est profondément ancré dans les mentalités américaines et l'on y voit les fusions comme un droit naturel pour les entreprises. Dans ce vaste espace économique sans obstacle, où la mobilité des travailleurs et des investissements n'est pas un vain mot, elles sont vues comme bénéfiques en termes d'économies d'échelle et donc de prix pour les consommateurs. Si les entreprises abusent de leur position dominante, il sera toujours temps d'aller devant les tribunaux [1]. Il faut à l'Europe une politique de la concurrence plus musclée et plus préventive en raison de la fragmentation des marchés nationaux, de l'importance de la régulation et de la faible compétitivité de ses entreprises par rapport aux Etats-Unis. Sur le Vieux Continent, les politiques économiques privilégient en effet les entreprises et leurs travailleurs au détriment des consommateurs. Même si ce système comporte des avantages, il suffit de constater les différences de prix pour les mêmes biens ou services entre les Etats-Unis et l'Europe pour comprendre que ces derniers sont les dindons de la farce. Si l'on abandonne un strict contrôle sur les fusions, le risque est que se créent rapidement des positions tellement dominantes que les entreprises pourront aisément dicter leurs prix. L'incitation à l'innovation et à la compétitivité risque également de disparaître.

L'existence d'un « gendarme » actif de la concurrence est absolument nécessaire dans un marché unique européen désormais élargi à dix pays où les règles du marché sont pour le moins récentes. Malgré les regroupements récents d'entreprises, les Etats membres continuent en effet de réfléchir en termes nationaux. Lorsque les Etats-Unis aident un secteur, comme l'acier ou le transport aérien, ce sont tous les acteurs qui en bénéficient et les

---

1. Dans ce domaine également, un mouvement de balancier existe aux Etats-Unis. Sous le règne de Ronald Reagan, la politique de la concurrence était guidée par le principe selon lequel le marché se chargerait de trouver la meilleure solution pour le consommateur. Pendant les deux mandats de Bill Clinton, une correction a eu lieu et son administration s'est posé beaucoup de questions avant d'autoriser la fusion entre Boeing et McDonnell Douglas.

problèmes de concurrence interne ne se posent pas. Lorsque Paris aide Air France, les autres compagnies actives sur les mêmes créneaux et au sein du même marché unique en pâtissent et il convient de compenser cet effet. Contrairement à ce que pourrait laisser croire l'hystérie politique qui accompagne souvent les dossiers « chauds », les industriels, eux, sont demandeurs de plus de concurrence et de plus de règles du jeu. Les critiques contre l'absence de « politique industrielle » de l'Union sont sans doute en partie justifiées. A qui la faute, d'ailleurs, puisque les Etats membres sont incapables de se mettre d'accord sur ce que pourrait être cette politique ? Y a-t-il le début d'une vision commune entre Britanniques, Français et Allemands sur ce point ? Les débats sur l'éclosion des « champions européens » dont la politique de la concurrence empêcherait l'éclosion sont, à cet égard, ahurissants. De nombreuses entreprises de taille mondiale sont nées dans le marché unique, de Renault à Carrefour. Mais il est vrai que, pour les hommes politiques, il faut souvent entendre « national » quand il disent « européen » : il suffit de se rappeler le combat mené par Nicolas Sarkozy, lorsqu'il était ministre de l'Economie et des Finances, pour empêcher Siemens de s'allier avec Alstom, une solution qui n'est désormais plus taboue.

Les Etats-Unis au secours de la Commission

Malgré le choc des arrêts du Tribunal de première instance, il ne faut pas perdre de vue que la Commission interdit peu, très peu de fusions [1] et que son jugement est rarement remis en cause. Sur les 21 appels qui ont été déposés devant la Cour de justice européenne, 5 l'ont été par des entreprises qui contestaient l'interdiction de leur fusion. Mais 16 l'ont été par des concurrents d'entreprises dont le mariage avait été autorisé et qui estimaient que la Commission s'était montrée... trop laxiste. Quand l'entrée du bouquet de chaînes britannique BskyB dans KirchMedia a été approuvée, c'est la chaîne de télévision allemande ARD qui s'est plainte de la constitution d'un groupe capable de faire pression sur l'offre de programmes.

1. Même s'il est vrai qu'elle en autorise beaucoup en posant des conditions...

Curieusement, ce sont les autorités américaines elles-mêmes qui sont venues en aide à la Commission. Charles James, le nouveau chef de l'antitrust américain, a ainsi réfuté mot à mot l'argumentaire de Jack Welch en mai 2002. Les divergences d'analyse entre les Etats-Unis, qui octroieraient le bénéfice du doute aux entreprises, et les Européens, qui tireraient plus vite que leur ombre ? Ce sont « les médias » qui ont inventé une divergence pour des raisons « que (je) ne comprends pas ». Et les décisions des autorités de la concurrence de part et d'autre de l'Atlantique vont, dans la grande majorité des cas, dans le même sens.

Et quand elles divergent, on peut se demander qui est le mieux loti, des consommateurs américains ou européens. C'est en Europe, et pas aux Etats-Unis, où un « règlement à l'amiable » a été conclu en 2001, que le géant de l'informatique, Microsoft, a été obligé en mars 2004 de payer une amende de 497 millions d'euros, une broutille pour Bill Gates, mais, surtout, de cesser ses pratiques abusives. La firme de Redmond est désormais obligée de vendre aux fabricants d'ordinateurs une version de son système d'exploitation « Windows » sans Media Player, son logiciel de lecture audio et vidéo, afin de permettre à la concurrence d'entrer sur ce marché très fermé. Après avoir fait des pieds et des mains – et porté plainte devant le Tribunal de première instance de l'Union –, Microsoft a rendu les armes début 2005. « Plutôt que de rechercher la suspension des remèdes proposés par la Commission, Microsoft se concentre maintenant sur un travail constructif avec la Commission pour leur pleine et rapide application », a déclaré l'homme le plus riche du monde [1]. Il faut dire que, dans ce cas, contrairement aux fusions sur lesquelles Bruxelles doit se prononcer dans un délai très court, les services de la Commission avaient pu mener patiemment l'enquête pendant plus de trois ans.

La politique de la concurrence permet donc à l'Union de parler d'égal à égal avec les Etats-Unis, jusqu'à la confrontation si nécessaire. C'est à l'occasion de l'affaire GE-Honeywell qu'outre-Atlantique on a découvert l'ampleur des pouvoirs d'une institution apparemment imperméable aux pressions et dotée de règles de type fédéral. L'administration Bush, si prompte à prendre le chemin de l'unilatéralisme, surtout depuis le 11 septembre, sait reconnaître un mur quand elle en rencontre un. Lorsqu'ils sont confrontés à des

1. Communiqué du 24 janvier 2005.

interlocuteurs disposant de la légitimité juridique et de la capacité d'initiative qui leur permettent d'exercer pleinement leurs pouvoirs, les Américains plient. Quelques mois après l'interdiction de la fusion GE-Honeywell, les Etats-Unis accepteront en novembre 2001 de parler concurrence au sein de l'Organisation mondiale du commerce (OMC) pour tenter d'assurer des conditions égales dans les pays membres, alors qu'ils s'y étaient toujours refusés. Quand Bush découvre le multilatéralisme...

Kroes, commissaire à temps partiel

Comme toujours dans la construction européenne, rien n'est jamais acquis et les secousses qui ont ébranlé Bruxelles le prouvent. Mais des erreurs de casting peuvent s'avérer tout aussi désastreuses. Le choix de Neelie Kroes pour succéder à Mario Monti pourrait ainsi être lourd de conséquences. Sa proximité avec le milieu des affaires a été d'emblée un problème pour les députés européens qui l'ont auditionnée à l'automne 2004. Il ne s'agit bien entendu pas d'interdire ce poste aux personnalités qui ont côtoyé les entreprises. Si c'était le cas, Monti, qui a siégé dans les conseils de surveillance de Fiat ou d'IBM, aurait été rejeté pour la même raison. Un bonne connaissance de ce milieu constitue même un atout. Mais de là à choisir une personnalité qui, jusqu'à sa nomination par le gouvernement néerlandais, siégeait dans les conseils de surveillance d'entreprises aussi importantes que le constructeur automobile suédois Volvo, le groupe français d'électronique et de défense Thales ou la compagnie de fret maritime P&O, il y a une marge que José Manuel Durao Barroso, le président de la Commission, et le gouvernement néerlandais n'ont pas hésité à franchir. Le premier a bien tenté d'obtenir un changement de portefeuille à l'occasion du remaniement provoqué par l'affaire Buttiglione. Mais La Haye en a fait un casus belli et Barroso s'est s'incliné.

Neelie Kroes a eu beau vendre toutes ses actions, le risque de conflit d'intérêt est présent. Elle a donc dû s'engager à se retirer de tous les dossiers où le soupçon de favoritisme pourrait affleurer. Les services juridiques de la Commission ont, dans un avis rendu en septembre 2004, confirmé que le portefeuille de la concurrence revêt une « sensibilité particulière », puisque Kroes prendra des décisions qui affectent « directement les entreprises ». Outre les cas des entreprises pour lesquelles elle a travaillé, Kroes risque aussi de devoir se retirer de cas où il y a « duopole » sur un marché, si l'un des acteurs est l'une de ses ex-entreprises. Mais même en agissant ainsi, le risque est grand de voir les bataillons d'avocats se saisir de ce prétexte pour demander devant la justice l'annulation d'une de ses décisions. « En tout état de cause, quelles que soient les solutions envisagées, on ne peut écarter le risque d'une exploitation par des tiers visant à alléguer la persistance d'un conflit d'intérêt ou la mise en doute de la neutralité des décisions prises », estiment les juristes européens. La « femme la plus puissante d'Europe », qui gère la politique la plus intégrée et la plus fédérale de l'Union, le sera donc à temps partiel.

CHAPITRE 7

L'Europe, arbitre de la mondialisation ?

« Lamy, assassin ! Lamy, criminel ! » Les militants d'Act Up ont une fois de plus fait fort ce 26 novembre 2002. Devant un parterre de personnalités, dont le Premier ministre belge Guy Verhofstadt, réunies dans le grand auditoire de l'Université catholique de Louvain, ils bondissent sur la scène au moment où le commissaire européen au commerce extérieur entame la lecture de son discours. Les militants les plus radicaux de la lutte contre le sida accusent Pascal Lamy d'être « vendu » aux laboratoires pharmaceutiques, qui ne veulent pas renoncer à la protection de leurs brevets pour fournir des médicaments à bas prix aux malades du Tiers Monde, et de céder aux Américains, qui les soutiennent. « Lamy, laquais de l'industrie pharmaceutique », peut-on lire sur un calicot déployé devant une assistance médusée. Le commissaire ne bronche pas et poursuit sans ciller la lecture de son discours.

Cela fait plusieurs mois qu'il est harcelé sur ce dossier, quasiment à chacune de ses sorties publiques. La tension est à son comble en cette fin de l'année 2002, les pays membres de l'Organisation mondiale du commerce (OMC) cherchant activement un compromis sur l'accès des pays les plus pauvres aux médicaments contre les pandémies. Son domicile parisien a été bombardé de tomates et d'œufs. Dans son quartier, Act Up Paris a placardé des affiches où l'on peut lire un texte entourant sa photo : « Connaissez votre voisin ! Pascal Lamy, commissaire européen au commerce. Pour obtenir un consensus avec les Etats-Unis, il est prêt à brader la vie de millions de malades du sida, du cancer, personnes infectées par l'hépatite C ou toute autre pathologie. » En d'autres mots, le voisin en question est coupable de crimes contre l'humanité... Des tracts montrant son visage en gros plan sont distribués par ces militants passés maîtres dans l'art de rendre publique l'homosexualité d'hommes politiques jugés peu sensibles à leur cause. « Lamy des labos, l'ennemi des séropos », peut-on y lire. A Bruxelles, son cabinet est harcelé de coups de téléphone. A chaque fois, une voix anonyme : « A cause de vous, des millions de personnes sont déjà mortes. » Act Up avec ses méthodes musclées n'est qu'un des acteurs de ce qui est l'opération de « lobbying » la plus importante, par son impact potentiel sur la vie et la mort de millions de personnes, de l'histoire de l'Union.

Les ambassades des régions

Les « lobbies » sont omniprésents à Bruxelles. Leur objectif? Empêcher la naissance d'une loi européenne, l'influencer ou la susciter. Le terme lui-même date de 1640 et vient du *lobby* de la Chambre des communes britannique, où les parlementaires pouvaient rencontrer ceux qui n'en faisaient pas partie. Aux Etats-Unis, la pratique est ancrée dans les mœurs depuis la naissance du pays, pour le meilleur comme pour le pire. A Washington, les partis politiques sont ouvertement financés par les groupes de pression, notamment industriels. Les campagnes électorales de George W. Bush doivent quasiment tout à leurs contributions et son administration ne se cache même pas d'être très sensible aux arguments des compagnies pétrolières dont le président et une partie de son entourage sont issus.

L'influence des lobbies sur la construction européenne a été d'abord faible. Parmi les six membres fondateurs de l'Union, le terme sent le soufre, la corruption, les pots-de-vin et la domination des intérêts privés. Malgré tout, les partis politiques allemands ne refusent pas les généreux dons des fabricants de cigarettes ou des producteurs de bananes américains. Il faut peut-être voir là la raison de la farouche opposition de Berlin à l'interdiction de la publicité pour le tabac ou encore au régime préférentiel accordé aux bananes des pays de la zone Afrique-Caraïbe-Pacifique (ACP). La France, où il existe une tradition républicaine d'hostilité aux lobbies, préfère s'appuyer sur son formidable réseau d'énarques qui dominaient il n'y a pas si longtemps l'administration européenne pour tirer les ficelles. En 2003, les députés européens interrogés par le Centre européen pour les affaires publiques ont estimé que l'administration française était la plus efficace de toute l'Union lorsqu'il s'agissait de faire passer ses thèses au Parlement de Strasbourg. L'adhésion en 1973 du Royaume-Uni, où la pratique du lobbying est aussi courante qu'aux Etats-Unis, la montée en puissance des pouvoirs du Parlement et l'extraordinaire explosion législative qu'a vécue l'Europe dans les années 1980 et 1990 avec la réalisation du marché intérieur ont complètement modifié la donne.

Le lobbying se pratique désormais à très grande échelle à Bruxelles, un des trois grands centres législatifs du monde occidental avec Washington et Tokyo. C'est le passage obligé pour toutes les opérations qui intéressent les entreprises à partir d'une certaine taille, puisque 80 % de la législation économique et sociale applicable dans les vingt-cinq pays de l'Union ne sont que la transcription des lois européennes. Le répertoire des groupes de pression, des *think tanks* (cercles de réflexion), des industriels, des cabinets d'avocats, des consultants ou des ONG se lit comme un dictionnaire des activités humaines, de A pour la Fédération européenne de fabricants de produits abrasifs à Z, pour l'Association européenne des zoos et aquariums. Le lobbying bruxellois a ses maîtres à penser – on y consacre des livres érudits dont Machiavel est l'ultime référence – et les entreprises apprennent à gérer leurs contacts avec les eurocrates dans des stages hors de prix organisés par des entreprises prospères. « Comme des oiseaux et des abeilles, humant l'odeur des fleurs de “Bruxelles”, ils cherchent à se rapprocher pour parvenir au résultat souhaité sur les plans législatif, financier ou autre [1] », explique l'un des meilleurs analystes du phénomène, en évoquant poétiquement leur attirance pour « le miel et l'argent » de l'Union. Tout le monde veut désormais être à Bruxelles. Le nombre de lobbyistes au sens large – des cabinets d'avocats aux représentants des entreprises – et de diplomates – auquel il faut ajouter le personnel employé par leurs bureaux – a été estimé à plus de 30 000 dans une étude réalisée pour les autorités de la région bruxelloise, un chiffre appelé à croître encore avec l'élargissement vers l'Est.

---

1. *Machiavelli* in *Brussels, The Art of Lobbying the EU*, Rinus van Schendelen, Amsterdam University Press, 2002.

La laisse des politiques est courte

De la Flandre à la Catalogne, en passant par les Canaries et l'Ile-de-France, ce sont quelque 200 « ambassades » parallèles des régions qui ont ouvert des représentations à Bruxelles pour obliger l'Europe à prendre en compte leurs spécificités, défendre un fromage local contre une législation jugée trop rigide ou obtenir une subvention pour un projet. Ces missions rivalisent parfois avec la Représentation permanente officielle de leur pays auprès de l'Union. L' « Etat libre » de Bavière a ainsi acheté et entièrement rénové dans la capitale belge un véritable château datant du XIXe, idéalement situé entre le Parlement et le Comité des régions. Un peu de Louis II à Bruxelles, béni par les plus hautes autorités religieuses du Land allemand le plus puissant lors d'une étonnante cérémonie en 2004. Les grands groupes industriels ont presque tous – les deux tiers d'entre eux dans le cas de la France – ouvert à Bruxelles une antenne où travaillent de deux à cinq personnes. Leur coopération avec les Représentations nationales prend parfois des allures fusionnelles. Ainsi, Electricité de France (EDF) a pris en charge la décoration de la salle de conférence de presse de la délégation française auprès de l'Union dans le bâtiment du Conseil des ministres. Les têtes pensantes du géant européen de l'électricité n'ont pas hésité à se faire au passage un bon coup de publicité, puisqu'on y voit de superbes photos prises de nuit montrant des édifices fameux, comme le Futuroscope de Poitiers, éclairés par la bonne fée publique. L'inauguration de cette exposition permanente a eu lieu en présence de l'ambassadeur de France, champagne et petits fours à la clef. Pendant des années les ministres du gouvernement de Lionel Jospin ont expliqué sous une photo financée par EDF pourquoi ils refusaient l'ouverture du marché de l'électricité à la concurrence, contre laquelle l'entreprise s'est longtemps battue. A Doha, lors de la négociation de l'Organisation mondiale du commerce (OMC) en novembre 2001, le ministre délégué au Commerce extérieur, le radical de gauche François Huwart, recevait tous les jours les représentants de la puissante FNSEA (Fédération nationale des syndicats d'exploitants agricoles) et de l'industrie textile dans sa suite de l'hôtel Sheraton pour les tenir au courant du déroulement de la négociation et, parfois, se faire engueuler quand il acceptait des concessions jugées trop importantes. La laisse est courte...

Le marché des cabinets juridiques et de relations publiques est, lui, presque exclusivement accaparé par les officines anglo-saxonnes, seuls quelques cabinets français ayant la taille critique pour attirer les clients perdus dans la jungle de la législation communautaire. Quand Mars, numéro un européen de l'alimentation pour animaux domestiques, veut racheter Royal Canin, il s'adresse à un cabinet bruxellois pour ne pas commettre de gaffe procédurale et répondre, si possible à l'avance, aux objections que la Commission pourrait émettre à l'encontre de la fusion. Quand un producteur de céréales pour petits déjeuners veut éviter qu'un additif essentiel pour lui soit interdit par une directive, il s'adresse à des experts qui le mette en contact avec le fonctionnaire responsable du dossier ou avec les députés européens qui « codécident » avec le Conseil des ministres.

Vases communicants

La frontière entre les institutions communautaires et les lobbies est poreuse et l'on assiste à des phénomènes de vases communicants pour le moins étonnants. Les députés européens non réélus n'ont guère de souci à se faire pour leur avenir à condition de s'être occupés durant leur mandat d'un dossier technique au lieu de se concentrer sur les violations des droits de l'homme en Papouasie-Nouvelle-Guinée – encore qu'il y ait certainement un marché pour eux aussi... Bryan Cassidy et Tom Spencer, deux anciens députés britanniques, sont devenus des lobbyistes actifs. Quand Jim Currie, directeur général de l'environnement à la Commission, accepte en 2002 de partir en préretraite pour faire de la place aux fonctionnaires des pays de l'Est prêts à adhérer, il retrouve illico un poste de directeur non exécutif dans l'entreprise publique... British Nuclear Fuels Limited. Cette dernière gère l'usine de retraitement nucléaire de Sellafield, l'une des plus dangereuses d'Europe. Son engagement est annoncé le jour même où les Quinze décident de ratifier le protocole de Kyoto. Ou encore, l'exresponsable de la concurrence, Leon Brittan, devenu président du groupe Lotis, a pu faire pression à ce poste sur son ancienne direction générale au profit de la place financière de Londres. G-Plus Europe, société de conseil, a quant à elle été créée par deux anciens porte-parole du même Leon Brittan [1].

Ce type de pratiques ne va pas sans dérapage. Des pots-de-vin ont été versés par des grosses entreprises agroalimentaires à des fonctionnaires pour modifier des règlements en leur faveur. Une virgule déplacée peut leur faire gagner des millions d'euros. Des lobbyistes font le siège des comités de gestion chargés de piloter la Politique agricole commune – 45 milliards d'euros de budget annuel – et tentent d'interroger à la sortie les interprètes pourtant soumis à la confidentialité. Celui qui connaîtra avec quelques minutes d'avance sur ses concurrents le montant de la subvention à l'exportation de blé vers la Russie peut faire gagner le jack-pot à sa société. Des fonctionnaires européens indélicats ont d'ailleurs été pris la main dans le sac fin 2003 par l'Office de lutte antifraudes : selon l'OLAF, ils monnayaient les informations confidentielles sur ces subventions.

Le député européen Hans-Peter Martin, un ex-socialiste autrichien, s'est montré très inquiet de cette évolution dans un rapport adopté par le Parlement de Strasbourg en 2003. « A la Commission, il apparaît que les groupes d'intérêt ont acquis encore plus d'influence sous la présidence de Romano Prodi », peut-on lire dans ce texte [2]. Il parle des « méthodes brutales » des lobbyistes, qui utilisent des arguments de « caractère personnel », se montrent « trop souvent agressifs » et n'hésitent pas à user de « dons et libéralités ». Avec des résultats puisque, selon Martin, des fonctionnaires de la Commission ont « repris directement, de groupes de pression industriels, les textes de propositions de directive ». Ce qui pose problème puisqu'au Parlement, « des députés se sont (...) fait rédiger leur rapport par des fonctionnaires de la Commission » et reprennent des amendements « souhaités par l'industrie et présentés comme des amendements personnels ». Malgré ces dérapages graves, le lobbying est considéré comme un outil indispensable pour une construction communautaire où les dossiers

1. Voir chapitre 2. On peut aussi rappeler le cas de Martin Bangemann, voir chapitre 1, p. 20.

2. *Le rôle des associations industrielles européennes dans la définition des politiques de l'UE*, juillet 2003.

techniques sont foison. Il permet à des députés ou à des fonctionnaires éloignés des réalités de disposer d'une information multiforme. La bataille pour l'accès aux médicaments le démontrera avec éclat.

L'entrée en résistance contre l'OMC

Seattle, 30 novembre 1999. La grande ville de la côte Ouest des Etats-Unis ressemble à un camp retranché. Quelque 70 000 manifestants antimondialisation commencent à cerner le centre de conférence où doit s'ouvrir le lendemain la réunion ministérielle de l'Organisation mondiale du commerce. José Bové y termine en véritable héros sa tournée américaine. Il vient de distribuer 216 kilos de roquefort importé illégalement aux Etats-Unis, où ce fromage est frappé de droits de douane prohibitifs pour punir l'Union de son refus d'importer du bœuf américain engraissé aux hormones. Juché sur un camion face à un restaurant McDonald dont une vitre a volé en éclats sous les coups de barre de fer des manifestants les moins pacifiques, le pourfendeur de la « malbouffe », un micro dans une main et un morceau de pain au roquefort dans l'autre, se taille un beau succès de foule. Les références au Larzac sont bien un peu perdues pour un public essentiellement américain, mais ça ne fait rien. José, on l'aime ici. « Nous avons décidé de commencer la résistance contre l'OMC », clame le porte-parole de la Confédération paysanne, follement applaudi par une coalition hétéroclite [1]. Le refus du libéralisme et d'une mondialisation à sens unique permet d'extraordinaires convergence entre les anciens de Woodstock, les défenseurs des tortues de mer, les militantes lesbiennes, les sidérurgistes américains, les pacifistes du monde entier, les anarchistes et les partisans d'un commerce équitable avec le Tiers Monde.

Pendant plusieurs jours, les manifestants vont tenter d'empêcher la tenue de la réunion, la plupart du temps par des moyens pacifi-

1. L'OMC, si décriée, a reconnu en mars 2005 la validité du système européen des « appellations d'origine contrôlée » (AOC) que les Américains, les Canadiens et les Australiens contestaient. Autrement dit, le « roquefort » ne peut désormais être produit qu'en France.

ques, malgré l'intervention des inévitables casseurs qui débordent sans peine des policiers aussi préparés à une telle épreuve de force que le FBI l'était aux attentats du 11 septembre 2001. Barricadées dans leurs hôtels ou le centre de conférences, les 135 délégations [1] habituées à mondialiser et à libéraliser sans pression de la rue sont estomaquées par un mouvement qu'elles n'avaient pas vu venir. Après cinq jours de dramaturgie, la conférence se conclut sur un échec retentissant. Les pays membres de l'OMC ne parviennent pas à lancer un nouveau « cycle » de libéralisation commerciale après celui dit de l'Uruguay Round, qui a débouché en 1995 sur les accords de Marrakech et sur la création de l'OMC. Si les manifestations y ont un peu contribué, ce sont les divergences entre les Etats-Unis et l'Union sur les subventions agricoles et la rébellion des pays du Sud qui ont sonné le glas de la conférence.

Seattle a tenté de répéter le schéma appliqué dans les multiples cycles de libéralisation commerciale qui ont été lancés depuis 1948 – Kennedy Round, Tokyo Round, etc. Les Etats-Unis et l'Union – 50 % du commerce mondial à eux deux – se mettaient d'abord d'accord. Puis, un groupe soi-disant « représentatif » de pays – essentiellement des Etats riches ainsi que quelques pays émergents comme le Brésil et l'Inde – est invité à se rallier à leur compromis en arrachant çà et là quelques concessions. L'immense majorité des délégations, qui n'a même pas une place à la table des vraies négociations, dans la *green room*, est ensuite mise devant le fait accompli. Leur assentiment est le plus souvent obtenu par la menace de représailles (version américaine) ou par la promesse d'une aide au développement plus ou moins généreuse (version européenne). Et les dindons de la farce sont les pays pauvres : ils doivent ouvrir leurs frontières aux produits des pays du Nord sans pouvoir pénétrer des marchés agricoles européens ou américains hyperprotégés. Le pire vient ensuite quand ces derniers leur envoient des céréales ou du coton tellement subventionnés qu'ils cassent le marché local. A Seattle, les « pauvres » ont pour la première fois dit non à la perpétuation de ce type de négociation.

Les altermondialistes ne sont pas les seuls à se réjouir de l'échec de la conférence. L'industrie pharmaceutique pousse elle aussi un « ouf » de soulagement. Le fiasco permet d'évacuer la pression qui commence à monter en faveur d'une modification d'un accord

1. Chiffre de l'époque. Début 2005, il y avait 148 Etats membres à l'OMC

conclu au sein de l'OMC entré en vigueur en 1995 et qui possède un sigle aussi barbare en anglais (Trips) qu'en français (Apdic : Accords sur les aspects des droits de propriété intellectuelle qui touchent au commerce). L'accord Trips constitue, en effet, un formidable atout pour les laboratoires, puisqu'il prévoit que les médicaments y sont soumis aux lois internationales sur la propriété intellectuelle qui interdisent la contrefaçon. Tous les pays membres de l'OMC doivent adopter des règles qui protègent pendant vingt ans les brevets des molécules produites dans les grands laboratoires mondiaux. Les pays les plus riches s'y sont pliés dès 1996 et la plupart des autres nations émergentes, comme le Brésil, devront faire de même après une période de grâce plus ou moins longue. Aucune firme pharmaceutique ne pourra bientôt produire des médicaments « génériques », et donc moins chers, sans l'accord du détenteur du brevet. Pour l'Inde, principal fabricant de génériques du monde, la période de grâce a expiré le 1er janvier 2005, tandis que les pays les moins avancés ont obtenu un délai jusqu'en 2016.

Les leçons de Seattle

Quelques heures après l'annonce de l'échec, Lamy quitte, sans avoir dormi, l'hôtel Sheraton de Seattle en tenue de jogging et évacue le stress d'une négociation épuisante en courant dans les rues désertes de la ville balayée par un vent froid et dévastée par les casseurs qui n'ont laissé aucune vitrine intacte. Il est déjà en train de tirer les leçons du fiasco. La première, c'est que l'Union a enfin tenu bon face aux Etats-Unis dans une négociation commerciale internationale. Dix ans plus tôt, ces pourparlers étaient automatiquement synonymes de crise interne pour les Européens. La Commission négociait bien au nom des Etats membres, mais sans véritable mandat, ce qui conduisait à des divisions exploitées avec délice par les concurrents de l'Union. Et, surtout, à l'époque, elle était profondément divisée entre les « libéraux » et les « interventionnistes », les premiers emmenés par le Royaume-Uni, les seconds par la France. Ces deux camps irréductibles n'hésitaient pas à s'écharper en public, sapant la cohésion communautaire face à des Américains déterminés et sans scrupules. Ainsi, en 1992, les commissaires au commerce extérieur, Leon Brittan, et à l'agriculture, Ray McSharry, ont conclu avec les Etats-Unis « l'accord de Blair House », un compromis agricole qui a provoqué une crise entre la France et ses partenaires. Les deux représentants de la Commission – un conservateur britannique et un Irlandais – ont, il est vrai, fait des concessions majeures en acceptant de limiter la production européenne d'oléagineux alors que l'Union est très déficitaire dans ce secteur. « Monsieur Brittan, nous ne vous avons jamais fait confiance et nous ne vous ferons jamais confiance », lance, furieux, le ministre français des Affaires étrangères de l'époque, Alain Juppé. Les deux commissaires ont finalement été désavoués par le Conseil des ministres européens qui les a renvoyés à Washington pour y quémander une renégociation de « l'accord de la honte ». « Certains de mes prédécesseurs consacraient plus de temps à mettre les Etats membres d'accord qu'à négocier avec les pays tiers », se souvient Lamy, qui dirigeait à l'époque de l'accord de Blair House le cabinet de Jacques Delors [1].

Mais à Seattle, l'Europe a pour la première fois plié sans rompre. Certes, les nuances n'ont pas disparu et les Britanniques sont toujours prêts à céder beaucoup plus rapidement que les Français sur le terrain agricole ou sur la fameuse « exception culturelle ». Mais les deux camps partagent désormais une vision suffisamment commune du commerce mondial pour défendre ensemble une position face au reste de la planète. La France, quatrième puissance exportatrice du monde, a découvert qu'elle avait tout intérêt à faire exploser les barrières aux échanges, qu'elles soient douanières ou autres. Les Britanniques, eux, ont progressivement tempéré leur libéralisme. L'échec de la privatisation du rail britannique, renationalisé par Tony Blair, ainsi que l'épizootie de la « vache folle » sont à l'évidence passés par là. Fort de cette identité de vues, le commissaire européen au commerce est sans contestation possible devenu l'un des personnages les plus puissants de la mécanique communautaire. Seul son collègue chargé de faire respecter la concurrence dispose d'un pouvoir comparable. Certes, il doit obtenir un mandat des gouvernements européens pour adopter des mesures de défense commerciale contre les pays qui ne jouent pas le jeu ainsi que pour négocier à l'OMC. Il doit également rendre compte régulièrement devant les experts et les ministres, qui approuvent à la majorité qualifiée les résultats obtenus ou les

1. Entretien avec les auteurs.

propositions faites. Mais il dispose d'une marge de manœuvre très importante. Lors des grandes négociations, les ministres du commerce extérieur des gouvernements sont confinés dans la suite de leur hôtel en attendant que le commissaire sorte des salles de réunion où tout se décide.

Lamy, un moine-soldat ascétique, qui se nourrit de pain gris et de bananes, a pourtant suscité quelques haussements de sourcils lors de son arrivée à Bruxelles. L'hebdomadaire britannique *The Economist* ironise sur sa nomination : confier le commerce à un technocrate socialiste français, triple tare pour les Anglo-Saxons, c'est comme accorder le portefeuille des privatisations à Karl Marx. Les critiques se sont vite tues devant la puissance de travail conjuguée à une capacité d'analyse hors pair de ce grand commis de l'Etat français devenu l'un des serviteurs les plus dévoués de la cause européenne.

Réglementer la mondialisation

La seconde leçon de Seattle, c'est qu'il faut désormais prendre en compte la contestation des opinions publiques du Nord comme du Sud. Lamy a vite compris que les millions d'habitants du Tiers Monde mourant de maladies comme le sida, la tuberculose ou la malaria faute d'avoir accès à des médicaments à un prix abordable sont devenus le symbole d'une mondialisation à sens unique. L'Union doit se poser en médiatrice de positions totalement contradictoires, celles des Organisations non gouvernementales (ONG), d'une part, celle de l'industrie pharmaceutique, d'autre part. Car l'accord de 1995 sur la propriété intellectuelle n'est pas scandaleux en lui-même. L'industrie pharmaceutique a des arguments à faire valoir. Entre le début des recherches et la commercialisation, la durée de mise au point d'un médicament est souvent d'une bonne décennie. Avec un brevet d'une durée de vingt ans, il ne reste qu'une petite dizaine d'années pour rentabiliser les millions de dollars investis, parfois en pure perte lorsqu'une molécule se révèle inefficace ou est interdite par les autorités sanitaires. En outre, cet accord prévoit des dispositions en faveur des pays du Tiers Monde. Ainsi, un gouvernement peut, en cas d'urgence sanitaire, accorder des « licences obligatoires » de fabrication d'un médicament à une entreprise non détentrice du brevet en échange de royalties, pour peu que les molécules produites soient destinées de manière prédominante au marché local.

Mais cette ouverture est très étroite. L'accord est vague sur les raisons qui permettent d'accorder des licences obligatoires et la contrainte d'écouler sur le seul marché local ne permet pas aux pays les plus pauvres, dénués de toute capacité de production, d'en bénéficier. L'industrie pharmaceutique et le gouvernement américain vont systématiquement s'employer, après 1995, à dissuader les pays en développement de faire usage des rares souplesses prévues par l'accord. « Ils ont fait le tour des pays africains et ils ont fait ce qu'il faut faire dans les pays africains pour que leur législation ne représente pas un danger », explique Pascal Lamy [1]. Mais même les pays émergents, qui ont une capacité de production, sont visés. Au Brésil, toute une série de médicaments y ont été protégés par les brevets grâce à la mise en œuvre de l'accord de 1995, même si Brasilia a pris soin d'enregistrer une gamme de traitements, y compris contre le sida, pour tenter d'échapper à la nasse. La situation est donc confortable pour les laboratoires occidentaux.

C'est alors qu'ils commettent une erreur lourde de conséquences. Emmenés par les plus radicaux, qui sont les multinationales américaines, 39 groupes pharmaceutiques vont porter plainte à la fin des années 1990 contre la « loi Mandela » qui, en Afrique du Sud, permet d'importer des médicaments à bas prix pour les 4,7 millions de séropositifs du pays. Les Etats-Unis menacent de sanctions commerciales les Etats qui, comme la Thaïlande, veulent produire des génériques. L'Union est à l'époque plutôt du côté des industriels. Ces derniers ont l'oreille des fonctionnaires de la direction générale du commerce de la Commission. En 1999, la représentante de l'exécutif européen à une conférence organisée par Médecins sans frontières (MSF), Nina Hvid, estime ainsi qu'il n'y a aucun lien entre les accords commerciaux et la santé. Quelques mois plus tard, elle quittera la Commission pour représenter... l'industrie pharmaceutique à Bruxelles.

1. Entretien avec les auteurs.

Médecins sans médicaments

Sur le terrain, la situation est catastrophique. Quelque cinq millions de personnes meurent chaque année du sida, de la malaria et de la tuberculose, dont 97 % dans les pays en développement. Le virus du sida a fait régresser l'espérance de vie à moins de 40 ans dans de nombreux pays d'Afrique qui compte sur son sol 30 millions de séropositifs. A peine 30 000 d'entre eux ont accès à des antirétroviraux qui permettent de freiner voire d'arrêter la progression de la maladie. Soit un sur mille. Le traitement d'un coût de 10 000 dollars par an est inabordable dans des pays où l'on vit souvent avec un dollar par jour. 68 millions d'Africains mourront du virus d'ici à 2020. A l'exception du sida, qui touche aussi les pays du Nord, les maladies tropicales n'intéressent pas les laboratoires. Sur 1 500 médicaments nouveaux apparus depuis 1975, seuls 11 concernent ces maladies peu rentables pour les laboratoires. La production de certains médicaments efficaces est arrêtée. L'eflornithine, le « médicament de la résurrection » qui permet de lutter contre la maladie du sommeil, n'est plus produit en masse depuis 1995, même si une reprise – peut-être éphémère – a pu avoir lieu à partir de stocks de matériaux de base existants. Résultat : pour traiter la maladie du sommeil on en est souvent réduit à utiliser un médicalement à base d'arsenic. Seul problème : il tue de trois à dix pour cent des patients. Les médecins de MSF sont désespérés. « On s'est dit : d'ici quelques années, on pourra remplacer notre sigle par MSM. Médecins sans médicaments », explique Hélène Lorinquer, l'une de coordinatrices de l'ONG fondée par Bernard Kouchner [1]. « L'étincelle, c'est le constat qu'on fait sur le terrain : on ne peut pas soigner alors que les médicaments existent. L'effet loupe, c'est le sida », renchérit Séco Gérard, l'une de ses collègues [2].

Les laboratoires ne sont cependant pas les seuls responsables. Les pays en développement ont également leur part de responsabilité. Même si les médicaments étaient gratuits, il resterait à bâtir

1. Entretien avec les auteurs.
2. Entretien avec les auteurs.

des systèmes de santé efficaces qui permettent aux malades d'accéder aux produits. De même, le discours ambigu du président sud-africain Tabo M'Beki sur le sida, longtemps présenté comme un mensonge des néo-colonisateurs blancs, les droits de douane énormes imposés aux importations de médicaments, la corruption et la mauvaise gestion font autant de ravages que le prix des traitements. Ce n'est pas un hasard si le sida sévit le plus dans les pays qui sont mal gouvernés : au Brésil, seul pays en développement à avoir organisé en 2002 un accès universel aux médicaments antirétroviraux, le succès est total. La mortalité a été réduite de moitié et la baisse des coûts liés à l'hospitalisation des malades a presque entièrement remboursé le coût de l'accès aux médicaments.

Un prix Nobel providentiel

Le soulagement de l'industrie pharmaceutique après l'échec de Seattle sera de courte durée. Quelques jours après, MSF reçoit le prix Nobel de la Paix pour son action. Les *French doctors*, dont le mouvement est né en 1971, sont devenus une énorme machine qui gère plus de 100 millions d'euros de budget annuel, finançant l'envoi de 500 expatriés et les salaires de 4 000 employés locaux. Mais ils sont restés avant tout médecins et ce prix les trouble à un point tel qu'ils se demandent s'il faut l'accepter [1]. Ce sera fait et les 7,9 millions de couronnes suédoises (environ 1 million d'euros) offertes par le comité Nobel seront injectées dans la campagne déjà en cours pour l'accès aux médicaments. Pour la première fois, MSF s'engage sur le terrain politique jusque-là monopolisé par Oxfam, une ONG anglo-saxonne qui est le maître incontesté des campagnes en faveur du Tiers Monde. Véritable multinationale tiers-mondiste, elle s'est fait une spécialité de la dénonciation des subventions agricoles européennes et de la promotion du commerce équitable. MSF ne développe pas le discours d'Oxfam, qui demande la généralisation des génériques, et encore moins d'Act Up, qui veut mettre le doigt sur les contradictions du système capitaliste en réclamant des médicaments totalement gratuits et la

---

1. La même honnêteté leur vaudra la colère des autres organisations non gouvernementales en janvier 2005, lorsque MSF annoncera qu'elle ne veut plus de dons pour soigner les victimes du tsunami qui a frappé l'Asie, ses caisses étant pleines.

fin des brevets. « Nous ne sommes pas en guerre contre les brevets », disent ces médecins qui savent que, sans protection légale contre la contrefaçon, les laboratoires arrêteront tout simplement de développer des médicaments qui ne leur rapporteront rien.

Le 29 février 2000, Pascal Lamy convoque les gros bonnets de l'industrie pharmaceutique dans son bureau du Charlemagne où trône, bien en évidence, un casse-tête africain. Le salaire de chacun de ces patrons est supérieur au budget des dépenses de santé de nombreux pays africains. Sûrs de leur bon droit et habitués à être bien accueillis dans la maison, ils sortent leur argumentaire traditionnel : la propriété intellectuelle, c'est le seul moyen de protéger le résultat des recherches. Sinon, il n'y aura jamais de vaccin contre le sida et on arrêtera de produire des médicaments contre les maladies tropicales. Pas question de changer quoi que ce soit aux brevets. Si on met le doigt dans l'engrenage on perdra le bras. Si les pays du Tiers Monde peuvent produire des médicaments génériques contre le sida, ils vont s'attaquer demain au marché du Prozac ou aux médicaments contre le cancer. Qui seront réimportés dans les pays développés. Ce sera la fin de l'industrie pharmaceutique et des progrès contre les maladies. Leur regard est vissé sur les cours de la Bourse : chaque fois que la production d'un générique est autorisée par un tribunal aux Etats-Unis, il prend 80 % du marché et les actions des grands laboratoires font le grand plongeon.

Lamy se souvient encore de la réponse qu'il a donnée aux dirigeants de Merck, Glaxo, SmithKline et autres Bristol-Myers Squibb. « Moi, j'ai des responsabilités politiques. Si les campagnes continuent, la propriété intellectuelle vous pouvez vous asseoir dessus. Je ne pourrai pas vous protéger si vous ne bougez pas [1]. » Car, tout comme MSF, le commissaire européen n'est pas contre les brevets. Et il sait que l'Inde, par exemple, est fortement soupçonnée de ne pas jouer selon les règles du jeu : elle a l'ambition de produire des médicaments génériques pour son propre marché, pour ceux des autres pays pauvres, mais aussi pour les pays riches. « Chaque fois qu'un dossier sur une molécule est envoyé en Inde, il traîne pendant des lustres et il arrive que, quelques années plus tard, un laboratoire indien sorte un médicament qui ressemble étrangement à la molécule occidentale d'origine », reconnaît un

1. Entretien avec les auteurs.

expert de la Commission. La ligne Maginot des brevets s'effondrera donc si l'on ne prend pas les devants.

Des trithérapies au Prozac ?

L'exécutif européen propose une politique à deux volets : 1) Les laboratoires vendraient leurs produits à des « prix différenciés » ; cela veut dire à prix coûtant dans les pays du Tiers Monde, soit, pour une trithérapie contre le sida, environ 400 dollars par an contre 10 000 aux Etats-Unis. Cela reste encore trop cher pour l'Africain moyen mais c'est là que la communauté internationale intervient en finançant l'accès à ces médicaments bon marché. 2) Les pays du Tiers Monde doivent pouvoir produire des génériques très bon marché avec des clauses protégeant les brevets afin, notamment, d'empêcher les « réimportations » illégales vers les pays riches de médicaments vendus à très bas prix en Afrique. Mais c'est un dialogue de sourds. « Les laboratoires ont répondu : ce n'est pas notre boulot. On est là pour fabriquer des médicaments et les vendre [1]. » Ils tentent même de revenir sur l'accord de 1995 en estimant que les licences obligatoires n'existent pas. Fin de l'épisode ? C'est plutôt le début et, à l'exception d'Act Up, les ONG sont toutes d'accord pour estimer que l'Europe a joué un rôle déterminant au début de l'affaire. « On s'est mis au milieu du jeu », explique Lamy, lui-même fils de... pharmacien. « Il a fait passer de messages très forts auprès de l'industrie pharmaceutique [2] », reconnaît Séco Gérard, qui sait gré au commissaire d'être allé sur le terrain, comme en juin 2000, à la Alexandra Health Clinic de Johannesbourg, où 35 % des femmes enceintes sont séropositives. « Lamy a géré cela de manière incroyable [3] », juge David Earnshaw, un voltigeur du lobbyisme qui a vu tous les aspects de cette saga. Représentant à Bruxelles du laboratoire SmithKline de 1995 à 2001, il passe avec armes et bagages à Oxfam, où il s'occupe du même dossier mais d'un tout autre point de vue, avant... de repasser de l'autre côté de la barrière en 2002, pour le cabinet de conseil Burton-Martseler. « Il a été visionnaire,

1. *Idem.*
2. Entretien avec les auteurs.
3. Entretien avec les auteurs

il a reconnu le problème dès Seattle en mettant dans le texte final un paragraphe essentiel sur les licences obligatoires. Aujourd'hui, cela paraît anodin, à l'époque cela a fait trembler l'industrie pharmaceutique sur ses bases. Quelques années plus tôt, avec Leon Brittan, rien ne serait arrivé. »

Certains laboratoires commencent à bouger en 2000. Français naturalisé américain, Jean-Philippe Garnier estime que l'industrie pharmaceutique a beaucoup à perdre en persistant dans une attitude totalement bornée. Il prend les devants avant même de s'asseoir dans le fauteuil de PDG du géant GlaxoSmithkline issu de la fusion, devenue effective en janvier 2001, de Glaxo, un laboratoire très anglo-saxon qui produit des antirétroviraux, et de SmithKline, une entreprise euro-américaine plus ouverte qui possède dans son catalogue des vaccins et des traitements contre les maladies tropicales. En septembre 2000, il annonce une politique de prix différenciés – entre le Nord et le Sud – qui entraîne une baisse de 90 % du coût des traitements. C'est le choc chez ceux que David Earshaw appelle les « *corporate clones* » (les clones des entreprises) de l'industrie pharmaceutique. Garnier a compris, notamment lors de ses multiples rencontres en tête-à-tête avec Lamy, qu'une entreprise qui se situe au premier rang européen et au second mondial dans son secteur doit sortir de la contradiction. Il sait que l'industrie pharmaceutique ne gagnera jamais d'argent dans les pays les plus pauvres même si le nombre extraordinairement important des malades et les économies d'échelle peuvent lui permettre de ne pas en perdre en vendant à prix coûtant. Plusieurs autres laboratoires, comme Merck, suivent à reculons en lançant des campagnes de ventes de médicaments à prix coûtant en Afrique subsaharienne. Garnier est également persuadé que la plainte contre la « loi Mandela », qui permet d'importer des médicaments à bas prix en Afrique du Sud, constitue une bêtise colossale : d'abord en termes d'image mais aussi parce que si le juge les déboute, les laboratoires peuvent dire adieu aux brevets. Il incite les dirigeants des 39 autres laboratoires à retirer leur plainte contre la loi sud-africaine devant la Haute Cour de Pretoria. Ce sera chose faite le 19 avril 2001.

« Miracle » à Doha

George W. Bush va lui aussi changer la donne, mais bien involontairement. En menaçant la firme Bayer de copier sans son autorisation l'un de ses principaux antibiotiques, le Cipro, un antianthrax, en pleine psychose de l'attaque chimique après les attentats du 11 septembre, il affaiblit l'argumentation américaine, très pro-labos. C'est la goutte qui fait déborder le vase. Le « miracle » se produit à Doha, en novembre 2001. José Bové est à nouveau de la partie pour cette nouvelle réunion ministérielle de l'OMC. Dans la capitale du Qatar, il est moins entouré qu'à son habitude puisque moins de 40 visas ont été délivrés par les autorités de l'Emirat aux altermondialistes. Mais la situation lui va à ravir : bouffarde à la bouche, le verbe haut, il est partout dans les couloirs de l'hôtel Sheraton, une immense pyramide moderne qui surplombe la baie de Doha. Il multiplie les entretiens avec des journalistes en mal de copie durant l'interminable semaine de négociations. Pour attirer les caméras de télévision, il organise avec une poignée de compères une manifestation bidon pour mimer un passage en force dans le centre de conférences. Si l'objectif était de faire sortir de leurs gonds les forces de l'ordre qatariennes pour montrer le visage hideux de la mondialisation, c'est raté. Les immenses gaillards habillés de longues djellabas blanches se contentent de faire barrage de leurs corps aux manifestants. Avant de les laisser pénétrer dans l'enceinte après une fouille minutieuse. Le *Rainbow Warrior*, le chalutier de Greenpeace, est venu s'amarrer dans le port de Doha et devient le temps d'un jour la seule attraction du pays. Pascal Lamy et Annemie Neyts, la ministre belge du Commerce extérieur qui préside à l'époque le Conseil des ministres de l'Union, viennent visiter la réplique du navire coulé par les services secrets français en baie d'Auckland.

La réunion de Doha a bien failli être annulée après les attentats du 11 septembre. Deux mois plus tard, il a néanmoins été décidé qu'elle aurait lieu pour montrer au monde entier que le terrorisme n'avait pas réussi à imposer sa loi. La quasi-totalité des Etats de la planète se rencontrent donc dans un pays arabe, à quelques centaines de kilomètres des concentrations de troupes qui s'apprêtent à intervenir en Afghanistan, dans des conditions de sécurité inimaginables. La quasi-totalité de la ville est interdite à toute circulation et des centaines d'agents de sécurité américains fouillent et refouillent toutes les personnes qui doivent avoir un contact avec la délégation des Etats-Unis. Après Seattle, l'échec est interdit et il est donc décidé de lancer un nouveau cycle de négociations multilatérales tenant compte, cette fois, des intérêts des pays du Tiers Monde. Le symbole de Doha, c'est l'adoption d'une déclaration reconnaissant les problèmes posés par l'accord de 1995 sur les brevets. Les Etats-Unis et la Suisse, l'autre pays des laboratoires tout-puissants, se sont longuement battus pour l'éviter, mais l'Union, les pays émergents, les nations en développement et les ONG constituent une coalition irrésistible. En outre, Robert Zoellick, le représentant américain au Commerce, décide de lâcher sur les médicaments pour mieux isoler l'Union sur le dossier des subventions agricoles. La déclaration de Doha affirme donc que l'accord sur les brevets « n'empêche pas les membres (de l'OMC) de prendre des mesures pour protéger la santé publique » afin de soutenir « l'accès aux médicaments » pour tous. Les pays sont libres de juger ce qui constitue une situation « d'urgence nationale ou d'extrême urgence » leur permettant d'accorder des « licences obligatoires » de production de médicaments génériques sans l'autorisation du laboratoire qui en détient le brevet, moyennant rémunération.

L'accord est cependant limité aux pays qui ont une capacité de production pharmaceutique, comme l'Inde ou le Brésil, et ils doivent produire de manière prédominante pour leur marché domestique. L'Inde ne peut donc pas produire de médicaments contre une maladie tropicale qui n'existerait qu'en Afrique. Mais Doha reconnaît le problème des pays sans capacité de production, essentiellement l'Afrique subsaharienne, et donne pour mission aux ministres de trouver une solution rapide avant la fin de 2002.

« Ce 144e membre s'appelle les Etats-Unis d'Amérique »

La bataille ne fait pourtant que commencer. Ce que les Etats-Unis ont donné d'une main à Doha, ils vont tenter de le reprendre de l'autre. Pendant toute l'année 2002 et la moitié de 2003, ils vont se battre sous la pression de leur industrie pharmaceutique pour tenter de réduire autant que possible la possibilité pour les pays les moins avancés d'importer des génériques. Même si l'accord prévoit que les médicaments produits par l'Inde ou le Brésil doivent être distribués de manière prédominante sur leur propre marché, le solde peut en effet être exporté. Pour Washington, c'est la porte ouverte à la production de médicaments bradés contre l'asthme, l'impuissance, l'obésité ou la migraine, qui viendront inonder les pays du Nord, où les prix, et donc les actions des laboratoires, s'effondreront. Fin 2002, les Européens tentent d'arracher un compromis. Le mécanisme qu'ils proposent prévoit la possibilité de produire des génériques dans le Tiers Monde malgré les brevets qui protègent les molécules d'origine, mais à l'intérieur d'une liste d'une vingtaine de traitements des maladies les plus graves, l'Organisation mondiale de la Santé (OMS) pouvant ajouter des médicaments supplémentaires. Refus des Etats-Unis, qui veulent décider au cas par cas. Le problème est qu'ainsi les autorisations seraient réversibles. Les discussions échouent.

Quelques jours plus tard, le 9 janvier 2003, Lamy ne tient plus en place. Il descend dans la salle de presse de la Commission pour pointer un doigt accusateur contre le 144e Etat membre de l'OMC, qui a refusé une solution pourtant acceptée par les 143 autres. « Ce 144e membre s'appelle les Etats-Unis d'Amérique », accuse-t-il. Quelques heures plus tard, Zoellick annonce que son pays va attaquer l'Union devant l'OMC pour son moratoire sur la commercialisation des organismes génétiquement modifiés (OGM). Difficile de croire à une coïncidence... Lorsque la Commission européenne réunit une nouvelle fois tous les protagonistes du dossier à Bruxelles pour un séminaire, le 29 avril 2003, le discours américain s'est même durci. Aldonas Grant, le sous-secrétaire d'Etat au Commerce, a au moins le mérite de la franchise. « Je vois les choses du point de vue de la propriété intellectuelle, de l'industrie », dit-il carrément à ses interlocuteurs médusés. Pour les Etats-Unis, la seule réponse, c'est la charité couplée à une politique de prix différenciés pour les pays pauvres. Bush a d'ailleurs promis la création d'un fonds de 15 milliards de dollars pour acheter des médicaments qui seront distribués à bas prix dans le Tiers Monde. A ses côtés, le PDG de Merck, Raymond Gilmartin, sourit d'aise. Il ne croit pas à l'efficacité des mécanismes proposés par Pascal Lamy pour empêcher la réimportation dans les pays du Nord de médicaments produits pour les pays du Sud en apposant un label différent pour que les douanes puissent saisir les marchandises frauduleuses. « Il faut que la Commission européenne fasse marche arrière, martèle-t-il en appelant un chat, un chat : Nous craignons le détournement pour le Prozac et le Viagra. » Gideon Konchella, le ministre de la Santé du Kenya, est surpris par la brutalité du discours alors que la réunion est censée ouvrir la voie à une solution. « Lors de l'indépendance, en 1963, mon pays comptait neuf millions d'habitants et avait accès à des médicaments de bonne qualité. Maintenant, il est trois fois plus peuplé, et les médicaments sont inaccessibles. Plus de 200 000 Kenyans ont besoin d'antirétroviraux et 20 000 seulement peuvent les payer. »

Le fossé se creuse

Pour tenter de trouver une solution, Lamy multiplie les propositions, comme la création d'une liste de médicaments qui pourraient être produits par les « génériqueurs » du Tiers Monde. « Le sida n'existait pas il y a trente ans », protestent les ONG qui se demandent ce qui arrivera si une nouvelle maladie apparaît. « C'est aux pays en développement de définir leurs priorités de santé publique, c'est un recul par rapport à Doha. » Les ONG veulent une solution qui implique une dérogation automatique aux brevets, et non un mécanisme par lequel le détenteur du brevet doit donner son autorisation au terme d'une longue négociation à l'issue incertaine. Après deux années de tractations et une ultime bataille d'arrière-garde des Etats-Unis, un compromis est enfin trouvé le 30 août 2003. Un pays d'Afrique subsaharienne dénué de capacité de production de médicaments peut adopter une licence obligatoire de production en cas de problème sanitaire, sans l'autorisation du détenteur de brevets. Il pourra importer le traitement générique d'un pays comme l'Inde, qui doit à son tour adopter une licence obligatoire pour l'exporter. Les deux pays doivent en informer l'OMC. Le pays importateur s'engagera par écrit à utiliser le mécanisme de Doha « de bonne foi » sans revendre les médicaments à prix réduit aux pays du Nord ou à ceux qui possèdent une capacité de production. Le pays exportateur promettra de ne pas vendre ce générique à des fins commerciales et de réserver l'intégralité de la production sous licence obligatoire aux pays demandeurs. Les pays riches s'engagent à ne pas en importer. Les traitements devront être clairement différenciés de l'original : les pilules seront de couleurs différentes, comme les paquets, qui porteront des labels.

Rarement un accord international suscitera autant de commentaires en sens totalement opposés. Le schisme entre Lamy et les ONG date de cette époque. Ces dernières tirent les premières à boulets rouges contre cette « usine à gaz » qui ne peut fonctionner. Elles redoutent les contraintes et la possibilité de recours devant l'OMC des laboratoires ou des pays, qui pourront retarder la mise en production de médicaments. « En fait de lever une barrière, le texte (...) alourdit les procédures d'importation », argue le président de MSF, Jean-Hervé Bradol. Il estime qu'il aurait fallu laisser les pays pauvres sortir du cadre des brevets, comme une interprétation positive de l'accord de 1995 le permettait. Que l'industrie pharmaceutique se réjouisse bruyamment du compromis, tout comme les Etats-Unis et l'Union, explique peut-être partiellement cette rancœur. Si les labos applaudissent, c'est qu'il doit y avoir un vice caché. La vérité est sans doute entre les deux et, même si des pressions ont été exercées sur certains pays en développement pour qu'ils signent, leur approbation massive affaiblit les critiques des ONG. Le fait que le Canada ait annoncé en octobre 2003 son intention de modifier sa législation pour devenir le premier pays du G7 à pouvoir forcer un laboratoire installé sur son sol à laisser un tiers copier ses molécules démontre que les choses bougent. C'est sans doute Bernard Kouchner, fondateur de MSF et grand défenseur des pays du Tiers Monde, qui a le mieux résumé la situation au lendemain de l'accord. « Ne boudons pas notre plaisir. Il s'agit bien là d'une énorme victoire obtenue par les pays en développement », souligne-t-il en notant que ces derniers ont tous accepté le texte [1].

1. *Le Monde* du 3 septembre 2003.

Le modèle européen

Qu'on le veuille ou non, qu'on le vilipende ou qu'on l'encense, ce compromis a le mérite d'exister et doit tout, ou presque, au modèle de la construction communautaire. Ce sont des ONG européennes qui ont défendu l'accès des pays en développement aux médicaments. C'est la Commission et les Etats membres qui ont porté la revendication sur la scène internationale et non les Etats-Unis, la Suisse, le Canada ou l'Australie. Ce sont des industriels européens qui ont les premiers perçu l'impasse dans laquelle se trouvaient les laboratoires pharmaceutiques. L'Union a une capacité unique de réaliser un arbitrage entre les intérêts et les valeurs et d'être perméable à toutes les revendications des groupes de pression – altermondialistes, industriels, ONG, gouvernements –, ce qui a débouché sur une tentative de régulation de la mondialisation. Là où les Etats-Unis ont été uniquement sensibles au lobbying des laboratoires – et l'on peut douter que la situation aurait été très différente sous une administration démocrate –, l'Union a cherché un intérêt global supérieur dans un cadre international. On pourra bien entendu juger que la balance penche trop du côté des intérêts industriels ou hurler à la trahison, comme Act Up. Mais MSF, Oxfam et la société civile influencent désormais la politique commerciale de l'Union, ce qui est impensable aux Etats-Unis, où il n'y a pas de tradition d'ONG orientées vers la défense des intérêts du Tiers Monde.

On pourrait multiplier les exemples. Le protocole de Kyoto sur les émissions de gaz à effet de serre, où le lobbying des industriels a été au moins aussi intense que sur le dossier des médicaments, n'existerait tout simplement pas sans l'Union. Les pays du Nord ou du Sud qui ont appuyé le processus se comptent sur les doigts d'une main. Le « principe de précaution » qui permet de manger de la viande sans hormones ou de pouvoirs choisir des aliments sans OGM s'imposera peut-être un jour au niveau international grâce au précédent européen. L'Union a donc a un rôle clef à jouer pour domestiquer la mondialisation. Son histoire, la nature même de la construction communautaire, basée sur la négociation et les compromis, sa sensibilité aux questions environnementales, sa situation géographique entre le Nord et le Sud, sa responsabilité d'ancienne puissance colonisatrice et son « modèle social » lui donnent la capacité d'arbitrer entre des intérêts divergents.

La fin des subventions agricoles

L'Europe s'est d'ailleurs débarrassée en 2004 de son handicap le plus lourd dans ses relations avec les pays du Tiers Monde en acceptant de supprimer les subventions à l'exportation de produits agricoles. Les Etats-Unis, pourtant grands utilisateurs devant l'éternel de mécanismes tout aussi pervers pour les pays pauvres, pouvaient à bon compte pointer un doigt accusateur contre les Européens. Le maintien des subventions a d'ailleurs longtemps été justifié par la nécessité de protéger une Union loin d'être autosuffisante des importations bon marché ou pour faire jeu égal avec les Américains. Ces derniers emploient en effet l'aide alimentaire comme une véritable arme géopolitique et leurs crédits à l'exportation sont un instrument plus opaque mais tout aussi efficace. Mais les réformes successives de l'Europe verte, qui ont eu pour but d'arrêter la folie qui consistait à offrir 80 % du budget agricole aux plus gros exploitants déjà compétitifs, rendaient incohérent le maintien de ces aides qui ont fait tant de mal à l'image de l'Europe. Comment expliquer aux pays du Tiers Monde, désormais largement majoritaires à l'OMC, qu'ils doivent accepter une nouvelle libéralisation du commerce mondial ou des règles plus strictes sur la propriété intellectuelle alors qu'ils sont obligés, en même temps, d'importer des produits européens à bas prix qui déstabilisent leur paysannerie ? Le maintien des subventions à l'exportation de produits agricoles est d'autant plus absurde qu'il est devenu au fil du temps pratiquement inutile. Les réformes successives de la PAC ont permis de réorienter les aides vers les exploitants les plus pauvres ce qui a entraîné une réduction du volume des aides à l'exportation : elles ne représentent plus, en 2004, que 3 milliards d'euros contre 15 milliards il y a dix ans, sur un budget agricole total de 43 milliards. Ce qui reste des subventions permet surtout d'enrichir davantage des céréaliers et des betteraviers qui n'en n'ont pas besoin.

La Commission prend donc les devants le 9 mai 2004 en annonçant qu'elle est prête à en finir avec ces subventions. Emporté par son tiers-mondisme, Lamy veut faire un geste unilatéral en espérant que les Américains suivront. Mais son collègue chargé de l'agriculture, Franz Fischler, corrige le tir : l'Union supprimera ses subventions si tous les pays industrialisés le font en mettant tout sur la table, y compris les crédits à l'exportation. Il est vrai que le *Farm Act* de 2002 a augmenté de 70 % les subventions américaines, qui peuvent atteindre 10 milliards d'euros par an. La France rue immédiatement dans les brancards. « C'est une faute tactique grave », dénonce son ministre de l'Agriculture de l'époque, Hervé Gaymard, fidèle d'entre les fidèles du vrai responsable du dossier en France, Jacques Chirac. Mais il est totalement isolé au sein des 25 pays de l'Union et même en France on comprend – Nicolas Sarkozy le premier, qui n'a pas le tropisme agricole de son grand rival – qu'il faut en finir avec des mécanismes archaïques si l'on peut obtenir, en échange, des compensations sur d'autres dossiers. Le 31 juillet 2004 un accord conclu à Genève prévoit que les subventions à l'exportation de tous les pays riches seront progressivement supprimées. Y compris celles qui permettent à une poignée de producteurs de coton américains de ruiner des millions d'agriculteurs africains. La France, d'abord réticente en raison de la vive réaction de la puissante Fédération nationale des syndicats d'exploitants agricoles (FNSEA), où les riches céréaliers font la pluie et le beau temps, finit par se ranger à l'accord. Ses ministres reconnaissent aujourd'hui en privé que le jeu en valait la chandelle : l'Europe ne traîne plus ce boulet dans les négociations internationales et peut faire valoir ses revendications sur d'autres points de manière beaucoup plus aisée.

« Cela me fait dresser les cheveux sur la tête »

Si l'Europe-puissance existe, c'est donc bien dans le domaine commercial. Les trois conditions nécessaires – une volonté politique de faire ensemble, des institutions qui fonctionnent et un intérêt commun – sont réunies. Dans ce secteur, comme dans celui de la concurrence et de la monnaie, l'Union est désormais adulte. Le nain politique n'hésite plus à dire non, voire à taper du poing sur la table y compris face aux Etats-Unis, la puissance tutélaire, quand ses intérêts commerciaux sont en jeu. L'OMC est son alliée le plus sûr, son organe de règlement des différends lui donnant raison dans la plupart des plaintes qu'il tranche. Deux décisions récentes sont particulièrement éclairantes. En 2003, l'institution genevoise autorise l'Union à imposer des sanctions d'un montant de 2,2 milliards de dollars en guise de représailles contre les surtaxes à l'importation d'acier imposées par Bush pour protéger une sidérurgie américaine totalement dépassée par ses concurrents européens, qui, eux, ont restructuré « à la dure » dans les années 1970 et 1980 en supprimant des dizaines de milliers d'emplois. Même s'il a fallu deux ans pour en arriver là, l'administration américaine n'a eu d'autre choix que de reculer, ce qui n'est pas rien quand on connaît son unilatéralisme. De même, l'OMC a autorisé en 2004 des sanctions européennes de plus de 4 milliards de dollars sur des produits « made in US » en raison du régime fiscal connu sous le nom de *Foreign Sales Corporation* (FSC) qui revient à subventionner les exportations des entreprises américaines, de Boeing à Microsoft en passant par Motorola. Malgré les protestations du Congrès, certains de ses membres proposant même de quitter l'OMC, Washington sait qu'il n'a pas d'autre choix que de démanteler ses FSC.

On ne peut mesurer l'ampleur du traumatisme vécu par les Etats-Unis sur ce dossier si l'on ne fait pas appel à l'Histoire. C'est, en effet, la volonté du colonisateur britannique d'interférer dans la taxation des produits américains qui a été l'un des éléments déclencheurs de la guerre de l'indépendance américaine. Dennis Hastert, le président (républicain) de la Chambre des représentants, a admis la puissance de l'Union dans ce domaine, même si, le moins que l'on puisse dire, la pilule est amère. « Nous avons fait une révolution il y a deux cent trente ans pour empêcher les Européens de nous dire comment on devait taxer dans ce pays, et cela me fait dresser les cheveux sur la tête à l'idée que nous devons accepter cela. Mais nous devons le faire », a-t-il dit [1]. Est-ce un hasard si la seule fois où l'Union est citée dans le document de stratégie nationale de 2001 de George Bush, c'est à propos du commerce ?

1. Cité par *The Economist*, le 18 décembre 2004.

CHAPITRE 8

L'euro à la conquête du monde

Marmoréen, comme il sied à un banquier central, un léger sourire flottant sur les lèvres, revêtu de l'uniforme de sa profession, costume gris à fines rayures blanches, chemise blanche à rayures bleues, col blanc, cravate à pois assortie, il apparaît enfin. Jean-Claude Trichet, 60 ans, faux air de Michael Douglas, la mèche toujours aussi rebelle quoique désormais bien grise, traverse sous le regard curieux des journalistes la salle de presse de l'Eurotower, la tour qu'occupe la Banque centrale européenne (BCE), à Francfort, entouré d'une meute de photographes et de caméras de télévision que le service de sécurité peine à tenir à distance. Le tout nouveau président de l'institut d'émission, qui a pris ses fonctions le week-end précédent, le 1er novembre 2003, se dirige, telle une star, vers l'estrade où il s'apprête à tenir sa première conférence de presse. Il est 14 h 30, ce jeudi 6 novembre. L'ancien gouverneur de la Banque de France se prête de bonne grâce à l'objectif des caméras et des appareils photo. Il laisse même se prolonger la séance, savourant cet instant où il apparaît aux yeux des opinions publiques européennes pour ce qu'il est enfin, le banquier central le plus puissant de la planète, juste derrière son homologue américain. Il est gâté puisque même une télévision française a fait le déplacement ! TF1 ? Non France 2, il ne faut quand même pas exagérer. La télévision publique ne s'est pas trompée en envoyant l'un de ses journalistes à Francfort, d'habitude *terra incognita* pour les médias audiovisuels hexagonaux : c'est la première fois qu'un Français préside la seconde Banque centrale de la planète, celle qui donne le

« la » de la politique monétaire européenne. Cela vaut bien une image.

Trichet a la certitude qu'il est enfin à sa place, lui qui est l'un des pères de l'euro. C'est l'accomplissement d'une vie entièrement dédiée à la monnaie, le franc d'abord, l'euro ensuite, que chacun peut contempler. Trichet n'est pas n'importe quel banquier central : les Européens lui doivent, ainsi qu'à Jacques Delors, l'architecture de l'union économique et monétaire qu'il a essentiellement négociée avec les Allemands, en particulier avec son homologue et ami Horst Köhler, aujourd'hui devenu président de la République d'Allemagne. C'est surtout lui qui a convaincu les gouvernements français de droite comme de gauche de renoncer aux délices des dévaluations compétitives et aux vertiges de l'inflation. La « culture de stabilité » à la française qui a permis à l'euro de voir le jour, c'est lui et personne d'autre. Le fait qu'il soit unanimement et internationalement respecté n'est pas dû au hasard. Il est devenu l'incarnation du banquier central. Même les dieux monétaires sont avec lui : il prend la succession du Néerlandais Wim Duisenberg alors que le calme est revenu sur les marchés financiers, l'euro venant tout juste de renouer avec son niveau de 1999, année de son lancement, après avoir plongé en enfer en 2000. L'euro est désormais un succès incontestable : les Européens se sont approprié sans difficulté majeure les pièces et les billets en euro qui sont devenus le symbole le plus concret de la réussite de la construction communautaire. La plupart des Cassandre qui pronostiquaient un échec se sont faites discrètes. Les journalistes basés à Francfort, surnommés les *ECB watchers* (les « chroniqueurs de la BCE »), très majoritairement anglo-saxons, toujours présents à ce rituel mensuel qui suit la réunion du Conseil des gouverneurs de la Banque centrale au cours de laquelle les niveaux des taux d'intérêt sont décidés, attendent avec impatience les premiers pas de l'ancien gouverneur de la Banque de France.

« I'm not a Frenchman »

Ils ne sont pas déçus : celui qui a déclaré devant la commission économique et monétaire du Parlement européen, lors de son audition de confirmation, le 11 septembre précédent, *« I'm not a*

Frenchman » (« je ne suis pas un Français »), donne immédiatement des gages de son orthodoxie [1]. Pas question de jouer au Gaulois en terre de mission. Trichet est un banquier central sérieux qui a l'ambition d'être respecté autant – voire plus – qu'Alan Greenspan, le patron de la Réserve fédérale américaine, une icône. Pour que les choses soient bien claires, il s'exprime uniquement dans un anglais parfait, même s'il le fait avec cet accent qui fait tout le charme des Français depuis Maurice Chevalier. Il n'est pas là pour séduire les opinions publiques, il est là pour s'adresser aux marchés financiers et les marchés parlent anglais. Cette première conférence de presse donne même lieu à un incident : une bronca éclate lorsque deux journalistes français ont l'outrecuidance de poser leurs questions dans la langue de Molière. Gêné, Trichet répond en français puis... traduit lui-même ses propos en anglais alors qu'une interprétation en trois langues (allemand, français, anglais) est disponible. Il va sans dire qu'il ne rend pas la politesse lorsque les questions sont en anglais : que les Français se contentent, eux, de l'interprétation. Il ne déroge plus à cette règle : où qu'il soit, il ne parle plus qu'anglais pour peu que son auditoire ne soit pas exclusivement francophone. En 2004, les députés français de l'Assemblée parlementaire du Conseil de l'Europe, qui siège à Strasbourg, n'ont pas hésité à quitter l'hémicycle pour protester contre ce manque de savoir-vivre. Après tout, le français reste l'une des langues officielles du Conseil de l'Europe et, bien entendu, de l'Union.

Pour bien montrer qu'il a coupé le cordon ombilical avec Paris, il tape ensuite fort, trop fort, sur la France. Celle-ci, fermement soutenue par l'Allemagne, est jugée coupable de vouloir se défaire du carcan, jugé trop pesant, du pacte de stabilité et de croissance, la règle du jeu de la zone euro censée empêcher les gouvernements de faire n'importe quoi avec leurs finances publiques afin de ne pas mettre en danger la monnaie unique. Celui qui fut en son temps « l'ayatollah du franc fort [2] », met solennellement en garde les

---

1. Jean-Claude Trichet a été confirmé par le Parlement européen le 23 septembre 2003 par 315 voix contre 83 et 75 abstentions avant d'être nommé par le Conseil européen des chefs d'Etat et de gouvernement d'octobre 2003. Son prédécesseur, Wim Duisenberg, avait obtenu, le 13 mai 1998, 439 voix contre 40 et 59 abstentions, soit une majorité plus confortable. Christian Noyer, vice-président de la BCE entre juin 1998 et juin 2002, a remplacé Jean-Claude Trichet à la tête de la Banque de France.

2. Lire sur cette période, Eric Aeschimann et Pascal Riché : *La guerre de sept ans, histoire secrète du franc fort, 1989-1996*, Calmann-Lévy, 339 p., 1996.

Etats dans son langage de banquier central : « Les évolutions budgétaires et le pacte de stabilité et de croissance sont désormais à un stade critique où la crédibilité des fondements institutionnels de l'Union économique et monétaire doit être préservée. » La leçon s'impose, puisque trois jours auparavant, lors d'une réunion des ministres des Finances des Quinze, les 3 et 4 novembre, Paris, qui a enfoncé en 2002 le plafond des 3 % du produit intérieur brut (PIB) de déficit public autorisé par le pacte, mais aussi Berlin, qui s'apprête à le faire pour la troisième année consécutive, ont réussi à convaincre leurs partenaires d'assouplir la règle commune : la mise sous tutelle de la Commission et les sanctions financières prévues ne s'appliqueront qu'aux « Etats voyous », ceux qui refusent de façon « persistante » d'appliquer le pacte. Ce qui, bien sûr, n'est pas le cas de l'Allemagne et de la France, puisqu'ils font tout pour revenir dans les clous même si cela prendra plus de temps que prévu. La Commission a fini par se plier à cette interprétation créative en ne recommandant aucune sanction contre la France et l'Allemagne, même si elle souhaite les placer sous observation afin qu'elles consentent à un effort supplémentaire en taillant dans leurs dépenses publiques pour revenir sous les 3 % fin 2004.

Trichet montre les dents

Pour Trichet, trop c'est trop : il faut que le pacte s'applique dans toute sa rigueur, rappelle-t-il aux Etats et à l'exécutif européen. « Au vu de l'évolution récente de la procédure de déficit excessif, il est de l'avis du Conseil des gouverneurs que les propositions de la Commission poussent à ses limites l'interprétation des règles et de la procédure, tonne-t-il. Le pacte a de solides justifications économiques et il ne s'agit pas seulement d'une question de procédure. » Même s'il ne brandit pas explicitement la menace d'une hausse des taux d'intérêt, ce qui réduirait la marge de manœuvre des pays très endettés, comme l'Allemagne et la France, tout le monde comprend qu'elle plane. Il fixe même un ultimatum aux Etats membres de la zone euro : il faut que lors du prochain Conseil des ministres des finances des 24 et 25 novembre 2003, « chacun prenne ses responsabilités ». Las : ces menaces n'auront aucun effet : le pacte sera mis « entre parenthèses » trois semaines plus tard. Mais la BCE n'a pas pour autant augmenté ses taux. Elle ne l'a d'ailleurs toujours pas fait début 2005, son principal taux directeur, le Refi, étant figé, à 2 %, depuis le 8 mai 2003...

Des menaces en l'air ? Pas vraiment. Il a tenté un coup de poker, il l'a perdu, c'est tout. Trichet n'a jamais eu d'états d'âme pour défendre la valeur du franc, même au prix d'un ralentissement de la croissance, lorsqu'il était directeur du Trésor au ministère de l'Economie et des Finances puis, à partir de septembre 1993, premier gouverneur de la Banque de France indépendante. Mais il n'est pas irresponsable, pas plus que le Conseil des gouverneurs sans lequel il ne peut rien [1]. Il est compréhensible que la BCE n'ait pas déclenché le feu nucléaire : une hausse du loyer de l'argent aurait touché l'ensemble de la zone euro et pas seulement ses mauvais élèves. En plein ralentissement économique, cela aurait eu un effet désastreux et poussé les Etats à lâcher davantage la bride budgétaire pour relancer l'activité, l'inverse de l'effet recherché. Une spirale dangereuse pour la stabilité de la zone euro. D'autant qu'en réalité la légitimité de la BCE dans l'affaire est pour le moins contestable : la politique budgétaire, d'après le traité sur l'Union, relève des seuls Etats. Mais Trichet a fait sienne la vulgate de la Bundesbank, la banque centrale allemande, qui a toujours professé que le laxisme budgétaire alimente à long terme l'inflation en injectant des liquidités dans le circuit économique, ce qui est mauvais lorsqu'on recherche une croissance durable, et porte atteinte à la stabilité de la monnaie.

Trichet, en tout cas, a réussi, au cours de sa première apparition dans ses nouveaux habits, à montrer aux marchés financiers qu'il n'est effectivement pas un de ces *Frenchmen* prompts à défendre la dépense publique et se moquant de la stabilité monétaire comme de son premier franc, même s'il doit sa carrière à la France, à Jacques Chirac en particulier. Le chef de l'Etat a dû grimacer en sentant la morsure de son « protégé ». Que de chemin parcouru par celui que le *Financial Times* brocardait en novembre 1997, lorsque Paris annonça sa candidature à la BCE. Sa nomination, écrivait le quotidien des affaires, porterait « un coup sévère à la crédibilité et

---

1. Le Conseil des gouverneurs réunit le directoire de la BCE, composé de six membres nommés pour un mandat de huit ans, et les gouverneurs des banques centrales des Etats membres de la zone euro.

à la légitimité de l'institution naissante (...) La question de fond n'est pas de savoir si M. Trichet est un candidat convenable, mais s'il est raisonnable de lui confier ce poste ». Le « FT » peut être rassuré.

Les deux tours

L'« empire » sur lequel règne désormais le président de la BCE couvre douze pays [1]. Il devrait rapidement s'étendre, les dix nouveaux Etats membres ayant décidé de rejoindre à marche forcée la zone euro. A terme, la monnaie unique s'étendra donc quasiment à l'ensemble du Vieux Continent. Jean-Claude Trichet se rappelle la première réunion du « Conseil général » avec l'ensemble des gouverneurs des banques centrales de l'Union, au lendemain de l'élargissement aux pays de l'Est, le 1er mai 2004. « Cela a été l'un des moments les plus forts de ma vie. Huit gouverneurs présents étaient encore derrière le Rideau de fer lorsque je participais aux premières discussions sur la monnaie unique... Et trois gouverneurs étaient même derrière les frontières de l'Union soviétique. Le continent réunifié était là. C'était très émouvant [2]. »

L'Euroland est gouverné depuis Francfort, le chancelier allemand Helmut Kohl ayant obtenu pour son pays le siège de la BCE en 1993. En échange de l'abandon du tout-puissant mark, ce geste était un minimum que personne n'a contesté. L'institut d'émission européen a commencé modeste, aux 35e et 36e étages de l'Eurotower, plantée KaiserStrasse, rue de l'Empereur – ça ne s'invente pas – à Francfort, à un jet de pierre de la Bundesbank. Aujourd'hui, la BCE occupe toute la tour et deux immeubles voisins. Tout cela, c'est du provisoire : en 2010, et pour 500 millions d'euros prélevés sur ses fonds propres, la Banque aura à sa dispo-

1. Allemagne, Autriche, Belgique, Espagne, Finlande, France, Irlande, Italie, Luxembourg, Pays-Bas, Portugal, depuis le 1er janvier 1999. La Grèce a rejoint la zone euro le 1er janvier 2001. Le Danemark a refusé d'adopter l'euro lors du référendum du 28 septembre 2000, 53,1 % des citoyens ayant voté non. La Suède a aussi répondu par la négative (56,1 %) lors du référendum du 14 septembre 2003. La Grande-Bretagne bénéficie d'une exemption permanente qui figure dans le traité de Maastricht de février 1992.

2. Entretien avec les auteurs.

sition, dans le centre de la capitale financière allemande, deux tours toutes neuves de 184 mètres de hauteur chacune reliées à leur base par un atrium de verre. Ses quelque 1 300 salariés seront alors logés sous un même toit. Un écrin digne de sa puissance.

Quand on pénètre dans l'Eurotower, après avoir franchi de solides contrôles de sécurité, on a l'impression de se retrouver dans une banque de la City de Londres et non dans une institution communautaire multiculturelle. Des jeunes gens cravatés – le personnel a 37 ans de moyenne d'âge et les deux tiers sont des hommes – s'affairent dans les couloirs et discutent entre eux en anglais. Comme dans les conférences de presse, c'est la seule langue tolérée. Une exception de taille dans l'Union où le français et l'allemand, au minimum, ont droit de cité... « C'est pour des raisons pratiques et parce que c'est la langue des marchés financiers », explique-t-on à la BCE, un peu gêné aux entournures par cette emprise totale d'une langue qui, pourtant, est minoritaire dans la zone euro, qui compte 300 millions d'habitants. La Grande-Bretagne ayant préféré garder sa livre sterling, seuls, dans l'Euroland, les 3,8 millions d'Irlandais ont l'anglais pour langue maternelle. Cette *British touch* se retrouve jusque dans le recrutement. Aujourd'hui, plus de 11 % du personnel de la banque est originaire du Royaume-Uni, contre seulement 9,5 % de l'Hexagone. Curieux mais pas anormal, puisque tous les Etats membres, même hors zone euro, ont la possibilité de venir travailler à Francfort.

Le conseil de sécurité de la zone euro

La BCE est dirigée au quotidien par le directoire, composé de six membres, dont le président. Mais son instance décisionnelle suprême reste le Conseil des gouverneurs qui réunit, deux fois par mois, le directoire et les gouverneurs des banques centrales nationales de la zone euro. Les 18 maîtres de la politique monétaire européenne se retrouvent tout en haut de l'Eurotower, au 36e étage, juste au-dessus des bureaux réservés aux membres du directoire. Les décisions sont prises à la majorité simple des gouverneurs, l'Allemagne pesant le même poids que le Luxembourg. Cette institution fédérale fonctionne donc exactement comme la Commission.

Les Etats ont subrepticement modifié la composition du directoire en créant, de facto, en son sein un véritable « conseil de sécurité » réservé aux grands pays. Le Conseil européen du 2 mai 1998 a déjà veillé à ce que les quatre grands (Allemagne, France, Italie, Espagne) siègent au directoire, mais c'était normal alors que l'euro n'était pas encore lancé. Mais ensuite, en bonne logique fédérale, les autres pays auraient dû aussi, à leur tour, accéder à cette instance. Le problème est qu'il est inconcevable pour l'Allemagne de ne pas être toujours présente dans le saint des saints. La France, *mezzo voce*, pense de même : après tout, n'a-t-elle pas a obtenu, lors du sommet de mai 1998, que le successeur de Duisenberg soit un Français et, en attendant, que le vice-président de la Banque soit lui aussi français ? Berlin lance donc une offensive, en 2004, lorsque le mandat de l'Espagnol Eugenio Domingo Solans arrive à échéance [1]. Elle presse Madrid de présenter un Espagnol face aux candidats belge et irlandais afin de créer un précédent. Le 26 mars 2004, les ministres des Finances doivent voter à la majorité qualifiée pour départager les candidats : grâce au soutien de l'Autriche et du Portugal, les grands réussissent à imposer l'Espagnol José Manuel González-Páramo à la grande fureur des petits. Lors de la succession de l'Italien Tommaso Paddoa-Schioppa, ils répètent l'opération : le 17 février 2005, c'est donc l'Italien Lorenzo Bini Smaghi qui est proposé. Mais cette fois, les petits, résignés, ne se sont même pas battus. Ils ont compris qu'ils vont désormais devoir se répartir les deux postes restants au sein du directoire. La situation risque cependant de devenir conflictuelle lorsque la Pologne aura adhéré, sans parler du Royaume-Uni. Car, alors, les petits seront totalement exclus du directoire. « Cela posera un problème, c'est clair. Il n'est pas illégitime que le directoire comporte quatre personnalités provenant de grands pays et deux des petits pays. Mais, le jour où il y aura six grands pays, il faudra trouver quelque chose », explique un banquier central pour le moins ennuyé.

Cet épisode montre clairement que le traité de Maastricht de 1992, en ne distinguant pas entre grands et petits, entre riches et

1. Afin d'éviter que tous les membres du directoire ne soient renouvelables la même année, le Conseil européen du 2 mai 1998 a nommé les premiers membres pour une durée comprise entre quatre et huit ans. Ainsi, leurs successeurs sont désignés chaque année depuis 2002 mais cette fois pour un mandat complet de huit ans. C'est l'Allemand Otmar Issing qui a décroché, en 1998, un mandat de huit ans.

moins riches, a sans doute péché par naïveté lorsqu'il a imaginé le fonctionnement interne de la BCE. Surtout, il n'a pas anticipé que la zone euro s'étendrait rapidement à presque tous les Etats membres de l'Union, laissant simplement en dehors les irréductibles Britanniques, Danois et Suédois. C'est bien la preuve que l'euro a été conçu pour un petit nombre de pays. Or, lorsque la monnaie unique sera devenue celle de vingt-deux économies ou plus, le Conseil des gouverneurs sera dominé par des pays non seulement petits mais aussi plus pauvres que la moyenne communautaire. Les grands et les riches – à elles seules, la France, l'Allemagne et l'Italie représentent 75 % du PIB de la zone euro – accepteront-ils alors une politique monétaire qui leur sera dictée par une coalition de « petits pauvres » ? « Je comprends que les grands pays redoutent d'être éventuellement mis en minorité lors des votes par une coalition de petits pays, parfois même de très petits pays, représentant moins de 5 % du PIB de la zone euro », reconnaîtra ainsi le 17 février 2003 Wim Duisenberg.

Le mérite de la BCE est d'avoir su anticiper le problème et élaboré une solution qui met fin, de facto, à l'égalité entre les gouverneurs. Elle a proposé que, dès que le nombre d'Etats membres de la zone euro sera supérieur à quinze, les gouverneurs soient répartis en deux groupes, selon l'importance du PIB de leur pays d'origine et de leur secteur bancaire. Le premier groupe, qui aura à sa disposition quatre votes, comprendra les grands alors que le second, disposant de onze droits de vote, réunira tous les autres (y compris la Pologne puisque la démographie n'entre pas en ligne de compte). A l'intérieur de chaque groupe, une rotation aura lieu pour exercer les droits de vote. A partir de vingt-deux membres, les gouverneurs seront répartis en trois groupes, le premier gardant ses quatre voix, le second, composé des économies moyennes, disposant de huit voix, et le troisième, réunissant les plus petits, de trois voix. Les Pays-Bas et la Finlande ont combattu en vain cette réforme qui est adoptée le 21 mars 2003 par les chefs d'Etat et de gouvernement faute de meilleure solution. « On a réussi à introduire une certaine pondération entre les gouverneurs », reconnaît un banquier central qui estime cependant qu'il ne faut pas aller plus loin car « la pondération et donc le vote introduit l'idée qu'il y a un compromis entre des intérêts opposés alors que l'égalité entre les gouverneurs accrédite l'idée que chacun doit d'abord considérer l'intérêt général. Cela dénationalise la monnaie ». En tout état de cause, les banquiers centraux ont réussi sans drame à donner plus de poids aux grands, ce que les gouvernements n'ont pu faire lors du sommet européen de Nice de décembre 2000. « Si la réforme avait été confiée aux Etats, elle n'aurait jamais vu le jour », estime un autre banquier central. Ce n'est pas un hasard si elle a été adoptée alors qu'il était déjà certain que la Convention parviendrait à élaborer une Constitution pour l'Europe [1]. Jean-Claude Trichet a donc la certitude de présider durant huit ans une maison en état de marche.

Un fauteuil pour deux

L'accession du gouverneur de la Banque de France au pinacle européen n'a pas été un long fleuve tranquille. Il a fallu toute la pugnacité de Jacques Chirac, qui ne l'a pourtant jamais porté dans son cœur, pour l'imposer, le mot n'est pas trop fort, à la tête de la BCE lors du Conseil européen extraordinaire du 2 mai 1998, convoqué pour désigner les pays qualifiés pour l'euro [2]. Ce qui aurait dû être une fête a tourné au cauchemar parce que le chef de l'Etat a voulu déjouer ce qu'il considérait être un « complot des banquiers centraux » pour imposer le Néerlandais Wim Duisenberg à la tête de la BCE alors que, selon le traité de Maastricht, il revient au seul Conseil européen de désigner le président de l'institut d'émission. L'affaire commence deux ans plus tôt, presque jour pour jour.

Le lundi 6 mai 1996, les quinze banquiers centraux de l'Union se retrouvent à Francfort pour leur dîner mensuel, au siège de l'Institut monétaire européen (IME), le prédécesseur de la BCE.

---

1. Voir chapitre 10.

2. Les Etats, pour se qualifier pour l'euro, doivent respecter les « critères de convergences » (déficit public inférieur à 3 % du PIB, dette publique sous le seuil de 60 % du PIB, inflation dans la moyenne communautaire, etc.). La Commission et la Banque centrale européenne rendent un rapport sur l'état de préparation des pays candidats et c'est le Conseil des ministres de l'économie et des finances qui décide à la majorité qualifiée de leur admission, décision confirmée par le Conseil européen. Dans le projet de Constitution européenne, il est prévu que les ministres des Finances de la zone euro réunis au sein de l'Eurogroupe devront, préalablement au Conseil des ministres des finances, donner leur accord à la majorité qualifiée à l'adhésion d'un nouveau pays, ce qui revient à leur donner un droit de veto.

Son président, le baron belge Alexandre Lamfalussy, en poste depuis le 1er janvier 1994, a décidé de ne pas demander le renouvellement de son mandat qui arrive à échéance à la fin de l'année. Il souhaite que ses collègues lui trouvent un successeur. Il ne veut en aucun cas prolonger son séjour à Francfort jusqu'à l'entrée en fonction de la BCE, en 1998, de crainte que les Quinze ne lui demandent, faute de pouvoir se mettre d'accord sur une candidature, de rester en place. A 67 ans, il pense avoir bien mérité sa retraite. Il propose donc à ses collègues la candidature du gouverneur de la banque centrale néerlandaise, Wim Duisenberg, en poste depuis 1982. Naturellement, explique-t-il, celui-ci devra ensuite être nommé à la tête de la BCE. Sa candidature est bien accueillie : le siège de la BCE étant à Francfort, le poste ne peut revenir à un Allemand. Un Français donnerait la fâcheuse impression d'un directoire franco-allemand sur la zone euro. Et puis, surtout, la vertu monétaire hexagonale est par trop récente, la dernière dévaluation remontant à 1987, et la nomination d'un Français pourrait être mal reçue par les marchés financiers qui ont la mémoire longue. Enfin, argument non négligeable, Duisenberg rassurera l'opinion publique allemande : ressortissant d'un petit pays proche de l'Allemagne, il est l'artisan du « florin fort » puisque c'est sous sa houlette que la monnaie néerlandaise a été rattachée au mark, une décision qui a marqué le début d'une ère de stabilité dont tous les Néerlandais lui savent gré.

Duisenberg accepte d'être candidat pour l'Institut monétaire européen à condition qu'il existe bien un consensus des gouvernements pour qu'il poursuive ensuite sa tâche à la tête de la BCE et qu'il puisse prendre ses fonctions seulement à compter du 1er juillet 1997, au lendemain de la présidence néerlandaise et du sommet d'Amsterdam. Le problème est que, d'après le traité de Maastricht, s'il revient aux banquiers centraux de proposer le président de l'IME au Conseil européen des chefs d'Etat et de gouvernement, ce pouvoir de proposition appartient aux seuls ministres des Finances pour la présidence de la BCE. Les banquiers décident de se donner rendez-vous le 13 mai 1996, après avoir consulté leurs gouvernements respectifs afin de s'assurer qu'ils sont d'accord avec la manœuvre.

La semaine suivante, tous ont reçu un feu vert de leurs autorités politiques, sauf en Italie et en France. Depuis les élections législatives du 21 avril 1996, Rome attend, en effet, la formation du gouvernement qui sera présidé par Romano Prodi. Jean-Claude Trichet, pour sa part, explique qu'il a informé son Premier ministre, Alain Juppé, mais que celui-ci n'a pas réagi. Que faire ? L'Italien et le Français demandent un délai supplémentaire avant que la désignation de Duisenberg ne soit rendue publique. Mais leurs collègues décident d'annoncer la nouvelle dès le lendemain, les risques de fuite devenant trop importants. Hans Tietmeyer, le patron de la Bundesbank, demande néanmoins à Trichet s'il est d'accord : « Je m'engage personnellement. Vous pouvez aller de l'avant », dit-il selon un témoin. Le communiqué de l'IME publié le 14 mai 1996 est neutre : il se garde bien de parler de la présidence de la BCE en avançant le nom de Duisenberg pour prendre la tête de l'IME, respectant à la lettre le traité de Maastricht. Mais le gouvernement néerlandais est moins prudent : il annonce tout de go qu'il sera « certainement » candidat pour prendre la direction de la BCE.

Le complot des banquiers centraux

A Paris, on comprend immédiatement de quoi il retourne mais on interprète mal ce qui s'est passé. Pour l'Elysée, aucun doute, les banquiers centraux tentent de forcer la main du pouvoir politique en imposant leur homme à la tête de la BCE. Cela, Jacques Chirac le refuse de toute son âme, surtout qu'au même moment il bataille pour éviter que toute appréciation politique pour décider des sanctions contre un Etat qui franchit le plafond des 3 % soit évacuée du pacte de stabilité, alors en cours de négociation. En outre, il ne veut pas qu'un tel poste revienne à un citoyen des Pays-Bas, pays qu'il vient de qualifier de « narco-Etat » à cause de sa politique de tolérance à l'égard des drogues douces. Enfin, il croit en la légende d'un accord Mitterrand-Kohl selon lequel l'Allemagne aurait donné son accord, en échange de la localisation du siège de la BCE à Francfort, pour que le premier président de la Banque soit un Français. Or, d'un tel accord, il n'y a nulle trace et aucun des acteurs de l'époque ne s'en souvient.

Jean Artuis, le ministre de l'Economie et des Finances d'Alain Juppé, accuse le gouverneur de la Banque de France d'avoir failli : « Il y a deux types de gouverneurs : il y a ceux qui ont prévenu leur gouvernement et ceux qui ne l'ont pas fait. En France, nous n'avons pas été prévenus. Jean-Claude Trichet n'a pas fait son travail. Je me souviens d'avoir appelé Theo Waigel (le ministre des Finances allemand, NDA) quelques jours après pour lui demander s'il était au courant. Il m'a dit qu'il avait été informé alors que je ne l'étais pas. Trichet nous a carrément mis dans le mur [1]. » Or, en réalité, Trichet a bel et bien averti Juppé, mais sans insister suffisamment sur les conséquences du choix que se préparaient à faire les banquiers centraux. Alain Juppé se souvient parfaitement de cette rencontre qui a eu lieu le 6 mai 1996, juste avant que le gouverneur ne s'envole pour Francfort afin d'assister au fameux dîner. En effet, il était déjà au courant de ce qui se préparait, Lamfalussy l'ayant averti trois jours auparavant : « Si Jean-Claude Trichet avait donné de la solennité à sa démarche, je pense que je m'en souviendrais. Je n'ai pas eu le sentiment que l'on m'ait demandé mon avis ou au moins de donner une orientation. Le message n'a pas été explicite. Je ne pensais pas que l'on était au bord d'un processus de décision et qu'une quelconque publicité serait donnée au choix des gouverneurs quant à la succession de M. Lamfalussy. » Pis : « La conversation que nous avons eue ce jour-là portait sur l'IME, pas sur la BCE », affirme l'ancien Premier ministre [2].

Manifestement, Trichet, adepte du message subliminal, a manqué de clarté avec des politiques qui, eux, appellent un chat un chat. Chirac est d'autant plus furieux contre le gouverneur de la Banque de France que les rapports entre les deux hommes sont déjà très tendus. Chirac l'accuse d'étouffer la croissance en maintenant des taux d'intérêt élevés. En pleine campagne présidentielle, en 1995, le futur président a déjà pris nommément à partie le gouverneur de la Banque de France en déclarant qu'il « n'est pas là pour indiquer au gouvernement quelle politique il doit mener ». Pour Chirac, Trichet est l'incarnation de la « pensée unique » responsable de la « fracture sociale ». Le 14 juillet 1996, il cogne donc sur Trichet : « Mon opinion, c'est que les taux d'intérêt sont, en tous les cas en France – et je le crois aussi en Allemagne – trop élevés, nettement trop élevés. » Pour que le message soit bien clair,

---

1. Cité dans *Ces hommes qui ont fait l'euro, querelles et ambitions européennes*, Jean Quatremer et Thomas Klau, Plon, 1999..

2. *Ibid.*

il met en cause sa responsabilité dans la déroute du Crédit Lyonnais : la banque publique « a perdu des dizaines et des dizaines de milliards (...) Il y avait le Trésor, il y avait la Banque de France qui étaient chargés d'assurer le contrôle. Et je regrette de le dire, ce contrôle n'a pas été bien exercé. Et là je constate que personne ne s'interroge sur les responsabilités passées qui ont conduit à de tels sinistres financiers ». Or qui était directeur du Trésor à l'époque où le Lyonnais plongeait dans le rouge ? Trichet.

Chirac veut Trichet

Le 4 novembre 1997, en dépit de ce passif, le président de la République présente la candidature de son gouverneur pour contrer celle de Duisenberg, certaines haines étant plus fortes que d'autres. Jacques Chirac et Lionel Jospin le reçoivent la veille pour lui demander d'être le champion de la France, un épisode dont l'intéressé, qui a toujours soigneusement refusé tout engagement militant marqué, se souvient avec émotion. Ce *come back* surprenant d'un homme que la « gauche plurielle » au pouvoir depuis le mois de juin 1997 n'apprécie guère non plus est dû à l'absence d'autres candidatures crédibles : Trichet, même s'il agace, est le seul Français qui ait une stature suffisante. Chirac estime aussi sans doute qu'en cas de veto croisés sur Duisenberg et Trichet, et d'émergence d'un troisième homme, la « perte » du gouverneur ne serait pas très grave, pour ne pas dire souhaitable.

Le chef de l'Etat a certes pris soin de faire acter dans les conclusions du sommet de Dublin de décembre 1996 que le choix de Wim Duisenberg pour diriger l'IME, qu'il accepte, « ne préjuge pas de la nomination du président de la BCE ». Néanmoins, les partenaires de Paris, notamment le chancelier Kohl, prévenu au dernier moment, sont totalement surpris par l'annonce de cette candidature. Tout le monde pensait – espérait ? – que la colère de l'Elysée était retombée. Grave erreur ! Chirac a fait du départ de Duisenberg une affaire personnelle : il s'agit de montrer aux banquiers centraux que le dernier mot revient au pouvoir politique.

Mais faire de Trichet, 55 ans à l'époque, le champion du politique face à Duisenberg, 63 ans, qui serait l'homme des « nains de Francfort », comme on surnomme les banquiers centraux à Paris, est un tantinet surréaliste. Le vrai technocrate, c'est le gouverneur de la Banque de France, énarque distingué et ancien directeur du Trésor (entre 1987 et 1993), alors que le Néerlandais, lui, a une vraie carrière politique derrière lui : il fut ministre social-démocrate des Finances de son pays entre 1973 et 1977 et fut même très dépensier avant de se convertir à la rigueur. En tous les cas, les deux hommes partagent exactement la même philosophie, celle de la « pensée unique » qui fait tant horreur à Chirac.

Il est aussi curieux que Trichet ait accepté sans piper mot de concourir sous les couleurs françaises alors qu'il avait donné son accord pour que Duisenberg soit le candidat de « l'amicale des gouverneurs », ainsi que les appelle avec mépris Chirac. Les banquiers centraux auront d'ailleurs du mal à lui pardonner ce manque de savoir-vivre alors qu'après tout c'est lui qui est à l'origine de ce pataquès. Mais, explique-t-il à ses collègues, un simple citoyen ne peut se soustraire à l'appel du président. Toutefois, chez ces chez gens-là, on reste poli et jamais on ne reprochera clairement à Trichet son attitude cavalière.

La machine franco-allemande se met en marche dès le 4 novembre 1997 afin de trouver une solution de compromis. Personne ne veut renoncer à son candidat, ni la France, ni l'Allemagne, qui peut se prévaloir du soutien de l'ensemble des autres Etats membres. Un partage du mandat en deux est envisagé. Mais ce serait violer le traité de Maastricht, qui prévoit une durée de huit ans non renouvelable pour le président. Tout changement, outre qu'il ferait mauvais effet en période de lancement de l'euro, serait perçu comme une atteinte à la sacro-sainte indépendance de la Banque. Finalement, la Chancellerie et l'Elysée s'entendent sur un moyen terme : Duisenberg sera bien le premier président de la BCE mais il s'engagera par avance à quitter ses fonctions à mi-mandat, en 2002, au moment de l'introduction des pièces et des billets en euro, pour laisser la place à Trichet qui serait, lui, nommé pour un mandat plein de huit ans. En échange de leur compréhension, les Allemands obtiennent la présidence de la BERD (Banque européenne pour la reconstruction et le développement), sise à Londres, pour l'ancien secrétaire d'Etat aux Finances, Horst Köhler. Les Pays-Bas, consultés, acceptent cette solution.

Tony Blair se prend les pieds dans le tapis

Le problème est que ce compromis franco-allemand n'a été vendu ni aux autres chefs de gouvernement, ni finalisé par écrit. Il faut dire que la Grande-Bretagne, qui exerce la présidence de l'Union depuis le 1er janvier 1998, n'est pas particulièrement préoccupée par la nomination du premier président de la BCE, puisqu'elle a décidé de ne pas participer à l'euro. Tony Blair néglige donc de préparer le terrain avant le début du sommet du samedi 2 mai 1998, qui a lieu à Bruxelles et non à Londres, histoire de ne pas embarrasser le Premier ministre britannique face à son opinion publique. Avant le début du Conseil proprement dit, qui doit s'ouvrir à 13 heures par un déjeuner, il réunit à part Jacques Chirac, Lionel Jospin, Helmut Kohl et Wim Kok, le Premier ministre néerlandais. Il leur soumet le texte d'une déclaration dans laquelle il est dit que les chefs demandent à Wim Duisenberg de rester jusqu'à l'introduction des pièces et des billets en euro. Chirac s'étrangle : pour lui, il était entendu que le Néerlandais devait plier bagage avant le 1er janvier 2002 afin qu'un Français préside à cet événement fiduciaire. Blair, Kohl et Kok acceptent donc de préciser que Duisenberg devra partir « au plus tard » en janvier 2002. Une petite mise en scène est élaborée afin de ne pas violer formellement le traité de Maastricht : après avoir annoncé au Conseil européen les nominations de Duisenberg pour huit ans puis, pour lui succéder, de Trichet, lui aussi pour huit ans, Blair devra s'absenter afin d'annoncer la nouvelle au Néerlandais et au Français. Après quelques minutes, il reviendra et expliquera que Duisenberg est très content mais qu'il ne restera pas jusqu'au terme de son mandat.

Les quatre hommes regagnent donc en début d'après-midi la salle où les attendent leurs partenaires de plus en plus agacés d'avoir été plantés là sans explication. Blair se livre au petit numéro prévu. Les partenaires de Londres, Paris, Berlin et La Haye se réjouissent bruyamment : deux présidents d'un coup nommés chacun pour huit ans. Seize ans de stabilité assurée ! Kohl comprend alors avec horreur qu'ils n'ont pas été avertis que Duisenberg ne resterait pas huit ans à Francfort. Effaré par l'amateurisme du Britannique, le chancelier entreprend d'expliquer ce qui se passe. Les chefs sont fous de rage d'être mis devant le fait accompli. Mais Kohl, en vieux routier des Conseils (il y siège depuis 1982), parvient à détendre l'atmosphère. Blair, au lieu des quelques minutes prévues, ne revient qu'au bout d'une heure et demie, livide : le scénario prévu ne fonctionne pas. « Je dois rencontrer (Duisenberg) maintenant parce que je ne parviens pas à me mettre d'accord avec lui », lâche-t-il. Et il ressort sans un mot d'explication.

De fait, il y a un gros problème : Duisenberg refuse de se voir imposer une date précise pour son départ car cela porte atteinte à son indépendance. D'après le traité, les chefs d'Etat et de gouvernement n'ont qu'un pouvoir, nommer le président pour huit ans. Tout le reste ne les regarde pas. On propose alors au Néerlandais d'introduire, dans le règlement intérieur de la BCE, une limite d'âge à 67 ans, ce qui l'obligerait à partir en juillet 2002. Chirac accepte cette prolongation de six mois qu'il avait pourtant refusée le matin même, mais pas Duisenberg : « Une date est une date. » Au lieu de réunir le Conseil européen en session formelle, afin d'essayer de régler le problème sans l'interférence des ministres et des conseillers et de montrer à Chirac à quel point il est isolé dans cette affaire, Blair commet l'erreur de tenter de régler le problème par une série de bilatérales, laissant les chefs en déshérence dans les couloirs.

Incident germano-allemand

A 17 heures, les banquiers centraux arrivent à leur tour au Conseil : ils n'ont normalement rien à faire là, mais la Commission a insisté pour les inviter afin de célébrer le lancement de l'euro. Ce qui était une bonne idée tourne à la catastrophe. Hans Tietmeyer, le président de la Bundesbank, découvre stupéfait la manœuvre qui se prépare. Il réunit Theo Waigel, ministre des Finances, membre de la CSU, le parti bavarois social-chrétien, partenaire de la CDU d'Helmut Kohl, et Klaus Kinkel, chef de la diplomatie allemande mais aussi président du FDP, le parti libéral, partenaire indispensable de la CDU-CSU, afin de leur faire savoir que tout départ anticipé est inacceptable. Jürgen Starck, secrétaire d'Etat aux

Finances, un dur, va voir Kohl pour lui dire qu'il ne doit en aucun cas accepter la proposition française. Le chancelier l'envoie paître. Starck revient à la charge accompagné cette fois de Waigel, de Kinkel et de Tietmeyer. Le chancelier est violemment pris à partie par ses ministres et le patron de la Buba. Il n'a d'autre choix que de capituler : les élections législatives ont lieu le 27 septembre suivant et il est déjà en assez mauvaise posture. En début de soirée, Kohl, humilié, avertit Blair et Chirac que Duisenberg doit être nommé pour huit ans, point à la ligne. Si une autre décision est prise, il risque de perdre les élections, explique-t-il. Chirac hurle à la trahison, sans aucun égard pour la difficile position de son partenaire. Il refuse de lâcher. Quant on lui rapporte que Tietmeyer refuse tout compromis, il s'emporte : « Quelle est la circonscription de M. Tietmeyer ? A ce qu'il paraît, il y a aussi M. Trichet dans le bâtiment ? Je ne l'ai pas vu et je ne lui ai pas parlé. C'est moi qui décide, pas M. Trichet. Pourquoi me parlez-vous de ce M. Tietmeyer qui n'est pas membre du Conseil européen ? » Chirac propose alors à Kohl et à Kok de prendre un troisième homme « mais vite ». Si Trichet est carbonisé, Duisenberg aussi et il apparaît comme celui qui a su résister à « l'amicale des gouverneurs ».

Le commissaire aux affaires économiques et financières, Yves-Thibault de Silguy, propose alors à Chirac de rencontrer Duisenberg. Les deux hommes ne se connaissent pas, le Néerlandais, depuis sa nomination à la tête de l'IME, n'ayant jamais pris la peine d'effectuer une tournée des capitales. Or, le courant passe entre ces deux bons vivants. Chirac et Duisenberg acceptent, à près de minuit, une formule de compromis suggérée par la Commission : le futur président de la BCE fera une déclaration orale devant le Conseil dans laquelle il annonce son intention de ne pas effectuer l'ensemble de son mandat. En échange, Chirac renonce à demander à ce qu'une date figure en toutes lettres dans les conclusions du sommet. Non sans hésitation, Kohl accepte ce compromis boiteux. Dans la foulée, le Conseil se réunit et Tony Blair annonce que Duisenberg est nommé pour huit ans et que son successeur sera un Français nommé lui aussi pour huit ans. « M. Duisenberg nous a indiqué qu'il n'avait pas l'intention d'exercer tout son mandat. Comme cela a pris beaucoup trop de temps aujourd'hui, il est vraiment important que nous l'écoutions lui-même. » Le Néerlandais lit alors une courte déclaration pathétique et alambiquée qu'il a rédigée lui-même, en anglais : « J'ai expliqué au président du Conseil européen que, en raison de mon âge, je n'irai pas jusqu'au terme de mon mandat. Mais il est dans mon intention de rester au moins jusqu'à l'introduction des billets et des pièces en euro, et de la mise hors circulation des billets et pièces nationaux (soit le 1er juillet 2002 au plus tard, NDA). Je voudrais insister sur le fait qu'il s'agit là de ma décision et de ma seule décision, prise entièrement par ma seule et libre volonté, ma volonté seule et sans pression aucune de qui que ce soit, que j'ai décidé de ne pas aller jusqu'au terme de mon mandat. En outre, ma future décision de démissionner sera ma décision seule. Cela doit clairement être compris. » Chirac prend alors la parole : « Je comprends qu'il est nécessaire, bien que cela ne soit pas mon souhait, que je m'exprime une seconde à ce stade. Je veux simplement rappeler que, aux yeux de la France, Jean-Claude Trichet était dès à présent un excellent candidat pour la présidence de la BCE et, bien entendu, ce sera encore plus vrai lorsque Wim Duisenberg, qui a tout notre appui et tout notre soutien, se retirera. » Epuisés, les Quinze expédient alors en quelques minutes le lancement de l'euro en confirmant que onze pays sont qualifiés. La fête a été gâchée : le sommet historique de mai 1998, celui qui marque l'abandon volontaire de leur monnaie nationale par onze pays [1], un événement sans précédent dans l'histoire de l'humanité, aura été marqué par une bataille picrocholine qu'aucune opinion publique n'a comprise, afin de faire prévaloir une certaine conception très chiraquienne de la « fierté nationale ».

« Cela me rend gai ! »

Chirac, lors de sa conférence de presse, triomphe : « Cela me rend gai » qu'un Français ait décroché la présidence de la BCE, dit-il. Et encore plus « gai » qu'un autre Français, Christian Noyer, ait été nommé vice-président pour quatre ans en attendant que Duisenberg s'en aille. Car il s'agit de défendre les « intérêts » de la France au sein de la BCE, « compte tenu de son importance économique et financière ». Dominique Strauss-Kahn, le ministre de

1. La Grèce entrera dans la zone euro en janvier 2001.

l'Economie et des Finances qui remplace Lionel Jospin, parti pour la Nouvelle-Calédonie en début de soirée, lui glisse alors un petit mot. Chirac se reprend : « De toute façon, le Français n'est pas là pour défendre les intérêts français dans la BCE mais pour gérer la monnaie. » Dans la salle voisine, Helmut Kohl ne dissimule pas l'humiliation qu'il a subie : « Ce fut une dure lutte et l'une de mes heures les plus difficiles... Il m'est arrivé plusieurs fois aujourd'hui de dire à mes collègues, mais pourquoi suis-je fou au point de continuer à faire toute cela ? » Il reconnaît que « des considérations de prestige sont venues se mêler au débat ». Pris à partie par la presse allemande sur son incapacité à imposer Duisenberg pour huit ans, il se défend : « Mais je n'ai pas eu le choix ! La politique, c'est l'art du possible. » Le chancelier cherche alors à élever le débat : « Quel que soit ce dont nous discutons maintenant, avec la journée d'aujourd'hui, l'euro devient la monnaie de l'Europe. J'aurais voulu que cela soit décidé avec plus d'allégresse et pas avec le genre de procédure trop souvent employé en Europe. » Kohl aura du mal à se remettre de cet épisode : ses adversaires vont l'accuser d'avoir mis en péril l'indépendance de la BCE en se prêtant à la manœuvre chiraquienne et ainsi pris un risque avec la stabilité future de l'euro. Un élément qui concourra à sa défaite aux élections de septembre 1998, tant il est vrai qu'en Allemagne, on ne plaisante pas avec la monnaie.

La crédibilité de Duisenberg sort aussi affaiblie de cet épisode : président en sursis, les marchés et les médias ne cesseront de s'interroger sur sa date de départ. Chacun de ses actes, chacune de ses paroles donnera lieu aux spéculations les plus fantaisistes. Il est vrai que le Néerlandais n'a pas pu s'empêcher d'entretenir ce feuilleton, en multipliant les déclarations équivoques, au grand agacement de ses pairs, au lieu d'opposer un « pas de commentaire » définitif aux questions gênantes. Pour accompagner le lancement de l'euro, le pilote de la politique monétaire européenne se serait bien passé de la présence de la fée Chirac au-dessus de son berceau.

Cela étant, il est heureux que Chirac n'ait pas gagné son bras de fer et imposé Trichet à la tête de la BCE dès 1998. Car le gouverneur de la Banque de France a été rattrapé par l'affaire du Crédit Lyonnais, celle-là même que lui reprochait le chef de l'Etat lors de son intervention télévisée du 14 juillet 1996, avant qu'il ne devienne son candidat pour la BCE. Il est mis en examen en avril

2000 puis renvoyé en correctionnelle, le 15 juillet 2002, pour complicité de diffusion d'informations trompeuses dans l'affaire des faux bilans du Lyonnais [1]. En tant que directeur du Trésor de septembre 1987 à novembre 1993, c'est lui qui était chargé de superviser les comptes de la banque publique. C'est une catastrophe pour Chirac et pour Trichet puisqu'il est impensable d'envoyer à Francfort un homme empêtré dans un tel scandale. Or, le 7 février 2002, Duisenberg a mis fin au suspense sur sa date de départ : il quittera ses fonctions le 9 juillet 2003, jour de son 68e anniversaire, peut-être trop tôt pour que la justice soit passée vu sa légendaire lenteur. Surtout s'il y a appel et pourvoi en cassation...

En février 2003, l'avenir francfortois de Trichet semble sérieusement compromis : le procureur de la République requiert contre lui une peine de dix mois de prison avec sursis. Même si aucun texte européen n'exige un casier judiciaire vierge pour accéder à la présidence de la BCE, il est douteux que les partenaires de Paris acceptent de nommer un président traînant une telle casserole à la tête d'une institution encore fragile et dont la crédibilité pourrait souffrir. En avril 2003, les ministres de l'Economie et des Finances réunis à Athènes n'ont guère le choix : ils demandent à Duisenberg de rester en place jusque ce qu'un successeur soit désigné. Après avoir bataillé pour le faire partir le plus vite possible, Chirac en est réduit à le supplier de rester. Un retournement de l'Histoire que le Néerlandais a dû apprécier. Finalement, tout se termine bien : le 18 juin 2003, le tribunal correctionnel de Paris rend son verdict et relaxe Trichet, qui, selon les juges, ne disposait que d' « informations imprécises et inexactes » sur les comptes du Lyonnais. Trichet se contente de lâcher dans son inimitable langue de bois : « Je n'ai eu de cesse de répéter que j'avais confiance en la justice de mon pays. C'est une décision qui m'émeut. » On le comprend puisqu'elle lui ouvre grandes les portes de la BCE, le parquet ayant renoncé à faire appel.

---

1. Le juge d'instruction, Philippe Courroye, n'a pas suivi l'avis du procureur de la République, Jean-Pierre Dintilhac, qui, le 31 mai 2000, a requis un non-lieu. Le parquet a renoncé à faire appel de l'ordonnance de renvoi afin de permettre un procès rapide. Une bataille de procédure qui aurait pu durer plusieurs années aurait compromis toutes les chances de Trichet d'accéder un jour à la présidence de la BCE.

Le pragmatisme de la BCE

En dépit de ce départ difficile, Duisenberg, jusqu'en octobre 2003, puis Trichet réussissent à donner une véritable crédibilité à la BCE, à imposer l'euro sur la scène internationale et à mener une politique monétaire qui ne suscite plus de réelles critiques, hormis dans certains secteurs de l'opinion française. Les banquiers centraux vont très vite envoyer un signal de leur souplesse et de leur souci de soutenir la croissance, même si l'objectif premier de la politique monétaire, inscrit dans le traité, reste la « stabilité des prix ». Mais, il est vrai ces deux objectifs ne sont nullement antinomiques : « Maintenir un taux d'inflation bas et constant est la meilleure contribution possible de la politique monétaire à la santé de l'économie, à une croissance durable et à la création d'emplois », comme l'écrit Wim Duisenberg [1]. « Les hommes politiques sont toujours tentés d'avoir recours à une politique d'expansion monétaire peu appropriée qui constitue une solution temporaire mais menace la croissance à la long terme », poursuit celui qui sait de quoi il parle puisqu'il mena une telle politique lorsqu'il était ministre des Finances dans les années 1970.

Le 1er décembre 1998, alors que la BCE ne doit prendre les rênes de la politique monétaire que le 1er janvier suivant, les gouverneurs des banques centrales de la zone euro décident d'abaisser de concert leur principal taux d'intérêt à 3 %, soit, pour certaines d'entre elles, une diminution de 0,8 % [2]. Un geste fort alors que l'Europe, après deux belles années de croissance, subit les contrecoups des crises asiatique et russe. La BCE va encore plus loin : le 8 avril 1999, afin de conforter la reprise qui s'annonce, elle diminue une nouvelle fois le loyer de l'argent de 0,5 %, son principal taux à court terme, le Refi, s'établissant à 2,5 % [3]. Wim Duisen-

1. *Le Monde de l'économie*, 11 janvier 2005.

2. La Banque d'Italie n'abaissera son principal taux directeur que de 0,5 %, de 4 % à 3,5 %. Elle s'alignera le 23 décembre 1998.

3. Exprimé en pourcentage, le taux d'intérêt est la rémunération obtenue pour un placement en capital. On distingue les taux d'intérêt à long terme – le rendement moyen des obligations d'Etat, déterminé par l'offre et la demande du marché –, des taux à court

berg s'est laissé convaincre de la nécessité de faire un geste supplémentaire par le ministre français des Finances, Dominique Strauss-Kahn, qui a fait le siège de son bureau durant tout le mois de mars, graphiques en main pour lui démontrer qu'il fallait baisser les taux [1]. En moins de cinq mois, les taux ont donc diminué d'un point dans la zone euro ! C'est énorme et sans précédent et cela n'aurait pas été possible sans le bouclier qu'offre la monnaie unique.

Il faut se rappeler la façon dont la Banque de France baissait précautionneusement les taux dixième de point par dixième de point pour tester la réaction des marchés, de peur que le franc ne soit attaqué et décroche face au mark. Désormais, les crises monétaires dans la zone euro ont disparu et le temps où le moindre éternuement d'un lointain pays se payait cash par une augmentation des taux d'intérêt afin de retenir des investisseurs soucieux de placer leur argent dans des économies réputées plus solides que la française, comme l'allemande, n'est plus qu'un lointain souvenir. Une augmentation du loyer de l'argent qui se traduisait immédiatement par un ralentissement de l'activité, souvent au pire moment. On estime ainsi que les crises monétaires des années 1992-1993 ont coûté un million d'emplois en France. Les ministres des Finances peuvent gaffer ou démissionner, les budgets déraper, il ne se passe tout simplement plus rien. Même les variations de change entre l'euro et les principales devises mondiales, dont le dollar, n'ont qu'un effet somme toute marginal car l'Euroland, qui forme une zone monétaire, économique et commerciale intégrée, d'une taille équivalente à celle des Etats-Unis, commerce, pour l'essentiel, à l'intérieur de ses frontières : les échanges hors zone euro ne représentent que 13 % du total, soit un taux d'ouverture sensiblement équivalent à celui des Etats-Unis. Autrement dit, l'euro est une « monnaie-continent », comme le dollar, peu affectée par les mouvements de change.

---

terme, sur lesquels la Banque centrale européenne exerce une influence décisive par le moyen des taux directeurs qu'elle détermine chaque mois, son principal taux directeur étant le Refi (pour refinancement).

1. L'inflation, dans la zone euro, est de 0,8 % en 1998. Fin 1999, elle remonte mais reste limitée à 1,7 %. La stabilité des prix, principal mission de la BCE, n'est donc pas menacée par une baisse du loyer de l'argent.

La descente aux enfers de l'euro

Les opinions publiques ont du mal à intégrer ce changement fondamental, le taux de change entre le dollar et l'euro continuant à être vécu sur le mode de la crise, notamment en France où l'on se souvient du temps où le franc était à la peine pour rester à la hauteur du mark. L'euro reste ou trop bas ou trop haut, mais jamais à son juste niveau, ce qui montre que la maturité des Européens vis-à-vis de leur nouvelle monnaie a encore du chemin à faire. Agacé par les questions sur le taux de change, Duisenberg, le 4 février 1999, a essayé d'expliquer cette nouvelle réalité : « Si vous demandez à un Américain : que vaut le dollar ? Il répondra : le dollar ? Un dollar est un dollar. Et je crois que nous devons apprendre en Europe à dire nous aussi : un euro ? Un euro est un euro. »

Pour ne rien arranger, en 1999 et 2000, la BCE est confrontée à une chute de l'euro dont personne ne comprend encore précisément les raisons. Quelques heures après la fixation définitive des parités des monnaies participant à l'euro, l'euro vaut 1,17 dollar sur le marché des changes [1]. Début décembre 1999, il est à parité avec la devise américaine. En un an, il a donc perdu 15 % de sa valeur. Le 27 janvier 2000, il glisse sous le dollar. La dégringolade va continuer jusqu'au 26 octobre 2000, l'euro ne valant alors plus que 0,82 dollar. Aucune raison objective n'explique cette dégringolade impressionnante : les « fondamentaux » de l'économie européenne sont bons : la croissance est alors supérieure à 3 %, les déficits publics et les dettes sont en voie de résorption, la balance commerciale est largement excédentaire, l'inflation est faible. En revanche, aux Etats-Unis, la balance des paiements ne cesse de se dégrader. Certes, la croissance y est plus forte que dans la zone euro et les taux d'intérêt y sont plus élevés (5,25 % contre 3 % début 2000), ce qui attire les capitaux en quête de rémunération intéressante, mais cela n'explique pas les raisons qui ont poussé les

1. Il est significatif que le taux de change se calcule ainsi. Avant l'euro, on parlait de la valeur du dollar en franc ou en mark. Désormais, c'est l'inverse : on calcule la valeur de l'euro en devise américaine, lui donnant ainsi une prééminence.

marchés à jouer ainsi contre la monnaie unique. Durant cette période particulièrement éprouvante pour les nerfs des banquiers centraux, toutes les bonnes nouvelles concernant la zone euro sont portées au crédit du dollar et toutes les mauvaises nouvelles provenant des Etats-Unis au débit de l'euro. En privé, plusieurs membres du directoire de la BCE dénoncent le « comportement moutonnier des marchés financiers » qui jouent à la baisse parce qu'ils pensent que tout le monde va faire la même chose. La raison principale de la tourmente est sans doute que ces derniers ont voulu tester la solidité de l'euro : « A l'époque, l'environnement n'était pas bienveillant, souligne un banquier central : encore en 2005, il reste circonspect. Les Anglo-Saxons continuent à penser que le projet de monnaie unique est trop audacieux. Ils nous disent que l'on a mis la charrue avant les bœufs en créant une monnaie unique avant une fédération politique. »

Même si la BCE n'est pas chargée de défendre une quelconque parité face aux monnaies tierces, surtout dans un système de change flottant, mais d'assurer la stabilité des prix au sein de l'Euroland, elle ne peut pas totalement se désintéresser des mouvements de la monnaie unique sur le marché des changes. « Dans le cadre de la stratégie de politique monétaire orientée vers la stabilité, le taux de change constitue une variable importante pour l'eurosystème, car c'est l'un des éléments qui déterminent les perspectives de stabilité des prix », souligne ainsi l'Allemand Otmar Issing, le chef économiste de la Banque, en janvier 2000. De fait, le renchérissement du dollar et son effet mécanique sur le coût des importations (notamment le pétrole et les matières premières) peut avoir, à terme, des conséquences inflationnistes. La Banque est aussi sensible à l'impact de cette dépréciation sur l'opinion publique, qui peut déboucher sur une crise de confiance pure et simple. L'euro est très jeune et ne peut se permettre de susciter de la méfiance. En Allemagne, en particulier, où les citoyens étaient très attachés à la force du mark, la chute de la monnaie unique est très mal vécue [1].

1. Par exemple, un sondage publié le 30 septembre 2000 par le quotidien populaire *Bild Zeitung*, montre que seuls 15 % des Allemands ont une confiance absolue dans l'euro alors que 51 % ont une confiance limitée et 33 % aucune confiance.

Les armes de la BCE

Afin d'essayer d'enrayer cette chute, la BCE manie les trois armes à sa disposition, la parole, les taux et les interventions sur le marché des changes. Elle met d'abord au point un langage dont elle ne variera pas – l'euro a un « potentiel d'appréciation », c'est-à-dire qu'il est sous-évalué – et le répète sur tous les tons afin de convaincre les marchés de la détermination des banquiers centraux de soutenir leur monnaie. Ensuite, la BCE remonte à plusieurs reprises ses taux d'intérêt entre le 4 novembre 1999 et le 5 octobre 2000, de 2,5 % à 4,75 %. Il faut dire que l'inflation dépasse désormais, en grande partie à cause du renchérissement des importations dû à la chute de l'euro, le plafond de 2 %, objectif que s'est fixé la BCE [1]. Néanmoins, ce resserrement monétaire a été aussi contre-productif car il a accompagné le ralentissement de la croissance européenne, ce qui n'a guère plu aux investisseurs : pour eux, la BCE appuie sur la pédale de frein en pleine montée.

Le verbe et les taux n'ayant pas stoppé le décrochage de l'euro, la BCE est finalement intervenue sur les marchés des changes. Il s'agit, en achetant de l'euro et en vendant du dollar, de soutenir le cours de la monnaie unique et, au passage, de donner une raclée aux traders qui jouent l'euro à la baisse. L'eurosystème, c'est-à-dire le système européen des banques centrales, dispose, pour ce faire, de 260,9 milliards d'euros [2]. C'est peu par rapport aux 1 700 milliards de dollars qui se négocient chaque jour sur le marché des changes, mais cela offre un effet de levier suffisant. Le 8 septembre, la BCE et les ministres des Finances de l'Union, réunis à Versailles, brandissent pour la première fois explicitement la menace d'une intervention. Elle aura lieu le vendredi 22 septembre 2000 alors que l'euro ne vaut plus que 0,8447 dollars et, comme il se doit, elle prend les marchés par surprise.

Cette intervention est d'autant plus efficace qu'elle est coordonnée entre les principales banques centrales du monde (Réserve

1. En octobre 1998, la BCE a décidé que la stabilité des prix signifie que l'inflation de la zone euro doit être « inférieure » à 2 % dans la zone euro.

2. Chiffre 2000.

fédérale américaine, Banque du Japon, Banque d'Angleterre). Les Etats-Unis commencent eux aussi à être préoccupés par la dépréciation de la monnaie européenne qui, non seulement, accroît le déficit de leur balance commerciale en rendant les produits américains moins compétitifs, mais déprécie aussi les actifs qu'ils possèdent en Europe. Le G7 finance – groupe des sept pays les plus riches de la planète –, qui se réunit à Prague le lendemain de cette intervention massive, confirme que la fin de la récréation a sonné : il dénonce « les implications potentielles des récents mouvements de l'euro pour l'économie mondiale ». Ce signal envoyé aux marchés permet à l'euro de se stabiliser aux alentours de 0,88 dollar. Mais les marchés demeurent nerveux. Il est vrai que le référendum du 28 septembre 2000 au Danemark, par lequel 53,1 % des Danois refusent d'adopter l'euro, n'aide guère la devise européenne même si, pour le coup, les marchés, rendus prudents, ne réagissent pas.

Wim la gaffe

Mais le 16 octobre 2000, dans un entretien accordé au quotidien britannique eurosceptique *The Times*, Wim Duisenberg va déclencher, bien involontairement, une tourmente. Il répond un simple : « je ne pense pas » à la question du journaliste qui l'interroge sur le caractère approprié d'une nouvelle intervention alors que les marchés sont tendus à cause du début de la seconde Intifada dans les territoires occupés par Israël et de la flambée du prix du pétrole qu'elle entraîne. Il veut seulement signifier qu'une intervention est dictée par des considérations économiques et non politiques. Mais les marchés, eux, entendent que la BCE va désormais rester l'arme au pied. Un faux pas qui n'est pas le premier ni le dernier et qui va lui valoir le surnom de « Wim la gaffe ». « Soit il est vraiment très, très con. Soit il a fait ça de façon délibérée. Mais la seconde hypothèse n'est pas possible car elle n'aurait aucun sens... », s'exclame-t-on dans l'entourage du ministre des Finances français, Laurent Fabius. Il faut dire que les rapports entre Duisenberg et Fabius ne sont pas très bons, ce dernier ne lui ayant pas pardonné d'avoir séché, le 8 septembre précédent, une réunion informelle des ministres des Finances à Versailles. Le président de la BCE, en se faisant excuser dans une période agitée, a, en effet, donné l'impression qu'il existe une mésentente entre le pôle monétaire et le pôle politique, ce qui n'est jamais bon.

Le jour de la publication de l'entretien, l'euro plonge. Dix jours plus tard, il atteint son plus bas niveau historique, à 0,82 dollar : il a perdu 30 % de sa valeur face au dollar en deux ans. Repus, les marchés financiers cessent brutalement d'attaquer l'euro qui entame alors sa lente remontée. Il est vrai qu'au même moment, aux Etats-Unis, la croissance commence à s'essouffler même si elle reste supérieure à celle de la zone euro. En outre, l'élection du successeur de Bill Clinton, en novembre 2000, tourne à la farce en Floride, ce qui déstabilise les marchés qui ont horreur de l'incertitude. Pour conforter ce répit, la BCE intervient, seule cette fois, le 3 novembre 2000, puis le 6, puis, enfin, le 9. Avec le recul, ces interventions, qui accompagnent un mouvement déjà amorcé, constituent un indéniable succès, comme le proclame Otmar Issing, le chef économiste de la BCE : « Dans cette entreprise, la BCE n'avait pas d'objectif particulier de taux de change » mais il s'agissait de montrer qu'elle soutenait l'euro en paroles et en actes. Néanmoins, Duisenberg va encore être à l'origine d'une nouvelle rechute de l'euro. Après s'être excusé platement de son premier impair, il n'a pu s'empêcher de remettre le couvert le 31 mai 2001, en déclarant que le taux de change n'était pas un but en soi. C'est vrai, mais cela a encore été compris par les marchés comme écartant l'idée d'une intervention. Résultat : l'euro est repassé au-dessous de 0,84 dollar. Avant de remonter.

La Réserve fédérale, pour accompagner l'atterrissage de l'économie américaine, entame, à partir de janvier 2001, un cycle de baisse des taux qui va contribuer à rendre moins attractive la devise américaine [1]. Il faut attendre le 15 juillet 2002, soit après le choc économique causé par les attentats du 11 septembre 2001, pour que l'euro revienne à parité avec le dollar et le 23 mai 2003 pour qu'il retrouve son cours de lancement de janvier 1999. Entre-temps, et même si la croissance est devenue anémique en Europe, les comptes américains se sont sérieusement dégradés, laissant planer une menace sur la viabilité à long terme de l'économie américaine : le déficit commercial est chaque mois plus abyssal et

1. En janvier 2001, son principal taux directeur passe de 6,5 % à 5,5 % et, en avril de la même année, il passera sous le Refi européen, à 4,5 %.

George Bush, pour financer sa « guerre contre le terrorisme », a renoué avec le déficit public. Le décrochage du dollar s'accentue tout au long de l'année 2003. Ce mouvement, pour le coup, fait le bonheur des autorités américaines, puisqu'il permet notamment de réduire le déficit de la balance commerciale en rendant les produits américains plus compétitifs. La spirale qui a joué contre l'euro joue désormais contre le dollar : toutes les mauvaises nouvelles sont portées à son débit et toutes les bonnes au crédit de l'euro...

Mais la hausse de la monnaie unique, par sa rapidité plus que par son ampleur, qui reste encore limitée si l'on se rappelle que son cours de lancement était de 1,17 dollar, commence à préoccuper Francfort. Car un euro fort, ce n'est pas forcément une mauvaise nouvelle, surtout au moment où le prix du baril de pétrole s'envole, puisqu'il diminue mécaniquement la facture des importations. En outre, cela permet de diminuer les pressions inflationnistes et donc contribue à maintenir des taux d'intérêt peu élevés. En revanche, la vitesse de la hausse handicape les entreprises qui n'ont pas le temps de s'adapter à la nouvelle donne et leur fait perdre des parts de marchés à l'exportation.

Trichet, désormais aux commandes de la BCE, va vite réagir pour essayer de contrôler un mouvement qui, par son ampleur, est tout aussi inexplicable que l'a été la chute de l'euro. Le 8 janvier 2004, alors que l'euro vaut presque 1,27 dollar, il martèle que la BCE est « intéressée à la stabilité financière » et qu'il n'est « pas particulièrement satisfait de la volatilité excessive » de l'euro. Pour la première fois, il ne mentionne pas son attachement à un « euro fort et stable », l'un des leitmotivs de la Banque entre 1999 et 2002. Il répète ce message, qui est repris mot pour mot par les ministres des Finances de l'Eurogroupe, le 20 janvier 2004, ce qui stoppe net la flambée de l'euro [1]. A la différence de son prédécesseur, l'ancien gouverneur de la Banque de France sait parfaitement maîtriser son langage et, surtout, en faire usage à bon escient : il a parlé quand il a perçu que le mouvement ascendant de la monnaie unique commençait à s'essouffler, donnant ainsi aux marchés le signal qu'ils attendaient. Du grand art ! Cet épisode montre aussi qu'il est soigneusement écouté par les marchés. Duisenberg, lui,

---

1. L'euro a repris son ascension au dernier trimestre 2004 : 1,3005 dollar le 10 novembre, 1,35 dollar le 24 décembre, et 1,3621 le 31 décembre 2004, son record à ce jour. Au premier trimestre 2005, il fluctuait entre 1,30 et 1,33 dollar.

victime de sa « franchise néerlandaise », selon l'expression d'un banquier central, avait tendance à trop en faire, comme en témoignent ses gaffes.

Comment parler d'euro ?

A la décharge de Duisenberg, ce dernier a essuyé les plâtres d'une politique de communication d'un nouveau genre. En effet, à la différence des banques centrales des Etats unitaires qui font partie du paysage, il a fallu installer dans l'inconscient collectif la BCE et donc communiquer à tout va : « Il faut faire un effort d'explication particulier afin que les opinions publiques se sentent concernées et puissent s'approprier la politique monétaire et la BCE », souligne ainsi Christian Noyer, ancien vice-président de la BCE et actuel gouverneur de la Banque de France [1]. Aucune autre banque centrale au monde ne se livre à l'exercice mensuel d'une conférence de presse pour donner en temps réel les raisons de ses décisions de politique monétaire. Evidemment, cela expose aux dérapages en tout genre. Difficulté supplémentaire, comme le souligne Jean-Claude Trichet, « Communiquer simultanément avec douze cultures différentes composant la zone euro aujourd'hui est un défi considérable. Il faut y ajouter la culture des marchés, notamment américains, au sein desquels les mots ont des charges symboliques très différentes [2]. » « On a fait le bon choix même si on avait conscience qu'il y avait des risques », reconnaît Christian Noyer. Curieusement, cette transparence va leur être reprochée par la presse anglo-saxonne qui estime que tout cela ne va pas assez loin. Durant les premières années de la monnaie unique, le *Financial Times*, en particulier, va mener campagne pour que les procès-verbaux du Conseil des gouverneurs soient publiés comme cela se fait en Grande-Bretagne afin de connaître les votes individuels. Seul problème : les gouverneurs venant de pays différents dont les intérêts ne sont pas forcément identiques, cela les placerait dans une situation difficile si on découvrait qu'ils n'ont pas défendu le point de vue national. Or, la BCE doit concevoir une politique

1. Entretien avec les auteurs.
2. Entretien avec les auteurs.

monétaire unique s'appliquant à tous les pays, c'est-à-dire veiller à l'intérêt général et non pas à l'intérêt particulier de tel ou tel pays.

Depuis, les banquiers centraux européens ont appris à communiquer : « Nous avons une phrase type que l'on répète en changeant les mots de place éventuellement », raconte un banquier central. Mais « l'alea est toujours possible. Mon cauchemar est qu'une de mes phrases soit mal interprétée et qu'elle donne lieu à des mouvements sur les marchés ». De même, la BCE se montre très prévisible, annonçant longtemps à l'avance les « biais » qu'elle prend, vers la hausse ou la baisse des taux. A plusieurs reprises, les marchés ont été pris par surprise, ce qu'ils détestent. Par exemple, en avril 2001, Duisenberg a écarté toute baisse des taux à un horizon prévisible... pour les diminuer un mois plus tard. Enfin, elle a réduit le nombre des réunions du Conseil des gouverneurs : durant la période de mise en place de la Banque, ils se réunissaient, physiquement ou par téléconférence, deux fois par mois pour parler de politique monétaire, si bien que cela déclenchait à chaque fois la fébrilité des marchés. Désormais, la réunion de politique monétaire a lieu au début de chaque mois, la seconde étant réservée à des questions internes.

Le prix du « Big Mac »

L'une des véritables erreurs de communication de la BCE a été commise lors de l'introduction de l'euro, le 1er janvier 2002. Le plus grave est que ce sont les citoyens qui en ont été victimes et pas les marchés. Or, la confiance des opinions publiques est fondamentale. Certes, comme le souligne Jean-Claude Trichet, « cette opération a été un succès impressionnant », mais la Banque centrale a nié son effet inflationniste notamment dans certains services, tels que la restauration, les débits de boisson ou les salons de coiffure, qui pèsent peu dans l'indice général des prix mais beaucoup dans la vie quotidienne, surtout lorsque le pouvoir d'achat stagne. Interrogé, le 3 janvier 2002, sur le dérapage des prix que chacun a pu constater, Wim Duisenberg évacue la critique par une plaisanterie : « Lorsque j'ai acheté un Big Mac hier soir, accompagné il est vrai d'un milk shake à la framboise, vous saurez tout, cela m'a coûté 4,45 euros, c'est-à-dire exactement le prix que j'ai déjà payé pour le même repas en deustchmark. » Or, il est aujourd'hui avéré que l'euro a bel et bien permis aux commerçants d'augmenter leurs prix, notamment en Allemagne (ou l'on parle du « Teuro », l'euro cher), en Grèce ou en Italie. « L'impact a été au maximum de 0,2 à 0,3 % sur l'indice des prix selon les pays et nettement moins en moyenne sur l'ensemble de la zone. Mais l'impact psychologique a été important sur certains prix [1] », reconnaît Jean-Claude Trichet. La BCE jure que l'on ne l'y reprendra plus et qu'elle sera d'autant plus impitoyable en cas de dérapage des prix.

Or, force est de reconnaître que, pour l'instant, elle a été particulièrement accommodante en matière de stabilité des prix, se montrant tout autant soucieuse de croissance, contrairement à ce que laissent croire certaines critiques, notamment françaises. La BCE, forte de son indépendance, mène, depuis six ans, une politique qui se caractérise par son pragmatisme et qui n'a que peu à voir avec celle de la Bundesbank. Ainsi, elle a réagi extrêmement rapidement en 1998 et 1999, en concertation avec le pouvoir politique, pour contrer les crises asiatique et russe. En accord avec la Réserve fédérale, elle a baissé ses taux de 0,5 % (le Refi passe à 3,75 %) le 17 septembre 2001 pour apaiser des marchés paniqués par le contrecoup des attentats du 11 septembre : l'opération a été une réussite parfaite et saluée comme telle. Certes, à partir de novembre 2000 elle a augmenté ses taux pour contrer une petite flambée de l'inflation, ce qui lui a été amèrement reproché puisqu'au même moment, la croissance donnait des signes d'essoufflement, notamment en Allemagne, principale économie de la zone euro. Néanmoins, il ne faut pas perdre de vue que la BCE fixe ses taux pour l'ensemble des pays de la zone avec un œil rivé sur les trois grandes économies – Allemagne, France et Italie –, puisqu'elles forment l'essentiel de son PIB. Or, l'Irlande, les Pays-Bas ou encore l'Espagne étaient proche de la surchauffe avec une inflation comprise entre 4 et 5 %. En outre, l'augmentation des taux (4,75 % au plus haut de la courbe) a été limitée : les taux d'intérêt réels, c'est-à-dire défalqués de l'inflation, n'ont jamais dépassé 2,75 %, loin des sommets des années 1980 et 1990 en France.

En revanche, il est vrai qu'elle a sans doute attendu quelques

1. Entretien avec les auteurs.

mois de trop avant de commencer son mouvement de baisse des taux, le 10 mai 2001, alors que le ralentissement était clairement là et que l'inflation commençait son reflux [1]. Or, il faut savoir qu'une baisse du loyer de l'argent n'a d'effet sur l'économie qu'après douze à dix-huit mois au minimum. De ce point de vue, la réactivité de la Réserve fédérale est plus grande puisqu'elle a ramené son principal taux directeur de 6,5 % en janvier 2001 à 1 % en juin 2003 [2]. Mais, en même temps, il ne faut pas oublier que l'euro sortait d'une tempête monétaire, d'où la prudence de la Banque centrale, et que l'inflation restait désespérément au-dessus de son objectif de 2 %. Si la BCE avait été la Bundesbank, elle n'aurait sans doute pas diminué ses taux, d'autant qu'elle n'est jamais parvenue non plus à ramener la masse monétaire – le fameux « M3 », l'ensemble des liquidités en circulation susceptibles d'alimenter la hausse des prix – au niveau qu'elle estime souhaitable. Or, un monétariste orthodoxe donne la priorité absolue à ce dernier indicateur. Enfin, dernier élément à prendre en compte, les politiques budgétaires des Etats : à partir de 2001-2002, ils laissent filer leur déficit public afin de compenser le ralentissement de la croissance. Or, en bonne politique économique, si la politique budgétaire est accommodante, la politique monétaire ne peut pas l'être autant au risque de faire dérailler le train (c'est ce qu'on appelle le « policy mix »).

La BCE tue la Bundesbank

Comme preuve supplémentaire de sa souplesse, la BCE a modifié sa politique monétaire le 8 mai 2003 en la rendant encore moins monétariste. D'une part, elle a décidé que le niveau d'inflation ne devait plus être « inférieur » à 2 % mais « proche » de ce seuil, ce qui n'est pas précisément la même chose. Clairement, l'objectif n'est plus de tendre vers une inflation zéro : « Nous serions extrêmement préoccupés » par une inflation inférieure à 1 % explique

1. Le principal taux directeur de la BCE est ramené à 4,25 % le 30 août 2001, à 3,75 %, le 17 septembre 2001, à 3,25 % le 8 novembre 2001. Ensuite, après une longue pause, il diminue à 2,75 % le 5 décembre 2002, à 2,5 % le 6 mars 2003 et à 2 % le 5 juin 2003, son niveau au premier trimestre 2005.

2. La Fed a commencé à relever ses taux en douceur depuis le 30 juin 2004.

désormais Otmar Issing, le chef économiste de la BCE qui vient pourtant de la Bundesbank : « Nous avons deux yeux pour suivre les développements déflationnistes autant qu'inflationnistes. » D'autre part, l'évolution de la masse monétaire est désormais clairement subordonnée aux indicateurs économiques (croissance, moral des entrepreneurs et des consommateurs, évolution des salaires, taux de change, etc.). M3, bible de la Bundesbank, devient un simple indicateur à long terme, ses évolutions mensuelles n'étant plus qu'un élément parmi d'autres. Cette évolution de la politique monétaire met davantage l'accent sur la croissance que sur la stabilité des prix, même si la seconde reste la condition de la première.

La BCE a pris garde de ne jamais mettre en avant ce pragmatisme. Le message est même exactement à l'inverse : Trichet et les membres du directoire affichent une orthodoxie à toute épreuve digne de celle de la Bundesbank. Il faut décrypter leurs propos et surtout leurs décisions de politique monétaire pour se rendre compte du fossé qui sépare la théorie de la pratique. Ainsi, lorsque les Etats membres de la zone euro ont décidé, en septembre 2004, d'élire pour un mandat de deux ans commençant à courir le 1er janvier 2005, un président de l'Eurogroupe, mettant ainsi en œuvre par avance l'une des innovations de la Constitution, Trichet s'est lancé dans une inutile polémique. Jean-Claude Juncker, désigné à l'unanimité à ce poste, n'allait-il pas désormais être l'incarnation de la zone euro, lui ont demandé les journalistes ? Réponse coupante : « Monsieur euro, c'est moi ! » Une façon de rabaisser le rôle de celui qui va désormais être son interlocuteur privilégié du « pôle économique » alors que sa nomination aurait dû le réjouir. En l'occurrence, Trichet a tort : les deux personnalités vont incarner l'euro sur la scène interne et internationale, comme le font aux Etats-Unis le président de la Réserve fédérale et le secrétaire au Trésor. De tels propos n'ajoutent donc rien et donnent une image excessivement rigide de la BCE. Mais, peut-être est-ce voulu pour affirmer l'autorité de la BCE auprès des marchés financiers ? Une main de velours dans un gant de fer, en quelque sorte. Reste que cela brouille l'image des banquiers centraux auprès des opinions publiques, particulièrement en France où la « culture de stabilité » rime encore avec rigueur.

« L'obsession de la BCE est d'asseoir sa crédibilité en tant que garante de l'euro », estime Pervenche Berès, une socialiste française qui préside la commission des affaires économiques et monétaires du Parlement européen. « C'est une stratégie qui l'a parfois conduit à se positionner en termes de pouvoir et c'est ce qui l'a amené à parier sur un échec des négociations pour la réforme du pacte. La culture de Trichet, c'est : "je vais gérer l'euro". » Un proche du président de l'institut de Francfort relate ces propos tenus en privé : « Nous sommes là pour asseoir l'autorité de la BCE et nous ne pouvons pas donner le moindre signe de faiblesse. » Quitte à paraître psychorigide...

Il n'en reste pas moins que, sur le fond, les reproches faits à la BCE sont dans une large mesure infondés. Ainsi, les appels en faveur d'une nouvelle baisse des taux sont pour le moins surprenants : le Refi est à 2 % depuis juin 2003, soit un taux réel, compte tenu de l'inflation, de zéro. « On nous avait dit, si on a des taux négatifs, l'avenir sera radieux ! Eh bien, on a des taux négatifs et pourtant la machine économique ne repart pas », s'exclame un banquier central. La croissance anémiée de la zone euro ne peut pas être imputée à la politique monétaire. Ce n'est pas pour rien que, depuis janvier 1999, la BCE appelle rituellement les Etats à faire leur part de boulot en s'engageant dans des « réformes structurelles » afin d'accroître la compétitivité de leur économie. Il ne faut pas se leurrer : réforme, dans l'esprit des banquiers centraux, cela signifie moderniser un « modèle social » européen à bout de souffle qu'il est devenu impossible de financer et qui grève de plus en plus la compétitivité des entreprises. Indemnisation du chômage, retraite, sécurité sociale, règles de licenciement et d'embauche, fonction publique, dépense publique, tout doit être revu à la baisse afin de pouvoir diminuer charges et impôts et redonner du souffle à l'économie de la zone euro.

La BCE veut des réformes

Certes, on peut hurler à la « régression sociale », comme le fait une partie de la classe politique française, mais il faudra bien un jour répondre à cette question : où trouver l'argent pour financer un tel système qui, notamment dans le cas de l'Allemagne, de la France et de l'Italie, produit en plus du chômage de masse ? Les budgets des Etats sont à bout de souffle comme le montre l'explosion de la dette publique allemande et française. En France, elle est passée de 20 % du PIB en 1980 à 65,6 % du PIB en 2004, soit 1 065 milliards d'euros, ou encore 17 000 euros par Français. Cette dette deviendra proprement insupportable le jour où la BCE remontera ses taux. Des pays comme la Finlande, le Danemark ou la Suède, qui ne sont pas précisément peuplés d'horribles libéraux anglo-saxons, ont réformé en profondeur leur économie afin de sortir de cette logique mortifère sans pour autant adopter le système britannique ou américain. Et ça marche ! Si la BCE a le sentiment d'avoir fait sa part de travail en maintenant la stabilité des prix et un loyer de l'argent particulièrement attractif, elle estime que plusieurs pays – dont la France et l'Allemagne, qui commencent à le faire – devraient mettre les mains dans le cambouis afin de sortir de sa croissance anémiée qui n'est pas due qu'à la faute, au choix, de la BCE, des Etats-Unis ou de la mondialisation.

Le problème est que « l'union économique », qui aurait dû être le pendant de « l'union monétaire », est loin d'être une réalité. Les Etats ont même été incapables de respecter la règle du jeu commune qu'ils se sont donnée, le pacte de stabilité et de croissance adopté lors du Conseil européen d'Amsterdam de juin 1997. Ce traité, qui met en musique les critères de convergence du traité de Maastricht, et notamment l'interdiction d'avoir un déficit public supérieur à 3 % du PIB, vise à imposer des règles de bonne conduite budgétaire, sous peine de sanctions, notamment financières, contre les Etats membres de l'euro afin d'éviter que les économies ne divergent et mettent en péril la stabilité de l'euro. L'idéal, bien sûr, aurait été de créer un gouvernement fédéral à l'américaine doté d'un véritable budget, comme l'a réclamé à plusieurs reprises Hans Tietmeyer, l'ancien président de la Bundesbank. Mais personne ne l'a voulu. C'est pour cela que le pacte de stabilité a vu le jour, en particulier à la demande de l'Allemagne, qui redoutait que les pays du Sud ne laissent filer leurs comptes publics une fois qualifiés pour la monnaie unique. Ce n'est pas un instrument d'une grande subtilité, mais c'est le seul dont les Européens ont été capables de se doter.

Les Etats brisent le pacte

Mais jamais, au grand jamais, l'Allemagne n'a imaginé que le pacte pourrait un jour s'appliquer à elle, si vertueuse. Or, la croissance allemande, inférieure à celle de la France depuis 1995, s'effondre littéralement en 2001 avec un tout petit 0,6 %. Le déficit public dérape immédiatement et s'approche dangereusement du plafond des 3 % du PIB (2,6 %, soit un point de plus que les prévisions de Berlin). La Commission, comme le prévoit le pacte, déclenche, début 2002, la procédure d' « alerte rapide » pour la mettre en garde contre toute dégradation supplémentaire. Il s'agit d'un avertissement sans frais. Mais, pour le chancelier, il est hors de question d'être cloué au pilori, surtout à quelques mois des élections générales de septembre 2002. Comme cette « recommandation » de la Commission doit être adoptée à la majorité qualifiée par le Conseil des ministres, l'Allemagne rameute tous ses alliés pour la bloquer. Le tir de barrage est violent. Alors que Hans Eichel, le grand argentier allemand, est prêt à accepter cette petite claque, Schröder, qui voit l'exploitation que pourrait en faire l'opposition démocrate-chrétienne, accuse, le 2 février 2002, la Commission d'obéir à des « raisons qui ne sont pas qu'économiques ». Le message est reçu : le 12 février, le Conseil des ministres de l'économie et des finances décide de ne pas envoyer d'avertissement à l'Allemagne et, dans la foulée, absout aussi le Portugal qui faisait l'objet de la même procédure. Une divine surprise pour Lisbonne ! La compréhension dont a bénéficié Berlin a été quasi générale : seuls l'Autriche, la Belgique, la Finlande et les Pays-Bas ont voulu appliquer le pacte, ce qui fait peu de monde... Même si personne n'en a encore conscience, le chancelier, qui, lors de la campagne électorale de 1998, a qualifié l'euro d' « enfant chétif et prématuré », vient de donner le premier coup de canif au règlement intérieur de la zone euro. Les petits pays, comme le Luxembourg, apprécient peu la manœuvre car ils ont parfaitement conscience que Berlin n'aurait pas hésité une seconde à sanctionner Lisbonne si son « honneur » mal placé n'avait pas été en jeu.

Le coup de grâce vient plus tard, en novembre 2003. Entre-temps, Berlin a allégrement franchi le plafond des 3 % en 2002, comme le craignait la Commission, et s'apprête à recommencer en 2003, la croissance de ce pays vieillissant restant proche de zéro. La France l'a rejointe sur le banc des cancres (4,2 % de déficit attendu fin 2003) mais elle ne vit pas sur le mode dramatique une éventuelle mise sous tutelle : sa préoccupation principale est d'obtenir un délai supplémentaire pour rentrer dans les clous du pacte fin 2005 et non fin 2004. Sa situation budgétaire, certes dégradée, n'est pas non plus la même que celle de son partenaire : elle n'a pas, elle, à supporter le poids de l'unification allemande qui coûte chaque année à Berlin 4 % de son PIB. Autrement dit, la Commission dispose d'une marge de manœuvre pour éviter la constitution d'un front franco-allemand en traitant séparément les deux cas et en évitant d'humilier l'Allemagne. Mais la subtilité politique n'est pas la marque de fabrique du collège présidé par Romano Prodi, qui fait mine d'ignorer que l'axe franco-allemand a été spectaculairement relancé en octobre 2002, ce qui implique davantage de prudence [1].

En dépit des signaux négatifs envoyés par Berlin, Pedro Solbes, le commissaire chargé des affaires économiques et monétaires, décide d'appliquer dans toute sa rigueur le pacte de stabilité. Il a pourtant donné l'impression qu'il était prêt à se livrer à une interprétation « créative ». Mais l'avertissement lancé par Jean-Claude Trichet, lors de sa conférence de presse du 6 novembre 2003, l'a impressionné. Le 16 novembre suivant, il recule : « Accepter une telle interprétation "positive", cela signifierait changer l'essence du pacte et s'embarquer dans des discussions politiques sur la question des Etats qui coopèrent ou pas (...) Si nous en arrivons aussi loin, la possibilité d'imposer des sanctions à un moment quelconque dans le futur va tendre vers zéro [2]. »

1. Voir chapitre 11.

2. Entretien au quotidien allemand *Frankfurter Rundschau* du 16 novembre 2003.

« Le pacte n'a jamais été conçu pour s'appliquer à l'Allemagne »

Le 18 novembre, la Commission commet une erreur politique incroyable : elle décide de lancer, en même temps, la procédure de déficit excessif contre l'Allemagne et la France. Autrement dit, les deux cas sont joints, ce dont n'osaient même pas rêver les diplomates allemands : désormais Paris, qui aurait pu accepter la procédure, ne peut politiquement plus lâcher son partenaire. Les « recommandations » de la Commission seront examinées en même temps par le Conseil des ministres de l'économie et des finances qui se réunit les lundi 24 et mardi 25 novembre suivants. En effet, la Commission, seule, ne peut rien : il faut qu'elle obtienne une majorité qualifiée pour que la procédure puisse suivre son cours. De ce point de vue, le pacte n'a jamais été un instrument « automatique », contrairement à la caricature qui a pu en être faite, le pouvoir politique ayant son mot à dire à chaque étape de son application. La Commission veut obtenir le vote d'un texte exigeant que l'Allemagne et la France rentrent dans les clous avant la fin 2005 et fassent un important effort dès 2004. Le plus humiliant est qu'ils devront faire régulièrement un rapport sur l'état de leurs finances à l'image des pays passés sous tutelle du FMI. Hans Eichel, le ministre des Finances allemand, fou furieux, lance : « Le pacte n'est pas un code pénal mais un instrument politico-économique flexible. »

Subodorant que l'affaire est mal engagée, Trichet agite à nouveau, lors de son arrivée à Bruxelles, le lundi 24 novembre, la menace d'une hausse des taux : « Nous avons les moyens de faire en sorte que la face budgétaire de la médaille soit correcte », déclare-t-il à la chaîne de télévision américaine CNBC. Cela ne servira à rien. La réunion commence le lundi soir à 19 heures et s'achève à 4 heures du matin. Très rapidement, il apparaît qu'il n'existe pas de majorité qualifiée en faveur des recommandations de la Commission. L'Allemagne et la France ont convaincu l'Italie, le Portugal et le Luxembourg de les rejoindre dans une minorité de blocage. Pourquoi le ministre des Finances et Premier ministre luxembourgeois Jean-Claude Juncker se prête-t-il à la manœuvre ? Il estime que la Commission s'est enfermée dans une logique procédurière, ce qui est exact, et qu'il ne sert à rien d'isoler les deux principales économies de la zone euro. L'échec est consommé. A un ministre qui s'exclame : « Mais c'est quand même l'Allemagne qui a voulu ce pacte ! », Eichel répond : « Il n'a jamais été conçu pour s'appliquer à l'Allemagne. » Un cri du cœur. Afin d'éviter un vide juridique total, le Conseil décide d'adopter des « conclusions » qui constatent que le pacte est « mis entre parenthèses » et dans lesquelles l'Allemagne et la France s'engagent à revenir dans les clous fin 2005. L'esprit du pacte est respecté, pas la lettre.

Furieux, Trichet, manifeste spectaculairement sa mauvaise humeur en convoquant, le 25 novembre au matin, une « téléconférence » du Conseil des gouverneurs. Les douze gouverneurs des banques centrales de la zone euro et le directoire de la BCE, à l'issue de ce rendez-vous impromptu, publient un communiqué en forme d'avertissement : la « mise entre parenthèses » du pacte « présente de graves dangers » et « risque de miner la crédibilité du cadre institutionnel et la confiance dans une gestion rigoureuse des finances publiques des Etats membres de la zone euro ». Et de conclure par une nouvelle mise en garde : si la politique budgétaire laxiste des Etats entraîne des risques inflationnistes, la BCE n'hésitera pas à augmenter ses taux d'intérêt.

Le triomphe de la culture de stabilité

Malgré ce geste de mauvaise humeur, Trichet sait parfaitement que l'affaire est grave mais pas catastrophique. Aucun gouvernement ne va en profiter pour ouvrir en grand les vannes budgétaires. La « culture de stabilité », qui faisait tant hurler dans les années 1990, est désormais ancrée dans les esprits : elle n'est plus contestée, en Europe, que par une petite partie de la gauche, notamment en France, qui persiste à croire que l'on peut creuser le déficit et laisser filer la dette sans devoir un jour en payer le prix. Tous les Etats qui ont franchi la ligne des 3 % font d'ailleurs, depuis novembre 2003, des efforts pour revenir dans les clous tout en essayant de ne pas casser la croissance en chemin. « On ne punit plus ceux qui transgressent, mais tout le reste du pacte reste de facto valable », constate un banquier central. Autrement dit, bien qu'« entre parenthèses », le pacte de stabilité est là, notamment aux yeux des marchés. Au demeurant, même le risque de sanctions est encore là : le 17 février 2005, le Conseil des ministres n'a-t-il pas décidé de mettre sous tutelle la Grèce dont le déficit budgétaire a atteint 5,2 % en 2004 ? Sous menace de sanctions financières, elle devra le ramener sous le plafond des 3 % fin 2006. La procédure qui n'a pu être appliquée à Berlin et à Paris l'a été à Athènes. Il faut dire que le nouveau gouvernement conservateur a révélé, en novembre 2004, que les socialistes avaient menti depuis 1997 sur l'ampleur du déficit. En réalité, à aucun moment, il n'a été inférieur à 3 %. Jamais ce pays n'aurait donc dû entrer dans la zone euro, comme il l'a fait en 2001 sur la base de chiffres fantaisistes. Comme aucune sanction n'a été prévue dans un tel cas, notamment l'exclusion pure et simple, le moins que pouvaient faire ses partenaires étaient de lui appliquer le pacte...

S'il en était besoin, cet épisode grec a achevé de convaincre les gouvernements qu'ils avaient besoin d'une règle de vie en commun, à défaut d'un gouvernement économique. Même si l'on peut remarquer que l'euro n'a pas bougé d'un iota après la découverte des mensonges grecs, comme si les dérapages budgétaires n'inquiétaient pas outre mesure les marchés : « Il faut se méfier de l'effet d'accumulation. C'est comme une avalanche : tout va bien jusqu'au moment où elle se déclenche », tempère-t-on cependant à Francfort. Une réforme de ce pacte que Pascal Lamy, l'ancien commissaire au commerce extérieur, a qualifié de « médiéval », a finalement été adoptée lors du Conseil européen des 22 et 23 mars 2005 : elle introduit davantage de souplesse dans l'appréciation des déficits budgétaires et prend en compte un autre critère, jusqu'alors négligé, celui de la dette publique. La BCE n'a pas eu besoin de mettre ses menaces à exécution en augmentant ses taux d'intérêt. Mais en avait-elle seulement l'intention ? « La mission de la BCE est d'assurer la stabilité des prix, pas de “punir” les Etats. Les marchés nous font confiance car ils savent qu'on est là pour protéger l'euro et pas pour faire n'importe quoi », admet un banquier central, satisfait de la tournure des événements.

Qui aujourd'hui conteste que la monnaie unique est un succès ? « L'euro symbolise l'unité profonde des Européens », se réjouit Jean-Claude Trichet. Ils « voient dans l'euro, au-delà d'un instrument de grande qualité dans lequel ils ont confiance, la preuve de leur union fraternelle et l'illustration du formidable chemin parcouru depuis le traité de Rome. Et le reste du monde voit dans l'euro non seulement la monnaie des Européens mais aussi la mesure et la preuve de leur unité, la mesure et la preuve de leur vitalité et de leur audace, la mesure et la preuve de leur capacité effective de réalisation historique [1] ». La BCE a été l'instrument de ce succès : « C'est une institution puissante et crédible », estime Trichet parce qu'on « a réussi dès le début à satisfaire les conditions nécessaires à la réussite du projet de monnaie unique. [2] » Le fait que le gouvernement français ait lancé avec succès, en février 2005, un emprunt à cinquante ans, une première dans l'Histoire, montre que les marchés ont une confiance « absolument gigantesque dans la capacité à très long terme de la BCE de garantir la stabilité des prix », s'enthousiasme-t-il [3]. Un autre signe de cette confiance dans la crédibilité à long terme de l'euro est l'accroissement régulier de son rôle international même s'il est encore loin d'égaler le roi dollar [4]. Mais la chute du billet vert pourrait contribuer à redistribuer les cartes : déjà, les banques centrales de Russie, de Chine et de Corée du Sud ont commencé à passer à l'acte début 2005. Sur le marché des capitaux, la domination du dollar tend aussi à se réduire [5]. Monnaie-continent, l'euro est partie à la conquête du monde. Du moins si les Etats ne le font pas trébucher par leur inconséquence budgétaire.

1. Discours devant l'Académie des sciences morales et politiques le 24 mai 2004.

2. Entretien avec les auteurs.

3. *Ibid.*

4. En 2003, la part de l'euro dans les réserves officielles des banques centrales était de près de 20 % (16 % en 2000) contre 64 % pour le dollar.

5. Le volume des titres de créance émis dans le monde de l'été 2003 à l'été 2004 représentait 206,6 milliards d'euros contre 285,1 milliards de dollars.

CHAPITRE 9

L'Europe, quel numéro de téléphone ?

Un dictateur arabe, dirigeant d'un grand pays situé à un carrefour stratégique, est attaqué par deux grandes puissances occidentales. Arrivé au pouvoir à la faveur d'un coup d'Etat militaire, ce « raïs » a, dans un premier temps, été choyé par l'Ouest. Mais les pays qui mènent l'intervention, tous deux membres permanents du Conseil de sécurité de l'ONU, estiment qu'il menace maintenant leurs intérêts pétroliers et que son élimination peut permettre de redessiner toute la carte du Proche et du Moyen-Orient. Les trois autres membres du « club des cinq » permanents hurlent à l'illégalité totale d'une action menée sans l'autorisation de l'Organisation. Le nationalisme arabe, déjà chauffé à blanc par les défaites subies face à Israël, risque selon eux d'exploser avec des conséquences incalculables. Les Occidentaux sont déchirés comme il l'ont rarement été depuis la Seconde Guerre mondiale. Malgré une rapide victoire militaire, le bilan politique est désastreux. L'Irak en 2003 ? Certes. Mais avant cela, l'Egypte, le canal de Suez en 1956. Le parallèle est saisissant entre deux événements qui se sont déroulés à un demi-siècle de distance et qui auront des conséquences phénoménales sur les relations internationales, les rapports entre les deux rives de l'Atlantique et la construction européenne.

Le 20 juillet 1956, le colonel Gamal Abdel Nasser nationalise le canal de Suez. Pour les Britanniques et les Français, actionnaires majoritaires de cette voie de transport par où transite 70 % du pétrole destiné aux pays occidentaux, c'est une déclaration de guerre. La ressemblance avec l'Irak de Saddam Hussein, qui fut assis sur l'une des plus importantes réserves de pétrole du monde et qui n'a pas hésité à envahir le Koweit pour accroître son pouvoir est saisissante. Mais il y a plus. Pour le Premier ministre britannique, Anthony Eden, successeur en 1955 de Winston Churchill, Nasser est comparable en tous points à Hitler. Il clame que le raïs doit être « détruit – pas chassé du pouvoir, détruit [1] ». L'entourage de George W. Bush n'a pas cessé de démoniser Saddam Hussein avant l'intervention militaire anglo-américaine et la comparaison avec le Führer a souvent été utilisée. Pour Eden, comme pour Bush, les réminiscences historiques sont essentielles. Le premier avait démissionné de son poste de secrétaire au Foreign Office en 1938 pour protester contre la politique d' « apaisement » de Neville Chamberlain à l'égard du Troisième Reich. La Seconde Guerre mondiale a été la conséquence de la politique munichoise et ce conservateur bon teint entend bien ne pas laisser l'Histoire se répéter. La France, elle, a les yeux rivés sur l'Algérie, où la guerre a éclaté en 1954. En écrasant Nasser, elle compte montrer aux nationalistes algériens que leur révolte est sans espoir et qu'ils seront eux aussi vaincus. Hanté par des événements plus récents, Bush Junior n'a quant à lui eu qu'une obsession en Irak : terminer la mission inachevée par son père qui, en 1991, a refusé d'aller jusqu'à Bagdad pour en finir avec Saddam Hussein.

Les Etats-Unis craignent que cette intervention franco-britannique ne précipite la nation arabe tout entière dans les bras de l'Union soviétique. Ils cherchent fiévreusement une issue diplomatique à la crise. Le président américain Dwight Eisenhower prône l'organisation d'une série de conférences réunissant les protagonistes sous l'égide de l'ONU et propose que le canal soit géré par une agence internationale. On croirait entendre Jacques Chirac et Gerhard Schröder en 2002 et 2003, lorsqu'ils insistaient sur le rôle de la mission des inspecteurs en désarmement de l'Irak pour obliger le dictateur irakien à désarmer et éviter une intervention qui risquait de déstabiliser toute une région et de renforcer un intégrisme musulman déjà virulent.

1. Les citations des acteurs de la crise de Suez qui sont utilisées dans ce chapitre sont issues du livre de William Hitchcock, *The Struggle for Europe*, Bungay, Profile Books.

Le Royaume-Uni rentre dans le rang

Rien n'y fait : Français et Britanniques sont décidés à intervenir malgré leur participation de façade au jeu onusien. Mais il leur faut un prétexte pour lancer leurs soldats sur l'Egypte. Or, Nasser n'a pas empêché le passage d'un seul navire par le canal depuis sa nationalisation. Londres et Paris demandent donc à Israël, qui ne se fait guère prier, d'attaquer l'Egypte par le Sinaï. Ils exigent ensuite la cessation des hostilités et un retrait des forces armées de part et d'autre du canal, une condition qu'ils savent inacceptable par Nasser. Pour les Anglo-Américains en Irak, ce seront les « preuves » de la présence d'armes de destruction massives présentées au Conseil de sécurité des Nations unies par le secrétaire d'Etat Colin Powell le 5 février 2003 [1]. L'intervention militaire en Egypte est un succès. Les troupes franco-britanniques prennent en quelques jours, au début du mois de novembre 1956, le contrôle de la zone du canal. La réaction américaine est fulgurante : Washington brandit la menace de sanctions pétrolières contre les deux fautifs et refuse de soutenir la livre sterling, qui s'effondre. Le Royaume-Uni est financièrement étranglé et doit baisser pavillon. Le 6 novembre 1956, Anthony Eden téléphone à Guy Mollet pour lui annoncer que Londres accepte un cessez-le-feu, premier pas vers un retrait des troupes franco-britanniques.

Les relations internationales ne seront plus jamais comme avant, les deux pays tirant des leçons diamétralement opposées de leur aventure égyptienne. La France, qui est engagée dans une guerre coloniale sanglante en Algérie, est désormais persuadée qu'on ne peut faire confiance ni aux Britanniques, ni aux Américains. Il faut donc bâtir un « contrepoids » européen face aux Anglo-Saxons. Au moment même où Mollet recevait le coup de fil de son homologue britannique, il est par une extraordinaire coïncidence en conférence

1. Powell, qui avait convaincu Bush senior de ne pas aller jusqu'à Bagdad en 1991, regrettera implicitement cette mise en scène au moment de son départ en janvier 2005, lorsqu'il était clair que les « preuves » n'existaient pas et que Saddam Hussein ne possédait pas d'armes de destruction massive. Il a alors reconnu qu'il n'aurait probablement pas appuyé l'entrée en guerre s'il avait connu la réalité.

à Paris avec Konrad Adenauer. Le chancelier allemand ne laisse pas passer l'occasion. « Il est maintenant temps de bâtir l'Europe », lui dira-t-il. Quelques mois plus tard, le 25 mars 1957, le traité de Rome est signé et la relation franco-allemande façonnera toute la construction européenne durant un demi-siècle. Le programme nucléaire français est accéléré et le premier test atomique qui permettra à la France de se doter de la « force de frappe » a lieu en 1960.

Loin du rêve français d'une Europe-puissance, la Grande-Bretagne, dix ans après la Seconde Guerre mondiale, réalise qu'elle n'est plus qu'une nation de seconde zone. Elle rentre dans le rang. Le glorieux empire britannique sur lequel le soleil ne se couchait jamais renonce presque sans combattre à ses colonies africaines, achète la technologie américaine pour se doter d'une « dissuasion nucléaire indépendante » et laisse la Communauté économique européenne entamer son aventure sans elle. Près de cinquante années plus tard, la relation avec les Etats-Unis, le couple franco-allemand et les sempiternelles hésitations du Royaume-Uni entre le grand large et l'Europe sont toujours les éléments fondamentaux qui permettent d'expliquer les terribles lacunes, mais aussi d'entrevoir pour la première fois les potentialités de la Politique étrangère et de sécurité (Pesc) de l'Union.

Le prince et la contradiction

« N'oubliez jamais Suez ! » Le Britannique Chris Patten a un pied dans le plâtre après une partie de tennis, mais sa méchante entorse ne l'empêche pas d'analyser ce qui se passe en ce printemps 2003. L'ancien gouverneur de Hong-kong se lève péniblement de son fauteuil pour aller fouiller dans sa bibliothèque. Il en revient boitant bas, mais arbore un large sourire. « La voilà[1] ! » Son long séjour asiatique continue visiblement de l'inspirer. C'est une citation de Confucius qui met le commissaire européen aux relations extérieures dans un tel état de béatitude. « Une simple maxime peut-elle ruiner un pays ? » demandait-on au philosophe chinois. « De simples mots ne pourraient pas atteindre ce but, a-t-il

---

1. Entretien avec les auteurs.

répondu. Il y a toutefois un proverbe qui dit : "le seul plaisir d'être un prince est de n'avoir pas à souffrir la contradiction". Si vous avez raison et que personne ne vous contredit, tant mieux ; mais si vous avez tort et que personne ne vous contredit – est-ce que ce n'est pas presque un cas où "une seule maxime peut ruiner un pays" ? »

Le « prince » de Confucius – on aura compris qu'il s'agissait des Etats-Unis – a trouvé en Patten un contradicteur féroce. Il s'était déjà frotté à la Chine. Envoyé à Hong-kong comme dernier gouverneur de territoire britannique pour préparer la rétrocession à la Chine, sa détermination à imposer les libertés publiques et à faire élire un parlement au suffrage universel lui vaudra dans la presse de la république populaire de Chine les délicats surnoms de « putain » et de « serpent ». C'est donc avec soulagement que Pékin le voit embarquer à bord du *Britannia*, le yacht royal, en compagnie du prince Charles, dans la nuit du 30 juin 1997, après avoir ramené l'Union Jack sous une pluie diluvienne. La réjouissance chinoise est de courte durée. Même si la recherche d'une solution pacifique au conflit nord-irlandais l'occupe quasiment à plein temps dans ses nouvelles fonctions et menace quotidiennement sa vie, Patten n'oublie pas de clamer que le marché chinois ne vaut pas que l'on fasse l'impasse sur les atteintes aux droits de l'homme. « Il y a un monde entre la realpolitik et la servilité », souligne-t-il en septembre 1998 devant l'Institut royal des affaires internationales. « La Chine a davantage besoin de nous que nous n'avons besoin d'elle. » Cet amoureux de la France, où il possède dans le Tarn une ferme fortifiée du XVIIe siècle, paiera le prix de son franc-parler en 1999, lorsque Tony Blair mène campagne à Bruxelles pour l'imposer au poste de commissaire européen au commerce extérieur. Même si la Commission s'en défend, c'est bien en grande partie aux intenses pressions chinoises que Pascal Lamy devra finalement son poste. Patten va devoir se dérouter vers les relations extérieures. Cela va permettre à ce personnage atypique et tout en nuances – pro-européen au sein d'un parti conservateur devenu eurosceptique, catholique romain au royaume des anglicans, mi-anglais, mi-irlandais, ministre à plusieurs reprises de Margaret Thatcher mais admirateur de la vision égalitariste de son mentor, l'ancien Premier ministre tory Edward Heath – de s'en prendre à une autre grande puissance qui risque selon lui de déraper.

La scène se passe le 8 février 2002, dans l'église médiévale de Caceres. La petite cité du sud-ouest de l'Espagne accueille une réunion informelle des ministres des Affaires étrangères de l'Union, comme il s'en tient une tous les six mois. Dans la nef qui sert de centre de presse, deux hommes détonnent. Ils se sont installés un peu à part des journalistes qui suivent cette rencontre importante pour les relations entre l'Europe et les Etats-Unis ainsi que pour la définition d'une politique européenne sur le Proche-Orient. Cheveux coupés en brosse, chemise blanche, cravate, carrure d'athlète, près de deux mètres sous la toise : ils ressemblent bien peu à leurs « collègues ». Et pour cause : même si le badge « presse » pend à leur cou, ce sont en fait des diplomates américains, qui obtiennent sans difficulté un sésame précieux pour surveiller de près ce que font les Européens.

Surprise américaine

Soudain, l'un d'eux blêmit. Il a en main des éléments d'un entretien de Patten qui doit paraître le lendemain dans le quotidien britannique *The Guardian* et qui circulent parmi les journalistes. Ils ne sont pas tendres pour George Bush, qui vient de prononcer en janvier 2002 son fameux discours sur « l'axe du Mal », où il somme ses alliés de le suivre dans sa croisade contre l'Irak, l'Iran et la Corée du Nord. « Nous devons arrêter de croire que la seule politique possible est celle qui n'est pas censurée par les Etats-Unis : c'est humiliant », y dit le commissaire britannique en critiquant la vision « absolutiste et simpliste » de l'administration Bush vis-à-vis du reste du monde. La définition et la déclaration de « guerre contre le terrorisme » ? « J'ai peine à penser qu'il s'agisse d'une politique mûrement réfléchie », explique-t-il avant de lancer un appel à la révolte. « Gulliver ne peut faire cavalier seul et je ne crois pas qu'il soit utile que nous nous considérions nous-mêmes comme étant tellement lilliputiens que nous ne pouvons pas nous lever et le dire [1]. » Le ministre français des Affaires étrangères, Hubert Védrine, boit du petit-lait. S'il a le premier théorisé l'« hyperpuissance américaine » et dénoncé le « simplisme » de la

1. *The Guardian*, 9 février 2002.

Maison Blanche sur le terrorisme et la tendance des Américains à « approcher les affaires du monde de façon unilatérale, sans consulter les autres, à partir de leur interprétation, de leurs intérêts [1] », il est cette fois en bonne compagnie, celle d'un conservateur britannique qui ne peut être suspecté d'antiaméricanisme. « On ne cherche pas à se démarquer pour le plaisir, affirmera le chef de la diplomatie française en marge de la réunion. Mais quand on n'est pas d'accord, il faut le dire et s'opposer. »

Personne ne le contredit parmi les ministres des Affaires étrangères réunis dans la petite cité espagnole. Peter Hain, le ministre britannique des Affaires européennes, surenchérit en estimant qu'« être un allié fidèle des Etats-Unis ne signifie pas être une bonne poire », jugement relativisé par son supérieur Jack Straw, qui met le discours bushien sur l'axe du Mal sur le compte de la campagne électorale américaine pour les élections à mi-mandat de novembre 2002. Cette communion d'idées débouche d'ailleurs sur la première esquisse de ce qui deviendra la fameuse « feuille de route » pour le Proche-Orient du Quartet (ONU, Union européenne, Russie, Etats-Unis). A l'époque, il faut le rappeler, Israël rejette, avec le soutien absolu des Etats-Unis, toute idée de reprise des négociations avec les Palestiniens avant une longue trêve des attentats. La France veut sortir de cette option du « tout-sécuritaire » qui donne de facto aux poseurs de bombes un droit de veto sur le processus de paix. Védrine propose un plan simple qui permet de renverser les priorités : il faut, dit-il, reconnaître l'Etat palestinien comme point de départ et non d'aboutissement du processus, et organiser des élections dans les territoires occupés pour légitimer un interlocuteur. A sa grande surprise, il y a unanimité sur une ligne qui prend totalement à contre-pied la position américaine. L'Europe bombe le torse sur un dossier qui est considéré par les Etats-Unis comme leur chasse gardée.

Mais le 18 février, soit dix jours après la réunion de Caceres – dix jours à peine ! – le consensus s'effondre. Londres, La Haye et Berlin refusent de signer un texte qui formalise le résultat de ces discussions. « (Jack) Straw, (Jozias) Van Aartsen et (Joschka) Fischer (les ministres britannique, néerlandais et allemand des Affaires étrangères) ont été tellement terrorisés par leur propre audace qu'ils ont tout fait sauter », ironise Hubert Védrine en petit

1. Dans un entretien à France Inter, le 6 février 2002.

comité [1]. Quant à Javier Solana, le porte-parole de la diplomatie européenne, qui s'envole sans position claire de l'Union pour une nouvelle mission humiliante au Proche-Orient, où il sera ignoré par les Israéliens, « il s'est bien entendu rallié à la minorité », dit méchamment le chef de la diplomatie française.

La fraternité des « néocons »

Les lignes téléphoniques ont chauffé entre les deux rives de l'Atlantique pour que l'Europe rentre dans le rang. Le secrétaire d'Etat américain, Colin Powell, pourtant le plus modéré de l'administration Bush, s'en est donné à cœur joie quelques jours après la réunion de Caceres. Védrine critiquant le simplisme américain ? Il devait « avoir des vapeurs », dit-il. Patten, quant à lui, était probablement « excité » par le soleil espagnol. Le Foreign Office n'est pas non plus très content. « Quelques diplomates britanniques sont venus me dire que j'avais parlé de travers et que j'aurais mieux fait de me taire », se souvient Chris Patten [2].

Mais cette vision peu amène des relations entre l'Europe et les Etats-Unis est d'une modération onusienne par rapport à celle des néoconservateurs qui, en 2002, parviennent à imposer en grande partie leurs vues à Washington. L'appellation « néocons » – l'expression a été utilisée aux Etats-Unis avant d'être reprise avec délice en France – est doublement trompeuse. Les hommes et les femmes qui composent ce groupe sont d'abord loin, très loin d'être idiots. Formés dans les meilleures universités du pays, ces éditorialistes, essayistes et hommes politiques – parfois ils sont les trois en même temps – n'ont en effet rien à voir avec la caricature du cow-boy texan ignare et inculte. En outre, s'ils sont très majoritairement républicains, les hommes et les femmes de ce courant ne sont pas conservateurs au sens européen du terme. Ils refusent l'isolationnisme classique sur lequel Bush a été élu. Partisans d'un Etat fort, interventionniste et, finalement, très peu républicain, ils veulent tout simplement affirmer la domination américaine et changer la face du monde, notamment au Moyen-Orient par le

1. Propos tenus le 11 mars 2003.
2. Entretien avec les auteurs.

biais du renversement de Saddam Hussein. Ce sont, à leur manière, des révolutionnaires, des volontaristes qui ne se satisfont pas de la politique d'endiguement des pays ennemis, politique constante des Etats-Unis depuis des décennies. Même l'effondrement de l'empire soviétique n'y a pas mis fin : après l'expulsion des troupes irakiennes du Koweit, les administrations successives se sont contentées d'affaiblir Saddam Hussein.

Le 11 septembre 2001 a considérablement aidé les néoconservateurs à asseoir leur pouvoir, grâce notamment à leur alliance avec les « anciens » de la Guerre froide et les représentants de la droite religieuse. Jusqu'à l'écrasement des Boeing sur les tours du World Trade Center et le Pentagone, l'administration s'est montrée assez classiquement républicaine, même si l'influence des « néocons » est déjà notable. Plutôt plus ouverts que les démocrates sur le plan commercial, les républicains font baisser la tension avec l'Union. Certes, les premiers actes de Bush témoignent d'une volonté de s'affranchir des règles internationales. C'est le cas quand il dénonce le protocole de Kyoto sur les émissions de gaz à effet de serre, refuse de signer les conventions sur la protection des droits de l'enfant – en compagnie de... la Somalie –, sur l'interdiction des mines antipersonnels ou les armes de petit calibre, et rejette la juridiction de la Cour pénale internationale (CPI) pour ses diplomates et ses soldats. Mais son administration reste alors dans le droit fil de l'isolationnisme républicain, irritant mais prévisible. C'est Bush lui-même qui, pendant sa première campagne électorale, parlait d'une Amérique « humble ». C'est lui aussi qui affirmait que « l'internationalisme américain » a des limites et que « nos forces militaires (ne sont pas) la réponse à chaque situation difficile de politique internationale ».

L'irruption du terrorisme étranger sur le sol américain a changé fondamentalement la donne en provoquant un traumatisme sans précédent dans la jeune histoire des Etats-Unis. Les Américains ont découvert qu'ils étaient toujours invincibles, mais qu'ils n'étaient plus invulnérables. Chris Patten l'avait d'ailleurs pressenti dès le 11 septembre dans son bureau du « Charlemagne », la tour bruxelloise qui regroupe les services extérieurs de la Commission. « C'est une de ces rares journées dans une vie dont l'on peut vraiment dire qu'un événement changera tout », expliquait-il [1]. Les

1. Interview à l'agence Reuters, le 11 septembre 2001.

néoconservateurs vont surfer sur l'onde de choc causée par ces attentats. Mais leur *fraternity* n'est pas neuve et leurs *think tanks*, les « cercles de réflexion » très influents qui fournissent leurs programmes à tous les présidents américains et en particulier à « W », sont puissants depuis longtemps.

Ce qui est bon pour les Etats-Unis...

L'Americain Entreprise Institute a ainsi été fondé en 1943. Son gourou, Irving Kristol, qui est passé du trotskisme au néoconservatisme après un détour par le parti démocrate, y réfléchit aux côtés de Richard Perle, le « prince des ténèbres » de Ronald Reagan, inspirateur de la politique de militarisation à outrance qui a mis à genoux l'« Empire du mal » soviétique et, finalement, entraîné sa désintégration. Perle a fait partie du « Policy Board » de Bush, un groupe d'experts indépendants chargé de le conseiller. Lynn Cheney, l'épouse du vice-président américain, est aussi membre de l'AEI. Tel père, tel fils : William Kristol a fondé en 1997 le « Project for the new Americain century » dont les statuts sont clairs : il s'agit de préserver la domination américaine sur le monde. Parmi les signataires de sa déclaration de principe, on trouve Jeb Bush, frère du président et gouverneur de Floride, Dick Cheney en personne, le secrétaire à la Défense Donald Rumsfeld [1] ou encore son adjoint Paul Wolfowitz. « The Heritage Foundation », créé en 1973, a certainement été l'un des *think tanks* les plus influents pendant le règne de Ronald Reagan. Loin de Washington, le Hoover Institute de Californie compte dans ses rangs Condoleezza Rice, qui est en disponibilité depuis qu'elle est devenue la conseillère pour la sécurité nationale de Bush, puis, depuis 2005, sa secrétaire d'Etat.

Ces gens écrivent non seulement dans des médias dévoués à leur cause, comme le *Weekly Standard* fondé en 1995 avec l'aide du magnat de la presse conservatrice, Rupert Murdoch, mais aussi dans des journaux très influents qui ne sont pas spécialement de

---

1. Ni Cheney ni Rumsfeld ne sont toutefois à classer dans les rangs des néoconservateurs, qui sont de purs idéologues. Ce sont des « nationalistes » surtout soucieux de préserver la primauté des Etats-Unis mais, sous la pression des faits, ils peuvent être amenés à se montrer pragmatiques.

leur bord, comme le *Washington Post*. Ils dominent la page éditoriale du *Wall Street Journal*. Ils détiennent de nombreux leviers de pouvoir. Depuis de longues années, ces intellectuels proches, voire, pour certains d'entre eux, carrément conseillers du Likoud, le parti du Premier ministre israélien Ariel Sharon, ont une seule obsession révélée candidement sur le site internet du « Project for a new American century ». « Le leadership américain est bon pour l'Amérique et bon pour le monde », peut-on lire dans sa déclaration de principes. « Les Etats-Unis n'ont pas de rival global. La grande stratégie de l'Amérique devrait être de préserver et d'étendre cette position avantageuse aussi longtemps que possible dans l'avenir. » « Il faut », ajoutent-ils, une stratégie qui leur permette de frapper préventivement « avant que les crises n'émergent et de faire face aux menaces avant qu'elles ne deviennent funestes. » Ils détestent profondément l'ONU, qui bride la puissance américaine. En 1992, alors qu'il travaillait comme stratège au Pentagone, Paul Wolfowitz avait rédigé un document expliquant comment la « pax americana » devait s'étendre au monde. Ce texte, dans lequel on trouve toute la pensée néoconservatrice, avait été mis dans un tiroir. Il en est sorti le 11 septembre 2001.

La nouvelle doctrine stratégique des Etats-Unis adoptée le 20 septembre 2002 par l'administration Bush fait pratiquement de la position des néoconservateurs la ligne officielle du gouvernement américain, même si le département d'Etat parvient à y insérer quelques précautions de style multilatéralistes comme des hochets rassurants pour les Européens. « Aujourd'hui, les Etats-Unis jouissent d'une force militaire sans égale et d'une très grande influence économique et militaire », peut-on lire dans ce document essentiel pour comprendre les motivations des deux administrations Bush. Pour assurer sa défense, « l'Amérique interviendra avant même que la menace ne se concrétise », ajoute-t-il et « nous n'hésiterons pas à agir seuls, si nécessaire, pour exercer notre droit à l'autodéfense en agissant à titre préventif contre (les) terroristes ». William Kristol et toute une série d'hommes politiques conservateurs applaudiront des deux mains à l'adoption de ce document. Mais maintenant, il faut faire plus, disent-ils : si les Etats-Unis ne consacrent pas 100 milliards de dollars par an de plus pour leur défense, leur rôle global risque d'être remis en cause. Les bombardiers B-52 n'ont-ils pas été construits il y a un demi-siècle ? Ils seront, là aussi, très largement écoutés lorsqu'il s'agira d'augmenter les budgets américains de la défense.

Mars et Vénus

Et l'Europe dans tout ça ? Le moins que l'on puisse dire, c'est qu'on ne lui accorde pas trop d'importance : les principaux alliés des Etats-Unis ne sont même pas cités dans le document de stratégie de l'administration, sauf pour évoquer les conflits commerciaux avec le Vieux Continent. Le document qui résume le mieux la vision que les néoconservateurs ont des Européens a été publié à l'été 2002 par Robert Kagan [1]. Ce chercheur, ancien haut fonctionnaire, proche de Kristol et éditorialiste au *Washington Post*, s'est attiré une formidable publicité grâce à ce texte brillant et provocateur. Il faut, y écrit-il, « cesser de faire comme si Américains et Européens avaient une vision commune du monde, voire comme s'ils vivaient sur une même planète ». C'est bien simple : « Les Américains sont des habitants de Mars et les Européens de Vénus » parce qu'ils croient que le monde est entré dans un « paradis post-historique de paix et de prospérité » grâce à la bienveillante protection américaine. Les Etats-Unis, ajoute-t-il, sont « contraints d'affronter les Saddam Hussein, les ayatollahs, les Kim Jong-Il et les Jang Zemin, laissant à d'autres la chance d'en toucher les dividendes ». Aux mâles guerriers américains la tâche de mettre de l'ordre dans le monde, aux poules mouillées européennes le droit de payer la note, puisqu'elles refusent de prendre leurs responsabilités. Quand il se veut un peu plus gentil, Kagan offre aux Européens un autre rôle, celui de tenancier de saloon. Parce que lorsqu'un hors-la-loi entre dans un saloon, c'est sur le shérif qu'il tire, pas sur le tenancier...

Le shérif, toujours. En mars 2002, James Woolsey, ancien directeur de 1993 à 1995 de la CIA, s'en prend à ces Européens qui attaquent le « simplisme » de la politique américaine [2]. Pour lui, « cette attitude découle largement de leur choix de mener la belle vie, de maintenir des services sociaux généreux, de prendre de

1. Robert Kagan, « Power and weakness », *Policy Review*, n° 113, juin/juillet 2002. Le *Policy Review* est la revue du Hoover Institute.

2. *Le Monde* du 5 mars 2002.

longues vacances et de laisser les Etats-Unis porter le fardeau principal consistant à préserver la paix dans le monde ». Rappelant l'histoire du western *Le train sifflera trois fois*, où le shérif incarné par Gary Cooper doit affronter seul d'horribles bandits faute d'obtenir l'aide des habitants de la petite ville attaquée qui se barricadent chez eux, il termine sa diatribe par une phrase presque comique : « Européens, rentrez chez vous vous occuper de vos gosses (...) et puis faites vos prières pour que, lorsque tout sera fini, nous ne rendions pas notre étoile en la faisant tomber dans la poussière. » Charles Krauthammer, autre éditorialiste néoconservateur, enfonce le même clou en raillant les « cousins européens sophistiqués » emmenés par des Français capitulards par nature qui refusent de voir que l'Amérique mène contre l'axe du Mal, une fois de plus, comme en 1940, « une guerre pour la civilisation occidentale ». « S'il veulent abdiquer, d'accord. Nous les laisserons garder nos manteaux au vestiaire, mais pas lier nos mains [1]. » Car l'obsession des néoconservateurs est d'empêcher que la puissance américaine ne soit bridée par le multilatéralisme, dont l'exemple le plus honni est l'ONU. « Merci, mon Dieu, pour la mort de l'ONU », devait écrire Richard Perle [2], alors que la guerre en Irak venait de commencer.

Belfast, Irlande

Chris Patten se prend la tête dans les mains et penche son corps vers l'avant. Sa voix devient rauque de colère contenue. « Les arguments de Kagan sont manifestement stupides et nous ne devrions pas perdre notre temps à les discuter », lance-t-il avant de s'emporter contre la vision d'une Europe qui serait « vénusienne » et les Etats-Unis peuplés de « martiens ». « Mais l'Europe est l'enfant de Mars ! Nous avons trempé notre continent dans le sang pendant cent ans et si nous avons adopté le modèle de souveraineté partagée c'est partiellement parce que les Etats-Unis nous ont encouragé à le faire », martèle-t-il [3]. L'Amérique aurait-elle tout oublié ? A-t-elle oublié qu'à Suez, c'est elle qui a exigé le respect

1. *Washington Post* du 1er mars 2002.
2. *The Guardian* du 21 mars 2003.
3. Entretien avec les auteurs.

de la légalité internationale, une leçon bien apprise par les Européens ? Veut-elle, avec sa théorie de l'action préventive isolée pour frapper les terroristes, donner des idées à l'Inde et au Pakistan, tous deux détenteurs de la bombe atomique ? « L'Amérique a été jusqu'à présent une puissance hégémonique bénéfique parce qu'elle a refusé de se conduire comme un empire, ce qui explique les extraordinaires succès qu'elle a enregistrés depuis cinquante ans », souligne-t-il. « Il faut de la puissance pour appliquer le droit, mais il faut du droit pour contraindre le pouvoir. »

L'ancien gouverneur de Hong-kong va donc prendre son bâton de pèlerin pour aller expliquer au camp adverse, notamment devant les *think tanks* néoconservateurs, pourquoi l'unilatéralisme mène à une impasse dangereuse pour le monde entier, y compris les Etats-Unis. Sans cacher les différences qui expliquent en grande partie la dérive des continents européen et américain. Au patriotisme teinté de religiosité des Etats-Unis s'oppose la méfiance européenne vis-à-vis d'un nationalisme fervent qui a provoqué les deux guerres mondiales. Les Américains découvrent le terrorisme sur leur sol alors qu'en Europe il fait presque partie de la vie quotidienne des nations en Espagne ou au Royaume-Uni, explique-t-il. « Le terrorisme n'a pas commencé le 11 septembre », rappelle-t-il à ses interlocuteurs en gardant en mémoire certains exemples précis [1]. Comme lorsqu'il a tenté en vain d'obtenir de ses amis américains d'arrêter le financement de l'IRA irlandaise en Amérique et d'extrader les suspects d'actes de terrorisme vers le Royaume-Uni. Avec un pincement au cœur lorsqu'il constate que lors d'une visite de George Bush en Europe, son planning indiquait une étape à « Belfast, Irlande, ce qui suggère une sorte d'ignorance institutionnelle du dossier ». « Pendant des années, chaque fois que j'entrais dans une voiture, je n'étais jamais certain qu'en mettant le contact je ne finirais pas par dîner avec mon créateur », se souvient amèrement l'ancien ministre pour l'Irlande du Nord [2]. Il tente de faire comprendre aux Américains que la notion de « guerre contre le terrorisme » est une absurdité, « parce que le terrorisme et la haine de l'Amérique ne seront pas éliminés en lâchant des bombes ».

Rien n'y fait, l'administration américaine n'est pas prête à accorder la moindre attention à ce type de discours. La rhétorique

1. Discours devant le Chicago Council on Foreign Relations, Chicago, 3 octobre 2002.
2. Entretien avec les auteurs.

guerrière va finir par contaminer les relations commerciales avec l'Union. Le début du mandat a été classiquement républicain et la résolution de certains conflits commerciaux qui empoisonnaient les relations transatlantiques depuis de longues années a permis d'augurer de jours meilleurs. La « guerre de la banane », qui valait à l'Union des sanctions américaines pour une valeur de 192 millions de dollars par an en raison de son « régime » préférentiel pour les bananes des Caraïbes et d'Afrique, a par exemple été résolue en 2001. « Ils font la guerre tout seuls, mais ils ont besoin du reste du monde pour le commerce », analyse l'ex-commissaire au commerce extérieur, Pascal Lamy [1].

Sirènes protectionnistes

Mais George Bush cède aux sirènes protectionnistes le 5 mars 2002 en fermant le marché américain de l'acier aux importations. La mesure est dénoncée dans le monde entier. Elle n'a qu'une seule justification : protéger des producteurs américains complètement dépassés par leurs concurrents européens. L'Organisation mondiale du commerce (OMC) estime avec l'Union que la mesure est illégale et l'autorise à prendre des contre-mesures. Le président américain en pleine campagne pour les élections à mi-parcours de novembre 2002 fera de même dans le secteur agricole en augmentant considérablement – et contrairement aux promesses faites quelques semaines plus tôt à l'OMC – les aides aux agriculteurs américains. La délégation européenne qui se rend le 2 mai 2002 à Washington pour le sommet UE-EU va pouvoir apprécier l'état d'esprit de Bush. Avant même que le président de la Commission, Romano Prodi, puisse lui parler des doléances européennes, il attaque bille en tête son interlocuteur. Sur l'acier, il pointe carrément un doigt accusateur. « Je suis fâché contre l'Union parce que vous avez déclenché des représailles contre mon pays et ma famille », lâche-t-il selon un participant à cette réunion. Quant aux aides agricoles, c'est simple : « Le Farm Bill (la loi augmentant les subventions agricoles) est ma décision politique et vous devrez vivre avec. » George Bush fera d'ailleurs en sorte d'annuler le

1. Entretien avec les auteurs.

sommet UE-EU qui aurait dû se dérouler six mois plus tard en se disant empêché.

Le slogan « qui n'est pas avec nous est contre nous » s'étend alors à tous les domaines. Quand l'Union tente de développer Galileo, un système de positionnement par satellite concurrent du GPS américain, et l'avion de transport militaire A 400M, les pressions sont énormes. Paul Wolfowitz, sous-secrétaire d'Etat à la Défense, va prendre sa plume pour exiger des gouvernements européens qu'ils renoncent à ce projet qui remet en question le monopole américain dans deux domaines essentiels de la défense. C'est le temps du découragement et du désespoir pour les Européens qui avaient pourtant comme un seul homme, le 11 septembre 2001, décrété leur solidarité totale avec les Etats-Unis. Seuls les Français observent cette l'évolution avec un sourire amusé du style « je vous l'avais bien dit ». Quand Donald Rumsfeld dit à l'OTAN qu'il ne fera pas appel à elle en Afghanistan, le monde s'effondre pour les Allemands et les Britanniques. « C'est la mission qui détermine la coalition, pas la coalition qui détermine la mission », lance-t-il devant des officiers européens qui ont fait toute leur carrière à l'OTAN, « la » coalition militaire occidentale. Le secrétaire général de l'Alliance atlantique, George Robertson, qui vient pour la première fois de son histoire d'activer en faveur des Etats-Unis la garantie de défense collective, son fameux article 5, avec l'appui unanime des Etats membres, se voit ainsi signifier qu'il est à la tête d'une organisation désuète.

On ne saurait être plus clair : les Etats-Unis n'ont plus besoin de leurs alliés européens – sauf de quelques fidèles supplétifs comme le Royaume-Uni – en matière de politique internationale, et se contrefichent des règles commerciales quand elles les dérangent. Même s'il continue à œuvrer pour freiner les ardeurs unilatéralistes de ses collègues du gouvernement, Colin Powell désespère ses partenaires. Quand il prend la peine de répondre aux coups de téléphone des ministres des Affaires étrangères européens, il défend une position qui est souvent démentie par la suite par les faucons. Même s'il met des gants, le secrétaire d'Etat américain ne diffère d'ailleurs pas fondamentalement. « Nous croyons au multilatéralisme, explique-t-il devant la Chambre des représentants en février 2002. Mais quand il s'agit d'une question de principe et quand la communauté multilatérale n'est pas d'accord avec nous, nous ne nous empêchons pas de faire ce que nous estimons juste, ce qui est dans notre intérêt, même si certains de nos amis ne sont pas d'accord. » « On a affaire à un phénomène sans précédent, note alors Hubert Védrine en petit comité. Il y a à la fois absence de consultation, théorisation de l'unilatéralisme et militarisation de la pensée. Et l'Europe est complètement sortie de l'écran-radar américain. »

L'hégémonie à bas prix

Les Etats-Unis sont au sommet de leur puissance. Avec un budget défense de plus de 440 milliards de dollars [1] – deux fois et demi plus que les Européens et leurs 160 milliards de dollars cumulés – ils dépensent autant que les 20 pays qui suivent réunis. Chaque citoyen américain a consacré 1 110 dollars en 2003 à la défense, contre 400 pour les Européens. Seuls la France (797 dollars par habitant) et le Royaume-Uni (563) s'en rapprochent selon les chiffres officiels de l'OTAN. Le seul budget de recherche et développement militaire des Etats-Unis est supérieur aux dépenses totales en matière de défense du Royaume-Uni et de l'Allemagne. Cet effort ne représente que 3,5 % du PIB américain, un pourcentage négligeable pour les Etats-Unis, historiquement habitués – sauf sous le règne de Bill Clinton – à dépenser beaucoup plus pour leur défense (entre 5 et 14 % de leur PIB depuis 1945, notamment pendant la guerre du Vietnam). Les Américains disposent donc de l'hégémonie à bas prix et d'une capacité de projection mondiale grâce à leur millier de bases réparties dans le monde entier et leurs 250 000 soldats déployés à l'étranger en temps de paix, sans compter l'Irak ou l'Afghanistan. Le mariage entre une puissance publique interventionniste et les entreprises comme Boeing leur donne une avance technologique telle qu'il leur est de plus en plus difficile de mener des missions avec des alliés dotés d'équipements souvent dépassés. Le gouffre risque de se creuser encore. Dopés par les énormes injections de fonds publics décidées par l'administration Bush, les industries américaines d'armement sont en mesure de rafler la plupart des marchés à l'exportation, privant les Européens des moyens de rentabiliser leur matériel par les

1. En 2004, hors opérations en Irak et en Afghanistan.

ventes à l'étranger. L'obsession du « zéro mort », qui avait amené Bill Clinton à quitter la Somalie de manière humiliante après avoir perdu 18 hommes à peine, a disparu après le 11 septembre 2001.

« Toute guerre américaine est une croisade », dit l'analyste américain Robert Kaplan qui voit les Etats-Unis comme Rome, Venise ou l'empire britannique en leur temps. « C'est la puissance qui fait avancer la planète, la force qui définit les équilibres et endigue l'anarchie [1]. » L'Afghanistan avait donné un avant-goût de ce que voulait l'administration Bush, mais la communauté internationale était alors unie pour chasser les talibans du pays. La croisade, la véritable, aura lieu contre l'Irak, qui était la cible des néoconservateurs bien avant les attentats du 11 septembre. Et l'Union a failli y sombrer corps et bien.

Crise européenne

Ce n'est pas pour rien que les Européens n'ont jamais cherché à parvenir à une position commune sur l'Irak depuis la fin de la première guerre du Golfe, en 1991. Tous les diplomates savaient que cela déchirerait immanquablement les Etats membres, au risque de torpiller les premiers succès de la politique étrangère commune. Depuis dix ans, les avions américains et britanniques bombardaient presque tous les jours des objectifs irakiens alors que la France militait pour une levée de l'embargo des Nations unies. Cette contradiction essentielle n'a jamais été abordée au fond par les gouvernements européens, alors que leurs ministres des Affaires étrangères se sont réunis à plus de cent reprises entre la fin de la première guerre du Golfe et le déclenchement des hostilités en 2003. Il n'est donc pas surprenant que les mois qui ont mené à la guerre aient provoqué la crise la plus importante depuis l'affrontement entre Français et Allemands lors de la désintégration de la Yougoslavie, lorsque Berlin, pourtant totalement isolé, a poussé à la reconnaissance de la Croatie malgré le haut-le-cœur français. On n'insistera cependant jamais assez sur l'importance cruciale de la position allemande dans ce débat.

Pendant toute l'année 2002, la France paraît résignée à une in-

1. *Le Figaro* du 10 août 2002.

tervention militaire anglo-américaine en Irak et se dit même prête à y participer si Saddam Hussein ne coopère pas pleinement avec les inspecteurs en armements de l'ONU. Le 11 mars 2002, devant quelques témoins, Hubert Védrine juge déjà la guerre quasiment inévitable. « Il n'y a rien à négocier avec l'Irak. Soit les Irakiens capitulent devant le Conseil de sécurité, soit personne ne sera en mesure d'arrêter la suite », confie-t-il en estimant que se débarrasser de Saddam Hussein serait « un bienfait pour l'humanité ». L'objectif stratégique, ajoute-t-il, c'est que les Etats-Unis fassent pression sur Ariel Sharon pour qu'il accepte de relancer le processus de paix. « Il faut savoir sur quel dossier on peut avoir une position différente de celle des Américains, ajoute, prémonitoire, le chef de la diplomatie française. On peut sur le Proche-Orient, pas sur l'Irak. Il faut concentrer nos maigres forces. » Son successeur, Dominique de Villepin, entame son mandat sur les mêmes bases en juin 2002, soucieux d'apaiser les relations transatlantiques. Tous les signaux envoyés vers Washington vont dans le même sens : la France sera aux côtés des Etats-Unis si une intervention militaire devient nécessaire et justifiée. Certes, pour Paris, le processus des inspections onusiennes est central et seule une violation avérée des obligations internationales de l'Irak peut légitimer l'utilisation de la force. Et les Français savent très bien qu'à Washington la décision d'intervenir est déjà prise à la fin de 2002, quelles que soient les conclusions des rapports des inspecteurs. Il y a donc une hypocrisie certaines et de lourdes arrière-pensées des deux côtés de l'Atlantique. Mais Jacques Chirac veut afficher qu'il refuse de fermer la porte à une intervention militaire sous mandat de l'ONU afin de garder une véritable crédibilité dans l'ultime ligne droite des négociations à l'ONU. Dans ses vœux aux armées, le 7 janvier 2003, il demande à ses hommes de « se tenir (prêts) à toutes éventualités ». Même si le président, conscient de l'impact de sa déclaration, la relativise le même jour en rappelant que la guerre n'est qu'une « dernière extrémité », il se veut ferme. La France, dit-il, a « toujours assumé ses responsabilités ». Le président du groupe UMP à l'Assemblée nationale, Jacques Barrot, donne une lecture précise de la position de la France, le 15 janvier 2003 : « Elle n'a jamais sombré dans le pacifisme, parce que le pacifisme n'est pas le moyen de préparer la paix. »

Le chancelier Gerhard Schröder et son ministre des Affaires étrangères, Joschka Fischer, qui ont été réélus en septembre 2002 grâce à leur refus de toute guerre en Irak, même justifiée, ont senti le danger. Ils font parvenir le 13 janvier 2003 un message dénué de toute ambiguïté à Paris par le biais de Rudolf von Thadden, chargé des relations franco-allemandes à l'Auswärtigen Amt. Si la France ne tient pas compte « de l'inquiétude allemande en ce qui concerne les risques incalculables de la guerre, dit-il, il sera difficile de mener une politique étrangère commune dans les années à venir [1] ». Neuf jours avant le 40e anniversaire du traité de l'Elysée, qui doit célébrer en grande pompe la relance du moteur franco-allemand, von Thadden place la France devant un choix cornélien. Paris, avertit-il, doit choisir : faire « cause commune avec ses alliés victorieux en 1945 » ou s'aligner sur « son partenaire le plus important en ce qui concerne l'adoption d'une position européenne commune ». Pour la première fois depuis la défaite d'Hitler, l'Allemagne, qui cherche à affirmer sa diplomatie, se démarque bruyamment des Etats-Unis sur un dossier de guerre et de paix et somme son partenaire français de la suivre. Jacques Chirac, alors en pleine négociation avec Gerhard Schröder pour parvenir à un compromis sur la Constitution européenne, n'a guère le choix [2]. Le 22 janvier 2003, il annonce aux côtés d'un chancelier triomphant que la France ne votera pas de résolution de l'ONU autorisant le recours à la force. Peu importe qu'il n'ait pas dit que la France ne voterait « jamais » cette résolution. C'est ce que tout le monde a compris. Les autorités françaises auront raison de dire que, de toute manière, la décision était déjà prise à Washington. Que les Britanniques sont prêts à suivre leur allié américain sans tenir compte des réticences de leurs alliés européens. Tout cela est vrai. Il n'empêche : l'alignement de la France sur une position allemande ultra-pacifiste qu'elle ne partageait pas à l'origine a autant contribué aux divisions européennes que le suivisme britannique. On peut d'ailleurs s'interroger sur le rôle joué par l'euro dans cette affaire : le couple franco-allemand aurait-il pris le risque de défier les Etats-Unis d'une manière aussi frontale si la monnaie unique, qui les protège des bourrasques qui peuvent accompagner de telles confrontations, n'avait pas existé ?

La réplique américaine est cinglante : pour Donald Rumsfeld, la France et l'Allemagne, c'est la « vieille Europe », alors que la

---

1. Dans un débat et une interview au quotidien *Handelsblatt* du 13 janvier 2003.
2. Voir chapitre 11.

« nouvelle Europe », elle, soutient le grand dessein des Etats-Unis. Washington va s'efforcer de démontrer cette thèse par des manœuvres couronnées d'un succès qui a sans doute dépassé ses espoirs. Le 27 janvier 2003, alors que les ministres des Affaires étrangères des Quinze signent une déclaration insistant sur l'importance de la mission des inspecteurs en armement en Irak, huit pays, dont le Royaume-Uni [1], mettent en grand secret la dernière main à une lettre d'allégeance totale à la position américaine qui sera publiée le 29 janvier dans le *Wall Street Journal*, qui admet avoir joué les intermédiaires dans cette affaire. « La parade des vassaux a commencé », ironise l'influent député européen allemand Elmar Brok, un chrétien-démocrate qui siège à la Convention européenne chargée de rédiger un projet de Constitution. La semaine suivante, le 4 février, le « groupe de Vilnius », dix pays de l'Est déçus de n'avoir pas été invités à signer la première lettre, s'empressent d'ajouter leurs noms à la liste [2]. Fin diplomate, Jacques Chirac ajoute au malaise en estimant que les pays de l'Est « ont raté une bonne occasion de se taire [3] ».

Condoleezza Rice en tire en privé une phrase terrible restée d'autant plus célèbre qu'elle n'a pas été prononcée en public mais qu'elle n'a rien fait pour démentir : il faut « pardonner à la Russie, ignorer l'Allemagne et punir la France ». Ridiculisée par ces divisions, la Convention se demande même s'il ne convient pas d'arrêter ses travaux, du moins ceux qui portent sur la politique étrangère commune, totalement décrédibilisés par la crise. Le porte-parole de la diplomatie européenne, Javier Solana, s'enferme à triple tour dans son bureau et ne cache pas une déprime tenace liée à sa totale inutilité. A la crise des rapports transatlantiques s'ajoute une crise européenne sans précédent depuis la guerre dans l'ex-Yougoslavie.

1. Outre le Royaume-Uni, on trouve l'Italie, l'Espagne, le Portugal, le Danemark, la Pologne et la Hongrie dans le groupe qui a publié la lettre le 29 janvier 2003. Le président tchèque Vaclav Havel l'a signée à titre personnel.

2. Les « Dix de Vilnius », un groupe fondé en 2000 par les pays candidats à l'adhésion à l'OTAN, comptent dans leurs rangs la Bulgarie, la Roumanie, l'Estonie, la Lettonie, la Lituanie, la Slovénie, la Croatie, la Macédoine, la Slovaquie et l'Albanie.

3. Voir chapitre 11.

Etre ou ne pas être ?

La tentation est grande, dans cette situation, de décréter que la construction d'une véritable politique étrangère et de sécurité commune est une chimère dont il vaut mieux abandonner la poursuite afin, au moins, de laisser les Etats membres qui le veulent libres d'agir à leur guise. A l'appui de cette thèse, les Cassandre diront d'abord que l'unilatéralisme américain n'est pas dû à l'arrivée au pouvoir de George Bush et que la fin de la Guerre froide et du système bipolaire unissant l'Occident contre l'URSS était annonciateur d'un changement radical. Bush n'a en outre fait que rendre plus évident le mouvement de fond d'une société américaine s'éloignant chaque jour un peu plus des valeurs défendues par le Vieux Continent. Pour Hubert Védrine, le « souverainisme » américain est structurel et ceux qui pensent qu'une administration démocrate en reviendrait à une gestion multilatérale du monde sont, au mieux, d'indécrottables naïfs. S'il en faut une preuve, la réélection de Bush en novembre 2004 devrait définitivement les convaincre que le retour à l'Amérique qu'on aime, qui a porté le multilatéralisme sur les fonts baptismaux et respectueuse de ses alliés, bref, à l'Amérique d'il y a cinquante ans, est un mythe. Bush II, qui dispose en outre d'une majorité parlementaire écrasante, a clairement démontré le 20 janvier 2005, lors de son discours d'investiture, qu'il était mû par un inquiétant messianisme annonciateur d'autres changements de régime par la force au nom de la liberté. « Les dirigeants des régimes hors-la-loi doivent savoir que nous croyons encore à ce qu'Abraham Lincoln disait : “Ceux qui privent les autres de liberté ne la méritent pas eux-mêmes et, sous la loi d'un Dieu juste, ne peuvent pas la retenir longtemps” », a déclaré le 43e président des Etats-Unis. On croirait entendre Saint-Just et son terrible « pas de liberté pour les ennemis de la liberté ». Comme le dit très justement l'Allemand Martin Schultz, le président du groupe socialiste du Parlement européen, « Bush II, c'est Bush I avec le sourire de Condi ».

Le président américain enfonce le clou le 22 février à Bruxelles, lors d'un sommet avec les dirigeants européens. Après avoir prononcé un discours appelant les Européens à rejoindre son combat pour la liberté ponctué – devant une assistance de diplomates européens médusés – d'un « May God bless you all » totalement déplacé sur le Vieux Continent, il explique, sur le ton d'un prédicateur pentecôtiste, que « la politique, dans le passé, c'était : “acceptons la tyrannie pour avoir un pétrole bon marché ou pour toute autre raison”. Et espérons que tout ira bien. Eh bien, cela a changé le 11 septembre pour notre pays. Tout n'allait pas bien. Sous une surface apparemment lisse se cachait une idéologie de haine. Et la manière de se défaire de cette idéologie est de répandre la liberté et la démocratie ». Si « l'Iran n'est pas l'Irak » et si la prudence américaine vis-à-vis de la Corée du Nord démontre qu'un pays doté de la bombe nucléaire fait réfléchir à Washington, les « dictateurs » ont du souci à se faire si ce croisé moderne se met en marche. Il est donc logique que les Etats-Unis, tout à leur volonté hégémonique, s'opposent à l'émergence d'un quelconque rival potentiel sur la scène internationale. D'où, pendant le premier mandat de Bush, une opposition de plus en plus marquée à l'égard d'une intégration européenne trop poussée en matière de défense et une instrumentalisation des divergences entre nouveaux et anciens membres, ou de leur relation particulière avec la Grande-Bretagne.

Déjà peu cohérente à Quinze, l'Europe des Vingt-Cinq et, demain, des Trente, devrait être encore moins capable d'adopter une position commune sur les grands dossiers internationaux. L'affaire des « lettres » d'allégeance à Washington signées par les pays candidats semble démontrer que ces derniers risquent d'avoir constamment une réaction atavique de soutien à la politique américaine. Pour ces pays, qui estiment à raison devoir leur libération beaucoup plus aux Etats-Unis qu'à des Européens de l'Ouest confortablement installés pendant quarante ans à l'abri derrière le Rideau de fer, les Etats-Unis – et l'OTAN – représentent une garantie de sécurité. Dans la boutique européenne, il n'y a pour l'instant rien pour eux à ce rayon-là. La seule chose qui les intéresse, c'est le tiroir-caisse. Malgré les exceptions française et britannique, les Européens ne sont pas prêts à doubler leurs budgets de défense, de 2 à 4 % du PIB, ce qui serait pourtant nécessaire non pas pour rivaliser avec les Etats-Unis en termes de renseignement, de munitions de précision et de transport stratégique, mais simplement pour pouvoir agir avec eux. Contrairement aux Américains, qui se considèrent en guerre contre le terrorisme, ils ne se sentent pas ou plus menacés depuis l'effondrement du bloc soviétique. Aucun homme politique européen n'est prêt à se sacrifier en proposant de rogner sur les retraites ou la sécurité sociale pour financer la chasse aux talibans. Comme le faisait remarquer Védrine en 2002, en marge de la réunion de Caceres, « les Européens ont fait le choix d'un modèle de société qui exclut la puissance militaire. Ce n'est pas un regret, c'est un constat ».

Le tsunami qui a ravagé l'Asie en janvier 2005 a encore illustré cette terrible absence de moyens. Le spectacle de la quinzaine de pompiers français débarqués avec leur matériel à Meulaboh, dans la province indonésienne d'Aceh, résume cette impuissance. Les larmes aux yeux, après plus d'une semaine passée à attendre sur le tarmac de l'aéroport local, ils ont quémandé un camion à l'armée indonésienne ou l'utilisation d'un hélicoptère américain pour transporter leur hôpital de campagne à l'endroit où se trouvaient les blessés. Ils ont dû attendre trop longtemps pour être d'une quelconque utilité et quand ils ont vu un hélicoptère américain, il amenait des journalistes pour repartir à vide... Au même moment, les Etats-Unis, qui disposent à proximité immédiate d'importantes bases et de capacité de transport, distribuaient leur aide sous l'œil des caméras de télévision du monde entier. Peu importe que l'Union, avec 2 milliards d'euros d'aide publique débloqués dès les premiers jours de la tragédie, soit le premier donateur mondial : on n'a vu que les soldats américains agir et redorer quelque peu leur blason terni par la guerre en Irak.

Pour les pessimistes, le déclin économique du Vieux Continent par rapport aux Etats-Unis rend encore plus difficile le rattrapage du retard européen en matière de matériel militaire. Après l'embellie des années 1990, le Produit intérieur brut (PIB) est retombé à moins de 70 % de celui des Américains en raison d'un écart de productivité grandissant, non pas par heure, mais parce qu'on travaille de moins en moins sur le Vieux Continent et que l'on produit donc moins de richesses. L'avance technologique des Etats-Unis est ainsi garantie, puisque la ponction des dépenses de défense sur l'économie est moins importante qu'il n'y paraît. Créer une culture européenne en matière de politique étrangère est par ailleurs une tâche pratiquement insurmontable, ajoutent les sceptiques. Il est vrai qu'on touche là au cœur de ce que signifie l'Etat-nation. Ceux qui affirment qu'il est plus difficile d'avoir une monnaie unique que d'avoir une politique étrangère ont tort. La signification identitaire de la politique étrangère est essentielle pour un peuple et une nation. Pour créer l'Europe, disait Jean Monnet, l'un des pères fondateurs de l'Union, il faut commencer par partager ce qu'on a avant de mettre en commun ce qu'on est.

Jeu de miroirs

Chaque grand pays garde ainsi l'illusion qu'il lui reste une marge de manœuvre, notamment la France, toute fière de son siège permanent au Conseil de sécurité de l'ONU hérité d'un hasard de l'Histoire lorsqu'elle a été rangée dans le camp des vainqueurs de la Seconde Guerre mondiale. Demander aux ministres des Affaires étrangères de l'Union, dont Jacques Delors dénonçait « l'insoutenable légèreté », de se faire hara-kiri, de renoncer aux jeux de miroir relève d'une mission quasiment impossible. Les machines diplomatiques vivent dans un passé révolu où l'on croit qu'envoyer des télégrammes, organiser des cocktails et publier des déclarations constitue le comble de l'action. Ce ne sont pourtant pas les moyens qui manquent. Avec 45 000 diplomates européens en poste dans le monde entier (avant l'adhésion de dix nouveaux pays le 1er mai 2004), dont 12 000 Britanniques et 5 000 Français, contre 15 000 pour l'Amérique, ce serait plutôt le trop-plein au quai d'Orsay ou au Foreign Office. Dans ces vénérables institutions, on cultive l'adage numéro un du diplomate : « Mon pays n'a pas d'ami éternel ni d'ennemi éternel. » Même quand il s'agit des partenaires les plus proches de l'Union. La France et l'Allemagne ont ainsi dans leurs tiroirs un vieux projet d'ambassade commune au... Cap-Vert. Pas à Moscou ou à Washington, ni même à Quito ou à Katmandou, à Praia, capitale d'un îlot quasiment désertique perdu au milieu de l'Atlantique. Mais ce projet est bloqué par l'impossibilité constitutionnelle de révéler à la diplomatie allemande le « chiffre » français nécessaire pour lire les télégrammes... Au Quai d'Orsay, on cultive en outre un véritable mépris pour les Américains. Il y a l'arrogance de la puissance, mais aussi l'arrogance de l'impuissance.

La machine peut, cependant, dans certaines occasions, être contrainte de se mettre au service de la cause européenne, comme cela a été le cas sous François Mitterrand. Il lui a fallu toute la force de sa conviction pour contrarier durant une dizaine d'années le tropisme eurosceptique quasiment génétique des diplomates français, instinctivement énamourés de leurs collègues britanniques. Mais même Mitterrand a pris soin de ne jamais s'aventurer réellement sur le chemin de la création d'une politique étrangère et de sécurité commune, se contentant de petits pas prudents. Dès l'arrivée de Jacques Chirac au pouvoir, en 1995, et surtout à partir de 1997 avec l'arrivée de l'équipe Lionel Jospin-Hubert Védrine, le Quai d'Orsay est retombé dans ses petits travers. Et lorsque les Européens essayent de s'organiser pour parler d'une seule voix, le schéma ressemble à une usine à gaz. Ainsi, le traité d'Amsterdam a-t-il créé en 1997 un poste de haut responsable pour la Politique étrangère et de sécurité (Pesc). La fonction a été inaugurée par l'Espagnol Javier Solana. L'homme a été – délibérément – placé dans une situation totalement impossible. Privé de pouvoir d'initiative, il ne peut que rechercher le plus petit commun dénominateur entre les positions souvent divergentes des Etats membres. Quand ce consensus n'existe pas, comme en Irak, il ne lui reste plus qu'à s'enfermer dans son bureau. Doté d'une équipe squelettique, il ne dispose pas de budget puisque c'est la Commission qui détient les cordons de la bourse. Solana peut d'ailleurs remercier le ciel que Patten n'ait jamais voulu faire carrière à Bruxelles : tout avait été mis en place pour provoquer un affrontement entre les deux hommes. C'est un miracle dû à l'intelligence et à la civilité de ces deux personnalités que le pire ait pu être évité.

Pacifistes, les Européens se contenteraient donc dans leur immense majorité d'être une « grosse Suisse », selon l'expression de Védrine. Comme les Suisses, qui se sont enrichis pendant la Seconde Guerre mondiale pendant que les nazis mettaient l'Europe à feu et à sang, ils seraient prêts à se résigner au spectacle de leur impuissance collective, comme lors de l'éclatement de la Yougoslavie. En juin 1991, en pleine négociation du traité de Maastricht, certains avaient cru le moment venu. Pourtant l'Europe – et le reste du monde avec elle, mais cela se passait à ses frontières – a laissé massacrer 225 000 personnes en quatre ans sans rien faire, sinon envoyer des casques bleus se faire humilier par les voyous et les psychopathes à la solde de Radovan Karadzic et Ratko Mladic. C'était l'époque où les diplomates français, pro-serbes de conviction, rappelaient doctement que les multiples offensives allemandes s'étaient brisées sur les maquis yougoslaves pendant la Seconde Guerre mondiale et que, donc, décidément, il fallait « raison garder ». C'était l'époque où certains gradés français – qui n'aiment rien tant qu'une « vraie » armée – entretenaient des relations plus qu'amicales avec leurs homologues bosno-serbes. Pendant ce temps, les Américains armaient et équipaient les Bosniaques – des gueux sans uniforme pour les Français – pour leur permettre de résister.

La politique étrangère européenne risque pour les pessimistes de rester une sorte d'étrange mécanisme kafkaïen dont l'objectif principal est de produire des déclarations appliquées uniquement quand la volonté politique ou l'incitation vient d'outre-Atlantique. Comme le dit Patten, la Pesc est « comme une phrase mal formée : beaucoup d'adjectifs – on n'est pas avare de jugements – mais pas beaucoup de verbes – on n'est pas équipés pour l'action [1] ».

Des germes prometteurs

La messe est-elle donc dite ? Certainement pas. La crise irakienne peut paradoxalement déboucher sur un rééquilibrage de la relation transatlantique et une affirmation de l'Union sur la scène internationale. Car le simplisme des analyses des néoconservateurs américains n'a pas résisté à la complexité têtue des faits. Le renversement de Saddam Hussein n'a pas entraîné une onde de choc vertueuse du Moyen-Orient et les foules irakiennes ne se sont pas mises à aimer leurs libérateurs américains. Les démocrates, à commencer par Bill Clinton, ont dénoncé le cavalier seul américain et le mépris du multilatéralisme professé par George Bush, qui n'a pas réussi à bâtir en Irak une véritable coalition comme il s'en est formé pour l'Afghanistan. Pendant les meetings de la campagne électorale pour l'élection présidentielle de 2004, les autres ténors du parti démocrate l'ont imité. « Notre politique étrangère est inepte et arrogante, a dit John Kerry. Notre pays sera plus en sécurité quand il ne méprisera pas ses amis et alliés. » Pour Howard Dean, candidat malheureux à l'investiture et aujourd'hui président du parti démocrate, « George Bush a réussi, en trois ans,

1. Entretien avec les auteurs.

à faire qu'il n'existe plus un pays au monde où les habitants considèrent le mode de vie américain comme un modèle ».

L'électeur a certes tranché et l'Amérique, qui avait le choix, a plébiscité un homme qui a une vision impériale de la politique étrangère américaine. Mais c'est faire peu de cas de la caractéristique essentielle de la campagne électorale, qui s'est jouée sur le double thème des valeurs et de l'isolement des Etats-Unis sur la scène mondiale. 48 % des Américains ont voté en faveur d'un candidat qui n'a cessé de prôner le multilatéralisme, thème de campagne peu porteur s'il en est. On ne peut d'ailleurs s'empêcher de s'interroger sur ce que serait le monde d'aujourd'hui si Al Gore n'avait pas été privé de sa victoire électorale en novembre 2000 par un improbable problème de perforation de bulletins de vote en Floride. Même s'il est douteux que la politique étrangère américaine eût été radicalement différente, il est en revanche très peu probable que Gore aurait décidé d'envahir l'Irak en l'absence de preuves de l'existence d'armes de destruction massive.

L'« Empire » est fragile

En outre, si ces critiques de l'opposition peuvent apparaître de bonne guerre, il faut constater qu'une partie non négligeable du camp républicain n'a pas été atteinte par le virus impérial, à commencer par ceux qui ont servi le père de l'actuel locataire de la Maison Blanche. Si Washington est devenue Rome sur le plan militaire, la fameuse question de l'ancien secrétaire d'Etat Henry Kissinger, qui se demandait quel numéro de téléphone appeler pour parler à l'Europe, peut être renvoyée à l'expéditeur : qui parle exactement pour les Etats-Unis ? La comparaison avec l'Empire romain est d'ailleurs en partie fallacieuse. L'ancien Premier ministre français Lionel Jospin, pourtant peu suspect de zèle pro-Bush, l'a rappelé [1] en soulignant que les Etats-Unis étaient une superpuissance, mais pas, selon lui, un empire : ils n'ont pas de volonté d'expansion territoriale qui passerait par l'occupation, autre que temporaire, de pays étrangers et il s'agit d'une véritable démocratie. Et si empire il y a, il n'est pas non plus aussi guerrier qu'il y

1. Tribune parue dans *Le Monde* du 24 mars 2004.

paraît. Certes, l'opinion publique paraît prête à accepter que des « boys » se fassent tuer sur les champs de bataille moyen-orientaux si cela permet d'éviter d'autres attentats terroristes de grande ampleur. Mais il semble exclu qu'elle supporte le retour de *body bags* par dizaines de milliers, comme pendant les guerres de Corée et du Vietnam. Il n'y a en effet dans l'Histoire aucun empire qui ait été soumis à la double pression de la démocratie et de la télévision. Les omissions ou les mensonges de l'administration Bush sur la présence d'armes de destruction massive en Irak ont, de ce point de vue, un prix. On ne pourra pas refaire le coup de l'Irak et la prudence de Washington à l'égard des régimes iranien ou nord-coréen, qui violent ouvertement leurs obligations nucléaires internationales, en dit long.

Les ressources économiques de « l'Empire » ne sont pas non plus illimitées. Certes, la capacité des Etats-Unis à relancer la croissance est proprement stupéfiante et, malgré les chocs, l'économie américaine a continué à croître pendant la crise qui a suivi les glorieuses années 1990 grâce, il est vrai, à des injections d'argent public d'une ampleur inégalée. Certes, les Américains disposent d'une richesse par habitant supérieure de 30 % à celle des Européens. Mais le « modèle américain » ne fait plus rêver : malgré cette énorme production de richesse, 42 millions d'Américains n'ont pas accès aux soins de santé. Sans aller aussi loin qu'Emmanuel Todd [1], qui prédit le déclin économique inéluctable des Etats-Unis, les déficits commercial et budgétaire américains sont insupportables à long terme pour une économie. En 2004, le budget américain a enregistré un déficit record de 521 milliards de dollars [2], soit plus que les dépenses de défense. A 4,2 % du PIB en 2004, c'est largement au-delà du critère de Maastricht qui interdit aux Etats membres de l'euro de dépasser 3 % du PIB. Le gouvernement américain doit emprunter chaque jour plus de 1,1 milliard de dollars pour le financer. Le service de la dette est supérieur aux budgets cumulés de l'éducation, de la sécurité intérieure, de la justice, de la police, de l'exploration spatiale et de l'aide internationale. Qui plus est, alors que la dette de la zone euro est détenue

1. Emmanuel Todd, *Après l'Empire, essai sur la décomposition du système américain*, Gallimard, 2002.

2. Pour 2005, le déficit prévu est de 427 milliards de dollars. Bush prévoit de le ramener à 251 milliards en 2008, mais sa stratégie de baisse des impôts couplée à l'augmentation du budget de la défense rend douteux son objectif.

surtout par ses citoyens, véritables petites fourmis avec un taux d'épargne de 20 % du produit intérieur brut, contre 14 % à peine aux Etats-Unis, les Américains dépendent de l'étranger. Que le Japon et la Chine, premier et deuxième détenteurs de bons du Trésor américain, viennent à prendre peur, et la crise sera terrible. Ce n'est pas un hasard si le dollar a décroché par rapport aux principales devises mondiales, dont l'euro, depuis 2002.

Le déficit commercial américain, lui, a atteint un record de 672 milliards de dollars en 2004 alors que la zone euro a dégagé la même année un surplus de 159 milliards d'euros. Les Américains consomment sans discernement et dépendent de plus en plus de l'étranger pour leur approvisionnement. Le solde de leurs opérations courantes est dans le rouge pour l'équivalent de 5,5 % du PIB, alors que la zone euro est nettement dans le vert (plus 0,8 %). Certes, la faiblesse du dollar permet de réduire mécaniquement le déficit commercial. Mais si le billet vert remonte, l'opération risque de s'apparenter très rapidement à une mission impossible. S'il poursuit son effondrement sous l'effet des « déficits jumeaux », public et commercial, les Américains seront confrontés à une hausse de leur facture pétrolière à laquelle leur économie, extrêmement dépendante, n'est absolument pas préparée.

« L'heure de la diplomatie a sonné »

Les Etats-Unis n'entendent pas non plus rester en Irak comme ils le sont en Corée depuis cinquante ans : la facture est tout simplement trop lourde. L'occupation à long terme de ce pays grand comme la France requiert selon tous les experts militaires une force d'environ 300 000 hommes. Avec la rotation des troupes, qui mobilise trois fois plus d'hommes que le nombre de soldats effectivement sur le terrain, l'ensemble de l'armée américaine pourrait s'y noyer. Le « Gulliver » de Chris Patten ne peut donc pas faire cavalier seul plus longtemps. Le message semble être au moins en partie passé. Les néoconservateurs se font moins visibles dans la deuxième administration Bush, tant il est vrai qu'aucun d'entre eux n'avait réellement préparé l'après-guerre. Même s'il faut attendre sa traduction concrète, un changement de ton – mais en diplomatie, le style est essentiel – très net a eu lieu.

« L'heure de la diplomatie a sonné », a déclaré la nouvelle secrétaire d'Etat américaine Condoleezza Rice lors de son audition par la commission des affaires étrangères du Sénat américain, le 18 janvier 2005. « Notre interaction avec le reste du monde doit être une conversation, pas un monologue. » Elle a dans la foulée effectué une tournée européenne où la « vieille Europe », qui voulait tout autant qu'elle renouer le dialogue, a été cajolée comme elle ne l'avait plus été depuis quatre ans. Les hommes qu'elle a choisis pour la seconder confirment cette volonté de parler avec ses alliés européens. Le numéro deux du Département d'Etat est Robert Zoellick, l'homme qui connaît sans doute le mieux le Vieux Continent pour avoir réglé avec Pascal Lamy, un ami, nombre de conflits commerciaux lorsqu'il était responsable de ce domaine. Le numéro trois ? Nicholas Burns, ancien porte-parole de Madeleine Albright, une démocrate qui fut secrétaire d'Etat de Bill Clinton, et ambassadeur des Etats-Unis auprès de l'OTAN jusqu'en février 2005 [1]. L'heure de gloire de Donald Rumsfeld semble être passée, même si Bush l'a gardé dans son équipe au début de son second mandat. A Nice, le 10 février 2005, lors de la première réunion des ministres de la Défense de l'OTAN sur le sol français depuis que le général de Gaulle a quitté la structure militaire intégrée de l'Alliance atlantique, il a fait assaut d'amabilités envers les alliés européens. Le vieil homme s'est fait prudent lors de sa conférence de presse, qui s'est déroulée sous le regard de Burns. *« Je vais prendre les* questions faciles et Nick Burns est ici s'il y en a une qui exige une touche diplomatique. C'est un diplomate », a-t-il ironisé avant d'ajouter : « Je voudrais sortir d'ici avant de commettre une erreur. »

Le couronnement de cet effort de réconciliation avec la « vieille Europe » – avec toutes les réserves d'usage – a été le sommet du 22 février 2005 entre l'Union et les Etats-Unis. Bush y a réaffirmé l'appui historique des Etats-Unis à la construction européenne, même s'il n'a pas caché son véritable objectif dans cette affaire. « L'Amérique soutient une Europe forte parce que nous avons besoin d'un partenaire solide dans la dure mission de faire avancer la paix et la liberté dans le monde », a-t-il déclaré dans son dis-

1. Ces nominations ont été relativisées par celles de John Bolton comme ambassadeur à l'ONU, et de Paul Wolfowitz à la présidence de la Banque mondiale en mars 2005. Il s'agit de deux partisans acharnés de l'unilatéralisme.

cours du 21 février en soulignant qu'« aucun débat temporaire, aucun désaccord passager entre nos gouvernements, aucune puissance sur terre ne nous divisera jamais ». De fait, où sont les véritables alliés stratégiques des Etats-Unis et de l'Union quand il s'agit de faire triompher un modèle où les droits de l'homme sont centraux ? En Chine, où la démocratisation politique n'est même pas envisagée, au point que les Etats-Unis pressent les Européens de ne pas lever leur embargo sur les exportations d'armes à destination de ce pays ? En Inde, où l'on est toujours au bord d'une guerre nucléaire avec le Pakistan ? En Russie, où Vladimir Poutine ressemble chaque jour un peu plus à un dictateur sanglant ? Même si les deux rives de l'Atlantique ont tendance à diverger, l'Union et les Etats-Unis sont les deux seuls grands ensembles dont les principales valeurs restent communes et dont les approches des questions de politique internationale sont voisines sur le long terme, par exemple sur le Proche-Orient.

« Ensemble, nous pouvons à nouveau placer l'Histoire sur la voie de l'espoir », poursuit Bush en prônant l'avènement d'une « nouvelle ère d'union transatlantique » car quand l'Europe et l'Amérique sont unies, rien ne peut nous résister. C'est exactement le même message que Jacques Chirac s'est chargé d'envoyer le lendemain, le 22 février, en présentant au président américain les avantages d'un partenariat entre égaux. « L'Europe peut être pour vous un partenaire politique », lui dit-il. « Notre action n'est jamais aussi efficace que lorsque l'Europe et les Etats-Unis unissent leurs forces (...) Le monde dans lequel nous vivons est un. Personne ne peut en résoudre seul les problèmes. L'Europe a besoin des Etats-Unis tout comme les Etats-Unis ont besoin de l'Europe. » Pour le président français, le message est passé : « Quelque chose a changé dans l'approche américaine de l'Union européenne, estime-t-il après la rencontre. Les Etats-Unis ont pris conscience de la réalité de l'Europe [1]. »

Vision trop optimiste de la réunion ? Voire. Le sommet du 22 février, qui aurait pu être un exercice épouvantable, comme celui de Göteborg (Suède) de 2001, où Bush avait, sans chercher à cacher son irritation, dû écouter chacun des « chefs » lire un discours dans lequel il passait en revue tous les dossiers internationaux, a effectivement été un succès. A Bruxelles, on a évité la

1. Conférence de presse à l'issue du sommet UE-Etats-Unis, le 22 février 2005.

cacophonie et l'ennui. Dix dirigeants européens sur vingt-cinq ont fait un exposé sur une des facettes de l'Union. Outre l'exposé de Chirac sur les progrès de la construction communautaire, qui la rendraient incontournable pour les Etats-Unis, Blair a évoqué la vision européenne de la paix au Moyen-Orient, le Belge Guy Verhofstadt a parlé des efforts de l'Union pour aider au développement de l'Afrique, Schröder a expliqué comment l'Allemagne, le Royaume-Uni et la France essayaient de dissuader l'Iran de se doter de la bombe nucléaire, un cinquième a parlé du réchauffement climatique, etc. « C'était un moment étonnant, raconte un des participants. Même les Européens, qui passent leur temps à s'entre-déchirer quand ils se rencontrent, étaient étonnés d'avoir tout cela en commun : on se rend compte qu'il y a une position européenne unanimement partagée et parfois différente de celle des Etats-Unis sur tous ces domaines. »

Une certain sentiment d'urgence n'est pas étranger à ce qui s'apparente, selon les avis, à un changement de cap ou à une réduction de la voilure américaine. L'Amérique, a écrit Clinton, doit se souvenir « qu'il y a rarement de solution définitive aux affaires humaines » en rappelant que, dans trente ans, la Chine, qui retrouve très rapidement sa place de premier plan, et l'Inde pèseront autant que les Etats-Unis [1]. En Europe, les analyses commencent à converger. « Face à la Chine, qui est peut-être l'unique enjeu du XXIe siècle, nous n'avons d'autre choix que de faire l'Europe et d'être les alliés des Etats-Unis », a fait remarquer Thierry Breton, alors président de France Telecom [2], lors d'un colloque du club de réflexion Nouvelle République qui s'est tenu à Paris le 22 novembre 2003. « L'Amérique et l'Europe n'ont pas plus de vingt ans pour faire aller l'Histoire dans la direction de l'extension de la liberté », insiste Charles Grant, le directeur du Centre pour les réformes européennes, un *think tank* blairiste très favorable à l'intégration européenne [3].

---

1. Tribune parue dans *Le Figaro* du 18 décembre 2002.
2. Ministre de l'Economie et des Finances depuis le 25 février 2005.
3. « Lettre ouverte à George W Bush sur les relations entre l'UE et les Etats-Unis », 3 novembre 2004.

Fenêtre de tir pour l'Europe

Même s'ils voulaient faire l'autruche, les Européens n'y parviendraient pas. L'Europe des Vingt-Cinq, c'est 450 millions d'habitants, un quart du PIB mondial : qu'elle le veuille ou non, elle sera un acteur essentiel, non pas régional, mais global. Ainsi, sans les Européens, des instruments comme la Cour pénale internationale, le protocole de Kyoto ou d'innombrables conventions seraient morts aujourd'hui. L'Union dispose, bien plus que les Etats-Unis, d'une expérience inégalable dans le domaine de l'aide au développement, dont elle fournit 70 % du total mondial, quatre fois plus que les Américains. Avec cet argent, elle soutient financièrement la moitié de la population du monde, des Africains aux Afghans. Sans l'aide européenne, il n'y aurait aujourd'hui plus d'Autorité palestinienne avec laquelle négocier la paix mais uniquement des groupuscules terroristes.

L'élargissement de l'Union, seule politique étrangère de l'Union qui soit un succès total, est en soi la plus grande garantie de stabilité en Europe : comme entre la France et l'Allemagne, une guerre entre Serbes et Croates sera demain impossible lorsqu'ils auront adhéré. « Les démocraties ne se font pas la guerre », constate le Premier ministre belge Guy Verhofstadt [1]. Si l'Ukraine, la Géorgie et la Turquie sont aujourd'hui sur la voie de la démocratie, on le doit aussi à l'extraordinaire aimant européen. Dans les institutions internationales, 25, demain 27 et bientôt 30 pays développés votant ensemble forment un groupe impossible à mettre en minorité : l'Union a donc les moyens de faire prévaloir ses options de politique étrangère. « La patience a remplacé l'héroïsme », note joliment Margot Wallström, la vice-présidente suédoise de la Commission.

La Constitution européenne, si elle est ratifiée, donnera une chance à l'Union d'enfin parler d'une seule voix sur la scène internationale. La création d'un poste de ministre des Affaires étrangères [2] qui siégera à la Commission et disposera donc enfin de

---

1. Dans son discours d'introduction lors de la visite de George Bush, le 21 février 2005.

2. Javier Solana a été nommé par anticipation à ce poste, voir chapitre 11.

ses ressources financières et d'un véritable « service diplomatique » pourrait mettre un peu d'ordre dans la cacophonie actuelle, même si les habitudes nationales ne mourront pas facilement. Ce n'est pas pour rien que l'Allemagne, diplomatie « mineure » par rapport à sa taille, pour des raisons historiques, fait déjà de l'entrisme pour placer ses hommes dans un service qui lui permettra d'influencer la marche des affaires du monde. Cet organe, explique Pierre Sellal, le représentant permanent de la France auprès de l'Union, constitue « une mécanique qui va produire de la PESC presque naturellement[1] ». Etant donné les restrictions budgétaires nationales actuelles, les Vingt-Cinq vont, selon lui, transférer tout ce qu'ils ne considèrent pas comme essentiel pour leur propre politique étrangère, c'est-à-dire hors de leur zone d'influence stratégique. Avec les moyens de la Commission, des ambassades de l'Union peuplées de diplomates de l'Union apparaîtront dans les pays où il n'est pas nécessaire d'avoir 25 ambassades bilatérales. Ce n'est pas la fin qui crée les moyens, ce sont les moyens qui vont créer la fin. Car de cette mise en commun des moyens sortira forcément une politique commune. Pour peu qu'elle s'avère efficace, les Etats auront tendance à lui transférer davantage de pouvoirs, même si la politique étrangère est par définition le seul domaine où la communautarisation complète restera un vœu pieux. Aux côtés des politiques communes, on assistera de plus en plus – et c'est la richesse de l'Union – à des initiatives de groupes d'Etats, souvent grands, comme la médiation des « trois » en Iran. Avec la différence par rapport au passé que la plupart des autres pays appuient cette initiative parce que Londres, Paris et Berlin ont pris la précaution d'en débattre avec leurs homologues.

L'Europe commence également à prendre ses responsabilités sur le Vieux Continent. L'Histoire retiendra que le sursaut en ex-Yougoslavie est certes dû à l'implication des Etats-Unis, qui est toutefois restée verbale si l'on excepte l'équipement et la formation de l'armée bosniaque ainsi que quelques bombardements dans le cadre de l'OTAN, Bill Clinton refusant d'envoyer ses hommes sur le terrain, mais est surtout venue d'une initiative franco-britannique suscitée par un Jacques Chirac à peine élu. Le 26 mai 1995, des Serbes déguisés en soldats français – ils ont « emprunté »

1. Entretien avec les auteurs.

les uniformes aux soldats de l'ONU qu'ils retiennent en otage comme « boucliers humains » contre la menace de bombardements de l'OTAN – prennent le poste de garde tenu par les Français sur le pont de Vrbanja, à Sarajevo, et font prisonniers ses hommes. Chirac est furieux de voir à quel point les responsables militaires français sur place se sont laissé gagner par l'inertie. Pour la première fois en Bosnie, un pays se décide à réagir à l'humiliation et la France ordonne de reprendre le pont sans attendre les instructions de la Forpronu : un soldat français et quatre serbes seront tués dans l'affrontement. L'engrenage est mis en route. Le 2 juin, Clinton, gêné aux entournures, n'exclut plus l'envoi de troupes américaines. Le 24 juillet 1995, treize jours après la chute de l'enclave musulmane de Srebrenica, une « Force de réaction rapide européenne » essentiellement franco-britannique et dotée d'artillerie lourde s'installe sur le mont Ingmam, seule voie d'accès à Sarajevo, et bombarde les positions serbes. La fin de la guerre est en vue et, quelques années plus tard, Slobodan Milosevic commettra sa dernière erreur au Kosovo avant d'être chassé du pouvoir par les bombes de tous les alliés de l'OTAN. Depuis, l'Union gère les Balkans comme s'il s'agissait d'un protectorat. Le haut représentant de l'Union en Bosnie, le Britannique Paddy Ashdown en 2005, et ses prédécesseurs agissent comme de véritables proconsuls. Ils révoquent des hommes politiques, imposent une monnaie et surveillent les informations télévisées. Au Kosovo, c'est le représentant de l'ONU qui régente toute l'administration et il a toujours été européen. Le premier d'entre eux, le Français Bernard Kouchner, ne s'est pas privé de court-circuiter la lourde bureaucratie onusienne pour faire parvenir l'aide à la reconstruction directement aux Kosovars, valises de billets à la main.

Le temps de l'innocence semble révolu. En décembre 2003, les dirigeants européens ont accepté pour la première fois l'idée d'une action préventive certes en dernier recours, mais qui avait pourtant été rejetée six mois plus tôt. Le « concept stratégique » qu'ils ont adopté se distingue du modèle américain de puissance qui fait la part belle à l'action militaire, mais ne la relègue pas au second plan. Tout différents qu'ils soient, les Européens semblent avoir compris que l'on vivait dans un monde dangereux. Malgré toutes les erreurs d'analyse de Bush, les Afghans se portent indéniablement mieux sans les talibans, Saddam Hussein est en prison au lieu de torturer son peuple, le colonel Mouammar Kadhafi s'est soudainement assagi et le processus de paix au Proche-Orient donne des signes de redémarrage. Les Européens savent qu'ils ne peuvent plus se contenter de ne faire que du *soft power* en signant les chèques de la reconstruction après une intervention militaire et qu'un peu de *hard power* est nécessaire. L'Union a sur le terrain dix fois plus de troupes de maintien de la paix que les Etats-Unis, du Timor à l'Afghanistan en passant par le Congo. Elle a pris le relais de l'OTAN en Macédoine en 2004, en Bosnie en 2005 et après-demain au Kosovo, où 85 % des hommes déployés sont déjà européens [1].

Remise à plat de la relation avec l'Amérique

On est pourtant loin du compte et, pour rééquilibrer la relation face aux Etats-Unis, les « pygmées européens » – cette plaisante expression est de George Robertson, l'ancien secrétaire général de l'OTAN – devront faire plus. Personne n'envisage d'entrer dans une sorte de course aux armements avec les Etats-Unis qui entraînerait non seulement un gâchis financier mais aussi une rivalité potentielle entre deux alliés obligés. Le principal problème des Européens n'est pas tant le montant des dépenses militaires – 160 milliards d'euros par an – que la manière dont l'argent est utilisé pour des programmes souvent redondants. Avec deux fois moins d'argent, les Européens sont cinq fois moins efficaces que les Etats-Unis parce qu'ils font vingt-cinq fois la même chose. L'Agence européenne des armements qui a été mise sur les rails, avant même l'entrée en vigueur de la Constitution qui en prévoit la création, pourrait y mettre un peu d'ordre et créer aussi dans ce domaine un marché intérieur capable de fournir des équipements compétitifs. Ces éléments disparates peuvent-ils former une véritable politique étrangère commune dont, tous les sondages le disent, les citoyens européens veulent absolument ? La réponse se trouve surtout à Londres et à Paris. Les deux pays, qui avaient

1. Les Américains ont d'ailleurs tendance à déployer un nombre d'officiers qui les font ressembler à une armée mexicaine. S'ils disposaient à la date du 1er février 2005 de 1 900 hommes dans les opérations OTAN, ces derniers sont encadrés par 45 généraux, soit un pour 42 hommes. La France a le rapport le plus bas de tous les pays impliqués avec deux généraux pour 4 200 hommes, soit un pour 2 100 hommes.

emprunté des chemins divergents après la faillite de leur aventure égyptienne de 1956, peuvent à nouveau converger après Bagdad, en 2003.

Le couple franco-allemand a constitué le seul moteur de l'Union européenne pendant quarante ans. Quand on le croyait usé, y compris à Berlin et à Paris, à la fin des années 1990, on a vu les dégâts provoqué par son absence. Il a fallu une réconciliation spectaculaire, en 2002, pour refaire avancer l'Europe, boucler les négociations d'élargissement et donner sa chance à la Constitution. A eux deux, ils sont le Nord, le Sud, l'Est et l'Ouest [1]. C'est la même « alchimie » – le mot est de Chris Patten et de Michel Barnier, le commissaire responsable des affaires institutionnelles – que Londres et Paris, avec Berlin si c'est possible, devraient trouver dans le domaine de la politique étrangère. Sans leur entente, la Pesc fera encore longtemps rire à la Maison Blanche. « Si le président de la République française et le Premier ministre britannique ne sont pas d'accord (...) cela ne marchera pas », clame Javier Solana [2]. Membres permanents du Conseil de sécurité de l'ONU, détentrices de l'arme nucléaire, ces ex-puissances coloniales disposent d'armées bien équipées et professionnelles dotées d'une véritable expérience sur le terrain. Elles jouissent des deux seules véritables services diplomatiques globaux de l'Union et quand ils sont déterminées à agir – Blair et Chirac l'ont prouvé – ils peuvent ouvrir la voie.

Pour y parvenir, les deux pays devront tout remettre à plat, y compris, et surtout, leur relation avec les Etats-Unis, l'aspect le plus difficile de l'exercice dans la mesure où rien d'autre ne divise fondamentalement les Européens. La France devra pour cela renoncer à s'aligner à la fois sur l'Allemagne pacifiste et aux incantations sur une « Europe-puissance » qui aurait vocation à devenir un « contrepoids » face aux Etats-Unis. Cette chimère, ce vieux rêve gaulliste n'intéresse aucun autre Etat membre. Pour le Royaume-Uni, c'est agiter inutilement un chiffon rouge. Les pays de l'Est, Pologne en tête, qui se sont rendu compte en Irak que suivre les Etats-Unis dans toutes leurs aventures n'est pas toujours sage, commencent à s'intéresser à la politique étrangère commune. En Allemagne, un retour des chrétiens-démocrates au

1. Voir chapitre 4 et 11.
2. Interview au journal *Le Monde* du 28 mars 2003.

pouvoir aurait vite fait de prouver que Berlin est loin d'avoir coupé le cordon ombilical avec Washington, malgré les tensions provoquées par la guerre en Irak. L'axe Paris-Berlin-Moscou qui est apparu avant le début de la guerre en Irak n'a aucune cohérence et aucune force. Il faudra aussi que la France accepte de partager sa souveraineté dans le domaine extérieur en se souvenant de l'adage d'un des pères fondateurs de l'Europe, le ministre belge des Affaires étrangères, Paul Henri Spaak, en 1958 : « L'Europe n'est composée que de petits pays. Il y en a qui le savent, d'autres pas. » L'antiaméricanisme ne peut servir de politique étrangère. « Quand il parle de l'Europe, il pense à la France », disait le Premier ministre Harold Macmillan du général de Gaulle, l'inspirateur de Jacques Chirac. Mais aux heures les plus graves de la tension Est-Ouest, comme la crise des missiles à Cuba, en 1962, sa solidarité n'a jamais fait défaut. Cela ne signifie toutefois pas l'acceptation d'un monde unipolaire où l'Europe devra automatiquement s'aligner sur les Etats-Unis, mais la reconnaissance du fait que les deux rives de l'Atlantique partagent les mêmes intérêts sans toujours être obligées de s'entendre.

Retour sur investissement britannique

C'est ce que le Royaume-Uni devra admettre s'il entend réellement peser dans les affaires du monde au travers de l'Union. En matière commerciale et en matière économique, il a déjà réalisé que son avenir est en Europe. L'opinion publique britannique, qui reste très différente de son équivalent continental, est chaque jour plus proche du Continent et plus éloignée des Etats-Unis, contrairement à l'image déformée qu'envoient les tabloïds britanniques. L'affaire irakienne a sévèrement ébranlé cette opinion, qui en veut à Tony Blair d'avoir lancé l'armée britannique dans une aventure risquée et aux résultats peu probants. Les Britanniques ont sur le Moyen-Orient la même vision complexe que les autres pays européens. Dans les faits, que se soit sur Kyoto, la Cour pénale internationale, les OGM, la manière de traiter le programme nucléaire iranien ou la peine de mort, ils font des choix de société souvent diamétralement opposés à ceux des Etats-Unis. Tony Blair a découvert les vertus d'un interventionnisme étatique bien peu britannique, notamment lorsqu'il a renationalisé de facto les chemins de fer après une privatisation désastreuse. Les Britanniques sont donc des Européens particuliers, mais des Européens, et donc souvent en contradiction avec Washington, mais ils ne parviennent pas à se débarrasser de leur chimère, cette « relation spéciale » avec les Etats-Unis qui est de moins en moins importante. « La Grande-Bretagne reste incapable de faire son choix existentiel, se lamente Chris Patten. Nous, au Royaume-Uni, nous nous faisons des illusions sur l'influence qu'on peut avoir sur les Etats-Unis en ne leur montrant pas que nous sommes en désaccord. Si la base de notre relation avec les Etats-Unis c'est "où que tu ailles j'irai", cela ne fera pas du bien à l'Amérique et c'est humiliant pour nous. Le problème de la Grande-Bretagne, c'est qu'elle n'arrive pas à décider où elle est ni ce qu'elle est [1]. »

Mais les plaques tectoniques bougent. Londres n'hésite plus à s'opposer à Washington. La fin de l'année 2003 a également vu le premier retour sur investissement de l'Europe en provenance du Royaume-Uni. Le rejet par la France, en août 1954, du projet de Communauté européenne de défense (CED), puis son retrait, en 1966, des structures militaires intégrées de l'Alliance atlantique avaient durablement transformé en tabou les questions militaires entre Européens. Il a fallu attendre le sommet de Saint-Malo, en décembre 1998, pour que la France et la Grande-Bretagne commencent à se mettre d'accord pour que l'Europe de la défense soit enfin mise sur les rails. La guerre en Irak, comme le sommet « sécessionniste » organisé à Bruxelles, le 29 avril 2003, entre l'Allemagne, la France, la Belgique et le Luxembourg, des pays opposés à la guerre en Irak, afin de concrétiser cette Europe de la défense, ont retardé les choses. Pour les partenaires atlantistes de ces pays, Londres en particulier, qui n'ont pas été conviés, ce « sommet des pralines », comme l'a surnommé avec mépris la presse anglo-saxonne à cause de la réputation d'excellence de Bruxelles dans ce domaine, a été perçu comme une volonté de tourner le dos aux Américains. Mais, en réalité, la réunion a été utile. Le 26 novembre à Berlin, le Royaume-Uni, l'Allemagne et la France décident la mise en place d'un « quartier général européen » rebaptisé « cellule de planification opérationnelle » pour amadouer les Britanniques et les y associer.

1. Entretien avec les auteurs.

Un état-major européen

Blair résistera à une énorme pression américaine pour qu'il tue dans l'œuf un organe que l'ambassadeur américain auprès de l'OTAN, Nicholas Burns, n'hésite pas à qualifier, en novembre 2003, de « menace la plus significative contre la cohésion de l'OTAN ». Le 4 décembre 2003, le secrétaire d'Etat américain, Colin Powell, déclare à Bruxelles que « les Etats-Unis ne peuvent accepter des structures indépendantes de l'Union qui fassent doublon avec des capacités existantes au sein de l'OTAN ». Tony Blair, soucieux de se replacer dans le jeu européen, s'est démené pour convaincre son allié que l'Union n'avait nullement l'intention de concurrencer les Américains sur leur terrain. Les Européens ont multiplié les gages de leur bonne foi. Le Pentagone a obtenu une sorte de droit de regard sur les opérations que les Européens veulent mener en dehors de l'OTAN. Le « devoir d'assistance » mutuelle en cas d'agression armée, prévu dans la Constitution, s'exercera prioritairement dans le cadre de l'Alliance atlantique qui reste « le fondement de (la) défense collective et l'instance de sa mise en œuvre ». De même, la cellule de planification ne sera activée que si l'OTAN, c'est-à-dire les Américains, se déclare hors-jeu, et si les Européens n'ont pas recours aux moyens matériels de l'Alliance. Et il est précisé que les quartiers généraux nationaux seront prioritaires sur le QG européen. Autrement dit, ce dernier, dans lequel siégera un membre du Shape (l'état-major « otanien »), ne sera que subsidiaire et non permanent (seuls quelques officiers siégeront à Bruxelles en permanence). En dépit de tous ces verrous, un diplomate français estime qu'il ne faut pas sous-estimer l'accord de Bruxelles. « Le dernier tabou vient de tomber : les Européens peuvent désormais planifier collectivement une opération sans les Américains », souligne-t-il. Du reste, les Français, qui admettent avoir abandonné en partie leurs réserves « idéologiques » vis-à-vis de l'OTAN, le reconnaissent eux-mêmes : quand il s'agira d'une opération importante, comme au Kosovo ou en Bosnie, Américains et Européens se retrouveront toujours côte à côte. L'essentiel est là : Blair a donc fait un choix stratégique difficile en acceptant la création d'un embryon de quartier général européen, mais il l'a fait. C'est un pas de géant pour la défense européenne, puisqu'il lui permettra d'agir seule à terme, même s'il reste à concrétiser.

Si la France et le Royaume-Uni parviennent à dépasser leurs psychés respectives, ils pourront entraîner tous les autres, calmant la névrose de sécurité des nouveaux membres, et sortir les autres pays de leur torpeur. Le processus sera long, très long, puisqu'il faut conjuguer, comme cela a été le cas pour le marché unique et l'euro, la volonté politique, un projet commun et des institutions efficaces. Pour la monnaie unique, cela a pris trente ans. Une génération suffira-t-elle pour construire une véritable politique étrangère européenne ?

TROISIÈME PARTIE

La fin du chantier permanent

CHAPITRE 10

Giscard fait main basse sur la Convention

On croirait la scène tirée d'un film des Marx Brothers, totalement absurde et d'une irrésistible drôlerie. L'acteur principal est tellement improbable que les membres de la « Convention sur l'avenir de l'Europe », « Convention européenne » de son petit nom, se figent d'abord dans une stupéfaction mâtinée d'inquiétude ce 10 juillet 2003. Le grand homme serait-il atteint de sénilité ? Valéry Giscard d'Estaing achève son dernier discours en tant que président de la Convention qui, contre toute attente, vient de donner un projet de Constitution à l'Europe élargie. Il a remercié tout le monde, mis en garde les gouvernements contre la tentation du « détricotage », dit sa fierté d'avoir réussi un pari jugé intenable et exprimé sa tristesse de quitter les conventionnels après seize mois de travaux. « La dernière personne que je voudrais remercier est ma tortue wukei ! », lance-t-il. Cette tortue chinoise en porcelaine verte, l'ancien président français l'a posée devant lui il y a un an exactement, le 11 juillet 2002, alors que les membres de la Convention s'irritaient de la lenteur des travaux et du refus de « VGE » d'aborder rapidement l'architecture institutionnelle de l'Union. Il s'agit, avait-il expliqué à l'époque, d'une tortue-dragon, symbole de longévité et d'une « démarche prudente qui aboutit à son objectif », mais qui est armée afin, le moment venu, de « saisir dans ses griffes le texte final ». Un an plus tard, il choisit d'achever son mandat en rendant hommage à la wukei qui, lorsque « nous étions au milieu du courant, nous a guidés, comme elle l'a fait pour le premier empereur de Chine, jusqu'à ce que nous atteignions les berges de la rivière ». Et, devant une salle médusée, il se retourne pour saisir quelque chose. C'est une feuille de salade, qu'il place devant sa tortue, avant d'en distribuer deux autres aux vice-présidents de la Convention, les anciens Premiers ministres belge Jean-Luc Dehaene et italien Giuliano Amato. La salle, conquise, éclate de rire, amusée par cette blague de potache qui étonne de la part d'un homme de 77 ans, pourtant incarnation parfaite de l'arrogance et de la froideur des élites françaises.

En seize mois de travaux, le président a conquis « son » peuple, celui de la Convention, qui lui était très majoritairement hostile au départ. Lors de l'adoption du texte, le 10 juin 2003, un mois avant son discours final, les yeux rougis par des larmes qui paraissaient sincères, « VGE » a vu ses conventionnels lui réserver une ovation debout au moment où retentissait l'*Hymne à la joie* de Beethoven. Les hommages sont bien entendu venus de ses amis politiques français, comme le député européen Alain Lamassoure, qui l'a comparé à Benjamin Franklin, l'un des pères de la Constitution américaine. Mais les compliments les mieux tournés ont été dits par des hommes et des femmes qui éprouvaient vis-à-vis de lui de la méfiance, voire de la répulsion lors de sa nomination à la tête de la Convention.

L'Autrichien Johannes Voggenhuber, un Vert du Parlement européen qui avait solennellement juré un mois auparavant de ne plus adresser la parole à un président qu'il accusait d'ignorer les opinions contradictoires, rend lui aussi les armes. « Vous avez joué le rôle d'accoucheur, lance-t-il. Vous avez gagné mon respect. » Visiblement sous le charme, la socialiste belge Anne Van Lancker, qui a ferraillé avec un VGE surtout soucieux des droits des « grands » pays, dit sa tristesse de devoir se séparer de son *pater familias*. Le Britannique Andrew Duff, un libéral-démocrate qui siège à Strasbourg, lui rend le plus bel hommage qui soit en saluant sa contribution décisive : « Vous pouvez vous targuer d'être à l'origine du large consensus. » Personne n'aurait pourtant osé parier un euro sur un tel dénouement lorsque la Convention européenne a entamé ses travaux, le 28 février 2002.

La campagne de Bruxelles

« Je n'ai pas l'intention d'être candidat à l'élection présidentielle, mais je ne l'exclus pas. » En ce début du mois de septembre

2001, Valéry Giscard d'Estaing sème le doute. La petite phrase affichée sur son site Internet attire l'œil du microcosme parisien mais passe totalement inaperçue dans le reste de l'Union. Caresse-t-il réellement l'idée de se réinstaller à l'Elysée, vingt ans après avoir quitté le palais sur un sonore et ampoulé « au revoir » de monarque blessé dans son amour-propre par un peuple ingrat ? La haine que voue l'ancien président français à Jacques Chirac est-elle toujours aussi vive, un quart de siècle exactement après leur divorce ? Est-il vraiment prêt à se présenter à l'élection d'avril 2002 et à grappiller ainsi les quelques points qui précipiteraient la défaite de celui qui fut son Premier ministre de 1974 à 1976 et qui participa activement à l'élection de François Mitterrand en mai 1981 en refusant de donner une consigne de vote pour le second tour de l'élection présidentielle ? En réalité, VGE vise la présidence de la Convention, dont l'idée s'impose de plus en plus dans les capitales des Quinze malgré les réticences très fortes de certains pays. Quelle fin de carrière pour ce grand européen, que de donner une Constitution à l'Union, même si le terme est, à l'époque, encore largement tabou ! Et quelle belle vengeance que celle qui consisterait à jeter aux oubliettes de l'Histoire le calamiteux traité de Nice, conclu en décembre 2000 par un certain... Jacques Chirac.

Mais les jeux sont loin, très loin d'être faits. Le choix du président de la Convention doit être effectué à Laeken, l'une des communes de Bruxelles, lors du sommet des 14 et 15 décembre 2001. Giscard, en grand chasseur habitué à se lever à l'aube pour débusquer le gibier, se met tôt en marche. Dès le mois de septembre, il multiplie les rencontres avec les chefs d'Etat et de gouvernement. Le 10 octobre, il est entendu par la commission des affaires constitutionnelles du Parlement. L'eurosceptique français William Abitbol lui demande ironiquement pourquoi il ne serait pas candidat à la présidence de la Convention, lui qui aurait la stature « d'un Jefferson ou d'un Madison », c'est-à-dire d'un père fondateur des Etats-Unis d'Amérique ? Réponse de l'intéressé : « Votre suggestion me conduit à souhaiter que le Parlement européen soit suivi lorsqu'il exprime d'aussi heureuses idées. » Une semaine plus tard, il officialise son acte de candidature dans la presse [1]. « Je crois en tout cas qu'il serait bon pour la France que le président de la

1. *Le Monde* du 16 octobre 2001.

Convention soit une personnalité française. Or il y a plusieurs personnalités françaises qui ont une grande expérience européenne », souligne-t-il. N'est-il pas lui-même le mieux placé ? lui demandent les journalistes du quotidien du soir, un brin perfides. La réponse, retranscrite sans changement, vaut son pesant d'or : « Non, enfin, oui, par exemple. » Avant de préciser pour ceux qui n'auraient pas tout à fait compris : « Je ne fais pas acte de candidature, mais ma participation à ce débat montre que c'est un sujet dont je pense que c'est un sujet important et intéressant. » Bref, il veut présider la Convention de toutes ses forces. N'est-il pas toutefois parti un peu trop tôt ? En général, dans le grand jeu européen, celui qui se déclare commet un suicide politique.

Mais Jacques Chirac a compris le message : il faut aider « l'Ex » dans sa campagne de Bruxelles, faute de quoi il risque de l'embêter en France. Et lorsque le président de la République veut quelque chose, il l'obtient ! Il apportera dès le surlendemain de la publication de cet entretien un appui sans réserve à son rival de toujours, soutenu par son Premier ministre Lionel Jospin. Réconciliation franco-allemande oblige, Chirac obtiendra l'accord de Gerhard Schröder lors du sommet de Nantes, le 23 novembre 2001.

Il est vrai que le parcours européen de VGE est riche. C'est lui qui a relancé avec Helmut Schmidt le couple franco-allemand délaissé par Georges Pompidou, qui venait de faire entrer le Royaume-Uni dans la Communauté économique européenne (CEE) pour faire contrepoids à l'Allemagne. C'est encore lui qui a créé le Conseil européen dès son arrivée au pouvoir, en 1974, afin de permettre aux chefs d'Etat et de gouvernement de discuter régulièrement et de donner les impulsions politiques qui manquent à la CEE. C'est grâce à lui que le Parlement européen est élu au suffrage universel dès 1979. La Grèce lui doit aussi son adhésion prématurée, en 1981. Helléniste passionné, VGE a forcé la main des « Neuf » de l'époque et de la Commission. Cette dernière avait rendu un avis concluant que ce pays n'était pas prêt à adhérer sur le plan économique et qu'il valait mieux, tant pour Athènes que pour ses partenaires, le faire patienter dans une sorte de salle d'attente. Pierre de Boissieu, alors conseiller au cabinet du vice-président de la Commission européenne [1], François-Xavier Ortoli, se souvient encore avoir eu la surprise de sa vie lorsque sa secré-

1. Il est actuellement secrétaire général adjoint du Conseil des ministres.

taire lui a annoncé que le président de la République était au bout du fil. Et, surtout, des mots qu'il a entendus : « Monsieur, on ne fait pas jouer Platon en seconde division. » Le « serpent monétaire européen » et son successeur, le « système monétaire européen », qui permettent avec un certain succès de limiter les soubresauts des devises et de rêver à l'introduction ultérieure d'une monnaie unique ? Encore Giscard et Schmidt. Son opposition farouche au traité de Nice lors du débat du 12 juin 2002 à l'Assemblée nationale – il s'abstiendra lors du vote de ratification – ne fait que renforcer à Bruxelles son aura de grand européen.

Un « homme du passé européen »

Autant dire que sa haute silhouette voûtée à la Giacometti reste présente sur l'écran-radar européen. Il voyage sans cesse, écrit comme s'il vivait de sa plume, multiplie les rencontres au plus haut niveau et milite en faveur de la monnaie unique sans oublier de lancer des piques sur la scène politique française et de régner en maître absolu sur son fief auvergnat qui lui a donné sa marque de fabrique, le légendaire chuintement.

Mais l'ancien président suscite des anticorps très puissants. Pour la plupart des dirigeants européens, Giscard, qui est déjà âgé de 75 ans en cet automne 2001, est une relique du passé. Aucun d'entre eux ne l'a connu au pouvoir. Membre de l'Assemblée nationale dès 1956, secrétaire d'Etat aux Finances dès 1959, il appartient à une autre génération, celle de François Mitterrand ou Helmut Kohl, qui ont passé la main ou sont morts. Les archives de la télévision le montrent en couleurs, mais les images sont tellement vieillottes qu'on s'attendrait presque à voir l'écran virer au noir et blanc. Circonstance aggravante : ceux qui le connaissent, essentiellement en France et dans les pays latins, ne l'aiment guère. Il est même étonnant de constater l'espèce de révulsion que le personnage provoque. Toutes proportions gardées, son image est presque comparable à celle d'un dictateur déchu. Alors que le début de son septennat a été marqué par des avancées significatives, comme la libéralisation de l'avortement, ainsi que par la décrispation et la modernisation d'une société française jusque-là figée dans un gaullisme suranné, la deuxième partie a laissé de mauvais souvenirs. La crise économique entraîne une augmentation massive du chômage et VGE prend un tournant quasiment réactionnaire, de la loi Peyrefitte « sécurité et liberté » au retour forcé des immigrés en passant par la réforme contestée des universités. C'est surtout sa morgue aristocratique qui a marqué les esprits des rares Européens qui se souviennent de lui. Sans compter la trace laissée par les mystères, comme les morts de Robert Boulin et Joseph Fontanet, ainsi que les « affaires » révélées par *Le Canard enchaîné*, en particulier les fameux diamants offerts par son « ami », l'empereur de Centrafrique, Jean-Bedel Bokassa. C'est d'ailleurs à l'hebdomadaire satirique qu'il doit son méchant surnom d' « Ex ».

Le ministre portugais des Affaires étrangères, le socialiste Jaime Gama, osera dire tout haut ce qui se chuchote dans la plupart des capitales : « L'ancien président Valéry Giscard d'Estaing est un homme du passé européen, ce n'est pas un homme de l'avenir européen », lance-t-il en se demandant quel serait l'effet sur l'opinion publique d'une Convention sur l'avenir de l'Europe présidée par un homme né en novembre 1926, entre les deux guerres mondiales. Pour la France et l'Allemagne, en revanche, l'expérience de l'âge remplace avantageusement la fougue de la jeunesse : « La question de savoir si une personnalité a son avenir derrière elle n'a rien à voir avec la question de savoir si elle est capable de penser à l'avenir », plaide Schröder. L'intéressé, piqué au vif, se défend avec des arguments qui laissent ses détracteurs sans voix. « Je suis plus jeune que le ministre israélien des Affaires étrangères (Shimon Peres) et j'ai exactement l'âge du Premier ministre chinois (Zhu Rongji), qui est l'homme le plus populaire dans son pays. »

D'autres obstacles se dressent sur la route de la présidence de la Convention. Le Premier ministre belge Guy Verhofstadt, qui préside en ce second semestre 2001 l'Union, n'apprécie guère Giscard, qui le lui rend bien : les deux hommes se sont connus au Parlement européen, lorsqu'ils ont siégé côte à côte au sein du groupe libéral, au début des années 1990 [1]. Ce dynamique quadragénaire flamand a juré de lui barrer la route de la Convention. Il a ainsi mis sur pied un groupe de personnalités de haut niveau, dont les anciens Premiers ministres belge Jean-Luc Dehaene et italien Giuliano Amato, chargés d'identifier les réformes nécessaires au bon fonctionnement de l'Europe élargie, une façon d'indiquer que,

---

1. Voir p. 357.

pour lui, le futur président de la Convention se trouve parmi ces deux-là.

En outre, l'ancien président français multiplie les déclarations qui visent à lui attirer le soutien des grands pays méfiants à l'égard d'une intégration de type fédéral, comme le Royaume-Uni et la France. Il ne cesse de répéter que c'est le Conseil européen, « sa » création, qui doit être le gouvernement de l'Union. Mais, ce faisant, il s'aliène les « communautaires », dont l'Allemagne, l'Italie et la plupart des petits pays, pour qui c'est la Commission qui doit le devenir. Enfin, l'expérience de Nice ne joue pas en sa faveur. Les petits pays ne sont pas prêts à accepter un autre candidat français qui ferait passer l'arrogance chiraquienne pour de la bonhomie. « On ne veut pas d'un grand-père qui vienne nous dicter la marche à suivre », souligne un ambassadeur, résumant l'état d'esprit général.

Les socialistes font chou blanc

Un seul autre candidat se dresse officiellement sur sa route, Giuliano Amato, même si ce socialiste n'est soutenu que du bout des lèvres par le président du Conseil italien, Silvio Berlusconi. Mais d'autres attendent leur heure dans l'ombre. Jacques Delors, l'ancien président de la Commission, se dit « disponible » si on le lui demande. Le Premier ministre néerlandais Wim Kok, qui n'entend pas rempiler après les élections qui se dérouleront en mai 2002 dans son pays, affirme qu'il ne sera pas libre avant cette échéance. Tout le monde sait toutefois qu'il ne résistera pas à une demande pressante du Conseil européen et de ses amis socialistes, qui constituent la majorité à l'époque. Le Premier ministre portugais Antonio Guterres tresse d'ailleurs les lauriers de Wim Kok, qui est « évidemment l'un des plus compétents, vraiment pro-européens et capables des Premiers ministres que je connais. Il remplirait merveilleusement la fonction ». Les dirigeants socialistes, qui organisent leur complot « tout sauf Giscard » lors d'un dîner qui se tient le 13 décembre 2001 à Bruxelles, abordent donc avec une certaine confiance ce rendez-vous où ils comptent faire valoir le poids de leur majorité parmi les Quinze.

Mais c'est compter sans la détermination et l'expérience de Chirac. Le samedi 15 décembre, après avoir adopté la « déclaration de Laeken » qui sera la « feuille de route » de la Convention, Guy Verhofstadt tente un passage en force : « Maintenant, nous avons un petit problème à régler : le président de la Convention. J'ai recueilli beaucoup d'informations lors de ma tournée précédant le Conseil européen [1]. » Mais au lieu de donner le nom de son candidat, en l'occurrence Amato, il demande : « Etes-vous d'accord pour que je fasse une proposition ? » Erreur fatale. Chirac, en vieux renard des Conseils, s'engouffre dans la brèche : « J'ai un grand respect pour la présidence (de l'Union, NDA) mais, s'agissant de la présidence de la Convention, je crois que (sa) proposition doit intervenir au terme des discussions, pas au début. La France a soumis la candidature du président Giscard d'Estaing. J'aimerais un tour de table avant la proposition de la présidence. » Gerhard Schröder lui apporte immédiatement le soutien de l'Allemagne et Silvio Berlusconi lâche Amato qui est, après tout, son adversaire politique : « Nous avons proposé Amato, mais après avoir parlé aux collègues, j'ai réalisé qu'il a peu de chances. Donc je retire cette candidature. Nous soutenons aussi Giscard. » L'Espagnol José Maria Aznar se rallie, lui aussi, à la candidature française, tout comme l'Autrichien Wolfgang Schüssel. A ce moment-là, seuls le Grec Costas Simitis et Antonio Guterres ont avancé le nom de Delors. Pour Simitis, « le président de la Convention doit apporter un message fort sur la direction que nous devons suivre. Nous avons besoin de quelqu'un avec des idées neuves ».

Verhofstadt tente alors d'interrompre ce tour de table qui tourne au désastre. Mais Tony Blair intervient pour que l'exercice soit mené à son terme et annonce qu'il vote des deux mains pour Giscard. L'Irlandais Bertie Ahern, très respecté par ses pairs, tente bien une contre-attaque. « J'ai été dans ces affaires pendant quinze ans et Giscard était déjà parti ! Il faut regarder vers le futur », lance-t-il. Mais Wim Kok, le Finlandais Paavo Lipponen, le Luxembourgeois Jean-Claude Juncker, le Danois Anders Fogh Rasmussen et le Suédois Goran Persson annoncent qu'ils se rallieront au consensus. Verhofstadt refuse de s'avouer vaincu : alors que tous les « grands » soutiennent VGE et qu'aucune candidature

1. Toutes les citations des chefs d'Etat et de gouvernement lors des sommets proviennent du procès-verbal confidentiel de la réunion. Les auteurs se sont procuré ce document.

alternative n'émerge, il proclame contre toute évidence qu'« il n'y a de majorité pour rien du tout ». Il suspend la séance. Mais il doit se rendre à la raison : les jeux sont faits. « L'Ex » sera à nouveau président.

Pour atténuer le coup et limiter la liberté de manœuvre du lauréat, Verhofstadt convainc ses partenaires de lui adjoindre deux « belle-mères ». Amato et Dehaene seront les vice-présidents de la Convention. Pour Chirac, l'essentiel est fait : il est débarrassé de Giscard. « Nous sommes tout à fait heureux et fiers que la conduite de cette Convention ait été confiée au président Giscard d'Estaing dont l'expérience et la hauteur de vue sont incontestablement des gages de succès pour cette importante tâche », se réjouit-il lors de la conférence de presse finale. « Il est bien entouré », grince vainement Verhofstadt à l'issue du sommet de Laeken, encore sonné par le coup de force chiraquien.

A force d'attendre qu'on vienne le supplier de reprendre du service, Delors a une nouvelle fois raté le train, cinq ans après avoir renoncé à se présenter à l'élection présidentielle contre Chirac. Ce dernier se fera d'ailleurs un plaisir de souligner qu'il n'a jamais été candidat, ce que lui concédera un Lionel Jospin qui ne s'est pas beaucoup démené pour le convaincre. Mais, surtout, face à un président français décidé à imposer Giscard quitte à opposer son veto à la nomination de tout autre candidat, les autres chefs d'Etat et de gouvernement de l'Union n'ont pas osé utiliser cette arme nucléaire pour imposer leur propre champion. Dans ce genre de réunion, pour utiliser un langage chiraquien, c'est celui qui en a le plus dans le pantalon qui remporte la mise. Margaret Thatcher l'a souvent démontré : le monde policé des diplomates est désemparé devant la brutalité des animaux politiques. « Si Chirac n'avait pas tenu bon jusqu'au bout, il aurait perdu, reconnaît en privé l'actuel ministre français des Affaires étrangères. Personne n'aimait Giscard. »

La « déclaration de Laeken », adoptée sans problème à la surprise générale, apporte toutefois du baume au cœur du fédéraliste convaincu qu'est Verhofstadt et, plus largement, de tous les partisans de la construction communautaire. Alors que le mot même donne de l'urticaire aux Britanniques, ce document ouvre « la voie vers une Constitution pour les citoyens européens ». Le mot est lâché et, en soi, c'est déjà une révolution. Mais, surtout, pour la première fois dans l'histoire de l'Union, des gouvernements viennent de renoncer à dessiner seuls l'architecture de la future maison commune européenne et demandent à une Convention, composée de représentants des parlements nationaux, du Parlement européen, des gouvernements et de la Commission, de faire le travail à leur place en leur présentant des options, voire des recommandations en cas de consensus. Un double succès que l'on doit à la diplomatie belge.

Le salaire du président

Avant même le lancement de la Convention, un incident va démontrer à quel point Giscard est détesté dans le sérail diplomatique. A la mi-janvier 2002, la presse se fait l'écho des prétentions financières et des exigences logistiques de l'ancien président français [1]. Il demande, en effet, des émoluments importants – l'équivalent de ce que touche le président de la Commission, soit 20 000 euros par mois –, plusieurs chambres dans un grand hôtel bruxellois pour lui-même et ses gardes du corps, ainsi que des moyens en hommes et en locaux. Comme à leur habitude, les tabloïds britanniques brodent sur cette base et amplifient ces exigences en parlant de palaces où les salles de bains sont ornées de robinets en or, comme à la cour de Louis XIV. Le Tout-Bruxelles, qui n'a pas oublié l'affaire des diamants de Bokassa, ricane. L'entourage de Giscard croit dur comme fer que cette méchante « rumeur totalement infondée » vient du gouvernement belge, qui serait décidé à se venger mesquinement. Or, si les journalistes s'abreuvent bien à des sources belges pour évoquer ces exigences salariales, ce sont surtout des diplomates français qui ont répandu l'information dans le microcosme bruxellois afin de lui savonner la planche.

Pierre de Boissieu, le secrétaire général adjoint du Conseil des ministres, un diplomate français de haut vol qui a la haute main sur le budget de son administration, convoque les journalistes qui ont écrit sur le sujet pour les morigéner dans son style habituel, flamboyant et méprisant [2]. Les exigences logistiques ? Rien que de très normal, explique-t-il très justement. Giscard a besoin d'un secré-

1. Depêche Reuters du 18 janvier 2002.
2. La rencontre, qui ressemble à un procès stalinien, a lieu le 22 janvier 2002.

tariat et de bureaux pour mener son travail à bien. Dont acte. Les chambres dans un palace ? « Giscard compte être à Bruxelles quasiment à temps plein », argumente-t-il, ce qui, à l'expérience, se révélera entièrement faux. Il y passera quelques jours par mois, même si, à la fin de la Convention, ses séjours bruxellois seront beaucoup plus fréquents. « Le président de la Convention peut-il loger chez l'ambassadeur de France ? » s'interroge Boissieu. En outre, comme tous les anciens présidents français, Giscard dispose d'officiers de sécurité. « Ils ne peuvent pas dormir dans le même lit que lui », insiste le diplomate. Fort bien. Reste le salaire. Et là, l'explication est beaucoup plus vaseuse. « Giscard n'a pas demandé de salaire », tente-t-il avant de préciser : « Il ne l'a pas demandé en ces termes. » Et, de toute manière, il n'y aurait rien d'« outrageant » à compenser le manque à gagner pour Giscard, qui ne siégera plus à l'Assemblée nationale pendant la durée de la Convention. Résultat des courses : il a bien demandé une rémunération digne de son rang, qui était, tout naturellement, celle d'un président. Mais pourquoi ne pas l'admettre, ce qui aurait dégonflé l'histoire ?

Pour Olivier Duhamel, brillant constitutionnaliste et représentant des députés européens socialistes à la Convention, qui s'est entendu comme larron en foire avec Giscard, « cet homme intelligent s'est trompé de monde. Trompé d'époque : les journalistes sont devenus plus curieux et les citoyens moins complaisants. Trompé de prestige : en politique, le prestige ne se mesure pas à l'argent que l'on gagne ». Enfin, une consolation : « Giscard s'est fait mal voir, mais la Convention s'est fait connaître [1]. » La solution finalement adoptée sera le versement d'une confortable « indemnité forfaitaire » de 11 000 euros par mois, plus les frais.

Une Convention « poids lourd »

Les 105 conventionnels se réunissent pour la première fois le 28 février 2002. Flanqué de ses deux vice-présidents, Giscard contemple du haut de son perchoir 16 députés européens, 2 commissaires ainsi que 56 membres des parlements nationaux (2 par

1. Olivier Duhamel, *Pour l'Europe*, Seuil, 2003.

pays) et 28 représentants des gouvernements des pays membres actuels et futurs de l'UE (les Quinze plus les Dix qui deviendront membres le 1er mai 2004 plus la Bulgarie, la Roumanie et la Turquie appelées à devenir membres plus tard). En fait, les conventionnels seront bien plus nombreux, leurs suppléants ayant rapidement pris l'habitude de siéger en même temps que les titulaires.

La Convention offre un éventail assez complet de l'Europe d'aujourd'hui : non seulement toutes les nationalités y sont représentées mais aussi l'ensemble des forces politiques européennes aptes à gouverner, chaque Parlement national ayant envoyé un membre de l'opposition. En outre, les personnalités désignées ne sont pas des seconds couteaux : « deux anciens chefs d'Etat – VGE et l'Estonien Lennart Meri –, une demi-douzaine d'anciens Premiers ministres, une bonne cinquantaine de ministres actuels ou anciens, une vingtaine de présidents de commissions parlementaires », décompte le député européen et conventionnel Alain Lamassoure, lui-même ancien ministre délégué aux Affaires européennes (1993-1995) [1]. Cette qualité humaine et politique ne se retrouve pas dans toutes les composantes. Il faudra attendre plusieurs mois pour que certains gouvernements réalisent que la Convention va sans doute réussir à rédiger une Constitution complète et se décident enfin à envoyer leurs poids lourds les représenter. Ainsi, les chefs de la diplomatie allemande, Joschka Fischer, et française, Dominique de Villepin, ne seront désignés qu'à l'automne 2002. Une erreur que n'a pas commise Tony Blair qui a immédiatement dépêché à Bruxelles l'un de ses proches, Peter Hain, ministre en charge des Affaires européennes.

Les Français sont très présents : outre Giscard, on compte les députés européens Olivier Duhamel (PSE) et Alain Lamassoure (PPE), le commissaire Michel Barnier, le représentant du gouvernement français, ainsi que les parlementaires Pierre Lequiller (UMP) et Hubert Haenel (UMP). Le chiffre monte à douze si l'on ajoute les suppléants de ces membres effectifs, Pascale Andréani pour le gouvernement, Pervenche Bérès (PSE) et William Abitbol (souverainiste) pour le Parlement européen, Robert Badinter (PSE) et Jacques Floch (UMP) pour le Sénat et l'Assemblée nationale.

La grande majorité des conventionnels est méfiante vis-à-vis de

---

1. Alain Lamassoure, *Histoire secrète de la Convention européenne*, Albin Michel, 2003.

ce forum, et encore plus à l'égard de l'ancien président français. Ceux qui viennent de leur capitale – parlementaires nationaux ou représentants des gouvernements – ne le connaissent pas. C'est particulièrement vrai pour les 39 membres issus des 13 pays candidats. S'ils ont entendu parler de Giscard d'Estaing, c'est très souvent en mal. Nombre de députés des parlements nationaux ont en outre l'impression de monter à l'échafaud : ne va-t-on pas leur demander de signer l'arrêt de mort de leur raison d'être, l'Etat-nation, dans une capitale étrangère où l'on parle un sabir européen qu'ils ne maîtrisent pas ? Le fait qu'ils représentent la composante la plus nombreuse de la Convention les rassure quelque peu : ainsi, rien ne pourra se faire sans eux.

La Commission, elle, éprouve une défiance instinctive à l'égard de l'inventeur du Conseil européen, institution souvent perçue comme rivale. Si les deux commissaires présents – le Français Michel Barnier et le Portugais Antonio Vitorino – apprécient l'intelligence de Giscard, même le commissaire français se méfie des intentions de son ancien mentor. « Il a une autorité naturelle, dira-t-il dans un doux euphémisme. Maintenant, il va falloir qu'il apprenne à travailler collégialement [1]. » Le président de la Commission, Romano Prodi, exprime quant à lui clairement son sentiment : « Je ne sais pas qui va gagner, Valéry Giscard d'Estaing ou la Convention », déclare-t-il en privé, faisant ainsi de l'homme d'Etat français l'ennemi à abattre.

VGE, un monarque égaré au Parlement européen

C'est encore pire au Parlement européen. Dire que l'homme n'a pas laissé de très bons souvenirs à Strasbourg, où il se fait élire en 1989 pour mieux rebondir en France, est un euphémisme. Il y débarque alors avec pour objectif de devenir président de l'Assemblée, un poste où il rencontrera les grands de ce monde. Rien de moins ne serait digne de son rang : on lui donnera à nouveau du « monsieur le Président », et plus seulement au titre du passé. Le problème est qu'il arrive à Strasbourg en se comportant comme un président de la République alors qu'il n'est plus qu'un

1. Entretien avec les auteurs.

élu siégeant parmi ses égaux. « Il aurait pu séduire, mais il s'est comporté comme un monarque », se souvient Carlos Pimenta, un député européen portugais membre du groupe libéral [1]. L'UDF, son parti, siégeant chez les libéraux, il commence par prendre sans ménagement la place de son ancienne ministre, Simone Veil, qui occupait la présidence de groupe. Le malaise est grand parmi les parlementaires libéraux, et pas seulement français, qui vouent une admiration sans bornes à cette grande européenne rescapée d'Auschwitz, qui a d'ailleurs présidé le Parlement. La mort dans l'âme et, pour certains, forcés et contraints par les dirigeants nationaux de leurs formations politiques respectives, les députés italiens, allemands, espagnols, irlandais, danois, belges, néerlandais, luxembourgeois et portugais l'élisent à la tête de leur groupe.

Giscard va rapidement se rendre compte qu'un obstacle majeur encombre son chemin vers le perchoir. Le groupe libéral, troisième en importance au Parlement européen, est un point d'appui insuffisant pour s'installer à la présidence que se partagent les deux plus grands groupes, les socialistes et les conservateurs du PPE. L'ancien président entame alors des négociations secrètes avec les démocrates-chrétiens qui veulent à tout prix devenir le plus grand groupe de l'Assemblée. Président du groupe libéral, Giscard veut passer avec armes et bagages au PPE en échange de la garantie de devenir celui du Parlement ! Les libéraux nordiques, qui se définissent surtout par leur opposition à la démocratie-chrétienne, ont vent des tractations. Début décembre 1991, Giscard accueille ses troupes libérales à Paris pour une réunion destinée à préparer la session plénière de la semaine suivante. Il ne leur dit pas un mot de ses projets. Mais « ses » députés ont à peine quitté Paris qu'il rencontre les dirigeants du groupe PPE, toujours dans la capitale française, pour arrêter les derniers détails de son transfert.

Le lundi suivant, à Strasbourg, nouvelle réunion du groupe libéral. Plusieurs députés l'interrogent directement sur les rumeurs qui se font de plus en plus insistantes. Cette fois, Giscard ne peut plus garder le silence. Il reconnaît l'existence des négociations et plaide pour la fusion de son groupe avec le PPE afin de faire contrepoids aux socialistes dans l'hémicycle. Les députés des autres nationalités sont verts de rage. Carlos Pimenta saute de son siège et pointe un doigt vers la porte de la salle de réunion. « Traître, fous le

1. Entretien avec les auteurs.

camp ! », lance-t-il [1]. Personne n'a jamais parlé comme ça à « VGE », qui blêmit sous l'outrage. Le complot se transforme en fiasco total. Simone Veil reste au groupe libéral, comme la majorité des députés français, et l'UDF Yves Galland en deviendra le président. Giscard passe au groupe PPE suivi de son fidèle Alain Lamassoure et de l'ancien général Jeannou Lacaze. La manœuvre a complètement échoué, puisque Giscard pèse encore moins au sein du PPE qu'au sein du groupe libéral. Il ne sera jamais président du Parlement. Dès lors, comme la plupart de ses collègues français, il se fera surtout remarquer par son absentéisme à Strasbourg et à Bruxelles.

C'est à cette époque qu'il s'est fait des ennemis irréductibles au sein d'un Parlement – notamment Guy Verhofstadt, devenu depuis Premier ministre de Belgique, qui, rompu à ce type d'exercice et disposant de la logistique nécessaire, va compter au sein de la Convention. Cette dernière siège d'ailleurs dans ses installations à Bruxelles, même si le secrétariat est installé dans les locaux du Conseil des ministres. Tout un symbole pour des députés européens qui veulent majoritairement transformer l'exercice en Constituante.

C'est précisément ce que craint la quatrième composante, celle des gouvernements. Tapis dans l'ombre, ils attendent leur heure. Certes, ils ont accepté la création d'une Convention, mais contraints et forcés par leur fiasco de Nice. Les grands pays hostiles à de nouvelles délégations de souveraineté, dont le Royaume-Uni et la France, détestent cet animal étrange qui risque de leur échapper. Totalement dans la ligne intergouvernementale française, malgré les discours officiels – son ministre-délégué aux Affaires européennes, Pierre Moscovici, n'hésite pas à parler des « Etats-Unis d'Europe » –, Hubert Védrine multiplie les avertissements en privé. « Si la Convention se prend pour une Constituante, elle va à l'échec », explique le chef de la diplomatie française. Il faut qu'elle prépare des options. On ne peut pas déposséder les gouvernements [2]. » Tout l'inverse de l'esprit de la Convention créée précisément parce que les gouvernements ont prouvé qu'ils ne savaient plus faire l'Europe.

---

1. Entretien avec les auteurs.
2. Conversation avec quelques journalistes, dont les auteurs.

Le fantôme de la Convention de Philadelphie

C'est le même Védrine en petit comité qui résume le mieux le climat en cette fin février 2002. « VGE veut réussir un coup formidable pour rester dans l'Histoire grâce à la Convention. Mais il peut y avoir une conjuration des nains contre lui. Je ne sais pas s'il est devenu assez intelligent humainement pour éviter ça. » Giscard va faire mentir les Cassandre. Une alchimie va se créer entre la très grande majorité des conventionnels, y compris les plus eurosceptiques, et leur président. Tour à tour visionnaire et réaliste, brutal et séduisant, autoritaire et démocrate, il mène l'exercice comme on dresse un cheval sauvage. Le cavalier sait qu'il faut donner des coups d'éperon mais aussi, parfois, flatter l'encolure de sa monture. Lui ménager des temps de repos avant de la cravacher en vue de la ligne d'arrivée. La laisser boire quand elle a soif. Mais jamais la monture ne doit prendre le commandement. Le député européen Jean-Louis Bourlanges (UDF), l'un des plus fins connaisseurs de la chose européenne, est l'un des rares à avoir compris dès le premier jour comment se déroulerait la Convention. Il raille ceux qui croient pouvoir dominer VGE. Ils sont 104 et il est seul, qui plus est entouré par un « présidium » de 12 membres chargé de le surveiller [1] ? « C'est l'histoire du cobra et des lapins » prédit cet esprit vif à la veille du discours d'ouverture de VGE. « Ce sera pentecôtiste. L'Esprit-Saint descendra de Dieu par les 12 apôtres sur l'ensemble des peuples de la terre. Ensuite, les peuples renseignés vont faire remonter leurs approbations, leurs réactions, leurs critiques jusqu'à Dieu le Père [2]. »

Lors de la session inaugurale de la Convention, le 28 février 2002, VGE donne le ton : « Oui, nous pouvons faire rêver de l'Europe », dit-il avant de dramatiser la difficulté de l'exercice. « D'un côté, le gouffre béant de l'échec », qui, sans nul doute,

1. Le présidium est constitué du président, des deux vice-présidents, de trois représentants des gouvernements, de deux représentants du Parlement européen, de deux députés européens, de deux parlementaires nationaux et d'un invité des pays candidats de l'époque, le Slovène Alojz Peterle.

2. Entretien avec les auteurs.

précipiterait la « dislocation » de ce qui a été construit depuis plus de cinquante ans, l'Europe devenant une « nouvelle Société des nations, réduite à l'impuissance par les égoïsmes et les droits de veto ». « De l'autre, la porte étroite du succès » qui « illuminera l'avenir de l'Europe » et lui permettra « dans vingt-cinq ou cinquante ans » d'être « respectée et écoutée, non seulement comme la puissance économique qu'elle est déjà, mais comme une puissance politique qui parlera d'égal à égal avec les plus grandes puissances de la planète ». Voilà de quoi flatter une assemblée soudain saisie par l'importance de ses responsabilités. Les « conventionnels », comme Giscard va les baptiser, applaudissent à tout rompre.

VGE n'évoque pas la Convention de Philadelphie ce jour-là. Elle le hante pourtant, cette image des pères de la Constitution américaine. Les points de comparaison abondent. L'âge du capitaine, d'abord, puisque l'un de ces pères, Benjamin Franklin, avait 81 ans au moment de l'accord, le 17 septembre 1787. Les problèmes à surmonter, ensuite. Lorsque les 55 délégués désignés par 12 des 13 Etats américains – Rhode Island est absent – se retrouvent le 25 mai 1787, c'est pour améliorer le fonctionnement d'une Union organisée sur un modèle confédéral qui n'a jamais fonctionné. La clause de l'unanimité la paralyse et les « petits » Etats craignent la domination des « grands ». Les Etats confédérés adoptent finalement une constitution fédérale, un texte court à peine modifié en plus de deux siècles (27 amendements au total), qui attribue au pouvoir central la monnaie, la défense et les affaires étrangères, laissant le reste aux Etats fédérés.

Mais VGE sait que la comparaison atteint rapidement ses limites, comme il l'admet lui-même. Les Européens ne constituent pas une nation désireuse de créer un Etat alors que les Américains étaient déjà une nation divisée en Etats au XVIIIe siècle. Autre grande différence, relevée avec humour par Lamassoure : les délégués américains n'ont pas dû négocier avec les Britanniques, auxquels ils venaient d'arracher leur indépendance, alors que les représentants de Londres siègent à la Convention, ce qui ne facilite guère les choses. Même s'il le voulait, ce qui n'est pas le cas, Giscard ne pourrait pas non plus agiter le chiffon rouge du fédéralisme devant des conventionnels qui sont, pour une bonne part, issus de pays qui viennent juste de s'émanciper de la pesante tutelle soviétique. Le « fédéralisme » leur rappelle un peu trop la

« souveraineté confisquée » de l'ère communiste et non la « souveraineté partagée » de l'Europe moderne. Pas de « querelles sémantiques », insiste-t-il : si certains ne veulent pas du mot « Constitution », va pour « traité constitutionnel ».

La souplesse de Giscard

Néanmoins, l'ancien président français sait précisément où il veut en venir. Avant même sa nomination et dans les mois qui l'ont suivie, il a exposé les grandes lignes de sa vision de l'avenir de l'Europe, notamment devant les parlementaires européens, en octobre 2001. S'il s'abstient de montrer trop clairement son jeu aux membres de la Convention, il ne cesse de s'exprimer dans les médias – enfin, les « grands » médias choisis par lui, ceux qu'il juge dignes de recueillir sa parole – et de négocier directement avec les chefs d'Etat et de gouvernement de l'Union. Beaucoup de ses objectifs sont d'ailleurs consensuels. Il faut simplifier les textes, écrire une Constitution lisible par le plus grand nombre, clarifier les compétences pour que l'on sache « qui fait quoi », et permettre à l'Union de parler d'une seule voix sur la scène internationale. Qui pourrait trouver à y redire, à part les europhobes ?

Mais ses priorités stratégiques vont au-delà et s'attachent aussi à l'équilibre institutionnel. Il estime qu'il faut mettre fin à ce qu'il considère être la dérive de ces dernières décennies, qui ont vu la Commission jouer le rôle de gouvernement par défaut, surtout pendant les années où Jacques Delors était aux commandes. Il faut donc la remettre à sa place dans le « triangle institutionnel » qu'elle forme avec le Conseil des ministres et le Parlement. Pour lui, le futur gouvernement de l'Union ne peut être que le Conseil des chefs d'Etat et de gouvernement. D'où son idée, vivement combattue par les fédéralistes, de créer un poste de président du Conseil européen élu par ses pairs qui aurait vocation à devenir le véritable « patron » de l'Union. Faussement ingénu, il explique que la Commission et le Parlement ont des présidents stables : pourquoi par le Conseil ? Par ricochet, la nomination de ce personnage permettrait de mettre fin à l'aspect le plus important de la rotation semestrielle des présidences, qu'il juge « absurde », puisque dans l'Europe des 25 un pays assumera cette charge tous les 12,5 ans ce qui rendra impossible toute continuité dans l'exercice du pouvoir. Ce Conseil européen rénové serait assisté d'une série de super-ministres qui doubleraient, en réalité, les commissaires réduits au rôle de directeurs généraux. « La vision institutionnelle de VGE est inspirée d'un mélange entre le modèle constitutionnel français et américain, analyse le constitutionnaliste Olivier Duhamel. Dans cette vision-là, l'avenir à long terme de l'Europe est présidentiel, avec un président de l'Europe qui sera le président du Conseil. A terme, il sera élu au suffrage universel, en attendant par un congrès des députés nationaux et européens et la Commission a vocation à devenir une sorte de service administratif de bonne qualité [1]. »

Sa seconde idée est de restaurer la démocratie. L'Union, ne cesse-t-il de rappeler, est constituée d'Etats mais aussi de citoyens. Or, ces derniers sont, selon lui, ignorés dans l'Europe du début du XXIe siècle, puisque le modèle institutionnel des « Six » n'a pas été modifié. Les institutions imaginées à l'époque donnaient un poids démesuré aux « petits » pays dans une Communauté où ils n'étaient que trois (Belgique, Pays-Bas et Luxembourg) face à trois « grands » (Allemagne, France et Italie). Ce schéma, dont la logique était d'éviter que les petits ne soient écrasés par les grands, se retourne contre ces derniers dans une Union à 25 ou 30 pays, les « petits » étant largement majoritaires. Giscard sépare les pays de l'Union des Vingt-Cinq en trois groupes. Les six grands de plus de 40 millions d'habitants qui représentent 77 % du PIB et 74 % de sa population (Allemagne, France, Italie, Royaume-Uni, Espagne, Pologne) ; les huit moyens habités par 8 à 16 millions de personnes (19 % de la population et 17 % de son PIB) et les 11 moins peuplés (7 % population et 6 % du PIB). Si rien n'est changé, cette coalition de 11 « nains » pourra facilement bloquer la machine et donc imposer sa loi aux trois quarts de la population. A la Commission, où chaque Etat a droit à son représentant et où l'on vote à la majorité simple, les représentants des petits pays pourront facilement dicter leurs choix et, par exemple, interdire une fusion entre des entreprises allemande et française. Pour VGE, il faut donc changer le système de vote au sein du Conseil des ministres pour que la population soit mieux prise en compte et ramener le nombre de

1. *Les Petites Affiches*, *Les dossiers de l'Europe*, « Une Constitution pour l'Europe », 15 décembre 2004.

commissaires à un nombre inférieur à celui des pays afin que la Commission représente vraiment l'intérêt général européen.

Enfin, le troisième souci de VGE est de trouver un compromis entre les « communautaires » et les « intergouvernementaux », c'est-à-dire entre les tenants de l'Europe fédérale et ceux de l'Europe des nations, et éviter un affrontement mortel pour l'avenir du projet européen. Il estime, au-delà même de ses propres penchants, nécessaire de ménager les susceptibilités britanniques pour les garder à bord, condition sine qua non d'une « Europe-puissance ». Il sait qu'il y a des tendances fédérales à l'intérieur du système, mais les gouvernements et les parlements nationaux ne se laisseront pas déposséder de leurs dernières prérogatives. Voudrait-on forcer la nature que les choses se bloqueraient tout simplement. Le réalisme veut qu'on en tienne compte. D'où, en particulier, son idée d'établir une liste précise des compétences communautaires afin de mettre fin au grignotage continu des compétences nationales. Sur ce point, comme sur d'autres, il devra en rabattre, ce qu'il fera sans barguigner.

Car, et c'est une des grandes qualités de Giscard, il a su évoluer, tout au long de la Convention, en versant de l'eau communautaire dans son vin intergouvernemental pour peu que l'objectif final soit atteint. Il le reconnaîtra lui-même sans s'en offusquer. « Il a compris qu'il avait une idée assez déformée de l'Europe », raconte Inigo Mendez de Vigo, député européen issu des rangs des conservateurs espagnols et membre du présidium. « Un jour il m'a dit : "J'ai quitté tout cela il y a une vingtaine d'années et l'Europe a beaucoup changé." Il croyait que la Commission était là pour faire le marché intérieur, point. Et il pensait que le marché intérieur était presque fini. Pour lui, les nouveaux domaines que sont la politique étrangère et la défense relèvent des seuls Etats et encore des grands Etats [1]. » « La force de Valéry Giscard d'Estaing, c'est d'avoir (...) renoncé à son modèle présidentiel », ajoute Olivier Duhamel [2]. Pascal Lamy, le commissaire au commerce extérieur de Romano Prodi, est plus brutal : « Giscard veut que l'œuf que pondra la Convention porte son nom. Qu'il y ait plus de blanc ou plus de jaune, il est prêt à s'en accommoder [3]. »

1. *Ibid.*
2. *Ibid.*
3. Entretien avec quelques journalistes dont les auteurs.

Un Britannique dans l'ombre

Giscard, pour maîtriser l'animal étrange qu'est la Convention, va utiliser au mieux le mode très particulier de décision en vigueur, celui du « consensus » qu'il revient au président de constater. Car il n'est pas question de voter : le représentant du gouvernement allemand ne pèse évidemment pas du même poids que celui du Parlement maltais ! La « déclaration de Laeken » s'est bien gardée d'entrer dans les détails, le président a donc une grande liberté. « Valéry Giscard d'Estaing constatait le consensus lorsqu'il existait un fort mouvement avec lequel le présidium et lui-même étaient en accord ou s'il considérait que la décision était indispensable pour des raisons tenant au réalisme et si les conventionnels ne hurlaient pas », résume Olivier Duhamel [1]. C'est ainsi qu'il a réussi à imposer la présidence stable du Conseil européen voulue par la France, la Grande-Bretagne et l'Espagne, alors même qu'il existait une forte majorité contre cette innovation ou qu'il a abandonné toute référence au « mode fédéral » pour ne pas déplaire à Tony Blair alors que la majorité de la Convention y était favorable. Le 10 juillet 2003, lors de la cérémonie de clôture de la Convention, VGE livrera, autour d'une coupe de champagne, son interprétation du consensus : c'est quand tout le monde regarde dans la même direction, explique-t-il. « Par une très mystérieuse coïncidence, c'était la même que la mienne. » A ses côtés, l'un de ses vice-présidents, Jean-Luc Dehaene, un Flamand rondouillard et fédéraliste, remonte un pantalon coincé sous sa bedaine, et lance, hilare : « Il y a consensus quand le président trouve qu'il y a un consensus. »

VGE a aussi eu l'intelligence de créer un véritable bras armé à son service, le secrétariat de la Convention, une structure administrative par opposition à la structure politique qu'est le présidium. Cette petite administration de très haut niveau a été le véritable lieu d'élaboration de la Constitution avec le pouvoir que cela représente [2]. « Celui qui tient la plume, surtout face à une assem-

1. *Les Petites Affiches*, *op. cit.*

2. Le secrétariat comprenait deux Britanniques, une Autrichienne, deux Allemands, un Français, deux Italiennes, deux Espagnoles, deux Belges, une Suédoise, une Polonaise, une Néerlandaise et un Portugais. Ces fonctionnaires étaient issus des trois institutions communautaires ou des Etats membres.

blée aussi diverse dans sa composition que divisée quant aux objectifs à atteindre, a un rôle important puisqu'il peut orienter les travaux selon qu'il met l'accent sur telle ou telle dominante », souligne Etienne de Poncins, qui fut le membre français du secrétariat [1]. Toujours à son souci de ne rien faire qui puisse déplaire à la Grande-Bretagne, Giscard choisi de confier la direction du secrétariat à un Britannique très au fait des questions communautaires, John Kerr, ancien secrétaire général du Foreign Office et ancien représentant permanent de son pays auprès de l'Union. « La fonction implicite de Sir John a été, tout au long de la Convention, de s'assurer que le texte serait acceptable par le gouvernement britannique », reconnaît Etienne de Poncins [2]. Il a joué activement ce rôle. C'est par exemple lui qui a donné instruction à ses fonctionnaires de maintenir la règle de l'unanimité pour la révision de la Constitution alors même qu'une partie des conventionnels réclamaient un vote majoritaire. Cela étant, Sir John n'avait pas les pleins pouvoirs, puisque les articles étaient toujours revus par VGE et les deux vice-présidents avant d'être soumis au présidium. Autrement dit, même s'il tenait la plume, le secrétaire général britannique pouvait voir sa copie retoquée par ses autorités politiques. Mais Giscard l'a rarement fait, car il savait que John Kerr avait préalablement sondé Londres. C'est seulement ensuite que les articles étaient présentés à la Convention avant de revenir au secrétariat avec des centaines de propositions d'amendements. Là aussi, le secrétariat les triait et décidait, sous sa propre autorité, de les hiérarchiser avant de rédiger une proposition de compromis. Le rôle de John Kerr était central dans ce processus. Il lui est même arrivé de refuser de prendre physiquement des propositions d'amendements, en particulier ceux déposés par la France pour maintenir l'« exception culturelle ». Il a fallu que, pour le coup, VGE lui torde le bras... De même, Sir John était opposé à un article dressant la liste des symboles de l'Union (le drapeau, l'hymne, la devise, la monnaie) et il se débrouillait pour que les propositions allant en ce sens disparaissent. Olivier Duhamel a dû finalement demander, en séance, quel était le kleptomane qui lui subtilisait son article qui, finalement, figurera bien dans le projet de Constitution.

1. *Les Petites Affiches*, *op. cit.*
2. *Les Petites Affiches*, *op. cit.*

La « pensée unique » bruxelloise

Lorsque débutent les travaux de la Convention, la première préoccupation de Giscard est d'éviter que les députés européens et la Commission ne s'allient pour transformer leur Assemblée en « Constituante » et votent un texte fédéraliste qui n'aurait ensuite aucune chance d'être approuvé par les gouvernements, ceux-ci gardant le dernier mot. VGE veut travailler pour l'Histoire, pas pour ses poubelles. « Au cours des premières sessions de la Convention, la référence aux thèmes habituels de la pensée unique (bruxelloise) était saluée par des ovations passionnées », ironise-t-il [1], en se présentant comme le défenseur de « l'Europe réelle » face aux tenants de l'harmonisation d'une Europe diverse. La « culture dominante au sein des institutions bruxelloises sous-estime systématiquement cette diversité, parce qu'elle constitue un obstacle sur la voie de l'homogénéisation de l'Europe, qui est un des objectifs qu'elles poursuivent ».

Il commence par imposer aux conventionnels une interminable « phase d'écoute » afin de les épuiser et d'écarter les projets les plus inacceptables. Cédant rarement sa place au perchoir, il écoute avec un flegme étonnant d'ennuyeux discours sans surprise. Les conventionnels, surtout les députés européens, s'énervent pendant le printemps et l'été 2002. Impatients, ils réclament à cor et à cri que l'on parle des institutions et du projet global. Le 23 mai, il est interpellé par Olivier Duhamel qui le somme de dire quelle est sa vision de l'Europe, celle de Tony Blair ou celle de Romano Prodi. Giscard minaude et dit ne pas pouvoir présenter de propositions de texte avant l'automne, à l'issue de la phase d'écoute, par humilité et respect pour la Convention. « Vous verrez alors si je suis plus proche de Tony Blair que de Romano Prodi », explique-t-il. Personne n'est dupe.

Il amuse la galerie avec des gadgets très giscardiens. C'est l'épisode de la « Convention de la société civile », où tout ce que l'Europe compte d'ONG, de syndicats, d'organisations patronales

1. Valéry Giscard d'Estaing, *La Constitution pour l'Europe*, Albin Michel, 2003.

ou de cercles de défenseurs des animaux produira des tonnes de revendications catégorielles mais pas une seule idée novatrice. La « Convention des jeunes », une idée personnelle qu'il a eue dès sa nomination, a, quant à elle, carrément tourné au désastre, peut-être savamment orchestré. « Dites-nous ce que vous rêvez, pour dans vingt ans », leur avait lancé Giscard le 10 juillet 2002 avant de laisser seuls 210 jeunes âgés de 18 à 25 ans. S'ils rêvaient, c'était à leur futur poste de fonctionnaire à la Commission. Pendant trois jours, ils ont manié le jargon des eurocrates et accouché d'un texte peut-être plus bureaucratique encore que celui qui aurait pu être rédigé par des constitutionnalistes. Un groupe de 57 jeunes dissidents a raillé cette « attaque des clones » menée par leurs camarades.

Le squelette sort du placard

Après avoir manié le temps comme un horloger suisse, VGE sort du bois le 28 octobre 2002 en présentant le « squelette » de la future Constitution, 18 pages et 46 articles produits par le secrétariatde la Convention et approuvés par le présidium. La Constitution consacre « une Union d'Etats européens, conservant leur identité nationale, qui coordonnent étroitement leurs politiques au niveau européen, et qui gèrent, sur le mode fédéral, certaines compétences communes ». Avec, toujours, ce petit détail, cette volonté d'innover qui finit par en irriter plus d'un. Comme lorsqu'il propose le Congrès – dont personne ne veut à la Convention – ou l'idée de changer l'appellation de l'Union – il dit avoir une préférence pour « Europe unie ». Les Britanniques s'esclaffent : « *Europe United* comme *Manchester United ?* » Mais on ne trouve rien de précis dans le « squelette » sur les institutions.

L'homme veut garder sa liberté. Il reste donc imprévisible et totalement incontrôlable. Même ses plus proches collaborateurs ne sont pas tenus au courant de ses « coups » les plus fumants. Ses deux vice-présidents découvrent dans la presse, comme tous les autres conventionnels, le brûlot qu'il fait paraître en novembre 2002. Alors que trois représentants de la Turquie, pays officiellement reconnu candidat à l'adhésion depuis 1999, siègent à la Convention, il affirme dans un entretien : « La Turquie est un pays proche de l'Europe, un pays important, qui a une véritable élite mais ce n'est pas un pays européen », en ajoutant que son adhésion signifierait « la fin de l'Europe [1] » ! Il profite ainsi de la tribune inespérée que lui offre la Convention pour dire toute l'hostilité qu'il éprouve à l'égard de ce pays musulman. Il ne faut pas croire qu'il s'agit d'un incident : Giscard est profondément persuadé que l'Europe est un « club chrétien » dans lequel les musulmans n'ont pas leur place. Tollé sur les bancs de la Convention, grosse colère turque – Giscard « est l'équivalent des intégristes musulmans », dit le conventionnel turc Ali Tekin – et satisfaction à peine voilée chez les opposants à l'adhésion de la Turquie. Mais personne ne peut attaquer VGE, qui a déjà repris le train pour Paris. Au passage, il a mis dans sa poche les conventionnels démocrates-chrétiens, qui sont aussi les plus fédéralistes.

Tout va ensuite s'accélérer. En décembre, le président de la Commission se tire une balle dans le pied avec le projet « Pénélope ». Ce texte, rédigé en grand secret sous la houlette de Romano Prodi, est tellement mal présenté que la Commission le répudie [2]. En outre, il comporte des volets totalement irréalistes, notamment en matière de politique étrangère commune où la Commission veut s'arroger des pouvoirs importants. Aristocrate en diable, Giscard va carrément provoquer Prodi en duel en lui proposant de tenir un débat à l'issue duquel le public votera sur la vision de l'Europe présentée par les deux hommes. A trois reprises, le président de la Commission trouvera des prétextes pour éviter un affrontement qu'il sait totalement déséquilibré. Face à un homme qui, en 1974, a réussi à laminer un politicien aussi retors que François Mitterrand, Prodi craint à juste titre d'être réduit en charpie. Giscard le relancera à deux reprises avec une méchanceté et une mesquinerie inutiles qui montrent que l'homme n'a pas vraiment changé. Il ne sait toujours pas se montrer généreux face à un adversaire à terre. « On comprend pourquoi Giscard a été élu et pourquoi il n'a pas été réélu, souligne Olivier Duhamel. Il a un pouvoir de séduction extraordinaire, mais il traite les gens comme des enfants et est vraiment méchant [3]. »

1. *Le Monde* du 8 novembre 2002.
2. Voir chapitre 1.
3. Entretien avec les auteurs.

L'Irak fait son entrée à la Convention

Le 14 janvier 2003, Jacques Chirac et Gerhard Schröder parviennent à concilier leurs visions opposées sur l'avenir de l'Union, scellant définitivement la réconciliation franco-allemande après sept années de valse-hésitation [1]. Les deux pays envoient au moment opportun le signal qu'ils sont unis et qu'on ne parviendra plus à les prendre en flagrant délit de zizanie. Dans les couloirs, tout le monde admet que la « contribution » franco-allemande constitue un tournant. « Le chemin se dessine », se réjouit devant quelques journalistes Dominique de Villepin, le chef de la diplomatie française. En ce mois de janvier, tout le monde est certain que les travaux de la Convention vont déboucher sur un succès.

La guerre en Irak a failli tout remettre en cause. A partir de février 2003, les Etats membres donnent le spectacle désolant de leurs divisions entre le « camp de la guerre » emmené par le Royaume-Uni et l'Espagne et le « camp de la paix » incarné par l'axe franco-allemand. Les pays candidats se rangent presque sans réserve dans le camp américain. Plusieurs membres de la Convention, qui vient de commencer l'examen du projet d'article 14 (« les Etats membres appuient activement et sans réserve la politique étrangère et de sécurité commune de l'Union dans un esprit de loyauté et de solidarité mutuelle ») demandent que l'on arrête cette mascarade grotesque. Faut-il simplement constater l'échec ? « Aussi loin qu'on remonte en arrière, jusqu'à la période autrement périlleuse de la guerre froide, on ne trouve l'exemple d'une Europe qui affiche aussi ouvertement ses désaccords sur la scène internationale », déclare VGE, pour lequel la guerre fait « peser une ombre et une angoisse sur nos travaux ». Mais il ne pense visiblement pas un instant à abandonner la partie. Au contraire, dit-il, ces divisions vont doper la Convention.

C'est exactement ce qui se passe, après un nouveau « coup ». Le 22 avril 2003, le porte-parole de Giscard, le diplomate allemand Nikolaus Meyer-Landrut, transmet à quelques journalistes la partie

1. Voir chapitre 11.

institutionnelle de la Constitution, celle que tout le monde attend depuis un an. L'objectif est de mettre tout le monde devant le fait accompli. Ce texte a été préparé en grand secret par VGE, assisté de John Kerr et d'Etienne de Poncins, durant les mois de mars et d'avril. Les deux vice-présidents l'ont eu entre les mains dès le 20 mais le reste du présidium a été court-circuité. Au cours d'un dîner au château de Val-Duchesse, à Bruxelles, dans la soirée du 22 avril, Giscard se fait voler dans les plumes. Son texte est totalement inacceptable : les priorités de Giscard y sont affichées avec une brutalité inouïe. Le texte, très marqué par l'intergouvernementalisme, fait du Conseil l'autorité suprême de l'Union. Les Etats membres nommeront un ministre des Affaires étrangères et éliront leur président. Le Conseil est doté d'un « bureau » et donc d'une bureaucratie qui se pose en rivale de la Commission, dont le président serait à coup sûr éclipsé par le nouveau président du Conseil. Le Parlement européen est court-circuité, puisqu'il ne ferait que confirmer le président de la Commission... choisi par le Conseil européen. La rotation des présidences disparaît pour les formations les plus importantes des ministres. Le « Congrès des peuples d'Europe », composé de députés européens et nationaux, deviendrait une des institutions les plus visibles de l'Union. La Commission ne compterait plus que 12 membres à part entière. Le présidium s'attelle à la tâche et travaille toute la journée et la nuit du 23 avril pour gommer les aspects les plus intergouvernementaux du projet giscardien avant la réunion de la session plénière de la Convention prévue pour le lendemain.

Le « conchenchuche » est atteint

C'est un tollé qui accueille VGE. La Commission, le Parlement européen, les fédéralistes et les représentants d'une vingtaine de petits pays se livrent à un véritable jeu de massacre. « Une telle Constitution sera la victoire du nationalisme sur l'idée d'Europe », estime le Vert autrichien Johannes Voggenhuber. Pour l'influent démocrate-chrétien allemand Elmar Brok, Giscard enterre Jean Monnet et fait triompher « Metternich », l'artisan du Congrès de Vienne qui a réorganisé la carte de l'Europe des nations en 1815.
Le problème est que l'objet de leur furie a déjà disparu, le texte de

Giscard ayant été largement amendé par le présidium. Les conventionnels vont finalement s'en rendre compte et, pour l'essentiel, se satisfaire du travail accompli par l'instance dirigeante de la Convention. Dans leur satisfaction d'avoir stoppé la dérive intergouvernementaliste de Giscard, ils ne vont pas remarquer que le squelette a survécu à l'exercice. Tout s'est passé comme si VGE avait parsemé ses propositions d'os surnuméraires, qu'il savait inacceptables, sur lesquels le présidium et les conventionnels se sont précipités, oubliant l'essentiel. Il a dû faire des sacrifices mais, après un an de travail, il a compris que sa vision d'une Europe essentiellement basée sur les Etats n'était pas majoritaire. Ainsi, il a dû se résoudre à voir sombrer son « Congrès », dont il était pratiquement le seul défenseur. De même, il n'y aura pas de répartition des compétences figées entre les Etats et l'Union, ce qui permettra de nouveaux partages de souverainetés. Enfin, le Conseil européen n'est plus l'autorité suprême soutenue par une bureaucratie parallèle.

Pour le reste, l'architecture voulue par VGE est intacte et ses priorités de départ se retrouvent peu ou prou dans le texte final. Le rôle du Conseil européen est rehaussé et il aura son président, même si son rôle est moins important qu'il ne le souhaitait. La Commission est réduite à 15 membres à partir du 1er novembre 2009, au lendemain des prochaines élections européennes. Ils seront sélectionnés selon le principe de la « rotation égalitaire » entre tous les pays [1]. L'Allemagne et la France, 140 millions d'habitants à elles deux, pourront donc être absentes d'un exécutif qui compterait des représentants de Malte et du Luxembourg, même pas un million d'âmes ensemble. Il a aussi dû se résoudre à ce que le futur ministre des Affaires étrangères ait une « double casquette ». Il sera à la fois vice-président de la Commission et président du Conseil des ministres des affaires étrangères, alors qu'au départ il estimait qu'il devait dépendre uniquement des gouvernements. Le président de la Commission sera proposé par le Conseil européen statuant à la majorité qualifiée « en tenant compte des élections au Parlement européen » et élu par les eurodéputés [2]. Le champ du vote à la majorité qualifiée est étendu, par

1. Il est aussi prévu que le président de la Commission nomme des commissaires sans droit de vote selon le principe de la « rotation égalitaire » afin que tous les pays aient quand même un représentant au sein de la Commission.

2. En pratique, cette disposition a été appliquée dès juin 2004, José Manuel Durao

exemple au domaine de la coopération judiciaire et policière. Le système de vote est redéfini afin d'être plus démocratique : elle est atteinte lorsque la moitié des Etats représentant 60 % de la population votent pour une proposition de la Commission. Le poids des grands pays, celui de leurs citoyens, est ainsi rétabli. Tout comme la Commission réduite, cette disposition n'entrera toutefois en vigueur qu'en novembre 2009. La disparition du terme « fédéral » du préambule de la Constitution au profit du terme « sur le mode communautaire » passe pratiquement inaperçue. Ce tour de passe-passe a eu lieu trois jours avant la rencontre entre VGE et Tony Blair, le 22 mai 2003. « Ce n'était, au mieux, qu'une heureuse coïncidence », écrira-t-il [1].

Le projet ne changera plus, malgré des batailles d'arrière-garde menées par les petits pays, l'Espagne et la Pologne. Après seize mois de pourparlers, 18 gouvernements sur 28 ont exigé d'en rester au traité de Nice. Giscard se dit alors prêt à tuer son bébé et à déclarer au sommet de Thessalonique, où il doit rendre sa copie le 20 juin 2003, que la Convention a été un échec. « Je leur dirai : voilà ce que nous proposions, mais à l'intérieur de la Convention, il y a eu un blocage [2]. » Le « nous » en dit long : la Convention, c'est moi. Pour contourner l'opposition d'une majorité de gouvernements, il a fait une nouvelle fois preuve d'intelligence tactique en s'appuyant sur les trois autres composantes, en particulier celle des parlements nationaux, qui sont très majoritairement en faveur du texte. Les 18 gouvernements récalcitrants se sont alors retrouvés totalement isolés y compris par rapport à leur propre parlement. Une situation intenable qui les a conduits à se rallier au consensus général.

La Constitution est adoptée le 13 juin 2003. VGE, plus chuitant encore qu'à l'ordinaire, décrète devant son « peuple » ému l'existence d'un « conchenchuche ». L'enthousiasme et l'émotion qui accueillent la fin des travaux sont inattendus. Même les eurosceptiques sont de la partie : ils signent eux aussi un texte qu'ils considèrent comme mettant en péril les nations ! Le pari a été tenu. L'alchimie a eu lieu et VGE, bon prince, reconnaît qu'il a dû

Barroso étant issu du groupe PPE-DE (conservateurs) qui a obtenu une majorité relative aux élections européennes des 10-13 juin 2004.

1. Valéry Giscard d'Estaing, *op. cit.*

2. Entretien avec quelques journalistes, dont les auteurs.

mettre de l'eau dans son vin. Un point d'équilibre quasiment miraculeux a été atteint entre communautaires et intergouvernementaux, entre grands et petits, entre riches et pauvres. C'est, dira Valéry Giscard d'Estaing lors de la dernière réunion de la Convention, le 10 juillet 2003, « le point extrême qu'il était possible d'atteindre aujourd'hui sans risque de déchirer le tissu, encore fragile, de l'Union européenne [1] ».

1. Le Conseil européen de Thessalonique a donné un délai supplémentaire de trois semaines à la Convention pour achever son travail, en particulier le toilettage de la troisième partie, celle relative aux « politiques communes ».

CHAPITRE 11

La Constitution de l'Europe

Silvio Berlusconi est fatigué et désabusé. Le président du Conseil italien, qui espérait conclure sa présidence semestrielle de l'Union par l'adoption de la Constitution européenne, sent que la situation lui échappe. Il est minuit passé ce samedi 13 décembre 2003 et, lui qui fanfaronnait deux jours auparavant en affirmant qu'il avait « une solution dans la poche », n'a pas su dénouer les fils de la négociation. *Sua Emittenza*, surnom qu'il doit aux nombreuses chaînes de télévision qu'il possède en Italie, a déjà reçu à la queue leu leu, dans l'une des salles du « Justus Lipsius », le bâtiment du Conseil des ministres à Bruxelles, 22 « chefs » depuis la veille afin de connaître leurs desiderata. Mais, là, il cale. Il veut encore voir le doyen du Conseil, le Premier ministre luxembourgeois Jean-Claude Juncker, mais après, *basta*. Il demande donc au Premier ministre hongrois, Peter Medgyessy, de patienter jusqu'au lendemain matin. Berlusconi ne cherche pas à donner le change à son dernier interlocuteur de la journée : « Il avait l'air d'être dépassé par les événements, de ne pas être maître du jeu. Je l'ai vu en plein désarroi, sans conviction profonde, n'aspirant pas à grand-chose, raconte Juncker [1]. Pour essayer de faire avancer les choses, je lui ai fait des propositions sur la justice et les affaires intérieures, sur la sécurité sociale, sur la fiscalité en allant bien au-delà de ce que mon gouvernement était prêt à accepter. Berlusconi a eu l'air étonné car il est rare désormais qu'un chef de gouvernement aille ainsi au-delà de son mandat comme savaient le faire François

1. Entretien avec les auteurs.

Mitterrand et Helmut Kohl. » Puis, d'un air las, « Il Cavaliere » lui avoue ce qu'il n'a pas osé dire aux autres : « L'Espagne et la Pologne n'ont pas bougé d'un pouce » depuis l'ouverture du sommet européen de Bruxelles, vendredi matin. Ni José Maria Aznar, plus buté que jamais, ni Leszek Miller, qui vient de sortir miraculeusement vivant d'un terrible accident d'hélicoptère et est corseté dans un plâtre qui lui prend tout le tronc, ne veulent céder une once du pouvoir qu'ils ont conquis à Nice, trois ans plus tôt. Il est maintenant plus d'une heure du matin. Juncker, en quittant le Justus Lipsius, est désormais certain que le sommet, le premier à Vingt-Cinq [1], va à l'échec. L'Union n'aura pas sa Constitution, en tout cas pas tout de suite.

Berlusconi jettera effectivement l'éponge quelques heures plus tard, sans avoir vraiment combattu, et manifestement soulagé de passer le bébé à d'autres. De toute façon, lui qui n'aime rien tant que les paillettes de la politique-spectacle, a son lot de consolation assuré : ses partenaires lui ont promis, avant même le début de la réunion, que la future Constitution serait signée à Rome quoi qu'il arrive, alors que la tradition veut qu'une telle cérémonie ait lieu dans le pays qui exerce la présidence au moment de la conclusion d'un traité. Mais là, il s'agit d'un symbole, celui d'une refondation : c'est dans la Ville éternelle que fut signé en 1957 le traité qui lança l'aventure communautaire. De Rome à Rome, la boucle sera bouclée !

« Parfois les miracles arrivent »

A la décharge de Berlusconi, les astres n'étaient pas très favorables à un succès. L'Espagne et la Pologne arrivent à Bruxelles bien décidées à défendre bec et ongles le traité de Nice. Il n'est pas envisageable pour elles d'abandonner le complexe système de « pondération des voix » qui leur accorde quasiment le même poids que les quatre grands. La raison en est simple : la prise en compte de la réalité démographie prévue par le projet de Constitution ramènerait l'Espagne et la Pologne à leur poids réel et donne-

1. L'élargissement n'a formellement eu lieu que le 1er mai 2004. Mais les pays candidats participent à tous les travaux de l'Union en qualité d'observateurs depuis la signature des traités d'adhésion, le 16 avril 2003, à Athènes.

rait un avantage aux « vrais » grands, comme l'Allemagne, deux fois plus peuplée. Autant leur demander de s'immoler sur l'autel de la construction communautaire, ce que ni Aznar, ni Miller ne sont prêts à faire.

Le problème est qu'en face, Gerhard Schröder et Jacques Chirac arrivent eux aussi très remontés à Bruxelles : pour eux, il n'est pas question de « détricoter » le texte issue de la Convention et donc de céder un pouce de terrain à Madrid et à Varsovie. Ils préfèrent une crise à un mauvais accord. « L'histoire de l'Europe, ce n'est pas un long fleuve tranquille, c'est une histoire de crises surmontées. Elle progresse de crise en crise [1] », explique le représentant permanent français à Bruxelles, Pierre Sellal. L'antagonisme entre ces deux camps a été avivé par la guerre en Irak, l'Espagne et la Pologne ayant soutenu l'aventurisme militaire de George Bush alors que l'Allemagne et la France s'y sont vivement opposées. Le couple franco-allemand est même prêt à forcer la décision au prix d'une rupture s'il le faut. Michel Barnier, alors commissaire aux questions institutionnelles, et proche de Chirac, laisse entendre que « quelque chose » est en préparation entre Berlin et Paris s'il y a blocage. « Ceux qui veulent aller plus loin commencent à réfléchir. Ceux qui ne veulent pas que l'Union européenne se transforme en une sorte de grande Suisse prendront une initiative pour retrouver l'esprit de Rome [2] », lance-t-il en guise d'avertissement. Guy Verhofstadt, le Premier ministre belge, prévient aussi que faute de Constitution, « il faudra bien créer (...) une fédération européenne au sein de l'Union [3] ». Seul un « miracle », comme l'admet Berlusconi en débarquant à Bruxelles le jeudi 11 décembre, permettrait de sauver le Conseil européen du naufrage. Mais « parfois les miracles arrivent », espère le président du Conseil italien.

Milan AC contre Bocca Junior

Vendredi 12 décembre au matin, avant l'ouverture du sommet, Chirac et Schröder prennent ostensiblement leur petit déjeuner avec Tony Blair afin d'afficher un front de soutien au projet de

1. Entretien avec quelques journalistes dont les auteurs.
2. Entretien avec quelques journalistes dont les auteurs.
3. *Le Figaro* du 11 décembre 2003.

Constitution. Le Premier ministre britannique, à qui l'on fournit ainsi l'occasion d'endosser le costume d'européen modèle après les déchirements causé par la guerre en Irak, ne se fait pas prier : « Il est important d'obtenir le bon accord, pas simplement n'importe lequel. » « La France n'acceptera pas un résultat dénaturé », martèle le président français, soutenu par un chancelier allemand déterminé : « Nous voulons une Constitution, mais cette Constitution doit avoir de la substance. » Schröder n'a pas besoin d'être remonté : il ne prend plus la peine de dissimuler son agacement face à ces ingrats de Polonais qui doivent leur adhésion rapide au soutien sans faille des Allemands. La veille, à Berlin, à l'issue d'un entretien avec le président Aleksander Kwasniewski, il a même lâché : « On ne peut vouloir adhérer à l'Union et inaugurer son adhésion par un veto. »

Au même moment, un tête-à-tête d'une heure entre Aznar et Berlusconi, pourtant très amis – le premier a invité le second au mariage de sa fille et tous deux font partie du « camp de la guerre » en Irak –, ne donne rien. Le président du gouvernement espagnol répète qu'il ne voit aucune raison de modifier le système de Nice. Dès le début du Conseil, le patron de Forza Italia prévient qu'il sifflera, quoi qu'il arrive, la fin des festivités, dimanche à 11 heures : il ne veut pas rater le match de son club, le Milan AC, contre les Argentins de Bocca Junior. Faute de consensus, mieux vaudra passer la balle à l'Irlande « que de conclure sur une mauvaise Constitution », insiste-t-il lui aussi. Ce souci de ne pas se lancer dans une négociation marathon ne déplaît à personne, l'idée même de « refaire Nice » donnant des nausées aux « chefs ». Le Conseil évacue dans la matinée, en deux heures, les sujets les moins conflictuels, qui ne sont pas ceux que l'on attendait. En particulier, l'accélération de la construction de l'Europe de la défense ne donne lieu à aucun débat passionné. On mesure là le chemin parcouru par l'Union : quelques années plus tôt, un tel sujet aurait donné lieu à des affrontements violents ou n'aurait même pas pu être abordé. Les Vingt-Cinq engrangent sans difficulté toute la partie de la Constitution relative à ce domaine, en particulier la « clause de défense mutuelle » ainsi que la possibilité pour les Etats souhaitant accélérer leur intégration militaire de créer des « coopérations structurées ». Ils entérinent aussi la création d'un embryon de « quartier général européen » autonome [1].

1. Voir chapitre 9.

Enfin, comme une défense ne sert à rien si on ne sait pas contre qui la déployer, ils adoptent leur première définition d'une « stratégie européenne de sécurité » qui identifie une série de menaces potentielles. Jacques Chirac, en présentant à la presse ce paquet, ne boude pas son plaisir : « C'est la confirmation de l'Europe de la défense et l'affirmation de son intérêt. »

« Parlons de football et de femmes ! »

Après ce succès, un déjeuner réunit les Vingt-Cinq. L'atmosphère est tendue, chacun attendant que Berlusconi attaque le plat de résistance, les dispositions institutionnelles du projet de traité constitutionnel. « Parlons de football et de femmes ! » lance-t-il en croyant détendre l'atmosphère. Cela n'a fait rire personne, surtout pas les femmes présentes autour de la table, pas plus que le chancelier qui n'apprécie guère l'humour de Berlusconi pour en avoir fait récemment les frais. Le 3 juillet 2003, venu présenter le programme de sa présidence au Parlement européen réuni à Strasbourg, le magnat italien s'en est pris au président du groupe socialiste, l'Allemand Martin Schulz, coupable de l'avoir critiqué : « Monsieur Schulz, je sais qu'en Italie, il y a un producteur qui est en train de tourner un film sur les camps de concentration nazis. Je vous proposerai pour le rôle de kapo, vous seriez parfait. » Fait sans précédent dans l'histoire européenne moderne, après avoir convoqué dans l'heure l'ambassadeur d'Italie à Berlin, Schröder a aussitôt demandé des « excuses en bonne et due forme » pour « ce dérapage complètement inacceptable sur la forme et sur le fond ». Berlusconi a dû s'exécuter le lendemain par téléphone en exprimant ses « regrets ». Las, quelques jours plus tard, l'un de ses ministres de la Ligue du Nord, Stefano Stefani, a remis le couvert en traitant les touristes allemands de « blonds supernationalistes qui se jettent bruyamment sur nos plages [1] ». Malgré de nouvelles excuses italiennes, le chancelier décide d'annuler ses sacro-saintes vacances d'été en Italie pour les passer à Hanovre... Berlusconi

1. Stefani, un membre de la très populiste Ligue du Nord, devra démissionner à la suite de cet incident, mais Berlusconi le réintégrera dans son gouvernement.

aurait mieux fait de s'abstenir de blaguer s'il voulait créer le climat d'un succès du Conseil européen de Bruxelles.

Après ce flop, le magnat italien plonge le nez dans son assiette. Il annonce alors qu'il va organiser des rencontres bilatérales : « Que tous ceux qui veulent me parler me le disent. » Une façon de procéder surprenante : normalement, la présidence organise un ordre de passage afin que les « chefs » puissent vaquer à d'autres occupations ou prendre un peu de repos. Là, tout le monde se retrouve coincé dans les couloirs, les conciliabules se multiplient et les rumeurs circulent. Et plus les « chefs » attendent, plus ils s'énervent et moins ils sont prêts au compromis. En début d'après-midi, Chirac, qui n'est pas réputé pour sa patience, rencontre Aznar et Miller, comme il le raconte lui-même lors de sa conférence de presse finale : « Je n'ai pas été long à constater qu'il n'y avait pas de flexibilité. La discussion a été courte. » Le président de la République, qui s'affiche dans les couloirs avec le chancelier, est de plus en plus agacé par l'inorganisation italienne. Il sait que le danger de détricotage s'accentue au fil des heures et ce qu'on lui rapporte des promesses berlusconiennes, qui s'engage à tout et son contraire lors de ses tête-à-tête, le conforte dans ses craintes.

La Constitution à quelques-uns ?

Le chef de l'Etat propose alors de frapper un grand coup en signant une déclaration dans laquelle chacun s'affirme prêt à accepter la Constitution en l'état : « Il faut faire un geste fort pour montrer qu'on en reste à l'ambition de la Convention », explique-t-il en substance aux pays du Benelux. « Le chancelier est d'accord avec moi », affirme-t-il. L'idée est de formaliser un noyau dur qui pourrait devenir définitif si Madrid et Varsovie persistent dans leur refus. Il demande à Juncker d'aller parler aux Tchèques et aux Hongrois : « Il faut avoir dans le cœur de l'Europe de nouveaux Etats membres, c'est essentiel en termes d'ambiance. » Juncker est embarrassé : « Pour moi, le noyau dur n'est pas une finalité mais une conséquence [1]. » Néanmoins, il s'acquitte de sa tâche : la Hongrie et la République Tchèque sont d'accord pour tenter le coup, tout comme la Slovénie, l'Autriche et la Grèce. Le

1. Entretien avec les auteurs.

Royaume-Uni, lui, se tient à l'écart. « Blair, à la différence des autres, n'a eu que très peu de contacts avec ses partenaires », raconte l'un des participants à la réunion. Les bilatérales se prolongeant, le dîner du vendredi soir est purement et simplement annulé.

Samedi matin, 13 décembre. A leur réveil, les « chefs » ont la surprise de ne pas trouver le projet de compromis que Berlusconi était censé préparer à l'issue de ses tête-à-tête. De mémoire de diplomate, ce n'est jamais arrivé dans l'histoire des Conseils européens. Pourtant des marges de manœuvre existent. Il est possible de jouer sur les seuils qui déclenchent la prise de décision dans le système de la « double majorité » : ajouter quelques Etats ou accroître le pourcentage de population nécessaire pourrait rassurer l'Espagne et la Pologne. On peut aussi retarder l'entrée en vigueur des réformes, notamment pour la Commission, pour donner aux nouveaux Etats membres le temps de souffler. Pire : le chef d'orchestre de la réunion arrive avec une heure de retard au Justus Lipsius et il ne convoque pas de session plénière. Les « chefs » se sont levés pour rien. Un diplomate râle ferme : « Si Berlusconi n'a rien à proposer, il faut qu'on arrête. » Le bruit commence à courir que le sommet va échouer à cause de l'intransigeance franco-allemande alors qu'un accord est à portée de la main. Lequel ? Mystère. « Les Italiens sont près de trouver un accord mais Chirac refuse, il se braque », raconte le Premier ministre néerlandais, Jan Peter Balkenende, à l'un de ses collègues. « Ils ne vont pas nous faire porter le chapeau. Ils ne vont pas nous garder dix jours ici », ronchonne Jacques Chirac, dans un conciliabule de couloir avec Gerhard Schröder.

Ce dernier rencontre son homologue polonais, un peu après-midi. L'entretien dure trois minutes montre en main. Le chancelier raconte à Juncker que « Miller ne veut pas bouger aujourd'hui et l'Espagne ne veut que durcir Nice ». Schröder lui demande alors s'il est d'accord pour participer au noyau dur que préparent les Français. Le Premier ministre du Luxembourg refuse : « Ce n'est pas le bon moment : il ne faut pas ajouter la provocation au drame car cela enverrait un signal de rupture. » Schröder est manifestement ébranlé. Dans les couloirs, les conciliabules reprennent de plus belle. « Tout le monde tombe d'accord, raconte Juncker : mieux vaut terminer le plus tôt possible et remettre à plus tard mais pas question de parler de noyau dur. » Blair, Chirac et

Schröder vont alors voir Berlusconi pour lui dire d'arrêter cette farce et de constater l'échec. Les quelques journalistes qui ont eu vent de l'affaire du « noyau dur » se heurtent à des démentis indignés de la délégation française.

« Les esprits se rétrécissent »

Le Conseil européen s'ouvre enfin. Mais de Constitution il n'est toujours pas question. Les Vingt-Cinq approuvent l'accord sur la répartition des sièges des agences européennes, un dossier en attente depuis décembre 2001. A 14 heures, les « chefs » se retrouvent pour déjeuner et sifflent la fin de la récréation. « L'ambiance est très grave, raconte Barnier, surtout pour les pays candidats qui se rendent compte dans quelle Europe ils rentrent. » Berlusconi se lance alors : « On a peut-être été trop optimiste de croire qu'on pourrait conclure. » Le Néerlandais Balkenende lui rétorque, en colère : « Mais, on n'a pas commencé à négocier, monsieur Berlusconi. » Quatre maigres lignes de communiqué final constatent « l'impossibilité d'un accord global à ce stade ». Dublin, qui prend la présidence de l'Union au 1er janvier, est invitée à faire, en mars, une « évaluation des perspectives de progrès ». Le Premier ministre irlandais, Bertie Ahern, a au moins réussi à convaincre ses pairs de ne pas renvoyer la discussion à décembre 2004 afin de ne pas insulter l'avenir. Après tout, la situation pourrait changer à la suite d'un événement imprévisible.

Louis Michel, le chef de la diplomatie belge, s'exclame devant les médias : « C'est un échec, un fameux échec ! », même si Jacques Chirac, tout miel alors qu'il a essayé d'organiser un passage en force, affirme qu'il « n'y a pas de drame ou de crise avec un grand C ». Aznar et Miller, eux, sont ravis : ils n'ont rien cédé et montrent du doigt le couple franco-allemand accusé d'avoir refusé de négocier alors qu'eux-mêmes auraient été tout disposés à conclure... Schröder ne cache pas ce qu'il pense de la Pologne, qui compte sur l'argent allemand pour rattraper son retard de développement, et de l'Espagne, qui lui a déjà coûté cher en aides régionales : « Il y a deux façons de voir la politique européenne : soit il est légitime de défendre ses intérêts nationaux mais à la fin l'intérêt européen doit primer, soit le contraire. » Puis, il se fait explicitement menaçant : « Si on ne réussit pas dans un avenir proche, on aura une Europe à deux vitesses, c'est la logique d'un échec définitif. » « Pour le moment, il n'y a pas d'initiative mais je n'exclus pas qu'il y en ait dans le futur. » Juncker, désabusé, constate : « Au fur et à mesure que l'Europe s'élargit, les esprits se rétrécissent. »

La bonne méthode

Ce Conseil européen restera dans l'histoire communautaire comme le plus étrange : à aucun moment les chefs ne se sont réunis ensemble pour négocier le projet de traité constitutionnel. Berlusconi a tenté d'arracher un accord en négociant en tête-à-tête avec chacun, si bien qu'il n'existe aucun procès-verbal de la réunion. « Berlusconi a laissé un bordel sans nom : il a négocié dans son coin avec les chefs d'Etat et de gouvernement et n'a pris aucune note. C'est la première fois que personne ne sait ce que la présidence a promis à un tel ou un tel », grince un diplomate français à l'issu du Conseil. La présidence irlandaise passera de longues semaines à essayer de comprendre ce qui s'est précisément passé et à réunir les promesses que Berlusconi a faites aux uns et aux autres. Brouillon, désordonné, incapable de mener une négociation complexe, peu au fait des subtilités du projet de Constitution, Berlusconi s'est laissé déborder et le sommet lui a échappé.

Ses partenaires ne sont toujours pas revenus de tant d'incompétence. La bonne méthode ? Juncker, en expert, explique qu'il aurait « mis dans un coin la Pologne et l'Espagne, c'est-à-dire ceux qui ne sont pas d'accord. Puis j'aurais mis les ministres des Affaires étrangères dehors afin qu'entre chefs nous discutions des points cruciaux pendant une heure. C'est seulement ensuite que j'aurais organisé des bilatérales avant de proposer un texte de compromis. Mais évidemment, il faut une intelligence de la situation que Berlusconi n'a pas [1] ». Ce dernier, lors de sa conférence de presse finale, refuse évidemment de reconnaître sa responsabilité dans cet échec : « De par ma profession, je suis un chef depuis des années. J'ai formé des armées de commerciaux, de sportifs, d'hommes

1. Entretien avec les auteurs.

politiques que j'ai conduits à la victoire », lance-t-il aux journalistes éberlués devant tant d'aplomb.

Mais, en dépit de cet échec, le sommet de décembre 2003 n'a pas été totalement inutile. Il a permis de constater que la grande majorité des Vingt-Cinq « ne sont plus prêts à faire une Constitution par des marchandages », comme le dit Verhofstadt. Il ne faut plus « tomber dans la facilité qui consisterait à chercher l'accord à tout prix, c'est-à-dire au prix de l'efficacité », surenchérit Chirac. Blair lui-même l'admet : « Il ne sert à rien d'avoir des délibérations toute la nuit et de parvenir à la fin à un mauvais accord. » Désormais, il est acquis que le projet de la Convention est bien la seule base de la future Constitution et qu'il ne devra être aménagé qu'à la marge. Valéry Giscard d'Estaing, tout en déplorant « une belle occasion manquée », voit lui aussi l'essentiel : aucune « alternative crédible au projet de traité constitutionnel » n'a été proposée et ce dernier s'imposera de lui-même comme « la réponse la plus simple, la plus sage, et la plus volontaire, au besoin d'Europe[1] ». En outre, après une année 2003 marquée par les déchirements sur la guerre en Irak, la géographie politique de l'Union a retrouvé sa physionomie habituelle : « Ce n'était pas la vieille Europe contre la nouvelle Europe constate l'Autrichien Wolfgang Schüssel. C'étaient les vieux contre les vieux ou les grands contre les grands. » Enfin, Madrid et Varsovie savent qu'elles sont isolées et qu'elles ne pourront pas indéfiniment bloquer l'accord.

Au cas où ces deux pays n'auraient pas bien compris le message, la facture de leur veto leur est envoyée dès le lundi 15 décembre. L'Allemagne, la France, le Royaume-Uni, les Pays-Bas, l'Autriche et la Suède, dans une lettre à la Commission, se prononcent pour un gel du budget communautaire à son niveau actuel pour la période 2007-2013. Même si ces six pays sont des « contributeurs nets » au budget communautaire (ils payent plus qu'ils ne reçoivent en transferts) et que leur souci de limiter la croissance des dépenses européennes n'est pas une nouveauté, l'effet de sens est évident. « Ça leur fera les pieds », s'amuse ainsi un diplomate français. Pourquoi, en effet, payer pour des pays qui ne partagent pas le même projet pour l'avenir ni les mêmes ambitions pour l'Europe ? Une vision brutale des rapports de force en Europe qui

1. Conférence de presse du 18 décembre 2003 à Bruxelles.

n'est que l'exact reflet du refus de l'Espagne et de la Pologne de sacrifier une toute petite partie de leur ego national sur l'autel de l'intérêt communautaire. Concrètement, le plafond de dépenses autorisé est, depuis 1993, de 1,24 % du « RNB » (revenu national brut). Mais, les dépenses n'ont pas dépassé en 2004 1 % du RNB, soit environ 110 milliards d'euros. C'est ce plafond qui, selon les Six, devrait devenir le maximum, même si les augmentations dues à la croissance économique viendront gonfler les coffres. Si l'effort de solidarité à l'égard des nouveaux adhérents devait être équivalent à celui qui a été fait dans le passé à l'égard de l'Espagne ou du Portugal, cela impliquerait que la plus grande part du budget file à l'Est. Or de cela, il n'est évidemment pas question. Implicitement, la lettre des Six montre la voie : les aides régionales telles qu'elles existent seraient supprimées afin de financer la « recherche et le développement », ainsi que les projets qui soutiennent la croissance. Dans un tel schéma, les anciens pays de l'Union garderaient une bonne part du gâteau. La menace contenue dans la lettre des Six n'est pas vaine : ils ont les moyens d'imposer ce gel puisque, comme pour la Constitution, chaque pays dispose d'un droit de veto.

Un échec prévisible

L'échec de Bruxelles était pourtant parfaitement prévisible mais rien n'a été fait pour déminer le terrain. Au contraire, les mois qui l'ont précédé ont été marqués par une montée progressive de la tension entre les Vingt-Cinq qui rappelle la période précédant le sommet de Nice. Lors de la session finale de la Convention européenne, en juin 2003, les représentantes des gouvernements espagnols et polonais, Ana Palacio et Danuta Hübner, avaient marqué leur désaccord sur le système de vote à la majorité qualifiée proposé dans le projet de Constitution, tout en renonçant à briser le consensus que Valéry Giscard d'Estaing venait de constater. Ces deux pays savent qu'ils disposent d'un droit de veto, comme tous les Etats lorsqu'il s'agit d'adopter un traité, et qu'il n'est donc nul besoin de se précipiter. A vrai dire, ils ne sont pas les seuls à ne pas être satisfaits. Les gouvernements des petits pays ne veulent toujours pas d'une Commission réduite afin de garder « leur » commissaire. Le pire est qu'ils sont soutenus par la Commission qui exige, elle aussi, que chaque Etat reste représenté au sein de l'exécutif européen [1]. Prodi voit manifestement là le moyen de régler ses comptes avec Giscard et peu importe si cela passe par un détricotage du projet de Constitution. Le 1er septembre 2003, quatorze petits pays plus la Pologne se réunissent à Prague afin de marquer leur opposition aux réformes institutionnelles proposées par la Convention [2].

La réunion des chefs de la diplomatie des Vingt-Cinq des 5 et 6 septembre 2003, sur les bords du lac de Garde, en Italie, à Riva del Garda, confirme que la conférence intergouvernementale (CIG), qui doit s'ouvrir à Rome en octobre suivant, s'annonce mal et que l'on risque de rejouer le psychodrame de Nice [3]. Hormis les six fondateurs, chaque pays brandit ses revendications qui, mises bout à bout, réduisent à néant le travail de la Convention. Les Autrichiens, par exemple, ont distribué une liste de treize points proclamés « inacceptables ». L'Espagnole Ana Palacio martèle que « le système de la double majorité n'est pas acceptable ». Le ministre des Affaires étrangères polonais, Wlodzimierz Cimoszewicz, met les points sur les i : « Il est hors de question d'entériner tel quel le projet de Constitution » car « il est absolument irrationnel de vouloir changer le système de Nice avant son entrée en vigueur. *Wait and see* [4] ! » Pour cet ancien membre du parti communiste polonais, « la CIG, en droit international, c'est une conférence entre Etats souverains et personne ne peut limiter notre droit de discuter des points qui nous posent problème. Une vingtaine de pays pensent comme nous ». Dix-neuf pays refusent la proposition de Dominique de Villepin, le ministre français, qui veut que « tout pays qui propose de modifier le projet de traité constitutionnel trouve lui-même un nouveau consensus ». Car, pour l'Allemagne, la France et le Benelux, « la CIG doit s'écarter le moins possible du projet de la Convention ». De même, la plupart des ministres s'opposent à la proposition de la présidence italienne de l'Union qui désirait que chacun s'engage à conclure en décembre 2003. Ce

---

1. Avis adopté par la Commission le 17 septembre 2003.

2. Autriche, Danemark, Estonie, Finlande, Grèce, Hongrie, Irlande, Lituanie, Lettonie, Portugal, République Tchèque, Slovaquie, Slovénie et Suède.

3. Héritage de la Convention, tous les documents de travail de la CIG sont publics (sur le site du Conseil des ministres : http://www.europa.eu.int).

4. Entretien avec quelques journalistes dont les auteurs.

n'est pas non plus un hasard si les ministres des Affaires étrangères excluent totalement que Valéry Giscard d'Estaing siège au sein de la CIG comme cela a été suggéré... par l'ancien président français lui-même. Furieux de la mauvaise tournure des événements, Joschka Fischer, pour la première fois, fait explicitement le lien entre la Constitution et le financement de l'Union.

« Nice ou la mort ! »

Le camps des « pro-Constitution » commence alors à s'organiser. Le 20 septembre 2003, Tony Blair, Jacques Chirac et Gerhard Schröder se réunissent à Berlin. « Nous sommes d'avis que le paquet doit rester en l'état et qu'il ne doit pas être réouvert », déclare le chancelier à l'issue de la rencontre. L'Italie, qui exerce la présidence, ne peut évidemment se joindre à eux mais elle est clairement sur la même ligne. La réplique ne tarde pas. A Madrid, dix jours plus tard, Ana Palacio et Wlodzimierz Cimoszewicz proclament que l'Espagne et la Pologne « ne peuvent accepter la réforme du système de vote au sein du Conseil qui s'est imposée au sein de la Convention (...) il est pernicieux pour l'avenir de l'Union car il élimine pratiquement l'équilibre fondamental entre Etats qui a toujours existé au sein du Conseil de l'Union ». Le 3 octobre, la veille de l'ouverture officielle de la CIG, la Pologne s'enferme davantage dans son refus de tout compromis. Lors d'un débat à la Diète polonaise, Jan Rokita, le leader de la Plate-forme civique, parti libéral d'opposition, lance : « Ce sera Nice ou la mort ! » Tous les partis, de la majorité et de l'opposition, se rangent derrière ce mot d'ordre qui contraint désormais le gouvernement. Dans une déclaration, le Parlement polonais encourage le gouvernement à ne pas avoir peur du « recours au veto ».

En quelques semaines la fracture qui a entraîné l'échec de Nice s'est donc rouverte. D'un côté, les quatre « plus grands » soutiennent le projet de Constitution, même s'il ne faut pas se tromper sur la portée du soutien britannique : Blair peut se permettre d'apparaître comme un « bon » européen puisqu'il sait que d'autres pays se chargeront de bloquer la négociation. Il restera d'ailleurs prudemment en retrait jusqu'au moment où l'Espagne puis la Pologne, au printemps 2004, se montreront enfin prêtes au compromis. A ce moment-là, Londres redeviendra le « Monsieur moins » de l'Europe et parviendra à réintroduire des droits de veto dans les domaines qui lui tiennent le plus à cœur, comme la fiscalité, le social, la politique étrangère ou le droit pénal. Dans l'autre camp, on trouve les moyens et les petits, terrifiés à l'idée de voir leurs prérogatives réduites. Seul changement de taille, si l'on ose dire : les trois pays du Benelux ont basculé du côté des grands. Autrement dit, les pays fondateurs font bloc, cette fois-ci, avec le soutien plein d'arrière-pensées du Royaume-Uni.

L'ouverture solennelle par les chefs d'Etat et de gouvernement de la CIG, à Rome, le 4 octobre 2003, qui doit débattre du projet de Constitution préparé par la Convention européenne, ne modifie pas fondamentalement les lignes de fracture même si le Portugal et le Danemark se montrent plus conciliants [1]. Miller et Aznar ont été « splendides », s'exclame à l'issue du sommet Jean-Claude Juncker, « conformes à ce que l'on pouvait attendre d'eux ». Les deux hommes ont réaffirmé qu'ils se battraient pour le maintien de Nice. « Je comprends l'intérêt de l'Espagne et de la Pologne à rester sur la décision du traité de Nice mais je rappelle que l'intérêt européen n'est pas la somme des intérêts particuliers de chaque pays », a bien tenté de plaider Berlusconi. Le Premier ministre espagnol lui a répliqué avec une tranquille arrogance : « Nous ne sommes plus un pays retardé comme auparavant. Nous sommes un pays prospère et cela a des conséquences importantes sur la manière dont nous approchons ces questions politiques [2] ». Pour Jacques Chirac, il ne faut pas « ouvrir la boîte de Pandore », « si l'on peut préciser et clarifier certaines dispositions du projet, on ne peut sûrement pas en modifier le cœur et la structure, l'équilibre

1. Juridiquement, la Convention ne pouvait pas adopter un traité qui aurait engagé des Etats souverains même si, pour le coup, il est baptisé Constitution. Autrement dit, une conférence intergouvernementale réunissant l'ensemble des Etats membres demeure nécessaire au regard de leur ordre juridique interne pour adopter le traité constitutionnel qui doit ensuite être soumis aux procédures de ratifications nationales. L'Union est certes une union des peuples mais c'est d'abord une union d'Etats.

2. Il précisera plus tard sa pensée : « L'Espagne avait disparu de l'échiquier international en 1815, au moment du Congrès de Vienne, auquel elle n'a même pas assisté. Elle s'est alors convertie en acteur de second rôle sur la scène internationale. Depuis des années, nous essayons d'en sortir. Il est logique que, lorsque la situation d'un pays change, sa voix se fasse plus personnelle, plus singulière, plus indépendante. On ne met pas à 25 ans les vêtements que l'on portait à 14, ils sont étriqués. » *Le Monde* du 9 mars 2004.

général. Ce serait vouer l'ensemble de l'exercice à l'échec ». Il se livre à un vibrant plaidoyer en faveur du maintien du projet de la Convention en l'état : « Nous avons là un acquis incontestable qui doit être préservé, un projet politique qui est à la fois réaliste car tout cela est complexe, mais aussi ambitieux et qui répond à notre objectif d'avoir une Europe qui soit plus efficace, en étant élargie, qui soit plus légitime et qui soit également plus démocratique. »

Lutte pour le pouvoir

Très rapidement, la conférence intergouvernementale va se focaliser sur les deux points qui ont entraîné l'échec de Nice, le calcul de la majorité qualifiée et la composition de la Commission, c'est-à-dire, encore une fois, le pouvoir dans l'Union. Les questions qui ont agité la Convention, elles, ne sont quasiment plus abordées : la présidence fixe du Conseil européen, le rôle des parlements nationaux, la création d'un poste de ministre des Affaires étrangères de l'Union ou encore, la place de la religion. Mais les intérêts des opposants à la Constitution ne sont pas les mêmes. Les petits veulent surtout garder « leur » commissaire. S'ils peuvent s'accommoder des seuils retenus par le projet de Constitution pour déterminer la majorité qualifiée, 50 % des Etats représentant 60 % de la population, une partie d'entre eux préféreraient cependant une double majorité simple. Pourquoi ? Car cela donne moins d'importance au critère démographique. Réunir plus de 50 % de la population pour bloquer une décision est beaucoup moins simple pour les grands que d'en réunir seulement 40 %. Le critère des Etats, en revanche, prend de l'importance dans ce schéma. Le problème est qu'un tel système reviendrait à donner beaucoup de pouvoirs à la Commission : en effet, il ne sera pas simple de réunir une majorité contre l'une de ses propositions. En outre, la majorité simple ne donnerait pas toute sa légitimité à une décision européenne : pour qu'un pays accepte d'appliquer une loi dont il n'a pas voulu, mieux vaut s'assurer qu'elle représente bien une forte majorité en termes d'Etats et de population. C'est pourquoi des pays comme l'Autriche, la Lettonie ou le Portugal proposent que les deux seuils soient portés à 60-60. L'inconvénient, pour les grands, est que dans ce cas 40 % seulement des Etats membres peuvent bloquer : dans certaines configurations ceux-ci pourraient peser moins de 7 % de la population européenne.

Les Etats de taille moyenne, en l'occurrence l'Espagne et la Pologne, s'ils sont d'accord avec une Commission réduite, ne veulent pas du vote à la double majorité car ils perdraient trop de poids. Un calcul tout simple permet de s'en rendre compte : dans le système de Nice, ils ont chacun 8,42 % des voix alors que les quatre grands n'ont, chacun, que 9,04 %. En revanche, dans le système proposé par la Convention, le critère démographique profite aux grands : dans une Union à 27, l'Espagne ne représente que 8,4 % de la population et la Pologne 7,8 % contre 13 % pour la France et 17 % pour l'Allemagne. Le fait que Nice empêche toute décision ne les gêne pas outre mesure puisque ce qui est en jeu est leur capacité de blocage. Avant ce traité, le nombre de coalitions possibles permettant d'emporter une décision était de 7,8 %. Avec Nice, il tombe à 2 %. La double majorité 50-60 fait passer les possibilités d'accord à presque 22 % et dans un système à 50-50 à plus de 35 %[1].

Il est clair aussi que le vote à la double majorité impose un sacrifice de taille à la France mais aussi à la Grande-Bretagne et à l'Italie, ces trois pays décrochant de l'Allemagne, ce que Jacques Chirac a refusé par deux fois, à Amsterdam en 1997 et à Nice en 2000. Le président de la République s'en explique le 4 octobre à Rome pour mieux stigmatiser la rigidité de l'Espagne et de la Pologne. Certes, reconnaît-il, la France perd en « représentativité par cette majorité qualifiée, par cette double majorité ». Mais elle le fait parce qu'il fait tenir compte « des peuples et des citoyens. Il est un fait que les Allemands avec 80 millions d'habitants sont plus nombreux que les Espagnols. C'est comme cela. Alors naturellement, cela ne veut pas dire que l'Allemagne est plus importante que l'Espagne. Mais enfin, il faut tenir compte, avec un peu de réalisme, dans un système qui est fondé tout de même sur les exigences de la démocratie, des réalités, des Etats, des peuples et des citoyens. Voilà pourquoi la France approuvera cette disposition ». Chirac confiera à Juncker, lors du Conseil européen de décembre 2003 : « Je tue un mythe français, je le sais. »

1. Calculs effectués par la direction de la prévision du ministère de l'Economie et des Finances, *Analyses économiques*, n° 23, décembre 2003.

Le retour du franco-allemand

Car, c'est un fait, le chef de l'Etat a changé, même si c'est plus sous la contrainte des événements que par conviction profonde. En effet, fin 2002, les Quinze doivent définitivement boucler les négociations d'élargissement avec les pays candidats et surtout se mettre d'accord sur l'enveloppe budgétaire qui leur sera destinée. Or, l'extension de la Politique agricole commune (PAC) aux pays d'Europe centrale et orientale risque de coûter très cher. Pour cette raison, mais aussi pour permettre à l'Union d'être en moins mauvaise posture dans les négociations en cours au sein de l'Organisation mondiale du commerce, les pressions se font de plus en plus fortes en faveur d'une réforme de la PAC afin d'en diminuer le coût. Jacques Chirac, qui tient à cette politique comme à la prunelle de ses yeux, lui dont la carrière doit tant aux syndicats agricoles et à la défense de leurs intérêts, refuse toute remise en cause des aides financières directes aux paysans. Le 6 mars 2002, à Strasbourg, il proclame, dans un discours consacré à sa vision de l'Europe, qu'il s'opposera « à toute tentative de remise en cause de ces deux piliers de la construction européenne que sont la politique régionale et la PAC ». Mais le chef de l'Etat sait qu'il est très isolé au sein des Quinze sur ce dossier et il a un besoin désespéré d'alliés. C'est à ce moment qu'il va redécouvrir toute l'utilité d'une bonne relation avec l'Allemagne, principal bailleur de fonds du budget communautaire.

Et, ça tombe bien, les Allemands restent demandeurs. En dépit des multiples rebuffades subies tout au long de l'année 2001 [1], Schröder ne se décourage pas. Quelques semaines après le lancement de la Convention européenne, à l'occasion d'un discours prononcé à Fribourg le 12 avril 2002, le chancelier tend de nouveau la main à la France : « Des propositions communes (franco-allemandes) sont appropriées et nécessaires pour faire avancer l'intégration européenne, tant sur le plan de son élargissement que de son approfondissement. » Mais il persiste à proposer ce qui

1. Voir chapitre 4.

reste inacceptable pour Paris : « L'Europe sera certainement organisée de manière fédérale, sous quelque forme que ce soit. »

Jacques Chirac tient un prétexte en or pour répondre enfin à l'Allemagne. Après tout, il n'a eu les mains libres qu'entre 1995 et 1997, période durant laquelle il a fait le choix de l'Europe en imposant une rigueur douloureuse à son pays afin de le qualifier pour l'euro, mais, ensuite, il a dû composer avec une encombrante majorité socialiste qui se proclame « euro-réaliste ». Celle-ci ayant perdu les élections présidentielles et législatives de mai-juin 2002, le chef de Etat peut donc tirer un trait sur le passé en mettant sur le dos de Lionel Jospin et de ses amis la mésentente franco-allemande. La période est d'autant plus propice que Gerhard Schröder vient lui aussi d'être réélu en septembre 2002 et que le quarantième anniversaire du traité de l'Elysée, qui a fondé la relation franco-allemande, sera célébré le 22 janvier 2003. Mais Chirac sait que, cette fois-ci, il devra payer un prix élevé à l'Allemagne s'il veut avoir son soutien sur la PAC. En clair, il faut trouver un compromis avec Berlin sur la réforme institutionnelle de l'Union. Ce n'est pas très brillant mais c'est aussi ainsi qu'avance l'Europe.

Doctrine européenne

La première chose à faire est de dégager une « doctrine » européenne française cohérente qui soit compatible avec la vision allemande. Traditionnellement, le cœur de la France penche du côté du Conseil européen des chefs d'Etat et de gouvernement et du Conseil des ministres, instance qui représente les Etats L'Allemagne, en revanche, fidèle à une approche fédéraliste, estime que le futur gouvernement de l'Union ne peut être que la Commission, défenseur de l'intérêt général européen, le Parlement détenant l'essentiel du pouvoir législatif assisté d'une « chambre des Etats ». Autrement dit, l'idée chiraquienne, formulée dans son discours aux ambassadeurs français du 29 août 2002, d'élire un président du Conseil européen, afin de mettre fin aux présidences semestrielles tournantes de l'Union, est en contradiction directe avec les thèses allemandes puisque ce cénacle, émanation directe des Etats, ferait forcément de l'ombre au président de la très fédérale Commission. De même, sa proposition de nommer un ministre des Affaires étrangères rattaché au Conseil des ministres est la garantie que la politique étrangère ne sera pas gérée communautairement.

Chirac réunit donc à l'Elysée, le 9 octobre 2002, les principaux ministres concernés par le dossier européen. Il en sort un document confidentiel de six pages intitulé « Lignes directrices pour les représentants français de l'exécutif au sein de la Convention européenne ». S'il reprend à son compte l'élection d'un président permanent du Conseil et la nomination d'un ministre des Affaires étrangères, Chirac est prêt à un geste envers l'Allemagne en acceptant que le président de la Commission soit désigné par le Parlement européen pour renforcer sa légitimité. Il n'a rien non plus contre une extension des compétences de l'exécutif européen, notamment en matière de coordination des politiques économiques. Autre concession, le chef de l'Etat est prêt à étendre les pouvoirs du Parlement mais il refuse que ce dernier mette son nez dans le budget de la PAC. En échange, Paris se dit prêt à envisager la création d'un « impôt européen » voté par les eurodéputés, idée défendue par Schröder.

Ces « lignes directrices » ouvrent la voie à un accord entre Paris et Berlin. Celui-ci se négocie dans le plus grand secret et personne ne voit le coup venir, surtout pas les Britanniques, qui se délectaient à l'idée d'obtenir enfin la peau de la PAC à l'occasion du Conseil européen des 24 et 25 octobre 2002. Tout le monde s'attend à une violente dispute entre Schröder, dans le rôle du radin, soutenu par Londres, Stockholm et La Haye, et Chirac, dans le rôle de l'ami des paysans européens. Mais l'affaire est rondement menée. Jeudi 23 octobre 2002, la veille de l'ouverture du sommet de Bruxelles qui doit décider de l'enveloppe budgétaire qui ira aux dix nouveaux Etats membres [1], Schröder et Chirac se retrouvent, durant quatre heures, dans un hôtel bruxellois afin de finaliser l'accord qu'ils préparent depuis plusieurs semaines. Paris accepte de plafonner les dépenses agricoles au niveau qu'elles atteindront en 2006 (environ 44 milliards d'euros). En échange, Berlin s'engage à ne plus remettre en cause cette enveloppe budgé-

---

1. Le « paquet financier » de 40,4 milliards d'euros couvrant la période 2004-2006 que les Quinze adopteront à l'occasion de ce sommet sera présenté aux dix candidats lors du Conseil de Copenhague des 12 et 13 décembre 2003 qui clôturera les négociations d'adhésion.

taire jusqu'en 2013 et à ne pas exiger de réforme de la PAC lors de la prochaine loi de programmation budgétaire 2007-2013, enterrant ainsi la proposition de réforme radicale formulée par la Commission en juillet 2002. Un bel exemple de donnant-donnant.

Blair se fâche

Le Conseil européen n'a pas d'autre choix que d'entériner le compromis franco-allemand, sauf à prendre la responsabilité de retarder l'élargissement. Blair a le plus grand mal à dissimuler sa fureur : il s'en prend violemment aux effets pervers de la PAC qui, en subventionnant les exportations agricoles, ruine les pays en développement contrairement aux objectifs affichés par certains, entendez Chirac. Et de proposer une profonde révision de la PAC d'ici à 2003 comme le veut la Commission. Cette remise en cause de l'accord franco-allemand énerve le président français qui lui lance : « Vous avez été très mal élevé. On ne m'avait jamais parlé comme cela auparavant... » Il est vrai que le Premier ministre britannique n'a pas l'habitude d'une relation franco-allemande qui fonctionne, lui qui est arrivé au pouvoir en 1997 au moment où elle se délitait, et où il avait une capacité d'entraînement sur ses partenaires. Comme le fait remarquer, tout sourire, Chirac à l'issue du sommet : « La construction de l'Europe, si elle veut progresser, suppose un accord dynamique entre l'Allemagne et la France (...) Si cet accord existe, l'Europe fonctionne. Si cet accord n'existe pas, elle s'arrête. Il ne s'agit pas du tout naturellement d'une espèce de volonté d'hégémonie. C'est une constatation mécanique. Et quand parfois on l'oublie, on est durement rappelé à l'ordre par la réalité des choses. » Il lui a fallu sept ans pour comprendre cette « réalité des choses ». Dans la foulée, Chirac promet « une position commune sur la réforme des institutions ».

Elle ne tarde guère. Plusieurs contributions communes franco-allemandes sont déposées, dès le dernier trimestre 2002, sur le bureau de la Convention européenne : elles portent sur la défense, la justice et les affaires intérieures ou encore la « gouvernance économique » de la zone euro. Mais il est plus difficile de se mettre d'accord sur les institutions. En particulier, ça coince sur le président du Conseil européen. Les Allemands sont prêts à l'accepter à condition qu'il soit en même temps président de la Commission. Pour Joschka Fischer, qui est chargé de négocier avec l'Elysée, ce serait le moyen de créer un gouvernement européen fort qu'il appelle de ses vœux. A défaut, le président du Conseil devrait être désigné parmi les leaders en exercice afin que sa disponibilité soit limitée et qu'il ne fasse pas d'ombre au président de la Commission. De même, le chef de la diplomatie allemande insiste pour que la politique étrangère soit gérée à terme par la Commission. Sur les autres thèmes, en revanche, l'accord se fait sans difficulté, en particulier sur la généralisation du vote à la majorité qualifiée et sur l'extension des pouvoirs du Parlement européen.

Donnant-donnant

Finalement, c'est au cours d'un dîner à l'Elysée, le 14 janvier 2003, qu'un accord est trouvé. « La France était très attachée à renforcer le Conseil européen alors que l'Allemagne est préoccupée par la nécessité d'une meilleure intégration et, à ce titre, souhaitait renforcer le pouvoir de la Commission, notamment le pouvoir politique, et, pour cela, faire élire le président de la Commission par le Parlement européen », explique Chirac à l'issue de la réunion. Il fallait faire « chacun un pas vers l'autre ». C'est très précisément ce qui a été fait, au millimètre près. La France accepte que le président de la Commission soit élu par le Parlement européen et l'Allemagne que le Conseil européen soit présidé par un président élu par les « chefs » à la majorité qualifiée. En revanche, Berlin et Paris ne réussissent pas à se mettre d'accord pour savoir s'il s'agira ou non d'un travail à temps plein. Paris fait aussi une concession à Berlin en acceptant que le futur ministre des Affaires étrangères de l'Union siège à la fois au Conseil des ministres qui l'a désigné et au sein de la Commission. Ce système donne une coloration « communautaire » à la politique étrangère commune qui, selon la proposition franco-allemande, se décidera en partie à la majorité qualifiée. Bref, pour Paris, ce sont les trois pôles du triangle institutionnel européen – Conseil, Commission, Parlement – qui sont ainsi renforcés, puisque aucun ne voit son rôle diminuer. Fischer ne cache pas que la proposition franco-allemande ne le satisfaisait qu'à moitié mais l'accord, imposé par son chancelier, est à ce prix.

Ce donnant-donnant, qui ressemble étrangement à l'accord d'octobre 2002 sur la PAC, souligne les limites de la « nouvelle » entente franco-allemande. En réalité, il s'agit moins d'une synthèse que d'une juxtaposition de positions divergentes. On est loin de l'époque Mitterrand-Kohl, ce dernier n'ayant pas hésité à sacrifier le mark pour que l'euro voie le jour. On peut légitimement se demander si le couple Chirac-Schröder en aurait été capable. On est donc plus près d'un syndicat de défense mutuelle des intérêts nationaux que d'un véritable couple où chacun est prêt à faire les sacrifices nécessaires pour le bonheur de la famille entière. Mais au moins, cet accord laisse la voie libre à la Convention. Une mésentente franco-allemande sur ce sujet aurait sans doute compliqué sa tâche, voire l'aurait rendue impossible, tant il est vrai qu'un accord entre les deux rives du Rhin demeure une nécessité. Ce n'est d'ailleurs pas un hasard si la contribution Chirac-Schröder est accueillie avec soulagement par les conventionnels et si elle a servi de base à l'architecture institutionnelle de la Constitution.

« Ils ont manqué une bonne occasion de se taire ! »

Les limites de l'entente franco-allemande sont parfaitement perçues par leurs partenaires, comme le montre leur incapacité à les convaincre d'adopter le projet de Constitution en décembre 2003. Mais ce n'est pas la seule raison de l'essoufflement de ce vieux couple. Dans une Europe à vingt-cinq, sa capacité d'entraînement est presque mécaniquement diminuée : il est plus simple de forcer une décision avec douze ou quinze pays. De ce point de vue, les sommets d'Amsterdam et surtout de Nice resteront des occasions manquées difficilement rattrapables. Ensuite, les divisions entre Européens à la suite de la décision d'intervention américaine en Irak ont compliqué sa tâche. Il est vrai que Berlin et Paris ont commis des erreurs dans la gestion de leur opposition aux Américains d'abord en mettant leurs partenaires devant le fait accompli puis en ne cherchant pas à les convaincre de se tenir éloignés de cette querelle transatlantique [1]. Jacques Chirac, en voulant se faire

1. Voir chapitre 9.

plaisir, a sans doute commis l'une des plus belles bourdes de sa carrière lorsqu'il s'en est pris aux pays de la « nouvelle Europe », lors du sommet extraordinaire du 17 février 2003 pourtant censé réconcilier les Européens entre eux. « Concernant en tous les cas les pays candidats s'est lancé le président devant les journalistes, honnêtement, je trouve qu'ils se sont comportés avec une certaine légèreté. Car entrer dans l'Union européenne, cela suppose tout de même un minimum de considération pour les autres, un minimum de concertation. Si, sur le premier sujet difficile, on se met à donner son point de vue indépendamment de toute concertation avec l'ensemble dans lequel, par ailleurs, on veut entrer, alors, ce n'est pas un comportement bien responsable. En tous les cas, ce n'est pas très bien élevé. Donc, je crois qu'ils ont manqué une bonne occasion de se taire. » Le problème est que « l'ensemble » en question était profondément divisé et qu'il n'existait donc aucune position commune des Quinze sur la guerre en Irak. Ces quelques phrases laisseront des traces profondes, notamment en Pologne, pays au nationalisme ombrageux et à l'atlantisme fanatique.

José Maria Aznar, le dirigeant espagnol, qui poursuit une véritable politique de puissance depuis son accession au pouvoir en 1996, a aussi vu dans l'alignement sur les Etats-Unis et la Grande-Bretagne une occasion d'affirmer sa singularité en Europe et son refus de la « domination » franco-allemande. La Pologne et l'Espagne ont sans doute puisé dans le soutien implicite de Washington une bonne part du courage qu'il leur a fallu pour faire capoter la Constitution lors du Conseil de décembre 2003. Elles pensaient sans doute que le prix diplomatique à payer serait limité du fait même de la profonde division européenne vis-à-vis de l'empire américain.

Pour ne rien arranger, l'axe franco-allemand a montré qu'il pouvait être mortifère lors de la « mise entre parenthèses » du pacte de stabilité et de croissance en novembre 2003, ces deux pays refusant d'être sanctionnés comme le commun des mortels pour leur inconséquence budgétaire. Lors d'un « conclave » des ministres des Affaires étrangères organisé à Naples le 28 novembre 2003 dans le cadre de la CIG, le Néerlandais Atzo Nicolaï a expliqué à ses pairs que cette affaire créait une « rupture de confiance entre les Etats membres et entre l'Union européenne et le public » et renforçait « l'idée qu'il y a une loi pour les grands pays et une autre pour les autres pays », autrement dit pour les petits. Dès lors, pourquoi vouloir donner plus de pouvoir aux grands puisque ceux-ci sont indignes de confiance et tordent les règles communes à leur profit ? La chef de la diplomatie espagnole, Ana Palacio, n'a pas manqué de mettre le doigt sur ce point pour justifier le refus de son pays du système de vote à la double majorité. A Paris, personne n'a mesuré l'impact négatif que pourrait avoir la dénonciation du pacte sur la CIG : « Honnêtement, on n'y a pas pensé, reconnaît un haut fonctionnaire. C'est vrai que l'effet est désastreux. Mais les deux dossiers ont été gérés parallèlement. » Belle preuve d'amateurisme ! Le résultat est que Berlin et Paris, qui ont fait la démonstration qu'ils s'appuyaient l'un sur l'autre pour se défendre mutuellement, sont désormais regardés avec méfiance par les autres capitales.

Aznar passe la main

Un événement tragique va venir au secours du projet de Constitution : le 11 mars 2004, trois jours avant les élections législatives espagnoles, des attentats à la bombe ravagent Madrid, causant la mort de près de 200 personnes et en blessent des centaines d'autres. Aznar accuse immédiatement ETA, l'organisation terroriste basque, alors que le modus operandi semble plutôt désigner les islamistes. Au fil des heures, cette seconde piste se confirme. Pourtant, le gouvernement espagnol continue d'accuser ETA, faisant même pression sur les journaux pour qu'ils accréditent cette thèse. Petit à petit, il s'avère qu'il lance délibérément son opinion publique sur une fausse piste. L'impensable se produit alors : le Parti populaire perd les élections du dimanche 14 mars au profit des socialistes. En quelques heures, c'est le visage de l'Union qui change. Le futur Premier ministre, José Luis Rodriguez Zapatero, est un européen convaincu et il fait savoir qu'il acceptera la Constitution : « Je crois que nous parviendrons à un accord dans lequel puisse être maintenu un équilibre raisonnable de pouvoir pour définir la nouvelle Europe, l'Europe élargie, déclare-t-il dès le lundi 15 mars. L'Europe va être le cadre naturel de notre politique extérieure (...) Mon intention, bien entendu est de retrouver la confiance de l'Union. » C'est une rupture fondamentale avec la ligne de son prédécesseur. Si les attentats n'avaient pas eu lieu, les conservateurs seraient sans doute restés au pouvoir et, même si Aznar avait annoncé qu'il voulait quitter l'avant-scène, son successeur désigné, Mariano Rajoy, n'aurait eu aucune marge de manœuvre par rapport à son encombrant mentor. Aznar le confirme le 26 mars suivant, alors qu'il représente son pays pour la dernière fois à un Conseil européen, le gouvernement socialiste n'ayant pas encore été investi : « Nice est ce qu'il y a de mieux pour l'Espagne. Ma responsabilité était de l'obtenir et de le défendre. »

A Varsovie, le message est reçu cinq sur cinq. Le Premier ministre polonais Leszek Miller admet le lendemain même des législatives espagnoles que « cela signifie bien évidemment de sérieuses complications pour la Pologne ». « S'il s'avère que l'Espagne revoit sa position sur la Constitution européenne, le pire qui puisse arriver à la Pologne serait de se retrouver toute seule. Aussi serions nous obligés de chercher des solutions qui nous éviteraient de nous retrouver seuls. » Il faut au moins reconnaître à Miller une vision clairvoyante des rapports de force. Cela étant, il est impossible, pour Zapatero, de signer en l'état la Constitution car cela fournirait à son opposition l'occasion de hurler à l'abandon des « intérêts nationaux ». Autrement dit, il revient à ses partenaires de trouver un moyen terme acceptable entre le refus d'Aznar de bouger de Nice et le projet de Constitution européenne. C'est la tâche à laquelle la présidence irlandaise s'attaque. Lors de leur sommet de printemps des 25 et 26 mars 2004, les « chefs » décident de relancer la conférence intergouvernementale le 17 mai suivant afin de pouvoir conclure le traité constitutionnel en juin. Et une bonne nouvelle ne venant jamais seule, Miller est remplacé, le 2 mai, par Marek Belka. Les deux hommes qui ont fait échouer le sommet de décembre 2003 étant partis, tout est désormais possible.

Mais un nouveau problème surgit. Comme cela était prévisible, une fois l'hypothèque espagnole levée, la Grande-Bretagne sort du bois pour défendre ses « intérêts nationaux ». Lors de la première session de relance des discussions qui a lieu le 18 mai 2004, les Britanniques exigent le rétablissement de l'unanimité pour tout ce qui touche à la fiscalité, au budget, à la politique étrangère ainsi qu'à la politique sociale et à la coopération judiciaire et pénale, à la grande colère des Allemands et des Français. Les échanges entre les ministres des Affaires étrangères sont particulièrement acrimonieux. Joschka Fischer s'en prend à la « tactique du salami » qui consiste à découper en tranches le texte afin de le réduire à néant. Réplique de Jack Straw, le secrétaire au Foreign Office : « Je suis très déçu de subir sans cesse les piqûres de moustiques contre la position britannique. » Fischer lui rétorque : « Oui mais ce sont des moustiques pro-européens. » Et Michel Barnier, tout nouveau chef de la diplomatie française : « Je vous rappelle qu'il existe aussi des mouches tsé-tsé qui essaient d'endormir tout le monde et moi je ne veux pas que l'Europe s'endorme. » En dépit des efforts allemand et français, la « tactique du salami » a parfaitement fonctionné, Londres ayant même fait planer la menace d'un veto si les « lignes rouges » étaient franchies. Là où l'unanimité n'a pas été rétablie, par exemple dans le domaine pénal, le Royaume-Uni a obtenu la création d'un complexe mécanisme d'appel au Conseil européen qui revient à lui donner un droit de veto.

L'Europe en voie de constitution

Le mercredi 16 juin 2004, la veille de l'ouverture du sommet de Bruxelles, la présidence irlandaise rend publique une proposition de compromis. Elle suggère de garder le système de vote à la double majorité mais d'augmenter les seuils proposés par la Convention à 55 % des pays représentant 65 % de la population (au lieu de 50-60). Dans une Union à 27, puisque cette disposition n'entrera en vigueur que le 1er novembre 2009, soit après l'adhésion de la Bulgarie et de la Roumanie, il faut donc 15 Etats représentant 317 millions de personnes (dans une Union qui en comptera alors environ 488 millions). A l'inverse, selon ce compromis, soit 13 pays « représentant au moins 12 à 15 % de la population européenne », soit un groupe minimal de quatre Etats pesant plus de 171 millions de personnes pourront bloquer une décision. Dublin, en rendant plus compliquée la constitution d'une minorité de blocage, veut éviter qu'une coalition de petits représentant une part minime de la population ou de trois grands puissent bloquer la décision. Mais, pour rassurer l'Espagne et la Pologne, la présidence propose de compliquer un peu plus le processus de décision : lorsque la minorité de blocage est « presque » atteinte, les Etats membres continuent à négocier afin de trouver une solution satisfaisante pour tous. Madrid et Varsovie ont ainsi l'assurance que leurs partenaires ne leur passeront pas sur le corps. Pour la Commission, Dublin suggère de réduire sa taille à 18 commissaires mais seulement à partir de 2014. Quant au Parlement, le nombre de siège passerait à 745 ou 750 et il reviendrait aux eurodéputés de proposer avant 2009 une nouvelle répartition des sièges entre les Etats que devrait approuver le Conseil européen à l'unanimité. Enfin, la présidence irlandaise confirme le rétablissement du vote à l'unanimité dans les domaines judiciaire et pénal, de la politique étrangère, de la fiscalité, de la politique sociale et le budget afin de complaire à Londres mais aussi, pour ce dernier point, à La Haye.

Le sommet débute le jeudi 17 juin, à 14 heures. Encore une fois, les « chefs » ne vont pas résister à leur penchant et vont se livrer à l'un de ces marchandages dont ils ont le secret afin d'arracher le maximum de concessions. Pourtant, l'abstention massive qui a une nouvelle fois marqué les élections européennes des 10 au 13 juin précédent montre à quel point les citoyens ont des difficultés à s'identifier à une construction jugée obscure et en crise permanente. Un nouvel échec est donc tout le contraire de ce que l'Union peut se permettre. Mais cela ne freine pas les chefs. Le premier tour de table met en évidence que la dernière question qui coince encore est celle de la majorité qualifiée. José Luis Zapetero demande que le seuil de population passe à 66,66 %, ce qui permettrait à l'Espagne, avec deux autres grands, de bloquer. En revanche, il veut maintenir le seuil des Etats à 50 %, montrant ainsi aux petits dans quel camp il se situe. Son homologue polonais, Marek Belka, le soutient et il ajoute qu'il veut une mention de la religion chrétienne dans le préambule de la Constitution, un combat que mène son pays depuis le début des travaux de la Convention avec l'appui du pape Jean-Paul II. Il est soutenu, sur ce point, par l'Autrichien Wolfgang Schüssel et l'Italien Silvio Berlusconi. L'Allemagne et la France, elles, sont prêtes à soutenir le compromis de la présidence.

Le retour des « nains »

Le Finlandais Paavo Lipponen prend alors la tête du front des petits, seul le Benelux prenant ses distances : il veut que l'écart entre le nombre d'Etats et le pourcentage de la population soit réduit (soit 50-55, soit 55-60, soit 60-65) et que la minorité de blocage soit composée au minimum de cinq pays, le tout pour limiter le poids des grands. Les petits n'ont donc pas renoncé à leur combat niçois. D'ailleurs, durant la CIG, ils ont impitoyablement traqué dans le projet de Constitution tout ce qui pourrait être perçu comme une remise en cause de l'égalité entre les Etats Ainsi, ils ont obtenu la suppression de la citation de l'historien grec Thucydide rapportant des propos de Périclès, pourtant vieille de 2500 ans, qui ouvrait le préambule sur proposition de Giscard d'Estaing : « Notre Constitution est appelée démocratie parce que le pouvoir est entre les mains non d'une minorité mais du plus grand nombre. » Ils y ont vu une célébration gênante de la démocratie fondée sur la démographie au détriment des Etats... Heureusement que le ridicule ne tue pas.

Le Premier ministre irlandais Bertie Ahern se rend compte que l'affaire n'est pas encore dans la poche. Il suspend le Conseil et convoque alors une série de bilatérales afin d'affiner son compromis. A 19h30, les chefs se retrouvent pour le dîner. L'ambiance est glaciale car Tony Blair confirme son veto à la nomination du Premier ministre belge Guy Verhofstadt, candidat du couple franco-allemand, à la présidence de la Commission. Chirac et Schröder sont furieux. Le chef de l'Etat en profite pour dire tout le mal qu'il pense du Royaume-Uni qui empêche l'Union de « progresser autant qu'il le faudrait » sur l'extension du vote à la majorité qualifiée.

La session plénière reprend le vendredi 18 juin vers midi. Un nouveau compromis est mis sur la table. Cette fois, la Commission est composée d'un nombre de commissaires équivalent à deux tiers des Etats membres, c'est-à-dire qu'ils pourront être plus de 18 lorsque l'Union comptera plus de 27 Etats membres. Le nombre de parlementaires passe à 750, aucun pays ne pouvant avoir moins de 6 députés ou plus de 96 (ce qui réduira le poids de l'Allemagne qui a actuellement droit à 99 sièges sur 732). La majorité qualifiée reste inchangée – 55 % des Etats représentant 65 % de la population – mais les pays pouvant bloquer n'ont plus besoin de représenter un minimum de population : c'est une prime donnée aux petits. Surtout, les domaines du vote à la majorité qualifiée sont une nouvelle fois réduits et la Charte des droits fondamentaux voit son caractère contraignant restreint afin de faire plaisir à Blair, qui argue du référendum qu'il a décidé de convoquer pour obtenir tout ce qu'il veut. Mis à part Paris, personne ne lui résiste.

« Mieux vaut tard que jamais ! »

Jacques Chirac, en prenant connaissance du nouveau compromis, s'inquiète : « A partir de maintenant, il y a des limites à ne plus franchir. Je n'accepterai pas de dégrader davantage ce qu'à proposé la présidence irlandaise. » Les Pays-Bas, la Belgique et le Luxembourg soutiennent le chef de l'Etat : « On s'éloigne d'un accord », estime Jean-Claude Juncker. L'Espagne, elle, reste en retrait. Le Premier ministre tchèque, Vladimir Spidla [1], annonce qu'il parle au nom de treize petits pays : il veut davantage de pouvoirs et, en particulier, que le nombre minimal de pays requis pour bloquer une décision passe de quatre à cinq, afin de limiter le pouvoir des plus peuplés. Bertie Ahern, pourtant à la tête d'un petit pays, se fâche : « Ce qui est offert par les grands est équitable pour les petits. »

A 19h45, les travaux reprennent sur la base d'un nouveau compromis pratiquement inchangé. Bertie Ahern présente le nouveau texte et des applaudissements commencent à éclater. « Au nom des treize, déclare Lipponen, j'accepte ce texte même si nous avons des regrets. » Tout le monde se rend compte qu'on ne pourra pas aller plus loin dans le détricotage de la Constitution. L'Espagne acquiesce à son tour : elle a obtenu en compensation de son accord la nomination anticipée au poste de ministre des Affaires étrangères de l'Union de l'Espagnol Javier Solana, actuel haut représentant de l'Union pour la politique étrangère : dès que la Constitution entrera en vigueur, il aura son bâton de maréchal... A 20h15, le consensus est constaté et, après un dernier et vain baroud d'honneur polonais pour que la religion chrétienne soit inscrite dans le préambule du texte, Belka craque : « D'accord, j'accepte. »

« Mieux vaut tard que jamais ! », s'exclame Jacques Chirac lors de sa conférence de presse, à la fois las et soulagé. Il faudra qu'un journaliste lui pose la question pour qu'il qualifie la journée

1. Il est commissaire européen depuis novembre 2004.

du 18 juin 2004 d'« historique ». Les « chefs » sont manifestement fatigués. Le « traité établissant une Constitution pour l'Europe » est signé à Rome le 29 octobre 2004, comme promis à Silvio Berlusconi un an auparavant, par les chefs d'Etat et de gouvernement en personne, ce qui n'a jamais été fait pour un quelconque traité européen depuis l'origine. Ils ont voulu marquer qu'un chapitre de l'histoire européenne venait de se clore.

Douze ans après l'ouverture du chantier institutionnel, les Etats ont enfin réussi à l'achever. Ils n'y sont parvenus qu'en faisant appel à une Convention. Les gouvernements ont confirmé qu'ils étaient incapables d'aller plus loin dans l'intégration : bien au contraire, lorsqu'ils ont modifié un article du projet de Constitution, cela a été pour revenir en arrière sauf dans quelques cas rares, comme la mise en place d'une défense européenne. Heureusement, plus de 90 % du texte issu de la Convention a survécu aux tripatouillages des « chefs ». Même le système de vote à la majorité qualifiée, quoique revu à la baisse et bardé de cordes de rappel, reste un progrès par rapport à celui de Nice : le nombre de coalitions permettant d'adopter un texte passe de 2 % à 12,8 %. C'est moins qu'avec le système proposé par la Convention européenne mais cela reste quand même mieux qu'avec le système antérieur à Nice (7,8 % de coalitions gagnantes).

Par quelque bout que l'on prenne la Constitution européenne, ou « traité constitutionnel », elle constitue un progrès majeur par rapport au traité de Nice. En particulier, les mécanismes de décision sont améliorés et simplifiés, les lois européennes sont désormais adoptées dans presque tous les domaines à la majorité qualifiée et le Parlement européen est mis sur le même plan que le Conseil des ministres. Un poste de président du Conseil européen est créé pour mettre un peu d'ordre dans la cacophonie des chefs d'Etat et de gouvernement et le nombre de commissaires sera, à terme, réduit pour permettre à l'institution de fonctionner.

La démocratie européenne a désormais les moyens de devenir adulte. En revanche, la Constitution marque un épuisement de l'intégration européenne en ce qu'elle n'organise pas de nouveaux transferts de souveraineté équivalents à ceux mis en place par le traité de Maastricht conclu en 1991, qui a créé la monnaie unique, lancé la politique étrangère et de sécurité commune ainsi que la coopération en matière de justice et d'affaires intérieures. Même s'il est vrai qu'on est arrivé à l'os – il ne reste plus grand-chose à transférer sauf à créer une fédération totale –, le texte entérine l'existant dans sa partie consacrée aux « politiques de l'Union ». A aucun moment, durant les travaux de la Convention ou ceux de la CIG, on n'a entendu de voix demandant à aller plus loin, plus vite. L'Union a manifestement besoin de digérer ce qu'elle a réussi à accomplir en si peu de temps.

Dix ans de crises et de drames démontrent qu'il est impossible de faire mieux que ce traité constitutionnel, fruit d'un difficile compromis entre 25 pays que tout sépare : histoire, culture, taille, richesse, traditions, langue et même couleur politique de leurs gouvernements. Chaque Etat, chaque parti politique, chaque citoyen aurait sans doute rêvé d'une Constitution différente, voire d'une Europe différente. Mais l'Union, c'est l'art du compromis, nécessaire si l'on veut vivre ensemble. Ce qui est vrai pour les vieux Etats-nations l'est encore plus pour cette Europe en construction qui demeure si fragile.

Conclusion

L'Europe a un moteur, la crise permanente. Les pages qui précèdent, et qui couvrent l'histoire récente, le montrent à satiété. Ce n'est pas nouveau : depuis soixante ans, elle se nourrit de drames, de psychodrames, de blocages, de vetos et de fâcheries. Le rejet, par l'Assemblée nationale française, en août 1954, du traité créant une défense européenne n'a été que le premier des nombreux soubresauts qui ont failli stopper net la construction communautaire. Pourtant, à chaque fois, l'Europe a su rebondir pour aller plus loin, même après plusieurs années de stagnation. C'est sans doute parce que chacun, responsable politique ou citoyen, sent qu'il s'agit là d'un des projets les plus extraordinaires de l'histoire mondiale : l'unification, par le droit et le commerce, d'un continent dont les pays se sont férocement combattus durant plusieurs centaines d'années et ont commis les pires atrocités, jusqu'à déclencher deux conflits mondiaux en moins de trente ans, et engendrer le crime suprême, celui de l'extermination des Juifs et des Tziganes d'Europe. Les idéologues du nouveau conservatisme américain font preuve d'une étrange absence de mémoire lorsqu'ils affirment que les Européens viennent de Vénus et les Américains de Mars. L'histoire de l'Europe se confond au contraire avec celle de la guerre et les Européens sont bien placés pour savoir à quelle impasse elle mène. C'est avec ce passé de violence qui a laissé l'Europe pantelante que les « pères fondateurs » de la construction communautaire ont voulu définitivement rompre.

Un demi-siècle après le début de cette aventure, le chemin parcouru, essentiellement au cours des dix dernières années d'ailleurs, est impressionnant. L'Union est passée de 6 à 25 Etats membres et englobe même des anciennes républiques soviétiques, montrant ainsi son irrésistible pouvoir d'attraction. L'euro est devenu la monnaie unique de douze pays – avant d'être celle de la quasi-totalité des Etats membres de l'Union. Les frontières ont disparu pour faire place à un grand marché plus intégré, à certains égards, que celui des Etats-Unis, où les hommes, les marchandises, les services et les capitaux circulent librement. Les compétences de l'Union, au départ limitées à la Politique agricole commune, au marché intérieur et au commerce, se sont étendues à de nombreux domaines, de la politique sociale à la justice en passant par la police, l'immigration, l'asile, l'environnement, la politique étrangère ou encore la défense. L'Union s'est dotée d'institutions fortes et démocratiques. Le Parlement européen, élu au suffrage universel depuis 1979, a désormais quasiment les mêmes pouvoirs que le Conseil des ministres. Ce dernier vote dans la plupart des cas à la majorité qualifiée, c'est-à-dire que des Etats souverains acceptent non seulement d'appliquer une décision qu'ils n'ont pas forcément voulue, mais aussi de se plier à la volonté des élus des citoyens avec lesquels ils doivent négocier les lois européennes. L'exécutif, la Commission, après avoir longtemps échappé à tout contrôle, est désormais étroitement surveillé par les députés européens. L'Union dispose d'un budget conséquent qui permet, depuis 1988, une redistribution des richesses entre pays riches et moins riches : l'Espagne, l'Irlande, la Grèce ou encore le Portugal savent ce qu'ils lui doivent. Les Irlandais ont, grâce aux transferts européens, pris leur revanche sur leur colonisateur en devenant plus riches que les Britanniques, jusqu'à se transformer en terre d'immigration après avoir peuplé l'Amérique de ses ressortissants chassés par la famine pendant cent cinquante ans. La Constitution, couronnement de cet ensemble, permet à l'Europe d'entrer enfin dans la sphère sémantique nationale. Le président du gouvernement espagnol, José Luis Rodriguez Zapatero, a sans doute trouvé l'expression la plus pertinente pendant la campagne pour le référendum dans son pays, en février 2005 : la Constitution, a-t-il dit, est une « arme de construction massive ».

Le modèle social européen, même s'il a besoin d'être modernisé, fait l'envie du monde entier, sa puissance économique et commerciale n'est pas contestée et permet à l'Union de parler d'égal à égal avec les Etats-Unis, ses grands projets industriels, d'Ariane à Airbus en passant par Galileo, sont des réussites, sa monnaie de plus en plus puissante commence à faire de l'ombre au roi dollar. L'interpénétration des anciens espaces nationaux, quoique freinée par la diversité culturelle et linguistique, a engendré des valeurs européennes : le rejet de la peine de mort et du port d'arme, le droit des femmes à disposer de leur corps, la protection de la vie privée, la neutralité de l'Etat à l'égard des modes de vie et des préférences sexuelles, la limitation de la place de la religion, le respect de l'environnement, la solidarité entre les riches et les pauvres, les obligations de service public et donc la légitimité de l'interventionnisme étatique dans l'économie. Au-delà de la démocratie et des droits de l'homme, qui unissent l'ensemble de l'Occident, ces valeurs sont propres à l'Union et partagées par l'ensemble des Etats membres, y compris, même si des nuances existent, les nouvelles démocraties de l'Europe centrale et orientale. Soixante ans après la fin du second conflit mondial, des Etats que des haines ancestrales séparaient ont réussi pacifiquement à bâtir non pas un Etat unitaire mais un ensemble qui, pour un Européen qui aurait été cryogénisé en 1945, n'est pas loin de ressembler aux « Etats-Unis d'Europe ».

Et pourtant ! L'Union n'est toujours pas une évidence pour les citoyens comme le sont nos vieux Etats-nations. Il est vrai que la plupart d'entre eux ont mis plus longtemps qu'on ne l'imagine à devenir le cadre de référence qu'ils sont aujourd'hui : ils ne se sont pas construits en un jour et certains d'entre eux sont soumis à des forces centrifuges, comme en Espagne ou en Belgique, voire au Royaume-Uni. Dès lors, il n'est pas étonnant que chaque débat sur l'Europe pose la question de sa légitimité et de l'appartenance à cet ensemble. L'implication citoyenne dans la construction communautaire reste désespérément faible, comme le montre la participation aux élections européennes. L'une des raisons souvent avancée est que l'Union est incompréhensible et technocratique. Nous avons voulu montrer qu'il n'en est rien, même si elle est forcément complexe par le fait même qu'elle doit faire coexister vingt-cinq pays que tout sépare. Il a fallu créer des institutions dans lesquelles chacun se sente à l'aise afin qu'il n'ait pas le sentiment d'être écrasé ou dominé par un pays ou un groupe de nations. Il ne s'agit pas de refaire l'Europe de Napoléon. Permettre l'émergence d'un compromis à 25 suppose des mécanismes de médiation forcément complexes, ce qui ne signifie pas opaques.

L'Union souffre aussi, paradoxalement, de son succès. Qu'est-ce que l'Europe, jusqu'à présent, si ce n'est une machine à supprimer les obstacles politiques, juridiques, techniques afin de créer un espace commun ? La tâche est titanesque, deux mille ans d'évolutions souvent divergentes ayant créé des frontières qu'il n'est pas aisé d'abattre. L'homme est ainsi fait qu'il oublie rapidement ce qui ne le gêne plus, comme une épine qu'on enlève du pied. Qui se souvient des contrôles policiers et douaniers, de l'absence de reconnaissance des diplômes, des différences de lois et de normes techniques qui rendaient difficiles les exportations, devenues notre principale source de croissance, ou encore des crises monétaires à répétition qui se payaient en points de croissance en moins ? La mondialisation fait peur mais quelles auraient été ses effets sur des Etats européens isolés, totalement à la merci des entreprises, libres de se délocaliser, et des Etats-Unis qui n'auraient trouvé personne en travers de leur chemin ? Imagine-t-on la France, seule, résistant à ce mouvement mondial ? Mais la démonstration du « bouclier » ne peut se faire que par l'absurde, en l'enlevant...

Ce n'est là qu'une petite partie de l'explication du désamour dont souffre l'Europe. Le fond du problème réside, en réalité, dans l'attitude schizophrénique des gouvernements à l'égard d'une construction qu'ils ont pourtant enfantée. Ils veulent l'Europe mais se révoltent sans cesse contre elle, cherchant à la rendre impotente, voire à la détruire. Il suffit de voir comment ils européanisent les contraintes et les échecs et nationalisent les succès, alimentant ainsi la méfiance des opinions publiques face à « Bruxelles ». Il y a, en Europe, une sorte de mouvement de balancier entre lucidité et aveuglement, entre optimisme et pessimisme, entre vision et populisme. L'Etat-nation sait désormais qu'il lutte pour sa survie. Ce n'est pas un hasard si le Conseil européen des chefs d'Etat et de gouvernement a de plus en plus de difficulté à décider, car chacun défend son dernier pré carré de souveraineté nationale. Qui d'autre que les Etats a accouché du traité de Nice et, ensuite, cherché à rogner les innovations de la Constitution ? Qui d'autre que les Etats étale en permanence ses querelles sans envergure et se montre incapable de proposer une vision d'avenir ?

Or, si l'Europe a su déconstruire les barrières, elle doit maintenant construire un projet pour l'avenir, dire ce qu'elle veut : devenir une puissance mondiale capable de défendre son modèle ou se contenter d'être une simple zone de libre-échange dotée de quelques règles de droit. Pour l'instant, elle est au milieu du gué, d'où le malaise des gouvernements mais aussi des citoyens. A l'heure actuelle, seuls les chefs d'Etat et de gouvernement ont la légitimité pour proposer un tel projet. Mais ils en sont incapables. La disparition de la guerre et donc de la menace, pour la jeunesse, c'est aussi ancien que la Rome antique, et cela ne suffit plus à justifier l'Europe, pas plus que l'Etat français ne justifie son existence par la suppression des féodalités ou la fin des privilèges.

Les Etats, comme saisis de panique, n'ont plus, semble-t-il, qu'une idée : tuer la seule institution vraiment fédérale de l'Union, celle qui est capable d'incarner l'intérêt général européen et de trouver les compromis, la Commission, ce « réducteur de méfiance » comme la qualifie Pascal Lamy, l'ancien commissaire au commerce extérieur. C'est pourtant l'invention géniale des pères de l'Europe, celle qui distingue l'Union de toutes les organisations internationales toutes aussi impotentes les unes que les autres. Y nommer des femmes et des hommes sans carrure est un moyen sûr de l'affaiblir. Ce n'est pas par le simple fait du hasard que les Vingt-Cinq ont nommé comme président de la Commission José Manuel Durao Barroso, un homme qui professe une vision servile de sa fonction, celle d'un secrétariat au service des Etats membres. Après s'être moqué des « fédéralistes naïfs », il affirme ainsi : « Je pense que nous devrions toujours avoir une "Union toujours plus étroite" mais la légitimité fondamentale de notre Union réside dans les Etats membres [1]. » S'il le pense vraiment, autant éteindre les lumières et passer à autre chose [2]. Mais tout est possible à Bruxelles : n'est-ce pas un ultralibéral thatchérien, Lord Cockfield, qui a réalisé le marché unique alors que la « Dame de fer » l'avait envoyé à Bruxelles pour briser la machine ?

Le refus des Etats de réduire la taille de l'exécutif est aussi un moyen de réduire son influence : un commissaire par Etat membre, surtout à 25, est un non-sens. Elle étouffe sous son propre poids et perd une bonne part de sa légitimité du fait même de la sous-représentation des grands pays qui ont perdu leur second commissaire. Ce dernier lui donnait un caractère bipartisan, puisque les pays les plus peuplés envoyaient en général à Bruxelles un commissaire de la majorité et un de l'opposition, ce qui la mettait à

1. Interview au *Financial Times* du 2 février 2005.

2. Barroso semble d'ailleurs symboliser la schizophrénie actuelle qui saisit l'Europe, puisque, dans un entretien à quelques journalistes, dont les auteurs, il disait le 1er février 2005 : « La Commission est une institution qui doit être sauvegardée plus que jamais. A 25, à 27, elle est la seule à représenter l'intérêt général en Europe. Les chefs d'Etat et de gouvernement défendent avant tout leur intérêt national. »

l'abri des joutes politiciennes intérieures. Cette absence de légitimité de la Commission se ressent déjà : l'Allemagne veut l'exclure de la gouvernance économique de la zone euro. De même, personne n'a voulu la charger de la surveillance du « processus de Lisbonne » qui vise à rendre sa compétitivité à l'économie européenne. La Commission elle-même s'est rendue à l'argument : elle ne propose même plus de se doter d'un rôle moteur dans ce dossier crucial. Beaucoup pensent aussi à réduire son rôle en matière de concurrence en créant, par exemple, une agence indépendante. Et le Parlement européen a sorti les couteaux.

Ce n'est pas un hasard non plus si les Français et les Allemands se sont réconciliés sur le dos de l'exécutif européen, persuadés qu'il fallait le « remettre à sa place », comme on dit à Paris. La vision européenne de Nicolas Sarkozy, qui aspire à être président de la République française en 2007, en dit long sur la piètre estime dans laquelle il le tient : pour lui, l'Union a vocation à être dirigée par les six grands et la Commission doit simplement être une institution qui procède à des « analyses et prépare les décisions ». Tout ce qui marche dans l'Union, si on l'écoute, est le fait de la coopération volontaire et consensuelle entre les Etats.

Si cela marche, pourquoi pas ? Le problème est que ce n'est pas le cas. Tout ce qui donne de l'efficacité à l'Union est géré sur le mode sinon fédéral – le mot est trop chargé de connotations négatives –, du moins communautaire, c'est-à-dire par la Commission ou par la Banque centrale européenne : concurrence, commerce, monnaie. Le marché intérieur s'est fait de cette façon et personne n'imagine aujourd'hui rétablir les anciennes frontières. Le gouvernement économique est un échec parce qu'il n'y a pas de chef d'orchestre : on promet à Bruxelles de réformer son économie et on ne fait rien chez soi par peur des grèves ou des élections à venir. L'espace judiciaire commun fait du surplace, ou presque, depuis 1999 parce que la Commission n'a qu'un pouvoir de proposition subsidiaire et que l'unanimité y règne en maître. D'ailleurs, tous les domaines où le droit de veto a été maintenu n'ont fait aucun progrès, comme la fiscalité et une bonne partie de la politique sociale. Il est étonnant que certains restent attachés à la chimère de l'intergouvernementalisme alors même qu'aucune institution internationale fonctionnant ainsi n'a réussi. Et croire que l'Union peut durablement être gérée uniquement par les « grands » censés éclairer la voie à suivre montre une méconnaissance sidérante de l'Histoire. Les « petits » n'acceptent l'Europe que parce que la place des grands y est contrainte.

L'idée bien française des « coopérations renforcées » est une autre de ces chimères : depuis 1997, date à laquelle le traité les a autorisées, aucune n'a été mis en place. Tout simplement parce que personne ne sait à quoi les appliquer et parce qu'en réalité, il n'y a pas de volonté politique réelle d'aller plus loin, plus vite à quelques-uns. L'Europe avance d'un seul pas, même si la marche est parfois désespérément lente. Certes, on cite la zone euro qui, limitée à douze pays, est une sorte de coopération renforcée, et Schengen, l'espace de libre circulation et de sécurité, comme exemples. Mais on oublie que la première fonctionne de façon fédérale, ce qui ne serait pas le cas des coopérations renforcées, et que la seconde, victime de son succès, a été introduite dans le traité sur l'Union à peine deux ans après son entrée en vigueur. Presque tous les Etats n'ont qu'un but, rejoindre l'euro et Schengen le plus vite possible. En réalité, l'avant-garde n'est que temporaire. En revanche, ce qui apparaît, aujourd'hui, c'est une « arrière-garde » permanente composée de la Grande-Bretagne, du Danemark et de la Suède, qui tentent de temps en temps – et avec beaucoup de pusillanimité au Royaume-Uni – de convaincre leurs peuples rétifs de s'associer au projet commun.

Cette schizophrénie se manifeste aussi dans la volonté des Etats les plus riches de limiter le budget communautaire. Ce n'est pas le principe du contrôle des dépenses publiques qui est surprenant, c'est le fait que l'on veut appliquer à l'Union ce qu'on est parfaitement incapable de faire chez soi et au moment où les plus pauvres ont besoin de la solidarité européenne. Que ce soit l'Allemagne, grande instigatrice de l'élargissement, qui mène la danse n'en est que plus choquant. Remettre en cause la solidarité au sein de l'Union, c'est la transformer en un grand marché à l'anglo-saxonne, c'est abandonner le fameux « modèle social européen » dont un pays comme la France, qui soutient les demandes allemandes, nous rebat les oreilles. Croit-on une seconde que les plus pauvres vont accepter la libre circulation des marchandises, des services et des capitaux qui bénéficie d'abord aux plus riches si, dans le même temps, ces derniers ne les aident pas ?

En revanche, l'élargissement, contrairement à toutes les craintes que l'on a pu avoir dans le passé, n'est pas, en lui-même, un facteur d'épuisement. Il est frappant de constater que la vieille Europe des Six, que regrettent les plus fédéralistes, n'a pas fait grand-chose pendant trente ans, en dehors de la Politique agricole commune. La Grande-Bretagne et le Danemark ont pu adhérer à l'ancienne Communauté économique européenne, en 1973, sans crainte pour leur souveraineté (ils l'auraient fait plus tôt si de Gaulle n'avait pas posé son veto à deux reprises, en 1964 et en 1967). Les élargissements postérieurs ont tous entraîné un approfondissement : l'Acte unique de 1986 a coïncidé avec l'entrée de l'Espagne et du Portugal, Maastricht a précédé l'arrivée de l'Autriche, de la Finlande et de la Suède, et la Constitution a été élaborée et adoptée à Vingt-Cinq. Ceux qui militent contre l'adhésion de la Turquie au nom du rêve fédéral ont tort : si ce rêve est encore possible à vingt-cinq, pourquoi ne le serait-il pas à trente ou plus ? En revanche, si l'on estime que l'Europe ne peut plus être communautaire à vingt-cinq, pourquoi ne pas s'étendre à la Turquie et lui apporter tous les avantages d'un espace pacifié ? Et quelle leçon au reste du monde qu'une Union fondée par les démocrates-chrétiens intégrant un pays musulman ! Certains affirment que la Turquie, ancien empire, serait un facteur de blocage car rétive par nature au compromis. On ne peut préjuger de l'avenir mais on peut au moins constater que, dans ce cas, elle ne fera que prêter main-forte au Royaume-Uni qui manie à tout propos son droit de veto. S'il existe un frein à l'Union, il est déjà dans la maison depuis 1973. L'adhésion de la Turquie, même si elle posera sans doute des problèmes complexes, ne présente, au fond, qu'un inconvénient : celui des frontières de l'Europe. Car, alors, comment refuser l'adhésion de l'Arménie, de la Géorgie, de l'Azerbaïdjan, du Liban, d'Israël ? Il faudra sans doute à un moment ou à un autre dire clairement que l'Union n'ira pas au-delà d'une certaine limite. Mais cela n'interdit pas d'inventer en même temps une nouvelle formule, complémentaire de l'Union, celle de la Communauté euro-méditerranéenne, où l'Europe retrouverait sa matrice historique avec une relation forte nouée avec le pourtour de la « grande bleue » – un marché unique, des valeurs communes, voire des institutions. Qu'on le veuille ou non, avec les millions de Maghrébins qui vivent dans l'Union, cette voie est la seule envisageable à moyen terme.

Certains, parfois les mêmes que ceux qui s'opposent à l'adhésion de la Turquie, préconisent une crise salvatrice, au nom d'un idéal fédéraliste afin d'obliger les Européens à tout remettre à plat et à faire « mieux ». Avec cette thèse bien française, le traité de Rome de 1957, fort éloigné du fédéralisme, n'aurait même pas vu le jour... Dans l'histoire européenne, les vraies crises n'ont jamais débouché sur plus d'Europe. Il ne faut pas oublier le faux pas de 1954 qui a eu pour effet de remettre aux Américains les clefs de la défense du Vieux Continent pour longtemps. La « crise de la chaise vide », en 1965, déclenchée par le général de Gaulle, a empêché les Etats de passer de l'unanimité au vote à la majorité qualifiée jusqu'en 1986. Les « non » danois, à Maastricht, et Irlandais, à Nice, ont contraint ces pays à jouer en « seconde division ». Car le rejet d'un traité est immédiatement interprété comme un refus d'aller plus loin. Autrement dit, tout progrès, aussi minime soit-il, est bon à prendre.

Parmi les opposants à l'Union telle qu'elle se fait, on trouve aussi ceux qui professent une « autre Europe ». Là, on est dans l'hypocrisie la plus totale : d'une part parce que, contrairement à ce qu'ils affirment, les traités qui se sont succédé depuis 1957 jusqu'à la Constitution ne sont pas « libéraux ». Ou plutôt si : ils le sont en ce sens qu'ils ne posent pas les bases d'une économie socialiste, c'est-à-dire administrée par l'Etat. Le reste n'est qu'une question de rapport de force politique : si une majorité du Parlement européen ou du Conseil des ministres ne veut pas d'une proposition de loi européenne, elle ne sera tout simplement pas adoptée. D'autre part, ces tenants de la « crise salutaire » savent parfaitement qu'ils n'ont pas d'alliés en Europe. La plupart des Vingt-Cinq sont prêts à se contenter d'une Europe minimale, comme l'a montré la négociation de la Constitution européenne, qui est le maximum admissible pour eux, en ce début de XXIe siècle. La révolution, c'est bien à condition de pouvoir la mener à son terme. Il faut cesser de se mentir : entre l'Etat-nation et l'Union, il n'y a rien. Ou plutôt, entre l'Etat-nation et le super-Etat unitaire, il y a l'Union, respectueuse des identités et des cultures nationales.

Certes, elle a ses défauts, il ne faut pas les cacher et nous les avons dévoilés. Elle peut mieux faire, c'est certain. Il faudrait par exemple faire entrer en vigueur la réforme de la Commission prévue dans la Constitution, c'est-à-dire une réduction du nombre de commissaires, non pas en 2014, mais dès 2009. De même, il serait préférable de revenir au système de vote à la majorité qualifiée tel que l'avait instauré la Convention afin de faciliter la prise de décision. Il faudrait aussi faire sauter le verrou des derniers droits de veto : dès qu'il y a compétence de l'Union, le vote devrait avoir lieu à la majorité qualifiée. De même, il serait souhaitable que le Parlement européen ait exactement les mêmes pouvoirs que le Conseil des ministres, qui garde quelques avantages, notamment dans les questions qui requièrent l'unanimité, comme la programmation financière, et dispose d'un droit d'initiative parlementaire comme tous les Parlements « normaux ». Faut-il étendre davantage les domaines dans lesquels l'Union peut intervenir ? Le besoin n'est pas évident : il suffirait simplement de lui donner les moyens d'être efficace là où elle est bridée, par exemple en matière de gouvernement économique où une Commission enfin crédible devrait être replacée au centre du jeu.

Au-delà de la mécanique institutionnelle, il faut aussi lui donner les moyens de ses ambitions en augmentant le budget communautaire. Il ne s'agit pas de doubler les dépenses, mais de gérer en commun le maximum de ressources : avoir 25 budgets de recherche différents avec les doublons que cela implique a-t-il encore un sens à l'heure où les Européens décrochent, en matière d'innovation, de leurs principaux partenaires mondiaux ? De même, l'Union devrait pouvoir lancer des emprunts afin de financer des travaux d'infrastructures transeuropéens. Mais encore une fois, la Commission n'aurait pas un rôle de gestion mais d'initiative. Elle devrait d'ailleurs renoncer à toute gestion directe, car elle n'a tout simplement pas les ressources pour le faire, et s'en tenir à de pures tâches de conception. Elle doit être la boîte à idées de l'Union et donner les impulsions nécessaires.

Critiquer l'Europe, cela ne devrait plus dire la contester dans son existence. Quant on met en cause tel ou tel aspect de la société française ou le fonctionnement de son gouvernement, on ne demande pas la disparition de l'Hexagone. Ce qui a été réalisé depuis plus de cinquante ans en Europe est stupéfiant et a changé la face du monde. Ce modèle unique, fédéral par bien des aspects, mais qui ne sera jamais un Etat unitaire, doit être préservé car personne n'a rien de mieux à proposer. Pour que les Européens en prennent conscience, pour qu'ils lèvent la tête, qu'ils ont en permanence dans le guidon, faut-il, une nouvelle fois, que le signal vienne d'outre-Atlantique. A-t-on remarqué les dizaines de livres qui se sont écrits ces deux dernières années aux Etats-Unis pour saluer l'émergence de la puissance pacifique européenne avec un lyrisme qui laisse pantois nos cyniques européens ?

« Ici, un rêve puissant est né », a ainsi souligné l'Américain Jeremy Rifkin, auteur d'un best-seller consacré à l'Europe, lors d'un colloque à Bruxelles [1]. « Quatre cent cinquante millions d'Européens ont forgé une Union qui est l'expérience politique la plus étrange dans l'Histoire car, jusqu'ici, tous les empires, toutes les nations sont nées dans la violence, la révolution, la conquête. » Pour lui, l'Union n'est pas « un Etat-nation ou un Etat global, c'est un Etat transnational ». Il reconnaît que la recherche du consensus pour que chacun trouve sa place est horriblement compliquée, « mais ça marche » ! « Si les Américains ont un complexe de supériorité, vous les Européens avez un complexe d'infériorité ! Nous faisons tout un fromage de nos succès, vous ne parlez que de vos échecs. » « Quelle est la solution à vos problèmes ? Vous l'avez devant vous : ça s'appelle l'Union européenne. »

1. Jeremy Rifkin, *The European Dream*, Cambridge, Polity Press, 2004.

BIBLIOGRAPHIE SELECTIVE

Sur l'histoire de la construction communautaire :

Norman Davies, *Europe, A History*, New York, Oxford University Press, 1996.
Lucien Febvre, *L'Europe, Genèse d'une civilisation*, Paris, Perrin, 1999.
Pierre Gerbet, *La Construction de l'Europe,* Paris, Imprimerie nationale, 1983.
William Hitchcock, *The Struggle for Europe, The History of the Continent since 1945*, Bungay, Profile Books, 2004.
Bino Olivi, *L'Europe difficile*, Paris, Gallimard, Folio histoire, 2001.

Sur la période Delors :

Jacques Delors, *Mémoires*, Paris, Plon, 2004.
Charles Grant, *Delors, architecte de l'Europe*, Bruxelles, Georg édition, 1995.

Sur le système politique européen :

Paul Magnette, *Contrôler l'Europe, Pouvoirs et responsabilité dans l'Union européenne*, Bruxelles, éd. de l'Institut d'études européennes de l'ULB, 2003.
Paul Magnette, *Le Régime politique de l'Union européenne*, Paris, Presses de Sciences Po, 2003.

Sur la Convention européenne :

Alain Dauvergne, *L'Europe en otage*, Paris, Saint-Simon, 2003.
Olivier Duhamel, *Pour l'Europe*, Paris, Seuil, 2003.
Valéry Giscard d'Estaing, *La Constitution pour l'Europe*, Paris, Albin Michel, 2003.
Alain Lamassoure, *Histoire secrète de la Convention européenne*, Paris, Albin Michel, 2003.
Peter Norman, *The Accidental Constitution*, Bruxelles, Eurocomment, 2003.
Etienne de Poncins, *Vers une Constitution européenne*, Paris, 10/18, 2003.

Sur la Constitution européenne :

Joachim Bitterlich, *France-Allemagne mission impossible ?*, Paris, Albin Michel, 2005.
Etienne de Poncins, *La Constitution européenne en 25 clefs*, Paris, Lignes de Repères, 2005.
Jean-Luc Sauron : *La Constitution européenne expliquée*, Paris, Gualino Editeur, 2005.

Sur l'euro :

Jean Quatremer et Thomas Klau, *Ces hommes qui ont fait l'euro, querelles et ambitions européennes*, Paris, Plon, 1999.

Sur la politique de concurrence :

Janet Lowe, *An American Icon*, New York, John Wiley & Sons, 2002.
Karel Van Miert, *Le Marché et le pouvoir*, Bruxelles, Ed. Racines, 2000.
Jack Welch, *Ma vie de patron*, Paris, Village Mondial, 2001.

Sur la politique étrangère :

Paul Garde, *Vie et mort de la Yougoslavie*, Paris, Fayard, 2000.
Charles Kupchan, *Comment l'Europe va sauver l'Amérique*, Paris, Saint-Simon, 2004.
Chris Patten, *East and West*, Pan, 1999.

Sur le commerce international :

Rinus Van Schendelen, *Machiavelli in Brussels*, Amsterdam University Press, 2005.

Sur les médias :

Olivier Baisnée, *La Production de l'actualité communautaire. Eléments d'une sociologie comparée du corps de presse accrédité auprès de l'UE (France/Grande Bretagne)*, thèse, Rennes, 2004.
Gilles Bastin, *Les Professionnels de l'information européenne à Bruxelles*, thèse, Paris, 2004.

Dominique Marchetti (dir.), *En quête d'Europe, Médias européens et médiatisation de l'Europ*e, Presses universitaires de Rennes, 2004.

Divers :

Jeremy Rifkin, *The European Dream*, Cambridge, Polity Press, 2004.

TABLE

Troisième partie
LA FIN DU CHANTIER PERMANENT

Cet ouvrage a été imprimé par

FIRMIN DIDOT
GROUPE CPI

Mesnil-sur-l'Estrée

pour le compte des Éditions Grasset
en avril 2005

Imprimé en France

Dépôt légal : avril 2005
N° d'édition : 13779 – N° d'impression : 73552
ISBN : 2-246-63721-X